파리 홀리데이

파리 홀리데이

2025년 7월 15일 개정 4판 1쇄

지은이 정승원
발행인 김산환
책임편집 윤소영
디자인 윤지영
지도 글터, 윤지영
펴낸 곳 꿈의지도
인쇄 다라니
종이 월드페이퍼

주소 경기도 파주시 경의로 1100, 604호
전화 070-7535-9416
팩스 031-947-1530
홈페이지 blog.naver.com/mountainfire
출판등록 2009년 10월 12일 제82호

979-11-6762-124-5-14980
979-11-86581-33-9-14980(세트)

지은이와 꿈의지도 허락 없이는 어떠한 형태로도 이 책의 전부, 또는 일부를 이용할 수 없습니다.
※ 잘못된 책은 구입한 곳에서 바꿀 수 있습니다.

PARIS
파리 홀리데이

글·사진 정승원

꿈의지도

Prologue

◇

　나에게 파리는, 학업 때문이든, 일 때문이든, 혹은 그저 여행을 즐기기 위해서든, 어쩌다 보니 한국의 서울 빼고 가장 많이 방문한 도시가 되었다. 나는 프랑스에서 2년을 지냈다. 학생 신분으로 생활비에 허덕이던 때라, 항상 최소의 비용으로 최고의 만족도를 누릴 수 있는 방법을 찾아 나섰다. 이때 가장 도움이 된 것은 프랑스 친구들과 한국인 친구들의 조언이었다. 그래서인지 나의 파리 여행 콘셉트는 항상 "현지인처럼 여행하고 여행자처럼 즐기자"였다. 현지인들의 정보는 상당히 유용하다. 바글대는 관광객들을 피해 데이트하기 좋은 곳, 파리의 진면목을 제대로 느낄 수 있는 곳, 산책하기 좋은 곳 등을 많이 알게 된다. 현지인들처럼 수준 높은 공연과 전시회를 무료로 즐길 수 있다. 현지인들 사이에서 검증된 맛집도 알고, 할인 쿠폰도 받을 수 있다. 추천받은 슈퍼마켓 먹거리, 맛 좋다는 맥주, 와인, 치즈들도 호기심에 한 번씩은 다 시도해 보게 된다. 저렴하게 쇼핑할 수 있는 곳과 꼭 사야 할 물품들 역시 좀 더 현지인 시각에서 꼼꼼하게 선택하게 된다.

　나이가 들수록, 파리를 여러 번 방문할수록, 파리는 또 다른 모습으로 내게 다가온다. 똑같은 파리를 가면서도 늘 새로운 걸 발견하게 되는 것도 놀랍지만, 몇 년 전 다녀왔던 곳을 가도 또 다른 느낌을 갖게 된다는 게 더 신기하다. 프랑스인도, 파리에 사는 입장도 아니지만, 그간 내가 모았던 정보들, 내가 직접 발로 뛰고 경험하며 쌓아온 노하우들을 혼자만 알고 있기에는 아깝다는 생각이 문득 들었다. 나의 노하우를 공유한 인터넷 카페에서 "가이드북 내셔도 될 것 같아요"라는 극찬 한마디 한마디에, <파리 홀리데이> 프로젝트는 시작되었다.

　이 책은 나의 여행 콘셉트를 고스란히 담고 있다. "현지인처럼 여행하고 여행자처럼 즐기자" 여행자의 본분에 충실해, 유명 여행지는 내부 지도까지 더해 상세하게

> "현지인처럼 여행하고 여행자처럼 즐기자"

설명했다. 아는 만큼 보이고, 보이는 만큼 감동하기 때문이다. 또한 2~3일 만에 파리 여행을 끝내야 할 사람들에게도 파리를 좀 더 깊이, 다르게 볼 수 있도록 도움을 주고 싶었다. 한국인들 사이에서는 잘 알려지지 않았지만, 현지인들 사이에서 극찬을 받고 있는 곳들 역시 많은 페이지를 차지했다. 파리를 여러 번 방문하는 사람들에게는 기존의 유명 관광지보다 더 인상 깊은 곳이 될 수도 있기 때문이다.

위에서도 밝혔지만, 현지의 생활 정보들을 최대한 많이 담아내려 애썼다. 스마트한 알뜰족들에게 파리 여행의 문턱을 낮춰줄 수 있다고 판단해서다. 특히 이 책에 소개된 레스토랑들은 트립어드바이저를 비롯해 프랑스 맛집 사이트 3곳의 평가를 종합해 선별한 곳들이다. 쇼핑 정보들은 직접 사용해 보거나 쇼퍼홀릭인 지인들의 추천, 프랑스의 소비자 평가 사이트와 한국인들의 리뷰들을 종합적으로 참조했다.

이 책에서는 근교 여행에도 큰 비중을 뒀다. 나비고 같은 교통 패스를 이용해 근교를 방문하는 사람들이 점차 늘어나고 있다. 파리 외에 근교들이 훨씬 더 유럽답고 아름답다는 점을 고려할 때, 이 책에서 소개된 곳 중 3~4 장소는 꼭 방문해 볼 것을 추천한다.

내가 알고 있는 노하우를 전부 쏟아붓겠다는 '야심(?)' 때문에, 작업 규모는 커지고 다른 여행서를 만들 때보다 3배 이상의 고통이 따랐지만, 작가로서 바라는 오직 한 가지의 보상은 이거다. "<파리 홀리데이> 덕분에 파리 여행이 달라졌어요."라는 말.

나만의 스타일을 가지고 낭만적인 파리 여행을 꿈꾸는 모든 분들께 큰 도움이 되길 바란다.

정승원

CONTENTS

- **006** 프롤로그
- **012** 〈파리 홀리데이〉100배 활용법
- **014** 미리 알아두기 I /
- **016** 미리 알아두기 II

PARIS BY STEP
여행 준비 & 하이라이트

STEP 01
Preview
파리를 꿈꾸다
018

- **020** 01 파리 MUST SEE
- **028** 02 파리 MUST DO
- **032** 03 파리 MUST EAT

STEP 02
Planning
파리를 그리다
034

- **036** 01 파리 여행 오리엔테이션
- **040** 02 파리 공항 드나들기
- **044** 03 파리 대중교통 완전 정복
- **052** 04 파리 2박 3일 속성 코스
- **055** 05 파리 3박 4일 기본 코스
- **058** 06 박물관 마니아를 위한 2, 4, 6일 코스
- **060** 07 내 아이를 위한 특별한 여행
- **062** 08 파리 근교&지방 1일 여행

STEP 03
Enjoying
파리를 즐기다
066

- **068** 01 에펠탑이 가장 아름다운 뷰 포인트 BEST 5
- **070** 02 낮보다 황홀한 파리 야경 BEST 10
- **074** 03 파리를 더욱 사랑스럽게 만드는 산책 코스
- **078** 04 알고 보면 더 특별한 다리들
- **082** 05 파사주, 19세기 파리의 정취를 찾아서
- **086** 06 알아두면 돈이 되는 파리 박물관 이용법
- **090** 07 감동의 밤을 선사하는 최고의 클래식 공연
- **094** 08 눈과 귀가 즐거운 프랑스 대중문화
- **098** 09 파리의 뜨거운 밤을 책임지는 클럽
- **100** 10 센강 위의 낭만, 유람선 타기
- **104** 11 효율적인 파리 투어, 2층 버스
- **108** 12 파리지앵처럼 자전거를 타볼까? 벨리브

STEP 04
Eating
파리를 맛보다
112

114	01 프랑스 사람들이 즐겨 먹는 음식
118	02 당신이 꼭 먹어봐야 하는 디저트
122	03 파리를 더욱 사랑스럽게 하는 빵 빵 빵!
126	04 파리 최고의 마카롱을 찾아라
129	05 파리에서 주목해야 할 프랜차이즈 레스토랑
132	06 파리의 카페 레스토랑 방문 노하우
138	07 초보자를 위한 최고의 와인 선택법
142	08 파리에서 발견한 맥주의 신세계
144	09 치즈의 왕국, 프랑스의 고소함을 맛보다
146	10 꼭 맛봐야 할 마트 먹거리

STEP 05
Shopping
파리를 남기다
148

150	01 파리 쇼핑 오리엔테이션
152	02 파리를 추억하는 기념품
154	03 파리에서 꼭 사야 하는 약국 화장품
157	04 주목해야 할 프랑스 명품 브랜드
160	05 패션 피플들이 주목한 프렌치 룩
164	06 프렌치 스타일의 키즈 웨어
166	07 디자인부터 남다른 액세서리&잡화
169	08 써본 사람이 다시 찾는 화장품&욕실용품 브랜드
170	09 주부라면 탐낼 만한 주방용품 브랜드
172	10 디자인 감각이 물씬! 생활 인테리어 전문점
176	11 모든 종류의 쇼핑을 한 곳에서! 백화점&쇼핑몰
184	12 파리의 감성을 듬뿍 담은 콘셉트 숍
190	13 파리를 대표하는 고급 식료품점
192	14 파리의 쇼핑 거리
196	15 낡고 오래된 중고의 매력, 벼룩시장

STEP 06
Sleeping
파리에서 자다
200

202	01 파리 숙소의 모든 것
208	02 최고의 사치, 팰리스급 호텔
212	03 다수를 위한 똑똑한 선택, 가심비 호텔
218	04 20만 원대 유명 체인 호텔
220	05 젊은 여행자들을 위한 호스텔&한인민박

PARIS BY AREA
파리 지역별 가이드

01 시테섬&생루이섬 **226**
- 228 PREVIEW
- 229 ONE FINE DAY
- 230 MAP
- 231 SEE
- 240 EAT

02 마레 지구 **242**
- 244 PREVIEW
- 245 ONE FINE DAY
- 246 MAP
- 248 SEE
- 258 EAT

03 루브르&오페라 **260**
- 262 PREVIEW
- 263 ONE FINE DAY
- 264 MAP
- 266 SEE
- 290 EAT

04 샹젤리제 **294**
- 296 PREVIEW
- 297 ONE FINE DAY
- 298 MAP
- 300 SEE
- 310 EAT

05 에펠탑&앵발리드 **312**
- 314 PREVIEW
- 315 ONE FINE DAY
- 316 MAP
- 317 SEE
- 324 EAT

06 생제르맹데프레 **328**
- 330 PREVIEW
- 331 ONE FINE DAY
- 332 MAP
- 334 SEE
- 350 EAT

07 라틴 구역 **354**
- 356 PREVIEW
- 357 ONE FINE DAY
- 358 MAP
- 359 SEE
- 368 EAT

08 몽파르나스 **370**
- 372 PREVIEW
- 373 MAP
- 374 SEE
- 377 EAT

09 몽마르트르 **380**	*382* *383* *384* *385* *392*	PREVIEW ONE FINE DAY MAP SEE EAT
10 베르시 **394**	*396* *397* *397* *398*	PREVIEW ONE FINE DAY MAP SEE
11 기타 지역 **402**	*404*	SEE

SPECIAL 1 DAY TOUR
파리 당일 여행

416	01 베르사유 궁전
430	02 퐁텐블로 일대
442	03 지베르니&루앙
454	04 오베르쉬르우아즈
460	05 디즈니랜드 파리&아스테릭스 파크
464	06 샹티이
469	07 샤르트르&랑부예
478	08 프로뱅
484	09 몽생미셸
492	10 루아르 고성들

498	여행 준비 컨설팅
504	꼭 알아야 할 파리 필수 정보
506	이건 꼭 알고 가자! 파리 여행 Q&A
508	TRAVEL DIALOGUE
510	INDEX

〈파리 홀리데이〉 100배 활용법

파리 여행 가이드로 〈파리 홀리데이〉를 선택하셨군요. '굿 초이스'입니다.
파리에서 뭘 보고, 뭘 먹고, 뭘 하고, 어디서 자야 할지 더 이상 고민하지 마세요.
친절하고 꼼꼼한 베테랑 〈파리 홀리데이〉와 함께라면 당신의 파리 여행이 완벽해집니다

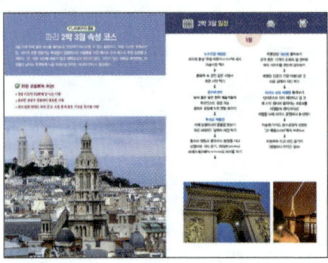

01
파리를 꿈꾸다
STEP 01 » PREVIEW 를 먼저 펼쳐 여행을 위한 워밍업을 해 보세요. 파리의 랜드 마크와 대표 박물관, 미술관, 눈과 입이 호사스러운 파리의 음식들까지 빠짐없이 소개합니다. 당신이 파리에 왔다면 꼭 봐야 할 것, 해야 할 것, 먹어야 할 것까지 놓쳐서는 안 될 핵심 요소들을 사진으로 만나보세요.

02
여행 스타일 정하기
STEP 02 » PLANNING 을 보면서 나의 여행 스타일을 정해 보세요. 속성 코스 또는 기본 코스에 박물관, 가족여행, 근교 여행 등 나만의 스타일을 더하면 여행 일정이 완벽해집니다.

03
할 것, 먹을 것, 살 것 고르기
여행의 밑그림을 다 그렸다면 구체적으로 여행을 알차게 채워갈 단계입니다. STEP 03 » ENJOYING 에서 STEP 05 » SHOPPING 까지 펜과 포스트잇을 들고 꼼꼼히 체크해 두세요. 에펠탑이 가장 아름다운 뷰 포인트, 전 세계가 인정한 박물관과 무료 박물관들, 파리만의 빈티지 벼룩시장, 정통 프랑스 요리와 디저트까지 미리 찜해 놓으면 됩니다.

04
숙소 정하기

어디서 자느냐가 여행의 절반을 좌우합니다. 숙소가 어디냐에 따라 여행 일정이 달라집니다. STEP 06 » SLEEPING 은 물가 높은 파리에서 가격 대비 가장 만족스러운 곳으로 엄선해 보여줍니다. 럭셔리 호텔부터 호스텔, 한인민박, 하우스 렌트까지 여행스타일에 맞는 다양한 숙박 제안 중 내가 묵고 싶은 파리의 숙소를 찜하세요.

05
지역별 일정 짜기

여행의 콘셉트와 목적지를 정했다면 이제 지역별로 묶어 동선을 짜봅니다. PARIS BY AREA 에서 파리 구석구석까지 모아놓은 지역별 관광지와 레스토랑을 보면 이동경로를 짜는 것이 수월해집니다. 일정이 허락한다면 SPECIAL 1 DAY TOUR 의 전원적이고 평화로운 파리 근교 여행도 계획해 보세요.

06
D-day 미션 클리어

여행 일정까지 완성했다면 책 마지막의 여행 준비 컨설팅 을 보면서 혹시 빠뜨린 것은 없는지 챙겨보세요. 여행 60일 전부터 출발 당일까지 날짜별로 챙겨야 할 것들이 리스트 업 되어 있습니다.

07
홀리데이와 최고의 여행 즐기기

이제 모든 여행 준비가 끝났으니 《파리 홀리데이》가 필요 없어진 걸까요? 여행에서 돌아올 때까지 내려놓아서는 안 돼요. 여행 일정이 틀어지거나 계획하지 않은 모험을 즐기고 싶다면 언제라도 《파리 홀리데이》를 펼쳐야 하니까요. 《파리 홀리데이》는 당신의 여행을 끝까지 책임집니다.

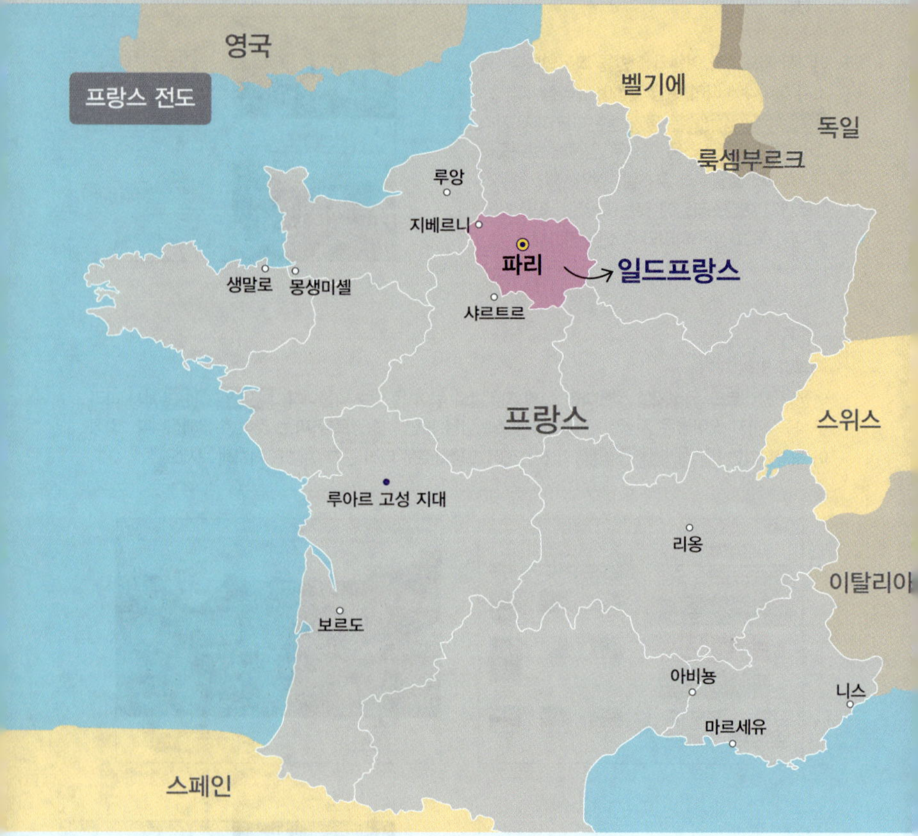

프랑스 전도

- 영국
- 벨기에
- 독일
- 룩셈부르크
- 루앙
- 지베르니
- 파리 → 일드프랑스
- 생말로
- 몽생미셸
- 샤르트르
- 프랑스
- 스위스
- 루아르 고성 지대
- 리옹
- 이탈리아
- 보르도
- 아비뇽
- 니스
- 마르세유
- 스페인

미리 알아두기 I

1. 파리와 일드프랑스

파리를 여행하기 전에 우선 파리 중심뿐 아니라 광역 수도권인 일드프랑스 Île-de-France 전체에 대한 밑그림을 머릿속에 가지고 있는 게 좋다. 일드프랑스란 파리와 주변 7개 도를 포함하는 프랑스의 행정구역 (Région, 레지옹)을 일컫는다. 우리나라로 치면 서울과 그 주변의 경기도나 인천 같은 개념이다. 도시화된 파리 시내와 한적하고 자연이 어우러진 일드프랑스 교외 지역은 거미줄 같은 교통망으로 연결되어 있다. 광역 급행 철도 RER, 일드프랑스 통근 열차 트랑질리앙, 트램, 지하철과 버스 등을 이용해 일드프랑스 일대 어디든 편리하게 오갈 수 있다.

2. 각 구별 특징

다음 1~20부까지가 파리 중심부인 1존이다. 센강을 중심으로 남쪽을 좌안, 북쪽을 우안이라 부른다.

- 초록 **1, 2, 3, 4, 8, 9구** : 파리의 중심! 핵심 관광지 대부분이 모여 있음
- 파랑 **5, 6, 7구** : 센강이 있는 좌안의 중심부. 7구에 에펠탑, 오르세 미술관 등이 있음
- 빨강 **10구** : 생 마르탱 운하 있음. 비교적 안전하지 않다. 숙소 예약 시 주의할 것
- 노랑 **11~15구, 17구** : 15구에 몽파르나스 타워, 13구에 아시아 지구 있음. 비교적 안전
- 오렌지 **16구** : 샤요 궁, 고급 주거 단지. 비교적 안전
- 회색 **18~20구** : 몽마르트르 있음. 18구 북동쪽과 19구는 안전하지 않음. 숙소 예약 비추

미리 알아두기 11

"앱 활용 능력에 따라 여행이 달라진다!"
파리 여행 필수 앱

이동과 길찾기

• **Google Map (구글맵)**

해외 어딜 가나 구글맵은 만고의 진리! 길찾기부터 변화가 잦은 가격 정보나 식당 예약까지 구글맵에서 다 된다. 장소 검색할 때 대부분은 한국어로 검색해도 되지만 만일 검색이 안 되면 프랑스어나 영어로 검색할 것. é, à 같은 특수문자 말고 e, a로 넣어도 된다. 특히 변화가 잦은 운영시간이나 가격 등은 구글맵에서 방문 전에 미리 확인할 것.

• **IDF Mobilités (Îld de Farance 모빌리테)**
• **Bonjour RAPT (봉주르 RAPT)**

나비고 카드 없이 스마트폰으로 모든 종류의 파리 교통권을 구입하고 사용할 수 있는 앱이다. 이를 위해서는 06 혹은 07로 시작하는 프랑스 스마트폰 번호가 필요하고, 앱에 안내된 대로 "Mes Tickets Navigo"를 추가 다운받아야 한다. 이미 구입한 실물 나비고 패스를 앱에서 직접 충전하는 것도 가능하다. 아이폰 사용자는 해당 앱 없이 애플지갑에서 직접 구입할 수 있다.

• **City Mapper (시티맵퍼)**

교통 어플 일인자! 대중교통 이용 시 유럽에서는 구글맵보다 시티맵퍼를 더 많이 쓴다. 공사 현장이나 파업 등 실시간 교통 상황을 잘 반영하여 더 정확하다.

• **Uber (우버)**

호출 택시 어플의 대명사. 회원가입하고 계정 생성한 뒤 결제수단까지 한국에서 미리 등록해 놓으면 편하게 이용할 수 있다. 비교적 잘 잡히는 편이다. 30인치 캐리어 2개까지는 우버X(컴포트 일반택시)만 불러도 가능한데, 그 이상은 SUV 밴인 우버XL를 부르는 게 좋다. 캐리어 3개면 승차 거부될 수 있다. 우버잇츠로 음식 배달도 가능하다.

• **SNCF Connect**

프랑스 전역의 일반열차(TER)와 고속열차(TGV, INOUI), 프랑스 출도착 국제선 열차(Eurostar, TGV Lyria 등)의 스케줄과 요금 검색, 티켓 예약 및 관리가 가능한 앱. 하물며 IDF Mobilités나 Bonjour RAPT 앱처럼 파리 대중 교통권도 구입, 이용할 수 있다. 스마트폰 설정에서 언어를 ENGLISH로 지정하면 영어 버전으로 사용 가능하다.

• **Bolt (볼트)**

우버와 같은 개념인데, 우버에 비해 볼트가 조금 더 저렴하다는 리뷰가 많다.

• **Velib' (벨리브)**

서울시 따릉이 같은 공공 자전거 앱.

맛집 검색

- **The Fork_Restaurant Bookings (더포크)**

요즘 유럽 여행 필수 앱으로 떠오른 신흥 강자! 더포크 앱으로 예약하면 할인쿠폰 등 프로모션도 많아 인기다.

- **Tripadvisor (트립어드바이저)**

리뷰 강자! 꽤 오래된 플랫폼이라 그동안 쌓인 찐리뷰들이 많다.

기타 검색

- **Papago (파파고)**

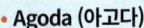

통역과 번역은 파파고가 일등.

- **Agoda (아고다)**

숙소 앱은 다양하게 많지만 아고다 만족도가 높다. 하나의 앱에 정착해야 할인폭이 커진다.

- **Klook (클룩)**

액티비티나 입장권 예매 등에 도움받을 수 있다.

- **Trabee Pocket (트라비포켓)**

경비 어플이다. 일명 가계부. 트래블월렛으로 대부분 사용하더라도 현금 지출은 정리하기 어렵다. 총 사용액을 원화로 환산해준다.

- **Airbnb (에어비앤비)**

가족 여행에서는 호텔보다는 에어비앤비가 낫다. 숙소 고를 때 꼭 봐야 하는 앱.

- **Tourlive (투어라이브)**

유럽 일본 여행 오디오 가이드 앱. 5~6만 원 정도하는 유료 앱이지만, 시간과 날짜에 제약 없이 내 마음대로 이용할 수 있는 손 안에 가이드다. 일행 1명까지 무료로 인원 추가 가능하다. 방문할 명소의 오디오 가이드를 한국에서 미리 다운받아서 가면 데이터 걱정 없이 사용할 수 있다.

- **Affluences (어플루언스)**

시즌에는 관광 명소마다 기다리는 사람들로 넘쳐나는 파리. 미리 예약을 했어도 기다리는 게 일이다. 대기자 수를 확인할 수 있는 어플.

- **Currency Converter (커런시 컨버터)**

환율 계산기. 유로에 적응할 때까지는 열심히 두드리자.

Step 01
Preview

파리를
꿈꾸다

01 파리 MUST SEE

02 파리 MUST DO
03 파리 MUST EAT

PREVIEW 01
파리 MUST SEE

매년 전 세계에서 가장 많은 관광객들이 찾아드는 곳, 파리. 낭만의 도시, 예술의 도시, 패션의 도시, 식도락의 도시. 파리를 수식하는 수많은 형용사 중 '관광'의 도시 파리에서 당신이 놓치면 후회할 볼거리들을 모았다.

1 누가 뭐래도 명백한 파리의 상징, **에펠탑**

고딕 건축물의 정수, 나폴레옹 황제의 대관식이 있었던
파리 노트르담 대성당

레오나르도 다빈치의 〈모나리자〉를 비롯해 예술의 보고들로 가득한 세계 3대 박물관 중 하나 **루브르 박물관**

4
형장의 이슬로 사라진 왕비 마리 앙투아네트와
루이 16세의 호화찬란한 **베르사유 궁전**

5
흥미로운 전시물과 독특한 외관, 환상적인 야경이
완벽한 삼박자를 이루는 **케 브랑리 박물관**

6 샹젤리제 거리 야경의 방점, 나폴레옹 1세의 승전을 기념하여 세워진 세상에서 가장 큰 **개선문**

7 알록달록 파이프가 그대로 드러난 유럽 최고의 현대 문화예술 복합 공간, **퐁피두센터**

8

마티스의 〈춤〉, 라울 뒤피의
〈전기의 요정〉 등 현대 미술의
보고, **파리 시립 현대미술관**

9

금박 입힌 돔 아래
나폴레옹 1세의 거대 묘가
안장되어 있는 **앵발리드**

10
베르사유 궁전 거울의 방보다 더 화려하다는
팔레 가르니에-파리 국립오페라

11
14m 높이의 스테인드글라스로
3면의 벽을 에워싼 화려한 성당,
생트 샤펠

12

아름다운 정원 분수 근처에 둘러앉아 책도 읽고,
바게트 샌드위치도 먹고! 파리지앵들이 사랑하는 **튈르리 정원**

13

프랑스 나치 협력자들 손에 죽어간
유대인들을 추모하고 잔인한 역사를
반성하는 **쇼아 기념관**

14 〈생각하는 사람〉을 비롯해 유명 작품들로 꾸며진 아름다운 정원을 걸어보자.
로댕 미술관

15 〈노트르담 드 파리〉, 〈레미제라블〉로 유명한 프랑스 대문호 빅토르 위고가 살았던
빅토르 위고 기념관

STEP 01
PREVIEW

PREVIEW 02
파리 MUST DO

파리 관광객이라면 절대 놓치지 말아야 할 에펠탑 조명쇼 감상부터 바르셀로나의 가우디 건축물 못지않은 16구의 아르누보 거리 산책까지, 파리지앵들의 생활 속 곳곳에 숨어 있는 멋과 여유, 낭만을 마음껏 즐겨보자. 파리에서 당신이 해봐야 할 것들 10가지!

1 파리지앵처럼 정원, 공원, 강변에서 여유부리기

3 유명 카페 테라스에서 관광객들 구경하기

4 파리시가 운영하는 무료 미술관 방문하기

2 유람선 타고 센강의 건축물들 둘러보기

5 파리의 밤을 수놓는 화려한 야경 감상하기

STEP 01
PREVIEW

6 벼룩시장에서 파리 냄새 물씬 나는 중고물품 구입하기

9 그림같이 아름다운 파리 근교 방문하기

7 몽마르트르 언덕에서 무명 화가의 초상화 모델 되기

8 19세기에 탄생한 쇼핑 아케이드, 파사주 헤매보기

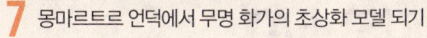

10 전망대에 올라가 파리의 지붕들 내려다보기

STEP 01
PREVIEW

달팽이에 고소하고 짭짤한
소스가 일품
에스카르고

버터 향 가득한 페이스트리에
진한 초콜릿이 쏘옥~
팽 오 쇼콜라

PREVIEW 03
파리 MUST EAT

맛보기 전부터 눈이 호사스러운 디저트는 물론 서양식, 동양식, 아랍식을 망라한 다양한 종류의 음식이 기다리는 도시. 전채부터 본식, 간식, 디저트, 각종 음료들이 여행자의 입과 코를 즐겁게 하는 바로 그곳! 파리는 진정 먹거리의 천국이다.

식사로도 디저트로도 아낌없이
사랑받는 국민 요리
크레이프

톡톡 깨서 한입 물면 달콤하고
고소한 프랑스식 푸딩
크렘 브륄레

비 내리고 쌀쌀한 파리에서
외로움을 달래주는 소울 푸드
양파 수프

프랑스 가정식 요리로 부드러운
풍미가 가득한 소고기찜
뵈프 부르기뇽

잘 녹은 치즈를 따뜻한 감자
위에 부어 먹는
라클레트

어느 식당에서도 실패 확률이
가장 적은 친근한 맛
오리 콩피

Step 02
Planning

파리를 **그리다**

01 파리 여행 오리엔테이션
02 파리 공항 드나들기
03 파리 대중교통 완전 정복
04 파리 2박 3일 속성 코스

05 파리 3박 4일 기본 코스
06 박물관 마니아를 위한 2, 4, 6일 코스
07 내 아이를 위한 특별한 여행
08 파리 근교 & 지방 1일 여행

STEP 02
PLANNING

PLANNING 01
파리 여행 **오리엔테이션**

파리 여행을 계획하려면 먼저 대략적으로나마 파리의 지리적 특징을 이해해야 한다. 파리가 프랑스 어디쯤에 있는지, 크기는 어느 정도이고, 관광지는 어떻게 분산돼 있으며, 어떻게 움직여야 할지 등 큰 밑그림을 그려보자.

파리의 지리적 위치

파리는 프랑스 중북부에 위치한 일드프랑스Île-de-France 지역의 중심 도시이자 프랑스의 수도다. 서울의 6분의 1크기로, 중앙에는 동서로 센 강이 흐르고 강에는 서울의 여의도 같은 시테섬과 생루이섬이 자리해 있다. 강 위쪽은 우안Rive Droite, 강 아래쪽을 좌안Rive Guche이라 부르고, 파리 외곽 오른쪽에는 뱅센 숲이, 왼쪽에는 불로뉴 숲이 위치해 있다. 전체적으로는 약간 긴 타원형의 모습을 하고 있다.

파리의 행정구역

루브르 박물관이 위치한 1구를 중심으로 달팽이 모양처럼 시계방향으로 돌아나가며 20개의 행정구가 나눠진다. 파리의 우편번호는 750으로 시작되며, 마지막 두 자리는 행정구역을 나타낸다. 예를 들어 어떤 호텔의 우편번호가 75001이면 그것이 파리 1구역에 위치해 있고, 75016이면 16구에 위치해 있는 것이다.

지구별 특징과 관광지

1~4구
1, 2, 3, 4구는 시테섬을 포함해 센강 위쪽에 위치한 행정 중심 구역이다. 1구에는 루브르 박물관과 튈르리 정원이, 2구에는 오페라를 중심으로 유명 백화점과 쇼핑몰들이 들어서 있다. 3구와 4구는 마레 지구를 공유하며 각종 숍과 갤러리, 역사적인 건물들과 공원들이 들어서 있다. 특히 4구에는 노트르담 대성당과 생루이섬이 포함된다.

5~7구
5, 6, 7구는 센강 아래쪽에 위치한 행정 중심 구역이다. 5구는 소르본 대학으로 대표되는 대학가 라틴 구역이며, 6구는 생쉴피스 성당 같은 역사적인 건축물과 뤽상부르 정원, 명품 브랜드숍들이 들어선 생제르맹데프레다. 7구에는 그 유명한 에펠탑과 오르세 미술관, 앵발리드가 있다.

8~12구
다시 센강 위쪽으로 올라와, 1, 2, 3, 4구를 둘러싼 행정 구역 8, 9, 10, 11, 12구가 있다. 콩코르드 광장부터 시작해 개선문까지는 8구에 속한다. 샹젤리제, 몽테뉴, 포부르그 생토노레 같은 명품 거리들이 위치해 있다. 9구는 갤러리 라파예트를 중심으로 한 쇼핑 지역과 오페라로 대표될 수 있다. 10구에는 북역과 동역이 위치해 있는데, 이민자들이 주로 거주하여 치안이 불안한 편이다. 바스티유 광장과 나시옹 광장이 있는 11구는 관광지로 많이 찾지는 않지만, 교통이 편리하고 호텔 요금이 저렴해 주목해 볼 만하다. 12구에는 리옹역과 베르시역이 있고, 관광지로는 베르시 빌라주가 있다.

13~15구
다시 센강 아래쪽 4, 5, 6구를 둘러싼 행정 구역, 13, 14, 15구가 있다. 13구에는 중국인과 베트남인 중심의 아시아 지구가 형성돼 있고, 한국인은 15구에 많이 산다. 몽파르나스역이 있으며 에펠탑에 근접한 15구 역시 관광지로의 접근성도 좋고 호텔 요금도 적당해 여행객들이 많이 찾는다.

16~20구
센강 너머 서쪽에 있는 16구는 고급 주택들도 많고 주거 환경도 뛰어난 부촌이다. 몽마르트르가 있는 18구부터 20구까지는 공장이 많고 이민자, 저소득계층들이 많이 사는 곳이다. 몽마르트르 언덕은 워낙 유명한 관광지로 큰 문제가 없지만, 그 주변으로 조금만 벗어나도 치안에 주의가 필요하다.

파리 근교와 관광지

파리가 속해 있는 광역 자치단체(한국의 도道와 비슷), 일드프랑스Île-de-France는 파리 근교의 주거 밀집 지역으로 생각하면 된다. 파리로 출퇴근하는 사람들이 많다 보니, 파리와 교외를 잇는 RER, 트랑질리앙 같은 열차들이 잘 발달돼 있다. 일드프랑스는 하나의 교통 체계를 공유하고 있으며, 기존에는 파리를 중심으로 1~5존Zone으로 나누어 요금이 책정되었다. 그러나 2025년부터는 메트로, RER, 기차, 버스, 트램 모두 동일 요금제(공항 이동 제외)로 통합되어, 이제는 존 구분 없이 교통수단을 자유롭게 이용할 수 있다. 아래 표를 보면, 파리 근교에 있는 관광지들이 파리에서 얼마나 멀리(혹은 가까이) 있는지 가늠할 수 있다.

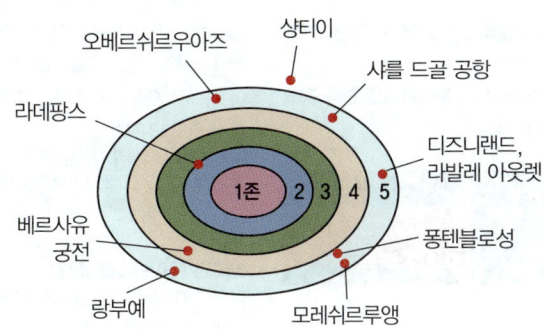

1, 2존	파리 시내
3존	라데팡스
4존	베르사유 궁전
5존	샤를 드골 공항, 디즈니랜드, 라발레 아웃렛, 퐁텐블로성, 모레쉬르루앙, 랑부예, 오베르쉬르우아즈, 프로뱅
5존 외	샹티이

PLANNING 02
파리 공항 드나들기

공항은 여행의 시작이자 종착점이다.
공항 입국에서 숙소까지의 교통을 미리미리 계획해놓자.

프랑스 입국하기

① 공항에 도착하면 비행기가 설 때까지 자리에서 기다린다.
② 모든 짐을 빠짐없이 챙겨 비행기를 나와 도착홀 Arrivé로 향한다.
③ 자동 입국 심사(만 12세 이상 가능)를 거친 후 입국 도장을 받는다.
④ 수하물 찾는 곳 Bagages으로 가 자기 짐을 찾는다. 비슷한 캐리어들이 많기 때문에 자기 것이 맞는지 반드시 확인할 것.
⑤ 수하물을 찾지 못했다면 공항 직원의 도움을 받아 분실 신고를 한다. 이때 인천 공항에서 받았던 수하물 태그(보통 보딩패스에 붙여 준다)가 꼭 필요하다.
⑥ 자신의 목적지에 따라 편리한 교통편을 정해 해당 승차장으로 간다.

공항에서 시내가기

샤를 드골 공항 → 시내

크게 광역 급행 철도 RER과 일반버스, 공항버스가 있다. 여행객들이 가장 많이 이용하는 것은 RER이다.

RER (30분 소요)

공항 터미널 2, 3으로 입국할 경우, RER이라고 쓰인 표지판을 따라가 RER역(2터미널의 경우, TGV 기차역과 같이 있다)에서 B선 열차를 탄다. 공항 터미널 1로 입국할 때는, CDGVAL이나 RER이라고 쓰인 표지판을 따라가, 터미널 간 운행되는 공항 무료 셔틀열차CDGVAL를 탄 후 2터미널에서 내려 RER B선 열차에 탑승한다. RER B선은 파리 한가운데인 북역Gare du Nord과 샤틀레 레알Châtelet Les Halles, 생미셸-노트르담Saint-Michel-Notre-Dame 등에 정차한다.

Cost 편도 13유로
Open 04:50~00:30 (배차간격 10~20분)

루아시 버스 Roissy Bus (75분 소요)

파리 오페라 가르니에와 공항 터미널 1, 2, 3을 연결하는 버스다. 숙소가 오페라 근처라면 편리한 편이지만, 그 외에는 다시 교통편을 갈아타야 하므로 오히려 번거로울 수 있다.

Cost 편도 13유로
Open 파리 오페라 가르니에 행 06:00~00:30,
공항 행 05:15~00:30 (배차간격 15~30분)

일반버스 Bus

350번 (60~80분 소요)
공항 터미널 1과 2, 3 루아시폴에서 탑승할 수 있다. 종착역은 파리 북쪽 포르트 드 라샤펠 Porte de la Chapelle로 시내에서 먼 편이다.

Cost 편도 2유로
Open 파리 동역 행 06:05~22:30,
공항 행 05:40~21:40 (배차간격 15~35분)

351번 (70~90분 소요)
공항 터미널 1, 2와 파리 나시옹Paris-Nation 메트로 및 RER 역을 연결한다.

Cost 편도 2유로
Open 파리 나시옹 행 07:10~21:40,
공항 행 05:35~20:20 (배차간격 15~30분)

녹실리앙 Noctilien (야간 버스)

N140(100분 소요)
공항 터미널 1, 2, 3과 파리 북역Gare du Nord 및 동역Gare de l'Est을 연결한다.

Cost 편도 2유로
Open 파리 동역 행 01시, 02시, 03시, 04시,
공항 행 01시, 02시, 03시, 03시 40분

N143(60분 소요)
140번과 출도착 지점은 동일하나 중간 정차역이 다르고 노선도 단순해 소요시간이 짧다.

Cost 편도 2유로
Open 파리 동역 행 00:02~04:32 30분 간격
공항 행 00:55~05:08 30분 간격

오를리 공항 → 시내

메트로 Metro (시내까지 30분 소요)

생라자르역Gare Saint-Lazare, 샤틀레Châtelet, 리옹역Gare de Lyon 등을 연결하는 보라색 14호선이 오를리 공항까지 연장됐다.

Cost 13유로
Open 05:30~22:20(주말에는 자정 이후에도 운행)

오를리발 ORLYVAL (6분 소요)

오를리 공항에서 안토니Antony RER B선 역까지 운행하는 셔틀열차다. 안토니역에서 RER B선을 타고 파리 시내로 이동한다.

Cost 13유로
Open 06:00~23:35(배차간격 4~7분)

트램 7번 Tramway T7 (30분 소요)

메트로 7호선을 탈 수 있는 빌쥐프루이 아라공Villejuif-Louis Aragon역과 공항을 연결한다.

Cost 2유로
Open 05:30~00:30(배차간격) 8~15분
*트램과 메트로 환승 불가(각각 별도 티켓 구매해야 함)

택시 Taxi

수화물을 찾은 후 택시 표지판을 따라 택시 스탠드로 간다. 공항택시는 정액제다. 샤를 드골 공항에서 파리 센강 북부 지역까지는 56유로, 센강 남부 지역까지는 65유로다. 오를리 공항에서 파리 센강 북부 지역까지는 45유로, 센강 남부 지역까지는 36유로다. 야간 시간대와 주말, 공휴일은 15%의 할증이 붙는다. 좀 더 저렴하고 안전하게 택시를 이용하려면, 우버Uber나 볼트Bolt를 이용할 수 있다. 단, 미리 해당 애플리케이션을 다운받고 회원가입을 해둬야 한다.

〈샤를 드골 공항 출발 택시 요금〉

프랑스 출국하기

샤를 드골 국제공항은 언제나 매우 번잡하다. 아무리 늦어도 3시간 전에는 꼭 도착해야 한다. 택스 리펀드를 받아야 한다면 4시간 전에 도착하자.

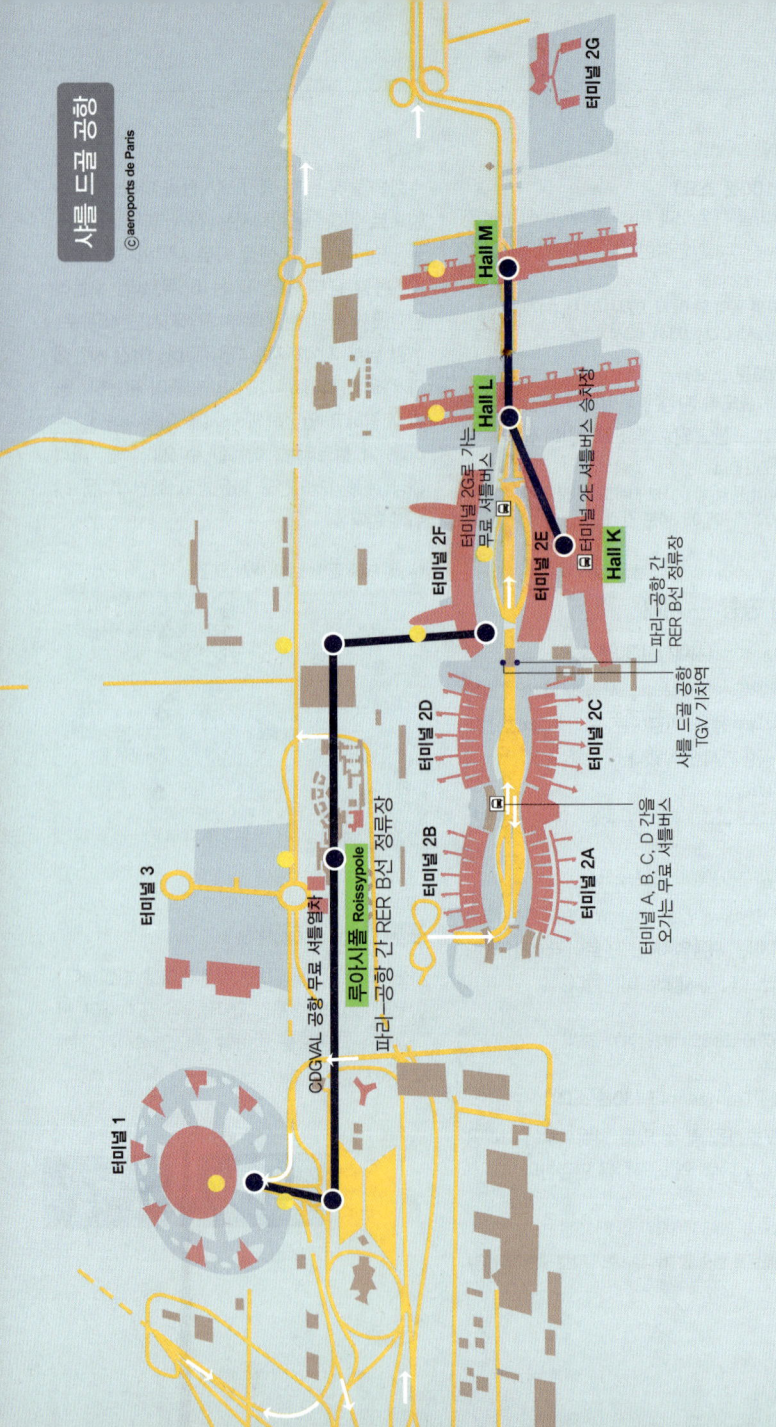

파리-공항 간 교통편

© aeroports de Paris

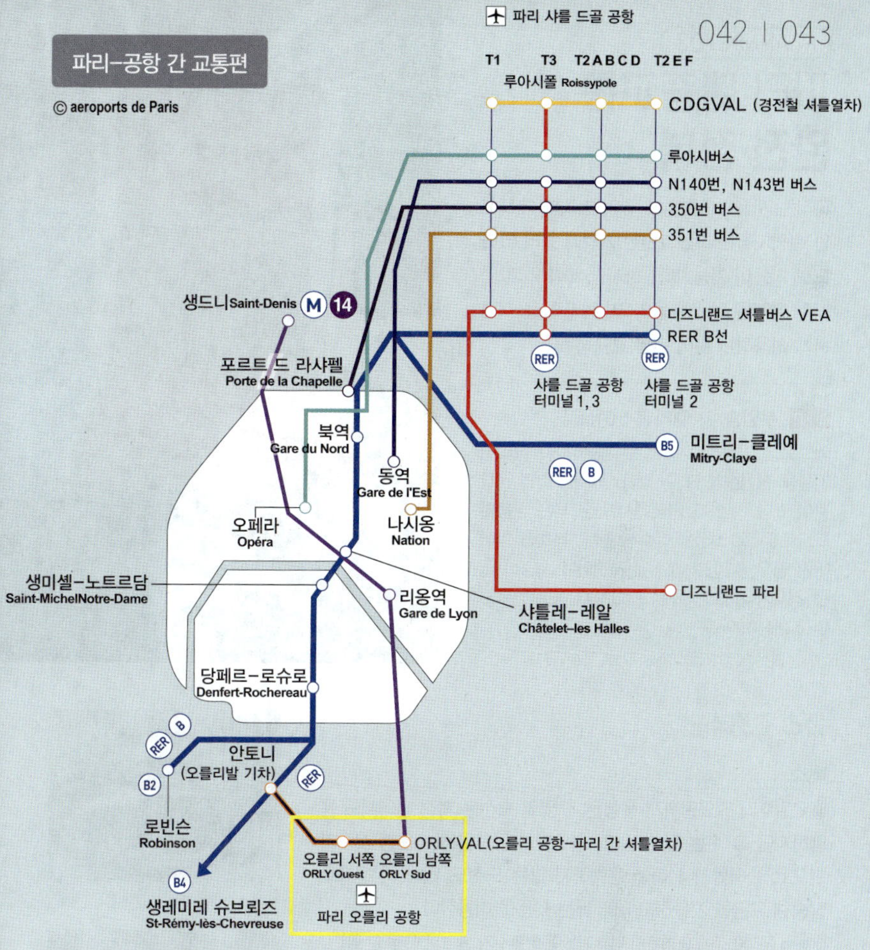

파리 샤를 드골 공항
T1
T3
T2 A B C D
T2 E F
루아시폴 Roissypole
CDGVAL (경전철 셔틀열차)
루아시버스
N140번, N143번 버스
350번 버스
351번 버스
디즈니랜드 셔틀버스 VEA
RER B선
샤를 드골 공항 터미널 1, 3
샤를 드골 공항 터미널 2
미트리-클레예 Mitry-Claye
B5
RER B
생드니Saint-Denis
M 14
포르트 드 라샤펠 Porte de la Chapelle
북역 Gare du Nord
동역 Gare de l'Est
오페라 Opéra
나시옹 Nation
생미셸-노트르담 Saint-MichelNotre-Dame
리옹역 Gare de Lyon
샤틀레-레알 Châtelet-les Halles
디즈니랜드 파리
당페르-로슈로 Denfert-Rochereau
RER B
B2
안토니 (오를리발 기차)
RER
로빈슨 Robinson
B4
생레미레 슈브뢰즈 St-Rémy-lès-Chevreuse
ORLYVAL(오를리 공항-파리 간 셔틀열차)
오를리 서쪽 ORLY Ouest
오를리 남쪽 ORLY Sud
파리 오를리 공항

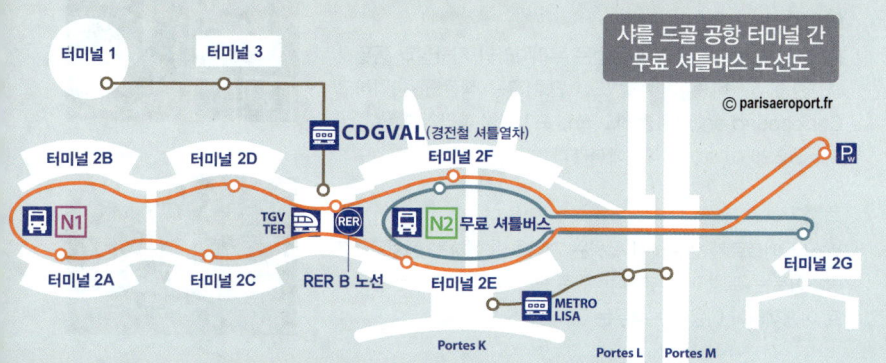

샤를 드골 공항 터미널 간 무료 셔틀버스 노선도

© parisaeroport.fr

터미널 1
터미널 3
CDGVAL(경전철 셔틀열차)
터미널 2B
터미널 2D
터미널 2F
N1
TGV TER
RER
N2 무료 셔틀버스
터미널 2A
터미널 2C
RER B 노선
터미널 2E
터미널 2G
METRO LISA
Portes K
Portes L
Portes M

PLANNING 03
파리 대중교통 완전 정복

파리는 서울의 6분의 1 크기인 데다 대표적인 관광지들은 고만고만한 거리에 몰려 있어 도보 이동이 가능하다. 하지만 체력 안배 및 시간 절약을 위해 다음의 교통수단들을 적절하게 이용하는 것이 훨씬 효율적이다.

TIP 무임승차, 걸리면 50유로!
메트로를 이용하다 보면 무임승차하는 파리지앵들을 심심찮게 볼 수 있다. 하지만 한번 검사관이 떴다 하면 그 자리에서 현금 혹은 신용카드로 50유로 벌금을 징수해 간다. 티켓을 잃어버린 경우, 나비고 패스에 사진이나 서명이 없는 경우, 나비고 패스를 태그하지 않은 경우도 벌금 대상이다.

파리 교통수단

버스
월요일부터 일요일까지 운행된다. 몇몇 노선은 자정 넘어서도 운행하지만 그 수는 많지 않고, 일요일과 공휴일에는 운행 횟수가 반으로 줄어들거나 아예 운행하지 않는 노선도 있다. 앞문으로 탑승해 요금을 지불하고 내릴 때는 뒷문을 이용한다.
Open 07:00~20:30(밤 9시 이후에는 운행횟수가 줄거나 운행 안 함)

메트로 Metro
총 14개 노선이 있으며 이용법은 우리나라의 지하철과 동일하다. 환승 시, 바꿔 타야 할 노선 번호(혹은 색깔)를 파악하고 Correspond ance(환승)라고 쓰인 표지판을 따라가면 된다.
Open 05:30~01:30(노선과 역에 따라 다름)

트램 Tram
버스나 메트로가 연결하지 못하는 지역을 운행하는 전차로, 프랑스어로는 '트람'이라 부른다. 주로 관광지 외 지역을 운행하므로 여행객들이 이용하는 경우는 많지 않다.

택시 Taxi

빈 택시(녹색등이 켜진 차량)를 잡거나 택시 스탠드에서 기다리거나 우버 혹은 볼트를 이용할 수 있다. 일반택시 기본료는 4.48유로로 요일과 시간대에 따라 1km당 1.29유로씩 올라간다. 하지만 아무리 단거리를 간다 해도 최소 운임은 8유로로 정해져 있다. 1~2존 안을 이동할 때는 대략 10~20유로 정도 나온다. 우버Uber나 볼트Bolt는 택시보다 가격이 저렴하다.

RER

파리와 위성도시를 이어주는 광역 급행 열차다. 총 5개 노선이 있으며 A, B, C 등으로 표기된다. 메트로와 대동소이하고 환승도 자유롭지만, 파리 시내에는 특정 역에서만 선다. 공항이나 베르사유 궁전으로 이동 시 주로 탑승한다.

Open 06:00~00:30

기차 Train

파리에는 7개의 기차역(북역Nord, 동역Est, 리옹역Lyon, 베르시역Bercy, 오스테리츠역Austerlitz, 몽파르나스역Montparnasse, 생라자르역Saint-Lazare)이 있다. 지베르니나 몽생미셸, 루아르 고성 지대 등 좀 더 멀리 여행할 경우 이용한다. 운행 시간 조회 및 티켓 구매는 인터넷으로도 가능하다.

Web www.sncf-connect.com

트랑질리앙 Transilien

파리와 교외 지역(일드프랑스)을 연결하는 통근 열차다. 오베르쉬르우아즈나 베르사유, 퐁텐블로성 등을 여행할 때 이용한다. 목적지마다 출발역이 다르고, 메트로-기차-RER 티켓이나 나비고 패스를 이용해야 한다. 파리 내 교통편들보다 운행 편수가 적기 때문에 열차 시간을 미리 알아두는 것이 좋다. Réseau Ile-de-France라고 쓰인 표지판을 따라가면 된다.

Web www.transilien.com

녹실리앙 Noctilien

일반버스 운행이 끝난 후에 이용할 수 있는 야간 버스다. 12개의 노선이 운행 중이며, 샤를 드골 국제공항과 오를리 공항, 파리 시내 주요 기차역 등을 연결한다.

Open 00:30~05:30 **Web** www.ratp.fr(파리교통공사)

기억하세요!
새로운 파리의 교통 정보

파리의 대중교통 체계가 완전히 달라졌다. 기존에는 파리 시내와 외곽 지역(일드프랑스 Île-de-France)을 1~5존으로 구분해 요금을 차등 부과했지만, 2025년부터는 이 존 구분이 폐지되고 하나의 통합 요금제가 적용되고 있다. 복잡했던 요금 체계가 단순해진 것이다.

또한, 종이 승차권(일회권과 10장짜리 까르네)의 판매도 종료됐다. 이제 파리에서 대중교통을 이용하려면 반드시 '나비고Navigo' 교통카드를 구매한 뒤 필요한 티켓을 카드에 충전해 사용해야 한다. 혹은 스마트폰의 NFC 기능을 이용해 실물 카드 대신 사용할 수도 있다.

실물 교통 카드는 충전할 수 있는 교통권이 다르다. 나비고 이지Navigo Easy 카드에는 주로 단일 티켓을, 나비고 데쿠베르트Navigo Decouverte 카드에는 기간제 티켓을 담을 수 있다. 한 카드에 담을 수 있는 티켓 수와 사용에도 제한이 있다. 예를 들어, 메트로-기차-RER 티켓과 파리-공항 티켓은 한 카드에 공존할 수 없기 때문에, 하나를 쓴 후에 다른 하나를 충전하거나 새 카드에 담아야 한다. 한 개의 카드는 여러 명이 함께 쓸 수 없다. 특히 사진과 이름이 붙어 있는 나비고 데쿠베르트는 얼굴과 사진이 다를 경우 신분증을 요구할 수 있다.

대중 교통 환승 시, 메트로와 버스는 교통권이 다르기 때문에 각각 구매해야 한다. 참고로, 만 4~9세 어린이는 단일 티켓에 한해 50% 할인되며, 0~3세는 모든 교통이 무료다.

파리의 교통카드와 교통권

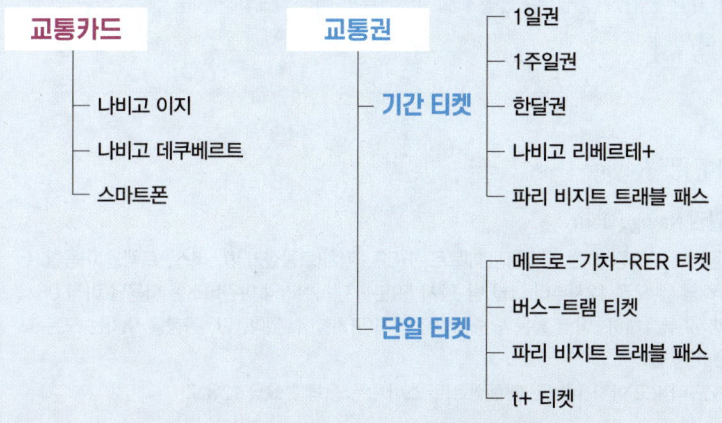

교통카드

교통권을 처음 이용하려면, 먼저 교통 카드를 구입하거나 스마트폰에 앱을 다운 받아야 한다. 교통카드는 메트로와 RER 역 내 매표소 및 자동판매기에서 구입할 수 있다.

---

❶ 나비고 이지 Navigo Easy
단일 티켓(메트로-기차-RER 티켓, 버스-트램 티켓, 파리-공항 티켓, 루아시 버스 티켓)과 1일권, 파리 비지트 트래블 패스를 충전할 수 있는 교통카드다. 카드 발급비 2유로.

❷ 나비고 데쿠베르트 Navigo Découverte
여행객들이 1일, 1주일, 1달권 같은 기간권을 충전할 수 있는 교통카드다. 카드 발급비는 5유로이며 증명 사진이 필요하다. 카드에는 반드시 이름을 써야 하고 본인만 사용할 수 있다. 유학생이나 장기 거주자는 나비고Navigo 카드를 발급받으면 된다.

❸ 스마트폰
NFC 기능이 있는 스마트폰에 필수 앱을 다운받고, 계정을 생성한다. 원하는 교통권을 구입하고 실물 교통카드 대신 스마트폰(혹은 스마트워치)을 태그하면 된다.

교통권 (티켓)

일정 기간 동안 이용할 수 있는 패스 스타일의 티켓과 1회씩 이용할 수 있는 단일 티켓이 있다.

기간 티켓 Navigo Pass

❶ 1일권 Navigo Jour
하루 동안 일드프랑스 전 지역에서 메트로, RER, 기차(트랑질리앙), 버스, 트램을 이용할 수 있다. 해당 날 오전 12시부터 그날 밤 11시 59분까지(녹실리앙 야간버스는 다음날 아침 05시 59분까지) 유효하며, 당일 혹은 탑승 6일 전까지 구입할 수 있다. 단, 공항을 오가는 모든 교통편은 이용 불가.
교통카드 나비고 이지, 나비고 데쿠베르트, 스마트폰 중 택 1 **요금** 12유로

❷ 1주일권 Navigo Semaine
'나비고 위클리Navigo Weekly'라고도 불린다. 일주일간 무제한으로 메트로, RER, 기차(트랑질리앙), 버스, 트램을 이용할 수 있다. 공항을 오가는 메트로 14호선과 RER B선도 이용 가능(오를리발은 제외)하다. 해당 주 월요일 오전 12시부터 그 주 일요일 오후 11시 59분까지 유효하며, 전주 금요일부터 해당 주 목요일까지 구매할 수 있다.
교통카드 나비고 데쿠베르트, 스마트폰 중 택 1 **요금** 31.60유로(모든 존)

❸ 한달권 Navigo Mois
'나비고 먼슬리Navigo Monthly'라고도 불린다. 1달간 무제한으로 메트로, RER, 기차(트랑질리앙), 버스, 트램을 이용할 수 있다. 공항을 오가는 메트로 14호선과 RER B선도 이용 가능(오를리발은 제외)하다. 매월 1일 오전 12시부터 그 달 마지막 날 오후 11시 59분까지 유효하며, 전달 20일부터 해당 월 19일까지 구입할 수 있다.
교통카드 나비고 데쿠베르트, 스마트폰 중 택 1 **요금** 88.80유로(모든 존)

❹ 나비고 리베르테+ Navigo Liberté+
이용한 만큼 요금이 계산되고 다음달에 프랑스 은행 계좌에서 돈이 빠져나가는 교통권이다. 1회 요금이 일반 요금보다 저렴하고, 하루 동안 무제한 사용(공항 제외)해도 1일 결제 요금은 12유로를 넘지 않는다. 유학생 및 장기 거주자에게 해당된다.
※ 나비고 리베르테+는 iledefrance-mobilités.fr에서 사전 등록 필수.
교통카드 나비고 데쿠베르트, 스마트폰 중 택 1 **요금** 공항행 메트로, RER, 버스 13유로

❺ 파리 비지트 트래블 패스 Paris Visite Travel Pass

일정 기간 동안 무제한으로 일드프랑스 지역 내 모든 교통수단을 이용(공항 오가는 교통편 포함)하면서 몽파르나스 타워 25% 할인 등 특정 관광지의 입장료 할인 혜택까지 받을 수 있는 패스다. 나비고 이지 혹은 스마트폰 중 하나가 필요하다.

※ 첫날 자정부터 그 다음날 자정까지를 1일로 계산한다.

교통카드 나비고 이지, 스마트폰 중 택 1 **요금** 성인 29.90유로~

단일 티켓 Single Tickets

❶ 메트로-기차-RER 티켓 Métro-Train-RER Ticket

일드프랑스 지역 안에서 메트로, 기차(트랑질리앙), RER, 후니쿨라, 급행 트램(T11, T12, T13)을 이용할 수 있다. 2시간 이내 환승 가능하며 공항 가는 노선은 제외다.

교통카드 나비고 이지, 스마트폰 중 택 1 **요금** 2.50유로

❷ 버스-트램 티켓 Bus-Tram Ticket

야간 버스 녹실리앙을 포함한 일드프랑스 지역 내 모든 버스와 일반 트램을 이용할 수 있다. 제한 시간은 90분이며, 같은 노선 환승 및 왕복 사용은 불가다. 또 샤를 드골 공항의 루아시 버스와 급행 트램(T11, T12, T13)도 제외다.

교통카드 나비고 이지, 스마트폰 중 택 1 **요금** 2유로

❸ 파리-공항 티켓 Paris Région - Airports Ticket

파리와 샤를 드골 혹은 오를리 공항을 오갈 때 메트로, RER, 오를리발Orlyval, 급행 트램(T11, T12, T13)을 이용할 수 있다. 2시간 내에는 해당 교통편 간 환승도 가능하다. 단, 샤를 공항 이동 시 루아시 버스를 이용한다면 해당 버스 티켓을 별도로 구입해야 한다.

요금 13유로

❹ t+ 티켓

2025년 이전부터 써오던 종이 티켓으로, 일드프랑스 지역 내 메트로, RER(일부), 버스, 트램, 몽마르트르 후니쿨라를 탈 수 있다. 그러나 이제 더 이상 판매하지 않으며, 기존에 사용하던 게 남았다면 2025년 12월 31일까지만 사용할 수 있다.

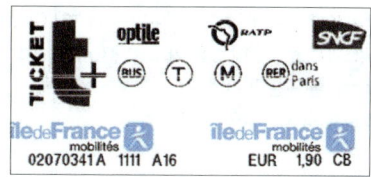

모바일로 도전! 파리 교통권 구매 및 충전하기

교통 카드(나비고 이지 혹은 나비고 데쿠베르트)를 구입하지 않고 스마트폰 앱에서 직접 교통권을 충전해 사용하고 싶은 사람은 먼저 나의 스마트폰 환경을 확인해야 한다.

NFC 기능이 있는가?
안드로이드 8 이상 또는 iOS 15.6 이상 기기인가?
06 혹은 07로 시작하는 프랑스 모바일 번호가 있는가?(아이폰 지갑으로 구매할 경우 필요 없음)
단, 교통 카드를 이미 가지고 있고 스마트폰 앱으로 교통권 충전만 하고 싶다면, 프랑스 번호 없이도 가능하다. 충전 시 앱을 사용하면 훨씬 편하다.

아이폰 사용자

❶ 아이폰 지갑Apple Wallet 앱 실행 후 버튼 '추가' 선택
❷ 교통카드 선택
❸ 프랑스 Navigo 선택
❹ 티켓 구매 혹은 충전 (나비고 1주일권과 1달권은 구매 불가)

*애플페이 이용 추천!

안드로이드 사용자

❶ IDF Mobilités 앱 또는 Bonjour RATP 앱 다운로드
❷ Mes Tickets Navigo 앱 다운로드
❸ 회원가입 필수 (충전만 할 때는 회원가입 안 해도 됨)
❹ 앱 실행 후 Purchase
❺ 티켓 선택 후 구매 혹은 충전

실물 교통 카드에 앱으로 티켓 충전하기

❶ 스마트폰 NFC 활성화
❷ Île-de-France Mobilités 앱 설치
❸ 앱 실행 후 구매 창에서 "나비고 패스에 On my Navigo pass" 선택
❹ 스마트폰 뒷면에 실물 카드 접촉해 인식 완료
❺ 충전할 교통권 선택
❻ 결제 후 자동 충전 완료

달라진 대중교통
요점 정리 복습!

- ✓ **종이 티켓 판매 종료!** 나비고 카드나 모바일 앱에 티켓 충전 필수!
- ✓ **존Zone 구분 폐지!** 파리와 일드프랑스 지역 내 목적지에 상관없이 동일 요금 적용
- ✓ **메트로, 기차, RER 전용 1회권**
  2.5 유로로 통일됨. 2시간 내 환승 가능 (버스와 트램 환승 불가)
- ✓ **버스, 트램 전용 1회권**
  2유로로 통일. 1시간 30분 내 환승 가능 (메트로, 기차, RER 등과 환승 불가)
- ✓ 스마트폰 앱 (IDF Mobilités / Bonjour RATP)으로 실물 나비고 카드 충전 가능, 각종 교통권 구매 가능!
- ✓ 파리-공항 전용 티켓 도입. 목적지와 교통편 상관없이 13유로 단일 요금 적용. 단, 교통 수단에 따라 해당 티켓 구입 필수.
- ✓ 메트로 14호선 오를리 공항까지 연장. 시내 중심 샤틀레Châtelet 역까지 30분 소요.

> **TIP 티켓 끊을 때 주의사항!**
>
> ❶ 하루에 방문지가 적거나 걷는 걸 좋아하는 사람이라면 1회권을, 여기저기 마음껏 신경쓰지 않고 돌아다니고 싶은 사람이라면 기간권을 구입한다. 특히 1주일 내 공항을 오가야 할 사람이라면 무조건 나비고 1주일권이 이득이다.
>
> ❷ 파리 비지트 트래블 패스는 생각보다 할인되는 관광지도 없고 할인율도 좋지 않다. 비추!
>
> ❸ 2025년 이전에 유용하게 사용했던 까르네 (1회권 10개 묶음), 나비고 젠느 위캔(만 26세 미만 청년들을 위한 주말 1일 패스)은 더 이상 판매하지 않는다.
>
> ❹ 기존에 사용하다 남은 종이 티켓은 2025년까지는 사용 가능하지만 점차 사라질 예정이다.
>
> ❺ 기차역이나 은행 등 자동기계를 이용하는 여행객들에게 접근해 표 발권을 도와주겠다는 사람들이 있다. 열에 아홉은 친절하게 도와주는 척하다가 돈이나 카드를 건네주면 낚아채 달아나는 사기꾼이니 주의하자.

PLANNING 04

파리 **2박 3일 속성 코스**

3일 만에 파리 필수 코스를 돌아보고 맛집까지 마스터할 수 있는 일정이다. 여행 시간은 부족하지만, 파리의 유명 관광지는 빠짐없이 섭렵하고픈 사람들을 위한 베스트 오브 베스트 추천 일정을 소개한다. 단, 이동 시간에 여유가 없고 체력소모가 만만치 않다. 지치지 않는 체력과 부지런함, 아쉬움이 남아도 꿋꿋하게 다음 목적지로 향하는 자세가 반드시 필요하다.

✅ 이런 사람에게 추천!

- 정말 시간이 3일밖에 안 나는 사람
- 중요한 관광지 인증샷이 중요한 사람
- 시간이 촉박해도 파리 근교, 쇼핑에 시간을 투자할 사람

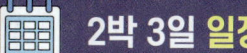 **2박 3일 일정**

1일

노트르담 대성당
파리의 중심 '포앵 제로Point Zero'에 서서
기념사진 찍기
↓
루브르 박물관
<파리 홀리데이> 루브르 주요 작품 소개 보고
짧고 굵게 명작 마스터하기
카페 앙젤리나의 몽블랑 맛보기
유리 피라미드 앞에서 사진 찍기
↓
튈르리 정원과 콩코르드 광장 지나
샹젤리제 거리 걷기. 라뒤레Ladurée나
피에르 에르메Pierre Hermé의 마카롱 먹기
↓
위풍당당 **개선문**에 올라보기
곧게 뻗은 12개의 도로와 잘 정비된
파리 시가지를 한눈에 담아보기
↓

바토무슈 타고 센강 즐기기
(쌀쌀하니 카디건 필수)
↓
미슐랭 가이드 빕구르망에 선정된
'20 에펠'에서 저녁식사
↓
마르스 공원 잔디밭에 앉아
에펠탑 감상하기
↓
에펠탑 뷰 맛집 **샤요 궁**에서
에펠탑의 하이라이트, 조명쇼에 감동하기
(해 진 후 매시 정각 5분간)

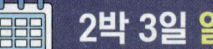 **2박 3일 일정**

2일

'미술 교과서' **오르세 미술관**
↓
<파리 홀리데이>의 오르세
주요 작품 소개 보고
명작 감상 제대로 하기
↓
프랑스에서 가장 오래된
로마네스크 양식 교회
생제르맹데프레 성당 방문
↓
유명 스테이크 전문점
'르를레 드 랑트르코트
Le Relais de l'Entrecote'에서 점심 식사
↓
파리에서 가장 유명한 문학 카페
'레되마고Les Deux Margots'나
'카페 드 플로르Café de Flore'에
파리지앵처럼
쇼콜라쇼(코코아) 마시기
↓
소설 <다빈치 코드>의 배경이 된
생쉴피스 성당 가보기
↓
파리에서 가장 높은 전망대,
몽파르나스 타워에서
파리의 지붕들과 에펠탑 내려다보기
↓
몽마르트르 언덕
비잔틴 양식의 새하얀 사크레쾨르 성당과
테르트르 광장이 핵심코스.
밤에도 북적북적 치안 걱정 노노노~
오리고기 맛집에서 저녁 식사 OK

3일

유럽에서 가장 크고 화려한
베르사유 궁전
돌아보는 데 짧아도 반나절 이상 소요됨
↓
날씨가 좋다면 베르사유궁 정원이나
대운하 옆 풀밭에서 피크닉 즐기기
↓
파리에서 보내는 마지막 날!
오페라 지구 혹은 **마레 지구**에서
쇼핑&맛집 즐기기
↓
파리의 마지막 추억,
루브르 박물관 피라미드 야경 만끽하기

PLANNING 05
파리 3박 4일 기본 코스

파리의 주요 볼거리와 파리지앵들 사이에서 소문난 인기 장소까지 모두 돌아볼 수 있는 코스다. 파리에서 중요한 볼거리와 숨은 비경을 섭렵할 수 있다. 2박 3일 코스는 '파리에 발도장 찍고 왔다'고 명함 내미는 수준이라면, 3박 4일 코스는 '파리에서 여기도 안 가봤어?'라고 잘난 척 할 수 있는 정도. 단, 여기서 하루의 시간이 더 추가된다면 파리 여행의 추억은 180도 달라진다. 3박 4일 코스도 여전히 빡빡한 일정으로 움직여야 하는 게 흠이다.

✅ 이런 사람에게 추천!

- 파리의 진짜 모습을 제대로 즐기고 싶은 사람
- 뮤지엄 패스를 알차게 쓰고 싶은 사람
- 최고의 야경을 빠짐없이 즐기고 싶은 사람

3박 4일 일정

1일

화재 이후 5년간 복원 작업 후
다시 문을 연 **노트르담 대성당** 영접하기
↓
고딕 예술의 보석 **생트 샤펠**
스테인드글라스 넋 놓고 감상하기
(사전 예약 필수)
↓
단두대로 가기 전, 마리 앙투아네트가 머물렀던
콩시에르주리 가볍게 돌아보기
↓
생트 샤펠 바라보며 프렌치 레스토랑
레되팔레Les Deux Palais에서 점심 식사하기
↓
레오나르도 다빈치의 <모나리자> 보러 가기
루브르 박물관 지도 필수!
↓
카루젤 개선문부터 튈르리 정원지나
이집트 오벨리스크가 있는
콩코르드 광장까지 산책하기
↓
샹젤리제에서 저녁 식사하고
개선문에서 야경 감상
뮤지엄 패스 있다면 전망대 필수!
↓
에펠탑 명소 **샤요 궁**에서
매시 정각에 펼쳐지는 **에펠탑 조명쇼** 즐기기

2일

봉주르, 뚜흐 에펠!
마르스 공원에서 에펠탑 다시보기
↓
유럽을 호령했던
황제 나폴레옹의 묘는 얼마나 대단할까?
앵발리드의 황금 돔에서 확인!
↓
대저택의 예술 정원, **로댕 미술관**에서
로댕의 대표작 마스터하기
↓
오르세 미술관 옆 맛집
레장티케르Les Antiquaires에서 점심 식사하기
↓
인상주의 거장들의 숨결이 살아 숨 쉬는
오르세 미술관에서 감동의 쓰나미 맞기
↓
파리에서 가장 오래된 성당 중 하나,
생제르맹데프레 성당 방문하기
↓
야경이 아름다운 학사원 앞
퐁데자르 다리 건너
루브르 박물관에서 피라미드 야경 감상

3일

예술가들의 아지트 **몽마르트르**
사랑해 벽에서부터
사크레쾨르 성당, 테르트르 광장 거쳐
물랭드라갈레트 풍차까지
골목골목 누벼보기

↓

파리 최고의 바게트 집
'르 그르니에 아 팽 Le Grenier à Pain**'**에서
바게트, 크루아상 맛보기

↓

가성비 좋은 몽마르트르 맛집에서
점심 식사 즐기기

↓

쇼핑 아닌 관광지로도 유명한
프랭탕 백화점 & 갤러리 라파예트.
아르누보 인테리어와 스테인드글라스 돔,
무료 전망대 등 볼거리와 포토존이 풍성~

↓

<오페라의 유령> 배경이 된 **팔레 가르니에**
베르사유보다 더 화려한 메인홀과
샤갈의 천장화 감탄하며 구경하기

↓

세상에서 가장 아름다운 카페,
파리 최초 **스타벅스 카퓌신** 지점에서
파리 귀족처럼 즐기기

↓

트렌디한 상점과 카페, 갤러리,
파리의 과거와 현재가 공존하는 동네
마레 지구 구경하기

에펠탑이 보이는 **몽파르나스 타워** 전망대에서
파리의 야경을 한눈에!
(또는 56층 르시엘 드 파리 레스토랑에서
나를 위한 럭셔리 저녁 식사 추천)

4일

하루 종일 투자해도 좋은 찐~ **베르사유** 투어.
궁전과 정원, 공원보다
그랑트리아농과 마리 앙투아네트 영지가
더 사랑스럽다.

↓

베르사유 공원 대운하 근처에서
점심 도시락 추천 (미리미리 준비하자)

↓

파리의 마지막 밤은
센강 **바토무슈 유람선**으로 마무리~

↓

아쉽다면 **에펠탑 조명쇼** 다시 한번 OK.

PLANNING 06

박물관 마니아를 위한 2, 4, 6일 코스

뮤지엄 패스는 2, 4, 6일권이 있는데, 해당 기간 동안 연속적으로 사용해야 한다. 가장 알차게 사용하려면, 유효 기간 동안 패스가 적용되는 곳만 '최소한의 시간'을 들여 관람하고 나머지 관광지는 패스 사용 종료 후 방문하면 된다. 일부 박물관은 패스 사용자도 방문 예약 필수다.

뮤지엄 패스 2일권 코스

뮤지엄 패스 2일권으로는 파리를 대표하는 관광지와 박물관 총 8곳을 다녀올 수 있다(패스 가격 70유로, 입장료 총액 129유로. 약 59유로 절감 효과). 그러기 위해서는 아무리 유명한 박물관이라 해도 주요 작품을 감상하는 데 소요되는 시간은 최소화될 수밖에 없다. 또한, 개인의 체력이나 흥미도, 이동 시간 등을 감안해 유연한 시간 조정이 꼭 필요하다. 특히 입장 제한 시간을 꼼꼼하게 체크해, 폐관 시간 후에 도착하는 일이 없도록 한다. 초콜릿과 사탕, 간식 등을 미리 챙겨 가지고 다니면 도움이 된다.

1일

오르세 미술관 » 도보 12분
로댕 미술관 '정원' » 도보 3분
앵발리드 '나폴레옹의 묘' » 메트로 20분
점심식사
루브르 박물관 » 메트로+도보 15분
저녁식사

* 수, 금요일 루브르 박물관 9시까지 운영. 이 두 날 중 하루 위 일정 진행 추천.

2일

생트 샤펠 » 도보 1분
콩시에르주리(생략 가능) » RER+도보 1시간 20분
베르사유 궁전
점심은 정원에서 미리 준비해온 도시락
» RER+도보 1시간 20분
파리 시내로 돌아와 저녁식사
개선문

> **TIP** ❶ 오르세나 루브르에 좀 더 시간을 투자하고 싶다면, 베르사유 궁전을 제외한 박물관들을 2일간 둘러보고, 3일째 베르사유를 방문한다. 베르사유를 다녀와 시간이 남는다면, 케 브랑리 박물관이나 오랑주리 미술관, 팡테옹 중 한두 곳을 추가해도 좋다. 이때는 뮤지엄 패스 4일권(90유로)을 구입하는데, 하루를 덜 사용해도 2일권에 비해 추가되는 요금은 20유로밖에 되지 않아, 베르사유 궁전 전체 입장료(21유로)보다 저렴하다.
> ❷ 오르세와 루브르, 퐁피두센터 같은 박물관은 야간개장 요일을 잘 활용하면 보다 여유로운 관람이 가능하다.

뮤지엄 패스 4일권 코스

4일권을 이용할 때는 2일권 코스에 오랑주리와 케 브랑리, 피카소 미술관 등이 추가된다. 각 요일마다(일요일 제외) 야간 개장하는 박물관들도 있으므로 이때를 공략하면 좋다. 특히 수, 목, 금, 토요일에 주목할 것.

1일

루브르 박물관 » 도보 5분
점심식사
장식예술박물관 » 버스 15분
생트 샤펠 » 도보 1분
콩시에르주리

2일

오르세 미술관 » 도보 12분
로댕 미술관 '정원' » 도보 3분
앵발리드 '나폴레옹의 묘' » 메트로+도보 30분
점심식사
피카소 미술관 » 도보 10분

3일

오랑주리 미술관 » 메트로 혹은 버스 20분
점심식사
건축문화재단지 » 도보 7분
기메 박물관 » 메트로 13분
개선문

4일

베르사유 궁전
베르사유 출발 » RER+도보 1시간 20분
케 브랑리 박물관

뮤지엄 패스 6일권 코스

뮤지엄 패스 6일권 코스에는 샹티이성, 음악 박물관 등이 추가된다. 파리 시내에서 떨어져 있지만 시간과 노력을 들일 만큼 가치가 있다. 6일권은 언제 개시를 하더라도 루브르와 오르세 같은 주요 박물관의 야간 개장이 반드시 포함된다는 장점이 있다.

1~4일

뮤지엄 패스 4일권 코스와 동일

5일

클루니 중세 박물관 » 도보 8분
팡테옹 » 도보 12분 혹은 버스 10분
점심식사
아랍세계연구소 박물관 » 메트로 혹은 버스 + 도보 7분
귀스타브 모로 박물관

6일

샹티이성-콩데 미술관 » RER+메트로 1시간 10분
음악 박물관

* 이 표시는 방문 예약 필수 박물관

PLANNING 07
내 아이를 위한 특별한 여행

어린 자녀를 동반한 가족 여행 일정은 어떻게 짤까? 아이들이 좋아할 만한 추천 관광지와 아이 부모 모두에게 만족스런 여행 만들기 팁을 소개한다.

TIP 가족 여행 만들기 팁

❶ 일반적인 관광 코스에 하루 이틀 정도 디즈니랜드나 동물원 같은 테마파크를 추가하거나 아이들이 좋아할 만한 관광지에 좀 더 시간을 투자하면 된다.
❷ 여행 전에 아이 눈에 맞는 책읽기를 하자. 루브르나 오르세 박물관의 작품 소개 책이나 어린이용 문화가이드북 〈용선생이 간다-프랑스편〉까지 종류는 무궁무진하다. 나폴레옹이나 루이 14세, 마리 앙투아네트 등의 인물전이나 〈노트르담의 꼽추〉, 〈레미제라블〉 등의 어린이용 고전 혹은 명작 만화도 파리 여행에 도움이 된다.
❸ 아이가 있다면 도보는 최소화한다. 무조건 나비고 패스를 사용하고 버스를 적극 활용한다.

디즈니랜드 파리

아이를 동반한 여행객이라면 열에 아홉은 방문하는 곳이다. 디즈니랜드 파크는 어트랙션 중심으로 꾸며져 있는 만큼, 초등학생 이하의 자녀를 둔 가족은 월트 디즈니 스튜디오를 선택하는 편이 더 낫다. » 하루 소요

아스테릭스 파크

〈아스테릭스와 오벨릭스〉라는 프랑스 만화 캐릭터를 내세운 테마파크다. 스릴 있는 어트랙션들이 많아 아이들의 연령대도 높고 성인 커플들도 즐겨 찾는다. » 하루 소요

국립 자연사 박물관 & 동물원

한국 여행객들에겐 이상하리만큼 알려지지 않은 곳이다. 매년 프랑스 관광객들이 가장 많이 방문하는 곳 10위 안에 꼭 랭크될 만큼 인기 만점이다. 영화 〈박물관이 살아있다〉의 프랑스판으로 보면 된다.

» 반나절 소요

불로뉴 숲 놀이공원

파리 서쪽에 위치한 불로뉴 숲은 파리의 허파라고 불릴 만큼 청정한 자연 환경과 맑은 공기로 파리 시민들의 사랑을 받고 있다. 특히 주말 피크닉 장소로 가장 큰 인기를 얻고 있는 곳이 바로 놀이공원이다.

» 반나절 소요

음악 박물관

'음악'이라는 친숙한 주제의 박물관에는 처음 보는 악기들로 가득 차 있다. 만화 캐릭터 목소리와 동요 수준의 단순한 멜로디로 아이들의 귀를 사로잡는 어린이용 오디오 가이드 역시 무료로 제공되니 더없이 좋다.

» 2~3시간 소요

PLANNING 08
파리 근교 & 지방 1일 여행

파리 여행의 완성은 근교 및 지방여행이다. 파리에서 RER이나 기차를 타고 1시간가량 나가면 인상주의 화가들이 작품 활동을 했던 그림 같은 마을들을 돌아볼 수 있다. CF 촬영지 몽생미셸이나 루아르강을 따라 중세 고성들이 서 있는 루아르 지역 역시 하루면 OK! 여행지의 특성에 따라 하루 한 곳에만 집중하거나 두세 곳을 함께 돌아볼 수도 있다.

TIP 일정은 어떻게 짤까

1일 여행 일정은 각 지역 정보에 모두 상세히 소개돼 있다. 따라서 전체 파리 일정 중 며칠을 근교 및 지방 여행에 할애할 수 있을지 먼저 결정한다. 그리고 10개의 여행 코스 중 원하는 코스를 선택해 추천 일정대로 움직이면 된다.

베르사유 궁전

파리 여행자들 가운데 베르사유 궁전을 방문하는 사람은 90퍼센트 이상이다. 유럽에서 가장 크고, 가장 화려하며, 가장 아름다운 곳인 만큼, '유럽 궁전이나 성이 다 거기서 거기지'라고 생각하는 사람도, 베르사유는 한 번쯤 가볼 만하다.

퐁텐블로성 & 모레쉬르루앵

파리 5존에 위치한 퐁텐블로 지역은 아름다운 자연 풍경으로 유명하다. 밀레를 비롯한 바르비종화파나 시슬리 등 인상주의 화가들이 인근 지역에 정착해 그림을 그렸을 정도. 또한 베르사유 궁전과 쌍벽을 이루는 퐁텐블로성과 캔들 나이트로 유명한 보르비콩트성까지 볼거리는 무궁하다.

지베르니 & 루앙

이 일정의 테마는 '모네의 발자취를 따라서'다. 모네의 집과 모네가 직접 가꾼 정원을 방문하여, 그의 그림들처럼 화사하고 따뜻하며 평화로운 풍경 속에 푹 잠겨본다. 루앙은 모네의 〈루앙 대성당〉 연작이 탄생한 곳이다. 그 외에도 〈꽃보다 할배-프랑스 스트라스부르 편〉에 나온 예쁜 목조건물들을 이곳에서도 실컷 감상할 수 있다.

오베르쉬르우아즈

한국 사람들이 가장 좋아하는 화가 빈센트 반 고흐가 생의 마지막을 보낸 곳이다. 반 고흐가 죽음을 맞이한 다락방과 화가의 묘도 있고, 그 유명한 〈오베르 성당〉의 모델이 된 성당도, 〈까마귀가 나는 밀밭〉의 그 밀밭도 볼 수 있다. 고흐를 사랑하는 사람들에게 특히 매력적인 곳이다.

샹티이

샹티이는 성 자체의 아름다움뿐 아니라, 도서관과 갤러리(콩데 미술관)에 전시된 프랑스 최고의 고미술들과 희귀본 서적들로 상당히 유명한 곳이다. 또한 우리가 흔히 알고 있는 휘핑크림(샹티이 크림)의 탄생지로, 샹티이성 레스토랑에서 원조 생크림을 맛볼 수 있다. 고성과 박물관 방문을 즐겨한다면 주목해 보자.

디즈니랜드 파리

유명한 테마파크다. 아이를 동반한 가족여행객이나 월트 디즈니 마니아들, 테마파크를 좋아하는 사람들에게 딱이다. 그 외 프랑스 만화 〈아스테릭스와 오벨릭스〉를 테마로 한 아스테릭스 파크가 샤를 드골 공항 근처에 위치해 있는데, 스릴 있는 어트랙션들이 많아 성인 여행객들에게 큰 인기다.

샤르트르 대성당 & 랑부예성

샤르트르를 대표하는 샤르트르 대성당. 하지만 진정한 묘미는 옛 가옥들이 들어선 좁은 골목과 작은 외르강을 따라 여기저기 거니는 산책에 있다. 특히 4월부터 10월까지 열리는 빛의 축제는 이곳의 하이라이트.

몽생미셸 & 생말로

파리를 방문하는 여행객들이 가장 가보고 싶어 하는 지방 관광지다. 바다 한가운데 바위섬이 떠있고 그 꼭대기에 수도원이 서 있다. 만조 때는 섬이 고립돼 신비감을 더한다. 야경이 아름다워 몽생미셸에서 1박을 많이 하는데, 이때에는 12세기 바위섬 위에 세워진 요새 도시이자 최고의 휴양지로 각광받는 생말로도 함께 방문해 보자.

루아르 고성

15~16세기 때 세워진 성들이 천혜의 자연 환경과 그림 같은 조화를 이루고 있는 루아르는 유럽 여행 중 꼭 한번 다녀올 만한 고성 투어의 메카다. 약간의 용기와 부지런함만 있어도 부담 없이 다녀올 수 있다.

프로뱅

프랑스에서 가장 잘 보존된 12~13세기 중세 마을로 세계문화유산에 등재돼 있다. 견고하게 지어진 성곽 위도 올라보고, 중세 장터와 목조 건물, 투박해 보이기까지 하는 중세 성당 등을 지나며 중세로의 시간 여행을 떠나보자. 프랑스의 작은 시골 마을 정취가 물씬 풍겨 산책하는 재미가 있다.

Step 03
Enjoying

파리를
즐기다

01 에펠탑이 가장 아름다운 **뷰 포인트 BEST 5**
02 낮보다 황홀한 **파리 야경 BEST 10**
03 파리를 더욱 사랑스럽게 만드는 **산책 코스**
04 알고 보면 더 특별한 **다리들**
05 파사주, **19세기 파리의 정취를 찾아서**
06 알아두면 돈이 되는 **파리 박물관 이용법**

07 감동의 밤을 선사하는 **최고의 클래식 공연**
08 눈과 귀가 즐거운 **프랑스 대중문화**
09 파리의 뜨거운 밤을 책임지는 **클럽**
10 센강 위의 낭만, **유람선 타기**
11 효율적인 파리 투어, **2층 버스**
12 파리지앵처럼 자전거를 타볼까? **벨리브**

ENJOYING 01

에펠탑이 가장 아름다운
뷰 포인트 BEST 5

파리의 상징 에펠탑은 파리 어디를 가도 눈앞에서 사라지지 않는다. 파리의 수많은 에펠탑 뷰 포인트 중 특히 더 아름답고 낭만적인 곳을 찾는다면 이곳에 주목하자. 에펠탑은 노트르담 대성당 종탑 위에서도, 몽파르나스 타워와 개선문 꼭대기에서도, 몽마르트르 언덕의 사크레쾨르 성당 앞 계단에서도 아름다운 자태를 뽐낸다. 또 전혀 예상 못한 튈르리 정원 앞에서도, 알렉상드르 3세 다리 근처에서도 어느 순간 나타나 어김없이 시선을 사로잡는다. 가끔씩 길을 가다 주위를 둘러보자. 어느새 에펠탑의 모습이 당신 앞에 나타날지도 모르니 말이다.

샤요 궁 Palais de Chaillot 🔊 빨레 드 샤요

어쩔 수 없는 만고의 진리. 에펠탑은 샤요 궁 앞에서 보는 것이 가장 아름답다. 탁 트인 시야에 우뚝 선 에펠탑. 무엇 하나 시선을 가로막지 않는다. 에펠탑을 방문할 계획이라도, 먼저 샤요 궁 앞에서 에펠탑 인증샷을 찍은 후 이에나 다리 건너 에펠탑 아래로 가는 길을 추천한다.

샤요 궁

마르스 공원 Champ de Mars 🔊 샹 드 마흐쓰

에펠탑이 위치한 마르스 공원 역시 아름다운 뷰 포인트다. 그중에서도 에펠탑을 가운데 두고 샤요 궁과 정확히 대칭되는 지점, 자크 뤼에프 광장 Place Jacques Rueff에서 크고 또렷하게 에펠탑을 바라다 볼 수 있다.

비르아켐 다리 Pont de Bir-Hakeim 🔊 뽕 드 비흐아껭

정면에서 보는 에펠탑은 아니지만 그 못지않게 시야가 확보된다. 그럼에도 이곳을 찾는 관광객도, 그저 갈 길 가는 통행인조차도 드물다. 한적함을 사랑하는 사람들, 에펠탑을 배경으로 은밀한(?) 키스를 계획하는 연인들에게 더없이 좋다.

마르스 공원

미라보 다리 Le Pont Mirabeau 🔊 뽕 드 미하보

자유의 여신상과 에펠탑의 조화가 상상 이상으로 괜찮다. 뉴욕과 파리의 합성 사진 같은 그림이랄까. 파리에서 보기 드문 고층빌딩과 시원스레 뻗은 센강, 그 위를 가로지르는 그르넬 다리 Pont de Grenelle가 파리의 진면목을 보여준다.

알마 다리 Pont de l'Alma 🔊 뽕 드 랄마

에펠탑 하나만을 오롯이 깨끗하게 보는 것보다 왼쪽에는 에펠탑이 있고 오른쪽엔 센강이 흐르며 유람선이 지나가는 한 폭의 풍경화 같은 장면을 선호한다면 알마 다리(알마 광장 쪽)를 추천한다. 해질 녘의 역광까지 분위기 있게 만드는 묘한 매력이 있다.

비르아켐 다리

알마 다리

미라보 다리

ENJOYING 02

낮보다 황홀한 파리 야경 BEST 10

파리에서 고층 빌딩이 뿜어내는 화려한 조명의 스카이라인은 찾아보기 힘들다. 하지만 곳곳에 넘쳐나는 18, 19세기 건축물들과 이들을 비춰주는 은은한 야간 조명은 파리의 밤을 더욱 낭만적으로 만들어 준다. 파리의 야경을 에펠탑 조명쇼나 센강 유람선의 풍경쯤으로만 단정 짓는다면 당신은 생애 가장 아름다운 밤의 추억들을 놓치고 마는 것이다.

루브르 박물관 Musée du Louvre
🔊 뮈제 뒤 루브흐

에펠탑의 야경이 '화려함'에 앞선다면 루브르의 야경은 '웅장함'과 '품위'에 타의 추종을 불허한다. 와인이나 맥주 한 캔 들고 가면 더없이 좋다. 최고의 관람 장소는 카페 마를리 혹은 그 앞. `루브르 & 오페라`

몽파르나스 타워 Tour Montparnasse
🔊 뚜흐 몽빠흐나쓰

에펠탑을 비롯해 파리 시내 모든 건물들과 가로수의 등불까지 또렷한 선을 이뤄 파리시의 전체 야경을 선명하게 보여준다. 최고의 야경이지만 반드시 돈을 들여야만 누릴 수 있다는 점. `몽파르나스`

시청사 Hôtel de Ville 🔊 오뗄 드 빌

파리에는 워낙 유명 관광지가 많아 저평가돼 있지만 동화책 속 궁전 같은 시청사도 놓치지 말자. 특히 어둠 속에 우뚝 선 모습은 당장이라도 마술 같은 이야기가 펼쳐질 듯 느껴진다. `마레 지구`

케 브랑리 박물관 Musée du Quai Branly
🔊 뮈제 뒤 께 브항리

원시 시대 순수 예술의 보고, 케 브랑리 박물관은 자연의 아름다움을 건물 곳곳에 심어놓았다. 센강의 자연 환경을 그대로 살린 덕분에 원시 시대의 신비로움이 묻어나는 야경이 탄생했다. `에펠탑 & 앵발리드`

STEP 03
ENJOYING

알렉상드르 3세 다리 Pont Alexandre III 뽕 딸렉쌍드흐 트후아

파리에서 가장 화려한 다리로 야경 역시 눈부시다. 앵발리드, 샹젤리제, 그랑 팔레, 멀리는 에펠탑까지 그림 같은 배경으로 펼쳐지며 다리마저 예술이 된다. 최고의 뷰는 다리 근처 센강 양쪽에서 45° 각도로 바라볼 때! 에펠탑 & 앵발리드

개선문 Arc de Triomphe 아흑 드 트히옹프

개선문에서 사방으로 뻗어나가는 도로의 별빛을 상기시키듯 어둠 속 언덕 끝에 우뚝 선 개선문은 노란빛을 발하는 거대한 별이 된다. 용감한 프랑스 전사들의 상징 개선문은 비장미 그 자체다. 샹젤리제

파리 노트르담 대성당 Cathédrale Notre Dame de Paris

까떼드할 노트흐 담 드 빠히

노트르담 대성당의 야경은 보는 위치에 따라 다르다. 노트르담 대성당 정면으로 바라본 파사드는 위엄과 성스러움이 느껴진다. 그르넬 다리 Pont de Grenelle에서 본 성당의 뒷모습은 센강과 그 인근을 배경 삼아 파리만의 낭만이 물씬 풍긴다. 2019년 첨탑 화재 이후 현재 복원 공사를 마치고 재개관했다. 시테섬&생루이섬

프랑스 학사원 Institut de France 🔊 앵스띠뛰 드 프항쓰

예술의 다리Pont des Arts를 중심으로 루브르와 마주한 프랑스 학사원은 둥근 돔을 중심으로 대칭을 이루는 양 날개가 장관을 이룬다. 범접할 수 없는 지식의 권위가 느껴지는 듯 야경의 아름다움에도 주위를 압도하는 힘이 있다. 생제르맹데프레

에펠탑 Tour Eiffel 🔊 뚜흐 에펠

파리의 명물 에펠탑은 해가 져도 그 위력을 자랑한다. 2만 개의 전구들이 만들어내는 환상의 조명쇼는 일몰 후 매 시간 정각에 5분씩 진행된다. 새벽 1시에는 하얀색 조명만 반짝이는 화이트 에펠을 볼 수 있다. 조명쇼 최고의 관람 장소는 트로카데로 광장의 샤요 궁. 에펠탑 & 앵발리드

사크레쾨르 성당 Basilique du Sacré-Cœur
🔊 바질리그 뒤 싸크헤꾀흐

몽마르트르 위에 우뚝 선 새하얀 성당의 야경만큼 성스러워 보이는 게 있을까? 게다가 성당 앞 계단에서 보는 파리 시내 야경과 에펠탑의 조명쇼는 최고의 덤! 몽마르트르 앞 테르트르 광장Place du Tertre의 밤 역시 흥겹기는 마찬가지다.

몽마르트르

ENJOYING 03
파리를 더욱 사랑스럽게 만드는 **산책 코스**

단언컨대 파리를 여행하는 가장 완벽한 방법은 '도보'다. 파리의 진짜 매력을 발견하고 그 속에 푹 빠져들 수 있는 낭만의 시간. 파리 산책은 선택이 아닌 필수다.

생마르탱 운하 Canal Saint-Martin 🔊 까날 쌩마흐땡

메트로 3, 5, 8, 9, 11호선 레퓌블리크 République역 ➡ 앙투안 에 릴리 | 도보&휴식 1시간 소요

파리에서 산책해야 할 곳 딱 한 곳을 꼽으라면 무조건 생마르탱 운하다. 파리지앵들의 일상생활 공간 속에서 파리의 낭만을 엿볼 수 있고, 무엇보다 패키지 관광객이 없어서 매력적이다. 영화 <아멜리에>의 여주인공이 물수제비뜨던 곳도 바로 이곳이다. 운하의 총 길이는 4.5km에 달하지만 레퓌블리크 광장 Place de la République 쪽에서 시작해 브랜드숍 앙투안 에 릴리 Antoine et Lili가 있는 약 400m만 걸어도 생마르탱 운하의 매력에 흠뻑 젖어든다. 운하를 따라 걸으며 유람선도 보고, 수차 조절용 수문이 개폐되며 어마어마한 양의 물이 폭포수처럼 쏟아지는 흥미진진한 광경도 놓치지 말자. 배가 오면 회전하며 길을 터주는 회전식 도개교도 신기하다. 날씨 좋은 날에는 시원한 맥주 한 캔 사들고 둑에 앉아 여유를 즐겨보자. 다리 위에서 내려다보는 생마르탱 운하는 너무나 평화롭고 아름답다.

아르누보 건축물 거리 & 에펠탑 Immeubles Art Nouveau&Tour Eiffel

🔊 이뫼블 아흐 누보&뚜흐 에펠

메트로 9호선 자스맹Jasmin역 ➡ 샤요 궁 | 도보 & 휴식 3시간 소요

일반 관광객들은 잘 찾아가지 않는 에펠탑 너머 파리의 진면목을 발견할 수 있는 산책 코스다. 파리지앵들이 가장 살고 싶어 하는 고급 주택가 16구를 걸으면서 19세기의 아르누보 건축물들을 감상하고, 그르넬 다리와 자유의 여신상을 지나 녹음이 우거진 시뉴섬의 산책로를 걷자. 수많은 영화들의 촬영지 비르아켐 다리에서 에펠탑을 감상한다. 에펠탑 아래를 지나 이에나 다리를 건너 샤요 궁에 다다르면 다시 한 번 파리 최고의 에펠탑 뷰를 감상하게 된다. 늦은 오후 출발해 비르아켐 다리에서 석양을, 샤요 궁에서 에펠탑의 야경을 보는 것이 산책의 키포인트다.

> **TIP 산책하기 좋은 지역들**
>
> 파리에선 굳이 특별한 산책 코스를 찾지 않아도, 유명 관광지간 도보 이동 자체가 훌륭한 산책길이 된다. 특히 마레 지구와 몽마르트르 지구의 추천 코스는 현재의 파리 모습과 19세기 예술가들의 향수를 느껴볼 수 있는 좋은 산책길이다. 또한 메트로 1, 5, 7호선 바스티유Bastille역에서 접근 가능한 크레미외 거리Rue Crémieux는 파스텔톤 집들이 늘어서 있는 200m 정도의 작은 골목길로, 예쁜 사진을 찍고 싶어 하는 여행객이라면 찾아갈 만하다.

ENJOYING 04
알고 보면 더 특별한 **다리들**

예술의 도시 파리는 다리 하나도 범상치 않다. 현존하는 다리들 중 가장 오래된 것은 17세기에 건축된 만큼, 다리는 파리의 역사이자 문화 예술의 상징이 되고 있다. 유명 관광지는 아니지만 주목해볼 다리 10곳을 소개한다.

👍 알렉상드르 3세 다리 Pont Alexandre III(1900년) 🔊 뽕 딸렉쌍드흐 트후아

그랑 팔레와 앵발리드를 연결하는 다리. 금박을 입힌 화려한 조각상들로 파리에서 가장 아름다운 다리로 알려져 있다. 1900년 프랑스 세계 박람회를 위해 건축되었으며, 알렉상드르 3세의 아들 니콜라스 2세 차르가 후원하여 프랑스와 러시아의 우정을 상징하기도 한다. 다리 입구 네 모퉁이에 위치한 탑의 위쪽 조각상은 예술, 과학, 전투, 전쟁의 파마(소문의 여신)에게 붙잡힌 페가수스를, 아래쪽 조각은 중세의 프랑스, 르네상스, 루이 14세 치하의 프랑스, 근대 프랑스를 각각 나타낸다.

Data Map 316p-C **Access** 메트로 8, 13호선, RER C선 앵발리드Invalides역 하차, 도보 1분

Data Map 230p-A
Access 메트로 7호선
퐁뇌프Pont Neuf역 하차,
도보 1분

퐁뇌프 다리 Pont Neuf (1604년) 🔊 뽕뇌프

파리에서 가장 오래된 다리로 당시에는 기존의 다리들과는 전혀 다른 방식의 건축술을 사용했다 하여 '퐁뇌프(프랑스어로 '새로운 다리'라는 뜻)'라는 이름을 갖게 되었다. 줄리엣 비노쉬가 주인공으로 나오는 레오 까락스의 영화 〈퐁네프의 연인들(1991)〉이 국내에 소개되면서 우리들에게도 익숙한 이름의 이 다리는 시테섬에 있는 도핀 광장, 퐁뇌프 광장을 가로질러 센강 좌우안을 연결한다.

이에나 다리 Pont d'Iéna (1814년) 🔊 뽕 디에나

샤요 궁과 에펠탑을 연결하는 이에나 다리는 나폴레옹이 이에나 전투(1807년)에서 승리를 거둔 그 다음날 건설을 명령해 '이에나'라는 이름을 얻게 되었다. 다리 입구 네 귀퉁이를 장식한 조각상은 그리스의 전사, 아랍의 전사, 골족의 전사, 로마의 전사를 나타낸다.

Data Map 316p-A
Access 메트로 6, 9호선
트로카데로Trocadéro역 하차,
도보 10분

레오폴 세다르 생고르 다리

Passerelle Léopold-Sédar-Senghor (1999년)

🔊 빠쓰헬 레오뽈 쎄다흐 쌍고흐

오르세 미술관과 튈르리 정원을 이어주는 보행자 전용 다리. 건축 당시에는 '솔페리노Solférino'라 불렸지만 세네갈의 초대 대통령이자 시인이며 소설가이기도 한 레오폴 세다르 생고르의 탄생 100주년을 기념하여 지금의 이름을 갖게 되었다. 드뷔시는 이곳에서 센강과 구름 덮인 하늘을 바라보며 3개의 야상곡 중 하나인 〈구름〉을 작곡했다고 한다.

Data Map 265p-J
Access RER C선 뮈제 도르세
Musée d'Orsay역 하차, 도보 2분

미라보 다리 Pont Mirabeau(1896년) 뽕 미하보

1913년 '미라보 다리 아래 센강이 흐르고 우리의 사랑도 흘러간다'라는 구절로 시작되는 기욤 아폴리네르의 시 〈미라보 다리〉가 발표된 이후 사람들의 주목을 받기 시작했다. 이후 수많은 프랑스 샹송과 영화 등에 미라보 다리가 등장하기도 했다. 다리에는 기욤 아폴리네르의 시가 새겨진 서판이 있다.

Data Map 081p
Access 메트로 10호선 미라보Mirabeau역 하차, 도보 2분

👍 시몬 드 보부아르 다리 Passerelle Simone de Beauvoir(2006년)

빠쓰헬 씨몬 드 보부아흐

프랑스 국립도서관과 베르시 공원을 연결하는 보행자 전용 다리. 2개의 곡선이 서로 교차되는 유연한 모습이 남다른 미적 감각을 자랑한다. 특히 도서관에서 공원 방향으로 다리의 곡선과 푸르른 녹지대가 훌륭한 전경을 선사한다.

Data Map 397p-A Access 메트로 6, 14호선 베르시 Bercy역 하차, 도보 6분

👍 비르아켐 다리 Pont de Bir-Hakeim(1878년) 뽕 드 비흐아깽

파리에서 보기 드문 2층 다리로 1층은 차와 사람, 2층은 메트로 6호선이 지나다닌다. 비르 아켐 전투(1942년)에서 프랑스군이 독일에 승리를 거두자 이를 기념하기 위해 '비르아켐'이라는 이름이 붙게 되었다. 〈파리에서의 마지막 탱고〉, 〈인셉션〉 같은 영화는 물론 광고에도 자주 등장하는 곳으로 에펠탑을 가장 가까이에서 볼 수 있는 곳이다. 또한 그르넬 다리와 비르아켐 다리 사이, 강 한가운데에 '백조의 산책길Allée des Cygnes'이 조성돼 있는데, 자유의 여신상을 보고 산책을 즐기며 에펠탑으로 넘어갈 수 있어 주목할 만하다.

Data Map 316p-D Access 메트로 6호선 비르아켐Bir-Hakeim역 하차, 도보 2분

그르넬 다리 Pont de Grenelle(1827, 1874, 1968년) 뽕 드 그흐넬

미국 뉴욕을 상징하는 '자유의 여신상'을 보고 싶다면 그르넬 다리로 가자! 본래 프레데릭 오귀스트 바르톨디의 작품인 이 조각상은 프랑스가 미국 독립 선언 100주년을 축하하며 우정의 증표로 준 것. 이에 대한 보답으로 미국은 1889년 프랑스 혁명 100주년에 맞춰 4분의 1 크기로 축소시킨 복제품을 선사했고, 파리 버전의 자유의 여신상은 그르넬 다리 뒤쪽에 자리 잡게 되었다.

Data Map 316p-D Access 메트로 10호선 샤를 미셸Charles Michels역 하차, 도보 4분

알마 다리 Pont de l'Alma(1856, 1974년) 뽕 드 랄마

'자유의 불꽃상'이 있는 알마 광장과 연결돼 있다. 센강의 수위를 측정하는 주아브Zouave상이 있어 오래전부터 파리 시민들에게 중요한 다리로 인식돼 왔다. 나폴레옹 3세는 크림 전쟁에서 러시아에 승리를 거둔 후 이를 기념하여 알마 다리에 보병(프랑스어로 Zouave)상을 세웠는데, 이것이 바로 지금의 주아브상이다. 이곳에서 바라보는 에펠탑이 매우 아름답다.

Data Map 316p-B **Access** 메트로 9호선 알마-마르소Alma-Marceau역 하차, 도보 1분

퐁데자르 다리 Pont des Arts(1984년) 뽕 데 자호

예술의 다리를 뜻하는 퐁데자르는 루브르와 프랑스 학사원을 연결하는 보행자 전용 다리다. 센강에서도 가장 아름다운 전경을 자랑하는 만큼 연인들의 데이트 장소로도 유명하다. 이곳이 더욱 로맨틱한 장소로 변모한 것은 연인들이 영원한 사랑을 맹세하며 다리 난간에 자물쇠를 채우기 시작했기 때문. 하지만 이들 무게가 난간이 지탱할 수 있는 무게의 4배를 초과해 일부 무너지는 사건이 발생하면서 더 이상 사랑의 열쇠는 채울 수 없게 되었다. 이곳에서 바라보는 프랑스 학사원의 야경이 매우 아름답다.

Data Map 332p-C **Access** 메트로 1호선 루브르-리볼리Louvre–Rivoli역 하차, 도보 5분

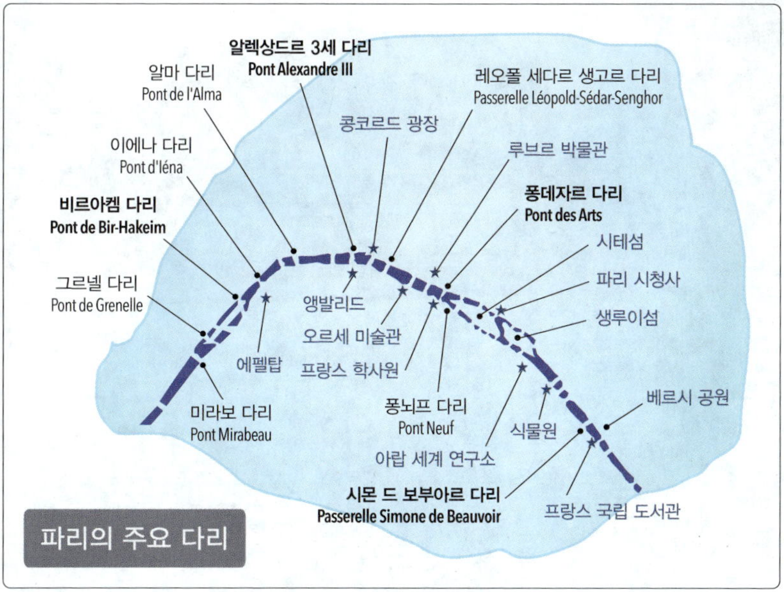

파리의 주요 다리

- 알마 다리 Pont de l'Alma
- 알렉상드르 3세 다리 Pont Alexandre III
- 레오폴 세다르 생고르 다리 Passerelle Léopold-Sédar-Senghor
- 이에나 다리 Pont d'Iéna
- 콩코르드 광장
- 루브르 박물관
- 비르아켐 다리 Pont de Bir-Hakeim
- 퐁데자르 다리 Pont des Arts
- 그르넬 다리 Pont de Grenelle
- 시테섬
- 앵발리드
- 파리 시청사
- 오르세 미술관
- 생루이섬
- 에펠탑
- 프랑스 학사원
- 미라보 다리 Pont Mirabeau
- 퐁뇌프 다리 Pont Neuf
- 베르시 공원
- 식물원
- 아랍 세계 연구소
- 시몬 드 보부아르 다리 Passerelle Simone de Beauvoir
- 프랑스 국립 도서관

ENJOYING 05

파사주, **19세기 파리의 정취를 찾아서**

화려한 현대식 쇼핑몰에 지쳤다면 세련된 건축미가 돋보이는 파사주(Passage, 길 또는 통로), 소박하고 포근한 상점들의 지붕 덮인 옛 거리로 발길을 돌려보자. 고가구점, 헌책방, 수집품상, 예술품상, 기념품점 등이 사람 냄새 나는 낡고 오래된 물건들을 내놓고 훌륭한 볼거리를 제공한다.

갤러리 비비엔 Galerie Vivienne

🔊 걀르히 비비엔

1823년 건축돼 제2 제정기에 가장 크게 번성한 파사주다. 원형 갤러리와 둥근 유리 지붕, 그곳으로 쏟아지는 풍부한 빛과 아름다운 모자이크 바닥, 벽을 장식한 섬세한 부조들과 철제 장식들, 수많은 유동 인구로 파사주들 중 가장 세련되며 생동감이 넘친다.

Data Map 265p-I Access 메트로 3호선 부르스 Bourse역 하차, 도보 7분 Add 4 rue des Petits-Champs, 6 rue Vivienne, 5 rue de la Banque 75002 Paris

갤러리 콜베르 Galerie Colbert

🔊 걀르히 꼴베흐

1826년 세워진 파사주로, 우아한 로톤다의 세련된 장식과 조각상 등이 무척 아름다운 곳이다. 현재는 프랑스 국립도서관의 소유로, 예술사 및 문화재 관련 연구소들이 들어와 있다. 그 덕에 어떠한 상점들도 입점해 있지 않아 조용히 실내 감상에 전념할 수 있다.

Data Map 265p-I Access 메트로 3호선 부르스 Bourse역 하차 도보 7분. 갤러리 비비엔과 나란히 있다. Add 6 rue des Petits-Champs 75002 Paris와 2 rue Vivienne 75002 Paris 사이

갤러리 베로도다 Galerie Véro-Dodat 🔊 걀르히 베호도다

신고전주의 스타일의 갤러리 베로도다는 흑백의 체스판 모양 바닥과 짙은 고동색 프레임의 상점들이 양옆으로 길게 늘어서 있어 전체적으로 중후하고 고급스러운 느낌을 자아낸다. 파사주의 이름은 이곳을 건축하는 데 많은 돈을 투자한 정육업자 브누아 베로와 금융업자 도다의 이름에서 따왔다. 오늘날 이곳에는 현대미술 갤러리들과 앤티크 인테리어숍, 옷가게 등이 들어서 있다.

Data Map 265p-L
Access 메트로 1, 7호선 팔레 루아얄-뮈제 뒤 루브르Palais Royal-Musée du Louvre역 하차, 도보 7분
Add 19 rue Jean-Jacques-Rousseau, 2 rue du Bouloi 75002 Paris

TIP 효율적인 동선 잡기

이상 3곳은 팔레 루아얄Palais Royal을 가운데 두고 양 끝에 위치해 있다. 갤러리 베로도다를 시작으로 팔레 루아얄을 거쳐 갤러리 콜베르를 방문한 후 갤러리 비비엔으로 넘어가면 된다. 갤러리 콜베르는 6시 이후 입장이 철저하게 제한되므로 시간에 유념할 것.

파사주 데 파노라마 Passage des Panoramas 빠싸쥬 데 빠노하마

1799년 세워진 파리에서 가장 오래된 파사주다. 이곳에는 독창적인 간판들이 큰 볼거리를 제공한다. 이중에서도 특히 금색의 S자와 사자가 그려져 있는 간판이 주목을 끈다. 이는 당시 금메달을 수여받은 명장 제판사 스턴의 제판소로, 현재는 제판 인쇄협회 사무실로 사용 중이다. 이 외 옛날 우편엽서와 우표들을 취급하는 상점들과 각종 레스토랑들이 몰려있어 수많은 볼거리와 먹거리를 제공한다.

Data Map 264p-F Access 메트로 8, 9호선 그랑불바르Grands Boulevards 하차, 도보 5분
Add 10 rue Saint-Marc, 11 boulevard Montmartre, 38 rue Vivienne, 151 rue Montmartre 75002 Paris

파사주 주프루아 Passage Jouffroy 빠싸쥬 쥬프후아

1846년 건축 당시 처음 철근 골조를 사용하고 바닥에 난방 장치를 갖춘 파사주로, 19세기 혁신적인 건축 기술의 산증인이라 할 수 있다. 이곳은 밀랍 인형을 테마로 한 그레뱅 박물관 Musée Grévin과 맞닿아 있는데, 그 영향인지 수많은 인형 상점들이 위치해 흥미를 자아낸다. 그 외에도 헌책방과 기념품점 등이 들어서 있다.

Data Map 264p-F Access 메트로 8, 9호선 그랑불바르Grands Boulevards 하차, 도보 5분
Add 10-12 boulevard Montmartre, 9 rue de la Grange-Batelière 75009 Paris

---

TIP 효율적인 동선 잡기

파사주 데 파노라마, 주프루아, 베르도는 출구 맞은편에 다른 파사주의 입구가 위치해 있어 이동이 쉽고 볼거리도 쏠쏠해 3곳 모두 둘러볼 것을 추천한다. 팔레 루아얄 인근 3개의 파사주들과는 달리 소박하고 서민적인 분위기다. 상점들이 내놓은 물건들은 좀 더 저렴하고 흥미롭다.

파사주 베르도 Passage Verdeau 🔊 빠싸쥬 베흐도

1847년에 세워진 곳으로 파사주 주프루아의 연장선으로 볼 수 있다. 앞선 파사주 데 파노라마, 파사주 주프루아와 달리 대로와 연결돼 있지 않아 크게 번성하지는 못했다. 헌책방과 우편엽서 판매상, 골동품상, 예술품 중계상 등이 들어서 있다.

Data Map 264p-F **Access** 메트로 8, 9호선 그랑 불바르GrandsBoulevards 하차, 도보 5분. 파사주 주프루아 출구 맞은편 **Add** 6 rue de la Grange-Batelière, 31 bis rue du Faubourg-Montmartre 75009 Paris

---

TALK
파사주Passage의 어제와 오늘

파사주는 원래 프랑스어로 통행로를 말한다. 하지만 고유명사화된 파사주는 상점들 사이의 거리가 천구 형태의 유리로 덮여 아케이드가 된 독특한 통행로를 말한다. 센강 우안에 들어선 파사주들은 대부분 19세기 초반 파리 9구 그랑 불바르Grands boulevards 인근에 형성되었으며, 1850년경에는 약 150개의 파사주가 존재했던 것으로 알려져 있다. 하지만 오스만의 도시정비 작업과 함께 대형 백화점들이 들어서고 파사주의 상권이 무너지면서 점차 그 수가 줄어들었다. 오늘날에는 25개의 파사주가 그 명맥을 유지해 가고 있으며, 그중에서도 특히 의미 있는 곳은 역사 기념물로 지정돼 정부의 보호를 받고 있다.

ENJOYING 06

알아두면 돈이 되는 **파리 박물관 이용법**

파리에 있는 박물관, 미술관은 130여 개. 세계 100위권에 랭크되는 박물관만 해도 6곳이나 된다.
그 많은 곳 중 내게 맞는 곳은 어디? 스마트한 파리 박물관 이용법의 모든 것을 공개한다.

> **TIP** 9월 셋째 주 주말은 공짜 데이!
> 프랑스 문화부는 매년 9월 셋째 주 토·일요일을 유럽 문화유산의 날로 정하고, 역사적 유적지, 기념물을 무료로 개방하며 다양한 문화 행사를 진행한다. 특히 1년에 딱 한 번 공개되는 프랑스 대통령 관저 엘리제궁에 주목!

알짜배기 무료 박물관들

파리시는 파리지앵들의 문화생활 지원을 위해 시립 미술관들을 무료로 개방하고 있다. '무료'라는 타이틀이 무색할 만큼 높은 수준을 자랑하므로, 관심도에 따라 몇몇 곳은 꼭 다녀와보자. 시립은 아니지만 무료입장이 가능한 곳도 있다.

- 프티 팔레 (추천)
- 파리 시립 현대미술관 (추천)
- 카르나발레 박물관 (추천)
- 부르델 미술관
- 자드킨 미술관
- 빅토르 위고 기념관 (추천)
- 코냑제 박물관 (상설전 무료, 추천)
- 발자크 기념관
- 낭만주의 박물관
- 쇼와 기념관 (추천)
- 프라고나르 향수 박물관
- 세르누치 박물관

프티 팔레

첫 번째 일요일이 무료인 박물관

매달 첫 번째 일요일 다수의 국립 박물관들이 일반인들에게 무료로 개방된다. 박물관에 따라서는 비수기에만 적용되기도 한다. 무료입장 당일에는 대기 줄이 매우 길고 입장객 수가 많으므로 누구나 꼭 가고 싶어 하는 박물관보다 2, 3순위의 박물관을 공략하는 것이 현명하다.

※ 로댕 미술관은 10~3월만, 개선문, 콩시에르주리, 팡테옹, 생트 샤펠, 베르사유 궁전, 생드니 대성당, 뱅센성은 11~3월에만 첫 번째 일요일 무료입장이 가능하다.

- 오르세 미술관
- 귀스타브 모로 미술관
- 외젠 들라크루아 미술관
- 기술 박물관
- 오랑주리 미술관
- 케 브랑리 박물관
- 클루니 중세 국립 박물관
- 파리 건축 문화재 단지
- 퐁피두센터
- 피카소 미술관
- 기메 아시아 예술 국립 박물관
- 시네마테크 프랑세즈
- 퐁텐블로성 (7, 8월 제외)

오르세 미술관

로댕 미술관

뮤지엄 패스의 모든 것

파리 뮤지엄 패스

파리와 인근 지역의 박물관 50여 개를 제한 시간 내 자유롭게 이용할 수 있는 패스다. 박물관 외에도 베르사유 궁전, 개선문, 생트 샤펠, 팡테옹, 앵발리드(나폴레옹 1세 묘), 생드니 대성당, 퐁텐블로성 등 인기 관광지를 포함하고 있어 여행에 유용하다.
Web www.parismuseumpass.fr

뮤지엄 패스	주요 박물관 입장료
2일권 70유로 4일권 90유로 6일권 110유로	루브르 박물관 22유로 오르세 미술관 14유로 오랑주리 미술관 12.50유로 생트 샤펠 13유로 앵발리드 17유로 로댕 미술관 14유로 개선문 16유로 베르사유 궁전 21유로 총 126.50유로

패스 종류

온라인 패스	실물 패스
파리 뮤지엄 패스 홈페이지에서 구입할 수 있다. 결제가 끝나면 pdf 양식의 온라인 패스가 이메일로 전송된다. pdf를 스마트폰에 저장하면 끝. 박물관을 입장할 때마다 저장된 온라인 패스의 바코드를 스캔하면 된다.	명함 크기 정도의 종이로 된 실물 패스이다. 실물 패스는 국내 여행 상품몰이나 현지 주요 박물관 매표소, 파리 샤를 드골 공항과 오를리 공항의 관광안내소 등에서 구입할 수 있다. 자세한 판매처는 홈페이지 참고.

온라인 패스

실물 패스

패스 사용 시 주의사항

① 뮤지엄 패스는 구입 날짜와 상관없이 처음 패스를 사용하는 시점부터 유효기간이 시작된다.
② 뮤지엄 패스의 유효기간은 시간 개념이다. 2일권은 48시간, 4일권은 96시간, 6일권은 144시간이다.
③ 한 장소당 1회만 입장 가능하다.
④ 대부분의 박물관은 자유롭게 입장 가능하지만, 베르사유, 루브르, 생트 샤펠, 오랑주리처럼 필수 예약제를 실시한 경우에는 사전 예약(무료)이 꼭 필요하다. 해당 박물관 리스트는 파

리 뮤지엄 패스 홈페이지에서 확인 가능하다.
⑤ 뮤지엄 패스는 상설전에만 해당하며 특별전, 유료 오디오가이드 등은 포함되지 않는다.
⑥ 패스를 사용하려는 기간에 공휴일이나 매달 첫 번째 일요일(무료입장하는 박물관이 많다), 파업이 포함되어도 기간이 연장되거나 환불되지 않는다.
⑦ 18세 미만은 입장료 대부분이 무료이므로 뮤지엄 패스가 필요 없다.

똑똑한 패스 사용법

① 패스를 사용하는 날에는 패스에 포한된 박물관, 관광지만 일정에 넣자. 그 외 장소들은 패스 사용이 끝난 후 여유롭게 돌아본다.
② 야간 개장을 참조해 일정을 잡으면 더 많은 박물관을 방문할 수 있다. 야간에는 입장객이 적어 좀 더 쾌적한 관람이 가능하다.
③ 패스 사용은 가급적 야간 개장이 많은 목요일을 포함시킨다.
④ 뮤지엄 패스는 하루에 세 곳 이상 방문할 때 가치가 있다. 박물관 이용일 수가 많고 많은 곳을 방문할수록 경제적이므로, 한 곳에서 오래 감상하는 스타일이라면 각 박물관마다 개별 입장권을 구매하는 것이 더 낫다.

늦게까지 문 여는 박물관

파리 박물관들 중 인기 있는 곳들은 직장인들을 위해 야간 개장을 한다. 턱없이 부족한 시간으로 고민하는 여행객들은 야간 개장에 주목해보자.

요일	박물관	폐관시간
월~일	개선문	22:30
화	앵발리드 군사 박물관	21:00(기획전이 있는 경우)
수	루브르 박물관	21:00
목	오르세 미술관 케 브랑리 박물관 파리 건축 문화재 단지 장식 예술 박물관 클루니 중세 국립박물관 (매달 첫째, 셋째 목요일)	21:45 22:00 21:00 21:00 20:30
금	루브르 박물관 기술 박물관	21:00 21:00
토	루브르 박물관 (매달 첫 번째 토요일만)	21:00

ENJOYING 07

감동의 밤을 선사하는 **최고의 클래식 공연**

파리의 밤을 더욱 아름답게 하는 건 화려한 야경만이 아니다. 〈지젤〉, 〈라실피드〉로 대표되는 낭만 발레, 세계적인 명성을 자랑하는 3대 관현악단의 연주회, 오페라 하우스에서 펼쳐지는 유수의 오페라까지. 최저 15유로부터 가능한 최고의 무대예술, 마니아라면 절대 놓치지 말자.

오페라 & 발레

뮤지컬 〈오페라의 유령〉을 감명 깊게 봤다면 팔레 가르니에의 오페라 감상은 뿌리치기 힘든 유혹이다. 프랑스 최고의 오페라단인 파리 국립 오페라단이 매년 9월부터 다음해 7월 중순까지 오페라, 발레, 클래식, 콘서트 등 세계 정상급의 공연을 펼친다. 공연장은 팔레 가르니에와 오페라 바스티유로 나뉘어 있으며, 온라인으로 티켓 예매가 가능하다.

팔레 가르니에

Data Map 264p-E
Access 메트로 3, 7, 8호선 오페라Opéra역 하차, 도보 1분
Add Angle rues Scribe et Auber 75009 Paris
Tel (01) 75 25 24 23
Cost 15~231유로
Web www.operadeparis.fr/en

오페라 바스티유

Data Map 247p-L
Access 메트로 1, 5, 8호선 바스티유Bastille역 하차, 도보 1분
Add Place de la Bastille 75012 Paris **Tel** (01) 40 01 19 70

TIP 저렴한 티켓 구입 방법

① 좋은 작품은 빨리 매진. 여행 계획이 잡혔다면 무조건 홈페이지부터 클릭!

② 팔레 가르니에서는 당일 공연에 한해 시야장애석을 10유로에 현장 판매한다. 위치에 따라서는 전혀 시야가 확보되지 않은 경우도 있다. 따라서, '보는 것'보다 '듣는 것'에 초점을 둔 공연에만 시도할 것을 추천한다.

③ 28세 미만이라면 팔레 가르니에의 '데르니에르 미뉘트Dernière Minute' 티켓에 주목! 당일 공연 30분 전까지 판매되지 않은 표(주로 가장 비싼 좌석들이 남는다)를 10~35유로로 구입할 수 있다. 티켓은 팔레 가르니에 안에 있는 데르니에르 미뉘트 지정 매표소에서 판매한다. 꼭 티켓을 얻고 싶다면, 공연 2시간 전에 가서 줄을 서는 것이 좋다. 나이를 확인하므로 여권은 필수.

클래식 연주회

세계 정상의 관현악단이 베를린과 런던, 빈에만 있는 것은 아니다. 파리에 왔다면 프랑스 국립관현악단Orchestre National de France과 파리 필하모니Philharmonie de Paris, 라디오 프랑스 필하모닉 오케스트라Orchestre Philharmonique de Radio France에도 귀를 기울여보자. 운이 좋다면 세계 정상급 관현악단의 협연을 관람할 수 있다. 특히 주말에는 어린이를 비롯해 온가족이 즐길 수 있는 패밀리 콘서트Family Concert 및 다양한 뮤직 워크숍 등도 준비돼 있다. 28세 미만은 당일 30분 전까지 판매되지 않은 좌석을 10유로에 구입할 수 있다(특정 공연에 한해 한정 수량, 여권 지참). 공연은 파리 필하모니 공연장 또는 라디오 프랑스 방송국에서 열리며, 온라인 티켓 전문 사이트 프낙(www.fnactickets.com)에서 예매할 수 있다.

파리 필하모니
Philharmonie de Paris

Data **Access** 메트로 5호선 포르트 드 팡탱Porte de Pantin역 하차, 도보 2분
Add 221 Avenue Jean Jaurès, 75019 Paris
Tel (01) 40 40 67 00
Cost 15유로~
Web www.philharmoniedeparis.fr/en

라디오 프랑스 방송국 무료 공연

프랑스 국영 라디오 방송국인 라디오 프랑스는 다양한 방송들을 일반인들에게 무료로 공개하고 있다. 개중에는 클래식 연주나 재즈 가수 초청 음악회, 피아노 독주회 등 소규모 공연들도 많은데, 무료라고 얕보기에는 그 실력이 상당하다.

라디오 프랑스 방송국 Maison de la radio
Data Map 316p-D **Access** RER C선 아브뉘 뒤 프레지당 케네디Avenue du Président Kennedy역 하차, 도보 3분 **Add** 116 Avenue du Président Kennedy 75016 Paris **Tel** (01) 56 40 15 16
Web www.maisondelaradioetdelamusique.fr/

TIP 라디오 프랑스 티켓 신청 방법

구글 크롬 웹브라우저를 이용하면, 프랑스어 웹사이트를 한글로 전환해 모든 정보를 쉽게 얻을 수 있다.
① 라디오 프랑스 홈페이지에 접속한다.
② 오른쪽 위 '계정 만들기'를 클릭해, 티켓 받을 이메일 주소와 비밀번호, 개인정보 등을 등록한다.
③ 다시 홈페이지 초기화면으로 돌아와 'RÉSERVEZ Gratuit(한글로 전환하면 도서 무료라고 뜬다)'라고 표기된 공연을 클릭한다.
④ 공연 소개와 함께 티켓 예약 버튼(도서 무료)을 눌러, 희망 티켓 수(총 2매까지 가능)와 홈페이지에 등록된 이메일 주소, 비밀번호를 입력하면 끝!
⑤ 자신의 이메일에 도착한 티켓을 프린트해 입장 전 보여주면 된다. 공연은 라디오 프랑스 방송국 내 지정 공연장에서 열린다.

ENJOYING 08
눈과 귀가 즐거운
프랑스 대중문화

클래식보다 익숙하고 부담 없는, 하지만 수준만은 클래식 못지않은 대중문화 공연들이 파리 도처에서 당신을 기다린다. 그 유명한 물랭 루주의 프렌치 캉캉은 물론, 세계 재즈 아티스트들도 공연한 바 있는 유명 재즈 클럽의 라이브 공연, 운 좋으면 뮤지컬 〈노트르담 드 파리〉와 〈로미오와 줄리엣〉 등을 오리지널로 감상할 수 있다.

ⓒ 노트르담 드 파리

파리의 뮤지컬

프랑스 뮤지컬의 역사는 1천만 장 이상 음반 판매를 기록한 〈노트르담 드 파리(1998)〉 전과 그 후로 나뉜다. 이후 〈십계〉, 〈로미오와 줄리엣〉 등 한국에서도 소개된 바 있는 대작들이 줄줄이 공전의 히트를 기록하면서 프랑스의 뮤지컬은 전 세계의 주목을 받기 시작했다. 공연 정보는 프낙 www.fnactickets.com의 메뉴바에서 연극/뮤지컬 Theater/Comedy 섹션에서 보면 된다. 저렴한 티켓은 20유로 중반 대에도 구입 가능하다.

파리 추천 재즈 바 Jazz Bar

재즈의 본고장은 미국이지만 우수에 젖은 듯 감미로운 선율과 자유로운 리듬감은 프랑스의 독특한 감성과도 찰떡궁합! 파리 공연마다 매진을 기록하는 재즈 보컬리스트 나윤선 덕분에 파리 속 재즈 문화는 친근하게 다가온다.

재즈 뮤지션의 꿈의 무대
르뒤크 데 롱바르드 Le Duc des Lombards 🔊 르뒤끄 데롱바흐드

파리를 대표하는 정통 재즈 클럽으로, 재즈 뮤지션들에겐 꿈의 무대로 알려져 있다. 특히 재즈 전문 라디오방송 TSF가 매주 월요일 19시에 이곳에서 생방송을 하는 것으로도 유명하다. 금요일과 토요일은 잼세션(악보 없는 즉흥 연주)이 열린다.

Data **Map** 246p-F **Access** 메트로 1, 4, 7, 11, 14호선 샤틀레 Châtelet역 하차, 도보 4분 **Add** 42 Rue des Lombards 75001 Paris **Tel** (01) 42 33 22 88 **Open** 월~목 19:30~24:00, 금·토 19:30~04:00(메인 연주 17:30, 22:00, 1일 2회) **Cost** 29~41유로 (공연에 따라 다름) **Web** www.ducdeslombards.com

스윙 재즈와 댄스로 흥겨운
카보 드 라위셰트 Caveau de la Huchette 🔊 꺄보 드 라위셰뜨

1946년 카르티에 라틴 구역에 문을 연 스윙재즈 전문 바다. 영화 〈라라랜드〉의 마지막 장면을 장식한 이후, "라라랜드 재즈 바"라는 별명으로 더 유명해졌다. 공연장은 지하에 위치한다. 연주가 시작되고 분위기가 무르익으면 흥이 난 손님들이 플로어를 점령하고, 스윙댄스를 춘다. 독특한 콘셉트의 재즈 바로 바라보는 것만으로도 즐겁다.

Data **Map** 358p-C **Access** 메트로 4호선 생 미셸St Michel역 하차, 도보 7분 **Add** 5, rue de la Huchette 75005 Paris **Tel** (01) 43 26 65 05 **Open** 일~목 21:00~02:00, 금·토, 공휴일 전날 21:00 **Cost** 입장료 일~목 14유로, 금·토, 공휴일 전날 16유로 **Web** www.caveaudelahuchette.fr

음료 한 잔에 무료 공연마저 훌륭하다
선셋-선사이드 Sunset-Sunside 🔊 선셋-선사이드

재즈를 사랑하는 파리지앵들 사이에서 특히 유명한 곳으로, 재즈 보컬리스트 나윤선이 자주 공연했던 클럽이다. 유명 뮤지션의 공연은 물론, 재능 있는 젊은 뮤지션들의 뜨거운 무대가 매일 밤 펼쳐진다. 모든 공연 일정은 4개월 전 홈페이지에 올라온다.

Data **Map** 246p-F **Access** 메트로 1, 4, 7, 11, 14호선 샤틀레Châtelet역 하차, 도보 3분 **Add** 60 Rue des Lombards 75001 Paris **Tel** (01) 40 26 46 60 **Open** 17:00~02:00 **Cost** 무료(음료 주문 필수) 및 유료 공연 **Web** www.sunset-sunside.com

STEP 03
ENJOYING

파리 재즈 바의 양대 산맥
뉴 모닝 New Morning 🔊 뉴 모닝

르뒤크 데롱바르드와 함께 파리 최고의 재즈 바로 손꼽힌다. 쳇 베이커, 스탄 게츠, 아트 블래키, 맥코이, 덱스터 고든, 디지 길레스피 등 전 세계 유명 뮤지션들의 무대가 펼쳐졌던 곳으로, 재즈, 랩, 힙합, 레게, 소울, 펑크, 프랑스 샹송 등 다양한 공연이 준비돼 있다. 프로그램은 홈페이지에서 확인할 수 있다.

Data **Map** 264p-F
Access 메트로 4호선 샤토 도Château d'Eau역 하차, 도보 7분
Add 7/9 Rue des Petites Ecuries 75010 Paris **Tel** (01) 45 23 51 41
Open 화~토 19:00~(공연마다 다름)
Cost 15유로~ (공연에 따라 다름)
Web www.newmorning.com

파리 추천 카바레

한국어로 '카바레'하면 딱 떠오르는 밤무대(?) 이미지는 그만! 프랑스에서는 식사를 하거나 술을 마시며 춤과 음악, 각종 쇼를 즐길 수 있는 곳이 바로 카바레다. 단순한 극장식 레스토랑으로 보기에는 역사도 깊다. 1881년 파리 몽마르트에 처음으로 '검은 고양이Chat noir' 라는 카바레가 등장하였다. 공연 스케일도 크고 화려해 눈 돌아갈 정도.

프렌치 캉캉의 원조
물랭 루즈 Moulin Rouge
🔊 물랭 후쥬

프랑스 화가 툴루즈-로트렉의 그림에 등장한 것은 물론 영화와 뮤지컬 <물랑 루즈>를 탄생시킬 만큼 무궁한 이야기를 가진 카바레다. 일명 프렌치 캉캉이라고도 불리는 '카드리유' 춤으로 유명하다. 브로드웨이 스타일이 가미되기도 했지만 프랑스 전통 카바레의 화려한 캉캉 춤은 역시 이곳만 한 곳이 없다.

Data **Map** 384p-D
Access 메트로 2호선 블랑슈Blanche역 하차, 도보 2분 **Add** Montmartre 82 boulevard de Clichy 75018 Paris **Tel** (01) 53 09 82 82
Open 디너쇼 19:00, 일반 쇼 21:00, 23:00
Cost 디너쇼 245유로~, 일반 쇼 115유로~
Web www.moulinrouge.fr

현대식 퍼포먼스와 전통 카바레 쇼의 조화
파라다이스 라틴 Paradis Latin
🔊 빠라디스 라땡

라틴 구역의 역사적인 극장, 파라다이스 라틴에서 첫 선을 보인 카바레 쇼 '낙원의 새 L'Oiseau Paradis'를 주목해 보자. 프렌치 캉캉은 물론 화려한 무대 장식과 퍼포먼스, 스릴 넘치는 곡예와 마술까지 한자리에서 즐길 수 있다. 미슐랭 3스타 셰프인 기사부아가 개발한 디너 메뉴로도 유명하다.

Data **Access** 메트로 10호선 카르디날 르무안 Cardinal Lemoine역 하차, 도보 3분
Add 28 Rue du Cardinal Lemoine, 75005 Paris
Tel (01) 43 25 28 28 **Open** 런치쇼 12:00, 디너쇼 19:30, 쇼 21:00 **Cost** 쇼 90유로, 런치쇼 150유로, 디너쇼 180유로
Web www.paradislatin.com

Data **Map** 384p-D
Access 메트로 2호선 블랑슈 Blanche역 하차, 도보 5분
Add 25, rue Pierre Fontaine 75009 Paris **Tel** (01) 48 74 69 25
Open 19:00, 20:30, 22:30
Cost 쇼 99유로, 샴페인쇼 115유로
Web www.lanouvelleeveparis.com

가장 경제적이고 만족도 높은 공연
라누벨 에브 La Nouvelle Ève 🔊 라누벨 에브

1949년 몽마르트르에 처음 문을 연 카바레. 규모도 작고 인지도도 높은 편은 아니지만 2014년 트립어드바이저가 우수 업소로 선정하고, 방문자들 중 95%가 추천하는 곳이다. 프렌치 캉캉을 비롯한 수준 높은 쇼와 맛좋은 식사, 서비스와 분위기 모든 면에서 좋은 평가를 받고 있다. 특히 같은 콘셉트의 물랭 루주보다 저렴한 것이 인기 비결. 단 4~12월에만 공연이 있다.

섹시 쇼로 유명한 성인 전용
크레이지 호스 Crazy Horse 🔊 크하지 오흐쓰

파리 카바레 중 가장 '섹시'하다고 알려진 성인 전용(18세 이상 입장) 카바레다. 여성의 몸과 실루엣, 조명을 이용해 섹슈얼한 이미지를 극대화시킨 것이 특징. 쇼 타이틀도 '욕망Désirs'이라 붙일 만큼 과감하다. 수위는 높지만 퇴폐 업소(?)로 착각하는 것은 금물이다.

Data **Map** 298p-J **Access** 메트로 9호선 알마- 마르소Alma Marceau역 하차, 도보 5분 **Add** 12 avenue George V, 75008 Paris **Tel** (01) 47 23 32 32 **Open** 월~금 20:00, 22:30, 토 19:00, 21:30, 23:45
Cost 쇼 119유로~, 샴페인쇼 139유로~, 디너쇼 185유로~ **Web** www.lecrazyhorseparis.com

프랑스 샹송의 메카
오 라팽 아질 Au Lapin Agile 🔊 오 라뺑 아질

19세기 후반 몽마르트르 언덕 아래 문을 연 작은 규모의 카바레다. 피카소, 모딜리아니, 브라크, 아폴리네르 등 유명 예술가들의 사랑방 역할을 담당했다. 20세기 초반부터 이곳 무대에 섰던 샹송 가수들이 그 실력을 인정받아 대중적인 인기를 구가했는데, 그때부터 오 라팽 아질은 프랑스 샹송의 메카가 되었다. 매주 4회 시와 샹송, 프랑스식 위트가 넘치는 작은 무대가 마련되는데, 현지인 관객들이 95% 이상을 차지한다.

Data **Map** 384p-B **Access** 메트로 12호선 라마르크 콜랭쿠르Lamarck Caulaincourt역 하차, 도보 10분
Add 22, rue des Saules 75018 Paris **Tel** (01) 46 06 85 87 **Open** 화, 목, 금~토 21:00~01:00
Cost 40유로(음료 1잔 포함), 26세 미만 학생 25유로(여권 지참, 토요일, 공휴일 제외)
Web www.au-lapin-agile.com

ENJOYING 09
파리의 뜨거운 밤을 책임지는 **클럽**

전 세계 어딜 가나 젊은이들의 주말 밤을 책임지는 클럽. 한국과는 비교할 수 없지만 그중에서도 좋은 평을 듣고 있는 클럽 4곳을 소개한다. 업소마다 영업일이 다르므로 주의하자. 특히 금요일 밤을 지나 새벽 1시부터 3시까지 분위기는 최고조에 달한다.

30년 전통의 일렉트로 클럽
렉스 클럽 Rex Club

30년의 역사를 가지고 있는 파리 일렉트로 클럽의 대부격이라 할 수 있다. 수, 목, 금, 토요일 오픈하며 매일 새로운 DJ들과 다양 테마의 프로그램을 준비해 클러버들의 큰 사랑을 받고 있다. 프로그램 정보는 홈페이지(영어)에서 확인 가능. 같은 이름의 초대형 영화관이 한 건물에 있기 때문에 REX CLUB 표지판이 있는 입구로 들어가야 한다.

Data Map 264p-F
Access 메트로 8, 9호선 Bonne Nouvelle 역 하차, 도보 2분
Add Boulevard Poissonnière, 75002 Paris
Tel (01) 42 36 10 96
Open 수~토 00:00~07:00
Cost 입장료 입장료 8.80유로~
Web www.rexclub.com

Data Map 384p-D Access 메트로 2호선 블랑슈Blanche역 하차, 도보 2분 Add 90, Boulevard de Clichy 75018 Paris Tel (01) 53 41 88 89 Open 클럽 금~토 00:00~06:00, 바 화~일 18:00~00:00

다양한 장르의 이벤트를 즐긴다
라마신 뒤 물랭 루주 La Machine du Moulin Rouge 라마신 뒤 물랭 후쥬

카바레 쇼로 유명한 물랭 루주가 인수해 클럽, 콘서트 및 이벤트홀, 카페 및 루프탑 바 등으로 운영하는 곳이다. 물랭 루주의 보일러실을 댄스 플로어로 변모시킨 것처럼 경계를 허물고 혁신적인 문화 프로젝트들을 선보이며, 전자, 테크노, 힙합, 하우스 뮤직은 물론 록, 메탈, 재즈 등의 다양한 장르를 섭렵했다.

티댄스와 살사, 클럽 댄스까지
르발라조 Le Balajo 르 발라조

1936년 문을 연 역사적인 나이트클럽이다. 라틴부터 EDM에 이르기까지 다양한 장르의 음악과 댄스로 매일 밤이 불금이다. 월요일은 차를 마시며 왈츠와 탱고를 추는 티댄스의 밤, 화요일은 쿠바 살사 레슨도 받을 수 있는 살사의 밤으로 운영된다. 본격적인 댄스 타임은 21시 30분부터 새벽 2시까지 이어진다. 화끈한 클러빙을 즐기려면 목~일요일에 주목하자.

Data Map 247p-L Access 메트로 1, 5, 8호선 바스티유Bastille역 하차, 도보 6분 Add 9, rue de Lappe 75011 Pariss Tel (01) 47 00 07 87 Open 월 14:00~19:00, 화 19:00~02:00, 목~일 23:00~06:00 Cost 프로그램에 따라 무료 혹은 유료 Web www.balajo.fr

센강 위에서 즐기는 클러빙
프티 뱅 Petit Bain 쁘띠 뱅

센강 위에 떠 있는 바지선에서 지금까지와는 전혀 다른 주말 밤을 경험해 보자. 프티 뱅은 클럽 전용 공간이라기보다 분위기 좋은 선상 테라스 바&레스토랑에 콘서트홀까지 갖춘 복합 공간이다. 매주 금, 토요일엔 라이브 공연이 열린다. 공연 정보는 2주 전부터 홈페이지에 공개된다. 자정 이후에는 다양한 장르의 음악이 흘러나오는 클럽으로 변한다.

Data Map 397p-A Access 메트로 6호선 케드 라가르Quai de la Gare역 하차, 도보 8분 Add 7 Port de la Gare, 75013 Paris Open 일~목 18:00~00:00, 금·토 ~02:00 Cost 프로그램에 따라 다름 Web www.petitbain.org

ENJOYING 10

센강 위의 낭만, **유람선 타기**

1시간 정도 유람선을 타고 센강을 오르내리며 강변의 건축물을 관람하는 것은 오래전부터 소문난 파리 여행의 필수 코스다. 낮은 낮대로, 밤은 밤대로 아름다운 유람선은 애써 시간 내 타볼 만한 명물임에 틀림없다.

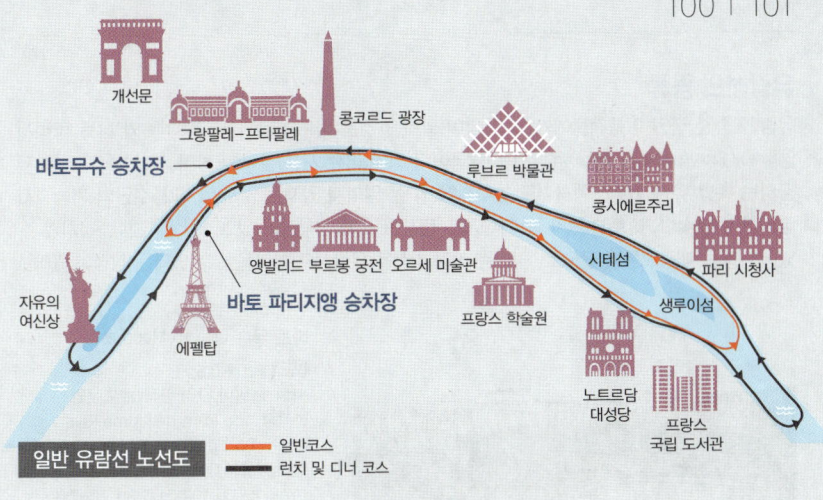

유람선

파리의 상징 에펠탑 인근에서 출발한 유람선은 나폴레옹이 잠들어 있는 앵발리드, 지금은 국회의사당으로 사용 중인 부르봉 궁전, 오르세 미술관, 프랑스 학사원을 지나 노트르담 대성당이 있는 시테섬 너머까지 올라간다. 그러고는 생루이섬을 끼고 돌아 파리 시청사와 콩시에르주리를 지난 후, 오던 길을 되돌아간다. 이때 루브르 박물관, 그랑 팔레 등을 거치며 아름다운 건축물들을 한눈에 돌아보게 된다.

유람선의 종류

유람선 중 한국인 여행객들에게 가장 많이 알려진 것은 바토 무슈Bateau Mouches와 바토 파리지앵Bateau Parisiens이다. 이들 유람선은 한국어 설명(이어폰 사용)을 제공하며, 런치와 디너를 제공하는 특별 유람선을 운행하기도 한다. 이 외 잘 알려져 있지는 않지만, 교통수단의 기능까지 겸비한 수상 버스 바토뷔스Batobus가 있다. 센강 곳곳에 선착장이 있고 1일 무제한 승하차할 수 있어 낮에는 대중교통 수단으로, 밤에는 야경 감상용 유람선으로 이용할 수 있다는 장점이 있다.

바토 무슈 Bateaux Mouches

Data Map 316p-B
Access 알마 다리 아래(센강 우안) 선착장 Add Pont de l'Alma Rive Droite-Port de la Conférence 75008 Paris Tel (01) 42 25 96 10
Open 4~9월 10:00~22:30, 10~3월 11:00~21:20
Cost 성인 17유로, 어린이 8유로, 런치 포함 85유로, 디너 포함 90유로~
Web www.bateaux-mouches.fr

바토 파리지앵 Bateau Parisiens

Data Map 316p-B
Access 에펠탑 인근 이에나 다리 아래 선착장 Add Port de la Bourdonnais, 75007 Paris Tel (01) 76 64 14 45
Open 4~9월 10:00~22:30, 10~3월 10:30~22:00
Cost 성인 17유로, 어린이 8유로, 런치 포함 75유로, 디너 포함 95유로
Web www.bateauxparisiens.com

바토뷔스 Batobus

Data Map 103p
Access 에펠탑, 오르세, 생제르맹데프레, 노트르담 대성당, 파리 식물원, 파리 시청사, 루브르, 샹젤리제 근처 정류장에서 무제한 승하차
Tel (01) 76 64 79 12
Open 하절기 10:00~21:30, 동절기 10:00~17:00(20~25분 간격)
Cost 1일 23유로, 2일 27유로
Web www.batobus.com

유람선 탑승 시간

유람선은 시즌에 따라 변경되며, 대체로 오전 10시부터 밤 11시까지 운행된다. 감수성이 풍부해지는 밤에는 조명 밝힌 건물들의 아름다운 경치가 파리를 더욱 로맨틱하게 만들어준다. 반면 낮에는 센강 양안의 소소한 배경들까지 빠짐없이 눈에 담을 수 있다는 장점이 있다. 이 둘을 모두 고려해 뉘엿뉘엿 해 질 때쯤 탑승해 일몰과 함께 야경까지 즐기는 것도 좋은 생각이다. 탑승 전날 일몰 시간을 체크하여 탑승 시간대를 정하는 것이 포인트다.

TIP 알아두면 유용한 유람선 정보

① 유람선 티켓 구입은 인터넷을 이용하자. '파리 유람선'으로 검색하면 최대 50%까지 저렴한 티켓을 판매하는 국내 업체를 찾을 수 있다.
② 맥주나 와인 한 병쯤 준비해 탑승하면 분위기를 즐기는 데 아주 그만이다.
③ 여름에도 강바람은 차갑다. 특히 밤 시간대에는 겉옷이 꼭 필요하다.
④ 흔들리는 물살에 제대로 된 야경 사진 찍기는 거의 불가능하다. 애초부터 동영상을 찍거나 감상에만 집중하자.

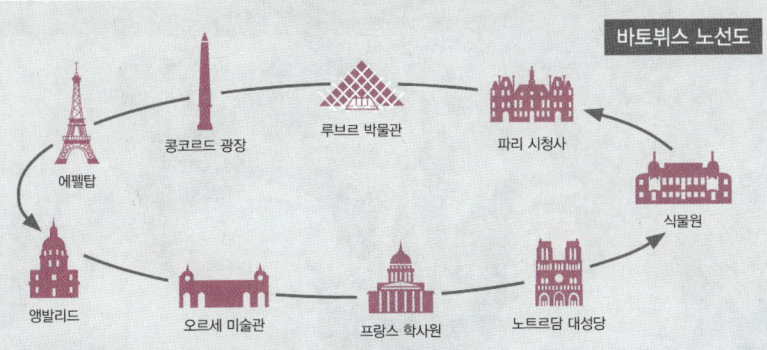

바토뷔스 노선도

ENJOYING 11

효율적인 파리 투어, **2층 버스**

2층 버스는 런던에만 있는 것이 아니다. 파리 시내를 걷다 보면 지붕 없는 2층 버스들이 종종 눈에 띄는데, 이것이 바로 여행자 전용 투어 버스다. 체력과 시간을 절약하면서 유명 관광지를 빠짐없이 돌아볼 수 있다는 점에서 주목해 볼 만하다.

파리 추천 투어버스

투어버스는 파리 곳곳을 누비며 아름다운 도시 건축물을 감상하는 동시에 정해진 기간 동안 무제한 승하차하며 관광지를 오갈 수 있다. 메트로처럼 지하로 다니지 않아 답답하지 않고, 일반버스처럼 시간 낭비를 하지도 않는다. 따라서 걷는 거리를 최소화하며 단시간 내 관광지를 효율적으로 둘러보고 싶은 사람들이나 부모님, 아이를 동반한 가족 여행객에게 좋은 선택이 될 수 있다. 또한 업체에 따라서는 아름다운 야경을 둘러보는 나이트버스도 운행한다.

빅 버스 파리 Big Bus Paris

붉은색 2층 버스로 더 유명한 투어버스다. 에펠탑, 오페라 가르니에, 루브르, 노트르담 대성당, 오르세 미술관, 샹젤리제, 그랑 팔레 등 주요 관광지 10곳에서 승하차할 수 있다. 한국어 안내(이어폰 사용) 서비스가 제공된다.

Data **Map** 265p-H **Access** 사무실 메트로 7, 14호선 피라미드Pyramides역 하차, 도보 2분 **Add** 11 avenue de l'Opéra, 75001 Paris **Open** 09:45~19:10 **Cost** 1일권 성인 47유로, 어린이 26유로. 2일권(연속 사용) 성인 62유로, 어린이 36유로. 나이트버스 성인 33유로, 어린이 26유로(2시간 소요 샹젤리제 출발) **Web** www.bigbustours.com

폭시티 버스 Bus Foxity

기존의 홉온홉오프Hop On Hop Off 투어버스와 루트 및 운영 방법은 비슷하지만 최저가 요금이 가장 큰 장점이다. 이곳에서 운영하는 2시간 투어버스는 폭시티 버스 정류장 어느 곳에서나 탑승해 2시간 동안 자유롭게 이용할 수 있다. 몽마르트르의 물랭 루주 야경도 볼 수 있는 논스톱 나이트버스도 운영.

폭시티 티켓 대행사 France Tourisme Louvre

Data **Map** 265p-L **Access** 메트로 1호선 루브르 리볼리Louvre-Rivoli역 하차, 도보 1분 **Add** 6 rue Amiral de Coligny, 75001 Paris **Tel** (01) 53 10 35 35 **Open** 09:00~18:30. 나이트버스 3~10월 21:00, 11~2월 18:00 **Cost** 1일권 성인 45유로 (오후 2시 투어 버스 성인 37유로, 어린이 27유로), 어린이 25유로, 나이트버스 성인 34유로, 어린이 24유로 **Web** www.foxity.com

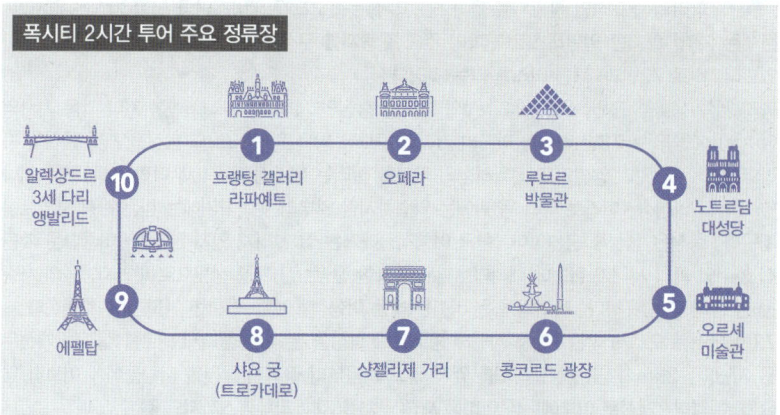

폭시티 2시간 투어 주요 정류장

1. 프랭탕 갤러리 라파예트
2. 오페라
3. 루브르 박물관
4. 노트르담 대성당
5. 오르세 미술관
6. 콩코르드 광장
7. 샹젤리제 거리
8. 샤요 궁 (트로카데로)
9. 에펠탑
10. 알렉상드르 3세 다리 앵발리드

투트 버스 Tootbus

영국과 벨기에에 이어 프랑스 파리까지 진출한 투어 버스이다. 여느 업체와 루트나 운영 방법 등은 대동소이하지만, 친환경 기업임을 전면에 내세워 전기 혹은 천연가스 차량만 운행하고 디지탈화를 통해 종이 사용을 지양한다. 또한 성인 2인과 아동 2인이 이용할 수 있는 가족 티켓도 판매한다는 점에 주목할 만하다.

투트 버스 사무실 Tootbus Office

Data Map 264p-E **Access** 사무실 메트로 7, 9호선 쇼세 당탱-라파예트Chaussée d'Antin-Lafayette역 하차, 도보 4분 **Add** 12 Rue Auber, 75009 Paris **Tel** (01) 42 66 56 56 **Open** 09:30~18:30 (출발 기준, 15분 간격) 나이트버스 루브르 카루젤 광장 출발 18:00 혹은 21:00 계절에 따라 다름 **Cost** 1일권 성인 45유로, 어린이(4~11세) 25유로. 4인 가족 115유로, 2일권(연속 사용) 성인 53유로, 어린이 31유로, 가족 137유로, 나이트버스 성인 34유로, 어린이 24유로, 가족 92유로 **Web** www.tootbus.com

> **TIP** 투어버스 이용 정보
> ① 투어버스 티켓은 승차장 부스(폭시 버스)나 버스 내(빅 버스와 투트 버스)에서 구입 가능하다.
> ② 홈페이지에서 티켓을 구입하면 이메일로 E-티켓이 전송되고 탑승 시 직원에게 보여주면 돼 편리하다. 업체에 따라서는 할인 혜택도 있으므로 적극 이용하자.
> ③ 정확한 운행 시간과 승하차장, 운행 루트 등은 각 업체 홈페이지나 전용 앱에서 확인할 수 있다.

일반버스 72, 73번
Writer's Pick!

파리의 대표적인 관광지를 돌아보는 데 홉온홉오프 관광버스만큼 편한 방법은 없지만, 문제는 가격! 하지만 일반버스로도 파리 주요 관광지를 구석구석 누비며 드라이브하는 방법이 있으니, 바로 72번과 73번 버스를 타는 것이다.

파리 서쪽 생클루 공원Parc de Saint-Cloud과 파리의 중심인 시청사Hôtel de Ville를 지나 리옹 기차역 Gare de Lyon을 잇는 **72번 버스**는 리볼리 거리와 루브르 박물관, 콩코르드 광장을 지나 센강을 따라 달린다. 저 멀리 앵발리드와 화려함의 극치를 달리는 알렉상드르 3세 다리, 에펠탑을 지나면 자유의 여신상, 미라보 다리 등 귀에는 익숙하지만 일부러 찾아가기에는 힘든 관광 포인트를 지난다. 종점은 생클루 공원이다. 한국 여행객들에게는 잘 알려져 있지 않지만, 아름다운 계단식 분수와 파리 시내가 한눈에 내려다보이는 훌륭한 전망, 잘 가꾼 정원으로 파리지앵들의 사랑을 한 몸에 받는 곳이다. 파리의 숨은 비경은 찾는 여행객들에게 꼭 한번 가볼 것을 추천한다.
73번 버스는 오르세 박물관에서 시작해 콩코르드 광장을 돈 후 샹젤리제 대로를 질주해 개선문을 지난다. 2km가 넘는 샹젤리제를 걷지 않고 처음부터 끝까지 둘러볼 사람들에게 이보다 더 좋을 수 없다. 개선문 이후에는 루이비통 재단 근처를 지나 라데팡스까지도 갈 수 있다.

파리 교통 필수 교통 앱
시티맵퍼
Citymapper

파리에서 일반버스를 이용할 때 가장 편리한 앱이 바로 시티맵퍼다! 구글맵보다 시티맵퍼가 더 정확하고 편리하다는 리뷰가 쏟아질 정도. 도보, 자전거, 버스, 지하철, 택시까지 다양한 교통수단으로 안내가 가능하다. 특히, 파업이나 공사가 많은 파리에서 공지 사항으로 실시간 이슈도 안내해 주니 이보다 편할 수는 없다. 당연히 무료 앱이며 한국어 지원도 가능해서, 검색도 한국어로 할 수 있다. 시티맵퍼만 있으면 낯선 버스 안에서 언제 내려야 할지 몰라 두리번거릴 일은 더 이상 없다. 시티맵퍼에서 하차 시 알림이 오니까!

지하철 환승 시 빠른 환승 칸도 알려주어 이동에 편리함을 더한다. 단, 지하철에서는 와이파이가 잘 안 터질 수 있으니 미리 경로를 캡쳐해 두면 편리하다.

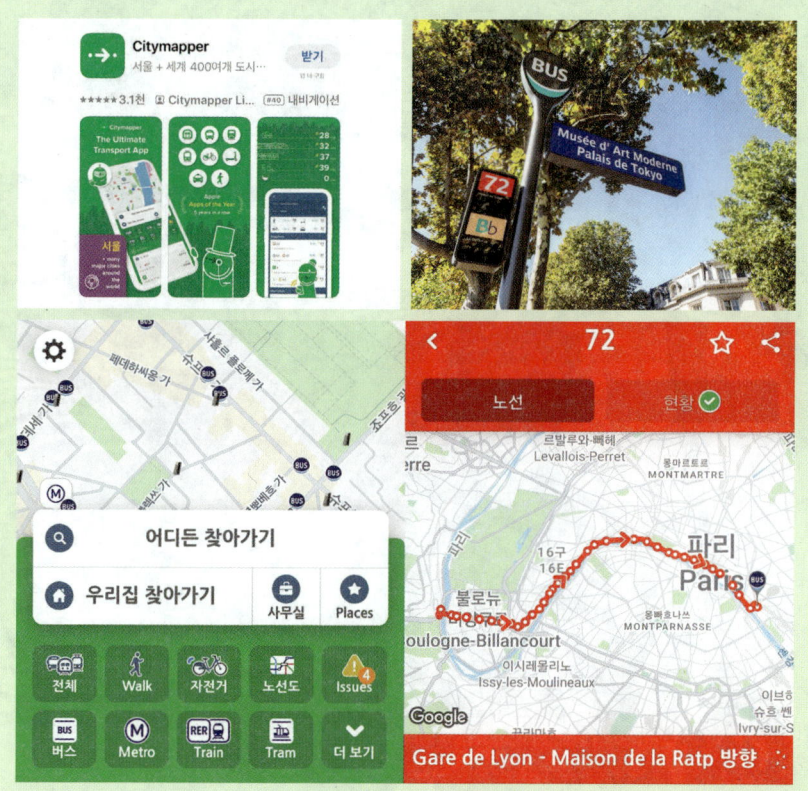

ENJOYING 12

파리지앵처럼 자전거를 타볼까? **벨리브**

낭만 여행을 꿈꾸는 사람들의 선택, 자전거는 파리에서 더 인기다. 파리시가 교통난 해소를 위해 구축한 30분 무료 자전거 이용 시스템 '벨리브Vélib'가 있기 때문. 좀 더 특별한 추억을 만들고 싶거나 교통비를 최대한 아끼고 싶을 때 벨리브에 한번 도전해보자.

TIP 앱스토어에서 Vélib' 어플리케이션을 다운받자. 지도 위에 현재 위치와 인근 벨리브 정류장, 루트 간 소요 시간 등 벨리브에 필요한 각종 정보를 얻을 수 있다.

벨리브 Vélib'

벨리브는 자전거를 뜻하는 프랑스어 '벨로vélo'와 자유로움을 뜻하는 '리브르libre'를 합친 말로, 2007년 도입된 자전거 셀프서비스 시스템이다. 파리 곳곳에는 200~300m 간격으로 약 1,400개의 자전거 정류장이 있고, 여기에 총 2만 대의 자전거가 비치돼 외국인도 패스만 구입하면 자유롭게 이용할 수 있다. 1회(45분), 1일(24시간), 혹은 3일(72시간)간 대여 중 하나를 선택할 수 있으며, 가입비는 1회 3유로(일반, 전기 자전거 중 선택), 1일 5유로(일반), 10유로(전기) 중 선택, 3일 20유로(일반, 전기 모두 이용)다. 일반 자전거의 경우 탑승 후 30분 내 다른 정류장에 반납하면 무료, 그 후부터는 30분마다 1유로씩 부과된다. 전기 자전거는 처음 45분간 무료(5회까지, 6회부터는 2유로), 그 후부터 30분마다 2유로씩 부과된다. 사용 기간이 지난 후에도 자전거를 반납하지 않으면 보증금을 지불한 신용카드에서 300유로가 자동으로 빠져나간다.

Web www.velib-metropole.fr

TIP 샹젤리제 거리나 몽마르트르 지역은 경사가 있어 자전거 타기에는 적합지 않다.

벨리브 타기 좋은 곳

파리시 전체에 자전거 전용 도로가 마련된 것은 아니기 때문에 경우에 따라서는 차도 혹은 인도를 공유해야 한다. 대다수의 여행객들이 벨리브를 교통수단으로 이용하기보다 한 번쯤 타보는 액티비티로 여기기 때문에 다음 네 곳 중 한 루트를 선택해 보는 것이 좋다.

센강 유역

센강 좌우안의 도로를 유람선과 비슷한 루트로 돌아보는 것이다. 파리를 대표하는 아름다운 건축물이 한눈에 들어온다. 단, 간혹가다 차도를 공유하기도 하므로 특히 안전에 유의할 것.

생마르탱 운하

영화 〈아멜리에〉 촬영지로 유명해진 생마르탱 운하를 끼고 달려보자. 넘쳐나는 관광객의 발길을 피해 아름다운 가로수와 수중다리를 지나, 운하에서 휴식도 취하며 마음껏 여유를 즐길 수 있어 소소한 추억이 된다.

불로뉴 숲 & 뱅센 숲

두 곳 모두 옛날에는 왕의 사냥터로, 지금은 시민공원으로 사랑받는 숲이다. 아름다운 정원과 호수, 중세 성(뱅센 숲)과 동물원(불로뉴 숲)까지 갖춰 주말 피크닉 장소로도 인기다. 자전거 도로까지 잘 발달해 있어 벨리브 타기 그만. 단, 정류장 간격이 상당히 멀어 30분 내 반납이 쉽지 않다.

STEP 03
ENJOYING

벨리브 대여 방법 (홈페이지, 스마트폰)

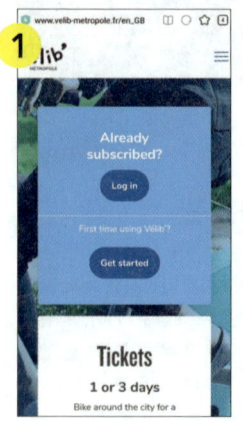

1. 벨리브 영문 홈페이지로 들어간다(www.velib-metropole.fr/en).

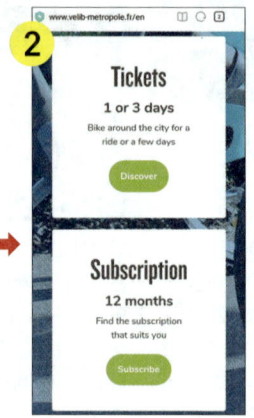

2. 스크롤을 내려 Tickets의 녹색 버튼을 클릭한다.

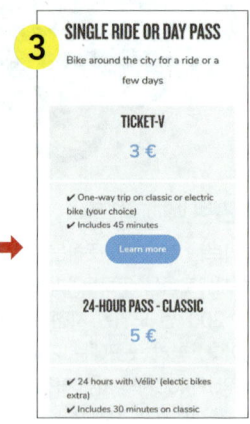

3. 1회권(Single ride) 혹은 1, 3일권(Day pass) 중 선택 후 하늘색 버튼을 클릭한다.

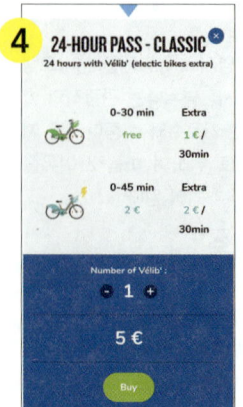

4. 해당 티켓 설명 아래 대여 개수와 요금을 확인 후 녹색 버튼을 클릭한다.

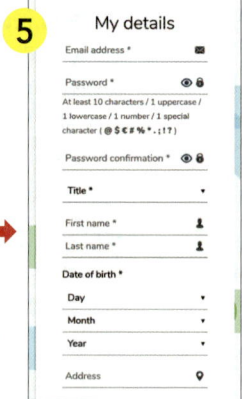

5. 스크롤을 내려 개인정보(My details) 기입, 약정서에 체크 후 녹색 버튼을 클릭한다.

6. 선택한 티켓 종류와 요금, 보증금을 확인 후 녹색 버튼을 클릭한다.

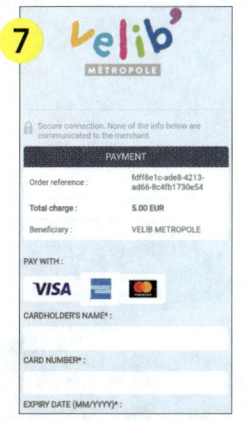  

| 7 | 8 | 벨리브 앱 |

신용 카드 결제 후 4자리 비밀번호(4 digit Velib' PIN) 등록까지 마치면 8자리 액세스 코드Access Code가 발급된다.

벨리브 핸들 부분의 번호판에서 전원(√)을 켜고 엑세스 코드와 비밀번호를 입력하면 잠금장치가 해제된다.

벨리브 앱을 다운받아 티켓을 구입할 수도 있으나 현지에서만 앱이 구동되고 에러도 잦은 편이다.

TIP 파리의 신 명물, 전동 킥보드

오래전부터 전동 킥보드가 벨리브의 뒤를 잇는 단거리 교통수단으로 급부상했다. 전동 킥보드도 전용 애플리케이션을 다운로드한 후, 결제할 카드를 등록하고, 일정 금액을 충전해야 한다. 이후 킥보드에 해당 애플리케이션을 스캐닝하면 사용할 수 있다. 단, 벨리브와 달리 따로 정류소가 없어, 애플리케이션에서 위치를 찾아야 한다. 탑승 완료 시 애플리케이션의 종료 버튼을 누르면 카메라 모드가 된다. 킥보드와 주위 배경이 나오게 사진을 찍으면 자동 종료가 되면서 이용 시간만큼 요금이 계산된다. 전동 킥보드는 생각보다 속도가 빨라 사고가 잦은 편이니, 반드시 자전거 전용 도로를 이용하고 안전 운전에 유의하자.

Step 04
Eating

파리를 **맛보다**

01 프랑스 사람들이 즐겨 먹는 음식
02 당신이 꼭 먹어봐야 하는 디저트
03 파리를 더욱 사랑스럽게 하는 빵 빵 빵!
04 파리 최고의 마카롱을 찾아라
05 파리에서 주목해야 할 프랜차이즈 레스토랑

06 파리의 카페 레스토랑 방문 노하우
07 초보자를 위한 최고의 와인 선택법
08 파리에서 발견한 맥주의 신세계
09 치즈의 왕국, 프랑스의 고소함을 맛보다
10 꼭 맛봐야 할 마트 먹거리

EATING 01
프랑스 사람들이
즐겨 먹는 음식

여행지에서 그 나라만의 새로운 음식들을 맛보는 건 여행의 또 다른 즐거움이 아닐까! 하지만 뭐가 있는지, 혹은 뭐가 뭔지 몰라 그냥 추천해 주는 대로, 혹은 가장 싼 것만 골라 먹는 오류를 범하지 말자. 프랑스 사람들이 흔히 먹는 음식들, 레스토랑 메뉴에서 가장 많이 등장하는 음식들, 혹은 우리 입맛에도 잘 맞는 음식들을 소개한다.

전식 & 샐러드

푸아그라 Foie Gras 🔊 푸아그하

세계 3대 진미 중 하나로 살 찐 거위나 오리의 간을 말한다. 푸아그라는 날것을 구워먹거나 테린, 혹은 파테로 만들어 먹는다. 일반 레스토랑에서는 주로 푸아그라 파테를 많이 내놓는다. 비린 맛이 나는 푸아그라는 조리가 잘못된 것이다.

에스카르고 Escargot 🔊 에스꺄흐고

한국인이 가장 먹어보고 싶어 하는 프랑스 달팽이 요리. 저렴한 레스토랑에서도 전식으로 부담 없이 접할 수 있다. 달팽이는 골뱅이와 식감이 비슷한데, 정작 달팽이보다 그 위에 얹어진 버터와 파슬리의 진한 소스가 맛을 좌우한다.

양파 수프 Soupe à l'Oignon 🔊 쑤 빠 로뇽

갈색이 될 때까지 양파를 버터에 볶고 닭 육수를 부어 끓인다. 작은 사기그릇에 1인분씩 담아 바게트와 치즈를 얹고 오븐에 넣는다. 진한 육수에 달콤한 양파 맛, 고소한 치즈 맛이 더해져 쌀쌀하고 우울한 파리 날씨에 사랑받는 소울푸드로 자리 잡았다.

뵈프 부르기뇽 Boeuf Bourguignon
🔊 뵈프 부흐기뇽

양파와 적포도주에 소고기를 넣고 푹 고은 것으로, 한국식 소고기찜을 생각하면 된다. 보드라운 소고기 살에 포도주 특유의 향과 맛이 어우러지는 맛이 일품이다. 포도주 맛에 익숙하지 않은 사람에게는 입에 맞지 않을 수도 있다.

라타투이 Ratatouille
🔊 하따뚜이

프로방스 지방에서 즐겨먹는 일종의 각종 채소 볶음이다. 가지와 호박, 양파, 피망, 토마토 등을 손질해 올리브유에 볶고 토마토 페이스트를 넣어 걸쭉하게 끓이면 끝. 보통 바게트와 함께 먹는다.

포토피 Pot-au-Feu 🔊 뽀또푀

큰 냄비에 채소와 향신료, 각종 고기를 넣고 오랜 시간 푹 끓인 스튜다. 우리나라의 곰탕과 비슷하지만 채소와 향신료가 많이 들어간다는 점에서 차이가 있다. 푹 익어 뭉그러진 채소는 버리고 신선한 채소를 다시 넣어 적당히 익힌 후 먹는다.

코코뱅 Coq au Vin 🔊 꼬꼬뱅

잘 손질한 닭을 와인에 하루쯤 재워둔 후 각종 채소들과 함께 2~3시간가량 뭉근하게 익혀준다. 우스갯소리로 '와인에 취한 닭'이라고도 불리는 전통요리다. 솔솔 올라오는 와인 향과 보드라운 닭고기 살을 즐길 수 있다.

오리 콩피 Confit de Canard 🔊 꽁피 드 꺄나흐

오리에 간을 한 후 오리기름에서 2시간가량 익혀 오리 특유의 냄새도 없고 육질도 부드럽다. 대체로 감자튀김 혹은 퓌레, 샐러드 등과 함께 나오는데, 누구나 부담 없이 즐길 수 있는 대중적인 맛이다. 오리콩피 대신 오리 가슴살 Magret de canard 요리도 많이 먹는데, 이것은 소스를 곁들인 오리(혹은 거위) 스테이크라고 보면 된다.

슈크루트 Choucroute 슈크후뜨

숙성시킨 양배추에 햄, 소시지, 감자 등을 넣어 먹는다. 대체로 짜다는 것이 흠이다. 특히 맥주와 잘 어울리며, 알자스(스트라스부르) 지역에서는 그곳에서 생산된 화이트와인과 함께 먹는다.

부야베스 Bouillabaisse 부이야베쓰

신선한 생선들과 사프란, 회향, 마늘, 양파, 토마토 등이 들어간 일종의 해물탕이다. 재료가 다 익으면 내용물을 모두 갈아 수프를 내고 여기에 다시 각종 생선과 해물, 감자 등을 넣고 끓인다. 와인으로 비린내를 잡아 누구나 맛있게 즐길 수 있다.

카술레 Cassoulet 꺄술레

하얀 콩과 각종 고기, 소시지 등을 넣어 뭉근하게 끓인 스튜의 일종으로 고칼로리 영양식이다. 프랑스 남부요리를 전문으로 하는 레스토랑에서 주로 맛볼 수 있다.

라클레트 Raclette 하끌레뜨

스위스 발레 지역과 프랑스 사부아 지역에서 생산되는 라클레트 치즈를 이용한 요리. 라클레트 치즈를 살짝 녹여 찐 감자나 고기 위에 얹어 함께 먹는다. 조리법도 쉽고 맛도 좋아 한겨울에 즐겨 먹는다.

가리비 요리 Coquilles Saint Jacques 꼬끼유 쌩 쟈끄

가리비를 껍질 채 그냥, 혹은 살만 버터에 살짝 볶은 후 파르메산치즈를 잔뜩 얹어 오븐에 넣는다. 구운 관자에 진한 크림소스를 더한 것도 일반 레스토랑에서 많이 내놓는 메뉴 중 하나다.

쿠스쿠스 Couscous 꾸스꾸스

프랑스에 대중화된 북아프리카 전통음식으로, 스물(듀럼밀을 좁쌀처럼 만든 것)에 각종 채소와 소시지, 향신료 등을 넣은 소스를 얹어 먹는다. 우리나라 패밀리 레스토랑에서 볼 수 있는 쿠스쿠스 샐러드와는 전혀 다른 맛이다.

간식

크레프&갈레트 Crepe&Galette 🔊 크헤쁘&갈레뜨

얇고 넓게 부친 일종의 팬케이크. 치즈나 햄, 연어, 달걀 등 짭짤하고 속이 든든한 재료들을 얹으면 식사용인 크레프 살레Crepe salée, 크림이나 설탕, 잼 등을 얹으면 달콤한 디저트용 크레프 쉬크레Crepe sucrée가 된다. 갈레트는 밀가루 대신 메밀가루를 넣는다는 차이가 있을 뿐 크레이프와 대동소이하다. 크레이프와 갈레트는 저알코올의 사과주Cidre와 단짝을 이루는데, 대부분의 크레이프 전문점에서는 이 3개를 세트로 묶어 저렴하게 판매한다.

케밥 Kebab 🔊 께밥

햄버거보다 훨씬 큰 바삭한 빵 사이에 고기와 각종 채소를 넣은 뒤 화이트소스를 뿌려주면 끝! 게다가 딸려오는 감자튀김 역시 별미 중 하나. 매년 파리 제1의 케밥집을 선정하는 사이트도 있을 만큼 대중적인 음식이므로 꼭 한번 먹어보자.

팔라펠 Falafel 🔊 팔라펠

빵 사이에 병아리콩 튀긴 것과 각종 채소를 넣고 화이트소스를 잔뜩 얹어 먹는다. 이스라엘 전통음식으로, 특히 마레 지구 유태인 거리를 여행하는 관광객들이라면 한 번쯤은 맛보게 되는 음식이다.

바게트 샌드위치 Baguette Sandwich 🔊 바게뜨 쌍드위찌

프랑스 사람들이 점심으로 가장 흔하게 먹는 메뉴. 바게트 사이에 햄과 치즈, 토마토, 양상추, 참치 등을 넣어 먹는다.

크로크무시외&크로크마담 Croque-Monsieur&Croque-Madam 🔊 크호끄므씨외&크호끄마담

크로크무시외는 쉽게 햄과 치즈를 넣은 프렌치 토스트로 보면 된다. 여기에 달걀을 얹어 부드러운 맛과 영양을 더하면 크로크마담이 된다. 브런치나 간식 등으로 많이 먹는다.

EATING 02
당신이 꼭 먹어봐야 하는 **디저트**

프랑스 식탁에서 치즈와 디저트는 절대 빠지지 않는다고 할 만큼 프랑스인들의 디저트 사랑은 폭발적이다. 이는 한국인들 역시 마찬가지. 디저트의 천국, 파리를 여행하는 한국 여행객들 사이에서도 맛집 못지않게 관심을 끄는 것은 디저트 전문점이다. 그래서 준비했다. 프랑스에서 꼭 맛봐야 하는 디저트는 뭐?

일 플로탕트 Île Flottante
🔊 일 플로떵뜨

노란 커스터드 크림 위에 하얀 머랭을 얹고 캐러멜 시럽을 뿌린 디저트. 그 모양이 마치 섬이 떠 있는 듯 보여 일 플로탕트라 불렸다.

크렘 브륄레 Crème Brûlée
🔊 크렘 브륄레

커스터드 위에 설탕을 뿌리고 불을 붙여 캐러멜화시킨 것. 바삭한 겉 표면을 스푼으로 톡 깨뜨려 부드러운 커스터드 크림과 함께 먹는다.

초콜릿 무스 Mousse au Chocolat 🔊 무쓰 오 쇼꼴라

진한 초콜릿과 폭신한 생크림으로 만든 디저트. 케이크와 달리 위에 부담이 적고, 달콤하고 부드러운 무스가 입안에서 사르르 녹는다.

밀푀유 Mille-Feuilles 🔊 밀푀유
여러 겹의 얇고 바삭한 퍼프 페이스트리 사이에 다양한 종류의 크림을 넣고 초콜릿 등을 덧입혔다.

퐁당 오 쇼콜라 Fondant au Chocolat 🔊 퐁덩 오 쇼꼴라
겉은 바삭하지만 스푼으로 톡 치면 진한 초콜릿이 흘러나온다.

마들렌 Madeleine 🔊 마들렌
소설 〈잃어버린 시간을 찾아서〉에서 주인공이 어린 시절을 추억하는 음식.

애플파이 Tarte aux Pommes 🔊 따흐 또 뽐
얇은 파이지 위에 사과를 덩어리째 얹었다. 딸기, 살구, 배 등을 얹기도 한다.

몽블랑 Mont Blanc 🔊 몽블렁
프랑스어로 '하얀 산'을 뜻하는 몽블랑은 머랭에 생크림을 얹고 밤 크림으로 장식한 것. 엄청난 당도.

카눌레 Canelé 🔊 까늘레
18세기 프랑스 보르도의 한 수도원에서 탄생한 디저트로, 바닐라와 럼의 향긋함, 겉바속촉의 식감이 일품이다.

에클레르 Eclair 🔊 에끌레호
손가락같이 긴 슈 페이스트리 속에 가나슈 초콜릿을 넣고 겉을 다시 초콜릿으로 입혔다.

플랑 Flan 🔊 플랑
풍부한 우유와 달걀로 만든 커스터드. 푸딩 같은 식감에 진한 고소함과 달콤함이 압권.

머랭 Meringue 🔊 머행그
설탕이 잔뜩 든 달걀흰자를 풍부하게 거품 낸 후 낮은 온도의 오븐에서 구워낸 것.

파리에서 주목할 만한 디저트 카페

라메종 뒤 쇼콜라 La Maison du Chocolat 🔊 라메종 뒤 쇼꼴라

프랑스를 비롯해 뉴욕, 런던, 도쿄, 홍콩에까지 매장을 연 명품 수제 초콜릿으로, 세계 10대 초콜릿 중 하나다. 창업자 로베르 랭스의 뒤를 이은 쇼콜라티에 니콜라 클루아소는 2007년 프랑스의 초콜릿 명장으로도 선정된 바 있다. 갈색의 고급스러운 초콜릿 박스는 에르메스 디자이너의 작품으로 라메종 뒤 쇼콜라의 위상을 말해주는 듯하다. 가나슈, 프랄린 등의 각종 초콜릿은 물론 에클레르, 마카롱, 초콜릿 케이크류도 판매한다.

Data **Access** 생제르맹데프레 지구, 생토노레 거리, 샹젤리제 거리, 마들렌 인근, 갤러리 라파예트 식품관, 카루젤 뒤루브르 **Open** 10:00~19:00(매장마다 다름) **Cost** 프랄린 6조각 1상자 10유로~ **Web** www.lamaisonduchocolat.com

앙젤리나 Angelina 🔊 엉젤리나

달콤한 디저트를 사랑한다면 파리에서 절대 빼놓을 수 없는 것이 바로 앙젤리나의 몽블랑이다. 몽블랑은 생크림 머랭 위에 밤 크림을 얹은 것으로 엄청난 당도를 자랑한다. 앙젤리나의 또 다른 효자 상품은 진한 다크 초콜릿의 쇼콜라 쇼(핫 초콜릿). 그 외 에클레어나 밀푀유도 좋은 평가를 받고 있다.

Data **Access** 루브르 박물관, 리볼리 거리, 생제르맹데프레 지구, 베르사유 궁전
Open 08:00~19:00(매장마다 다름)
Cost 몽블랑 9.70유로, 쇼콜라 쇼 8.50유로
Web www.angelina-paris.fr

카레트 Carette 🔊 꺄헤뜨

파리 에펠탑을 감상하기 가장 좋은 스폿, 트로카데로 광장 앞에 위치한 디저트 카페로 1927년 처음 문을 열었다. 현지인 사이에서도 유명하다. 향긋한 차나 커피, 마카롱, 에클레르, 크루아상이 가장 인기지만, 한국인들은 뜨끈한 양파 수프나 오믈렛, 샌드위치 등을 곁들인 브런치도 많이 즐긴다. 디저트류는 실내에서 먹는 것보다 테이크아웃으로 구입하면 더 저렴하다.

Data **Access** 트로카데점_트로카데로 광장 길 건너편, 보주광장점_보주광장 길 건너편
Open 07:00~23:30(지점마다 다름)
Cost 미니 마카롱 2.30유로, 커피 4.9유로~, 오믈렛 15유로~

마리아쥬 프레르 Mariage Frères 🔊 마히아쥬 프헤흐

마리아쥬 프레르는 1854년 처음 문을 연 프랑스 명품 티 브랜드다. 홍차나 녹차 같은 가공하지 않은 차도 취급하지만, 향을 입힌 가향차들이 지금의 마리아쥬 프레르를 만든 장본인. 꽃과 과일향의 마리아쥬 프레르 마르코폴로와 웨딩 임페리얼은 한국에서도 주문해 먹는 사람들이 많을 만큼 인기가 좋다. 마리아쥬 프레르는 이들 상품을 맛볼 수 있는 살롱 드 테(찻집)를 운영하는데, 티와 함께 즐길 수 있는 디저트들 역시 수준급의 맛을 자랑한다. 가향차를 즐기는 사람이라면 꼭 방문해 보자.

Data **Access** 마레 지구(본점), 생제르맹데프레 지구, 개선문, 에펠탑 일대
Open 10:30~19:30(브런치나 점심식사는 12:00~13:30, 홈피에서 사전 예약 필수)
Cost 각종 티 10유로~, 디저트류 3.9유로~ **Web** www.mariagefreres.com

얀 쿠브뢰르 파티스리 Yann Couvreur Pâtisserie 🔊 얀 꾸브훼흐 빠띠쓰히

연남동의 유명 디저트 카페 얀 쿠브레의 파리 본점이다. 얀 쿠브뢰르는 베르사유의 트리아농과 파크 하얏트 파리 방돔을 비롯한 유명 5성급 호텔의 주방장을 지냈고, 톱 셰프와 최고의 파티셰 프로그램의 심사위원으로도 참여했다. 하루 50개만 한정 판매하는 밀푀유를 비롯해 파리브레스트, 레몬타르트, 메르베유 등이 인기 메뉴다.

Data **Access** 생마르탱 운하 근처, 마레 지구, 갤러리 라파예트 식품관 등
Open 08:00~20:00(매장마다 다름)
Cost 디저트 6유로~
Web www.yanncouvreur.com

아모리노 Amorino 🔊 아모히노

파리에서 맛볼 수 있는 이탈리아 전통 수제 젤라토 전문점이다. 2명의 이태리-프랑스인이 처음 문을 연 아모리노는 젤라토의 본고장 이태리에까지 매장을 열 만큼 그 맛을 인정받고 있다. 알록달록한 색깔에 의심이 들 만도 하지만 모두 천연 재료들만을 사용한다. 아모리노가 더욱 인기 있는 것은 장미 모양으로 콘 아이스크림을 만들어 주기 때문. 3가지 맛을 선택할 수 있다.

Data **Access** 파리 시내 곳곳
Open 12:00~22:00(매장마다 다름)
Cost 콘 3.90유로~
Web www.amorino.com/fr

EATING 03

파리를 더욱 사랑스럽게 하는 **빵 빵 빵!**

"파리는 동네 빵집도 다 맛있어!"라는 말은 결코 허튼소리가 아니다. 파리에서는 빵만 먹고 다녀도 다 못 먹을 만큼 맛있는 빵과 유명 빵집이 수두룩하다. 대체 어떤 빵집에서 어떤 빵들을 먹어볼까?

식사용 빵 Pain 빵

이들 빵들은 우리나라의 '밥'과 같은 개념으로, 본식의 맛을 잘 받쳐줄 수 있어야 하기 때문에 버터나 설탕을 넣지 않고 밀가루 자체의 담백한 맛이 강조된다.

팽 드 캉파뉴 Pain de Campagne  뺑 드 깡빠뉴

시골 농가에서 먹는 투박하지만 가장 기본을 지킨 빵으로, 물과 소금, 이스트, 통밀가루를 섞어 건강하고 '식사용'에 제격이다. 버터에 잼만 발라먹어도 든든함이 남다르다.

바게트 Baguette  바게뜨

아침, 점심, 저녁 어느 때건 프랑스 식탁에 빠지지 않는 빵이다. 특히 갓 구워져 나와 상온에서 살짝 식은 바게트는 최고! 겉은 바삭하고 속은 닭고기 살처럼 결대로 뜯어지며 고소한 향기를 톡 뿜어내 그냥 먹어도 꿀맛이 따로 없다.

각종 건강빵

바게트처럼 길지 않고 둥글거나 타원형을 띤 식사용 빵들은 건강을 생각해서 곡식céréale이나 호두 등을 섞기도 한다. 특히 팽 오 누아Pain aux Noix라고 하는 호두빵은 호두의 맛과 향이 살아 있어 고소한 맛이 일품. 강추한다.

TIP 지극히 개인적인 추천 빵집&빵

파리에서 강력 추천하는 빵집은 본인이 머무는 숙소에서 가장 가까운 집이다. 빵은 갓 나와 살짝 식었을 때가 가장 맛있기 때문! 아침 일찍 일어나 동네 빵집에 가보자. 사람들이 많이 보이는 곳을 선택하면 된다. 특히 추천하는 빵은 크루아상과 뺑 오 쇼콜라. 든든한 식사용을 원한다면 시리얼빵 혹은 호두빵을 선택하자. 버터는 백화점 식품관에서 판매하는 보르디에Bordier나 에쉬레Échiré, 잼은 본 마망Bonne Maman 브랜드를 추천한다.

부드러운 빵 Viennoiserie 비에누아즈히

담백하고 다소 거친 식감의 식사용 빵과 달리 버터와 우유, 설탕이 많이 들어간 부드러운 빵이다. 주로 아침 식사나 간식으로 간단하게 배를 채우는 게 목적이다.

❶ 쇼송 오 폼므 ❷ 크루아상 ❸ 브리오슈 ❹ 팽 오 쇼콜라 ❺ 에스카르고 레쟁

❶ 쇼송 오 폼므 Chausson aux Pommes
🔊 쇼쏭 오 뽐므

사과잼이 든 파이 빵이다. 한국에서 파는 일반 애플파이와는 비교 불가! 잘 구운 크루아상에 풍성한 과육의 새콤달콤 사과잼이 깊고 풍부한 맛을 낸다. 이 역시 아메리카노와 아주 잘 어울리는 단짝이다.

❷ 크루아상 Croissant 🔊 크후아쌍

맛있는 크루아상은 표면의 바삭함이 살아 있어 씹으면 바사삭 하는 경쾌한 소리와 함께 살짝 씹히는 감이 있다. 하지만 갈색의 페이스트리 아래 숨어 있는 새하얀 빵은 보드랍게 입안을 감싸며 풍미 깊은 버터 향이 혀 전체를 감싼다.

❸ 브리오슈 Brioche 🔊 브히오슈

버터와 달걀, 설탕이 많이 들어간 부드러운 빵이다. 자극적이지 않은 빵 고유의 맛을 즐길 수 있다. 우유와 잘 어울린다.

❹ 팽 오 쇼콜라 Pain au Chocolat
🔊 빵 오 쇼꼴라

버터 향 가득한 부드러운 빵에 손톱만한 초콜릿 조각이 쏙쏙 박혀 있는 빵이다. 크루아상이 커피와 환상의 궁합을 자랑한다면 팽 오 쇼콜라는 쇼콜라 쇼 Chocolat chaud(핫 초콜릿)와 훌륭한 짝을 이룬다.

❺ 에스카르고 레쟁 Escargot Raisins
🔊 에스꺄흐고 헤젱

건포도가 든 달팽이 모양의 빵을 말한다. 건포도의 단맛을 좋아하는 사람들을 위한 빵으로 호불호가 갈리는 편이지만 프랑스를 대표하는 빵임에 틀림없다.

TIP 알아두면 좋을 유명 빵집 리스트

구글 리뷰 3천 개 이상의 호평을 받는 빵집들은 다음과 같다.

	인기 메뉴	위치
불랑주리 위토피 Boulangerie Utopie	흑임자 에클레르, 플랑	생마르탱 운하 근처
라메종 디자벨 La Maison d'Isabelle	크루아상	소르본 대학 근처
보에미 BO&MIE	프랄린 크루아상, 플랑	웨스트필드 포럼데알 근처
아키 불랑주리 Aki Boulangerie	메론빵, 말차	팔레 루아얄 근처
만테이가리아 Manteigaria	에그타르트	퐁피두센터 근처

파리 프렌차이즈 베이커리

폴 Paul 🔊 뽈

프랑스 사람들의 점심으로 큰 사랑을 받고 있는 바게트 샌드위치의 지존이라 할 수 있다. 각종 채소와 치즈, 햄 등을 넣은 샌드위치는 재료 각각의 맛을 잘 조화시켜 고소하고 담백하다. 125년의 전통을 자랑하는 만큼 각종 빵과 디저트도 판매하는데 유명 베이커리에 비해 가격은 저렴하면서도 맛은 뒤지지 않는다는 평.

Data Access 파리 시내 곳곳
Open 07:00~20:00(매장마다 다름)
Cost 바게트 샌드위치 5유로~ (재료에 따라 다름)
Web www.paul.fr

브리오슈 도레 Brioche Dorée 🔊 브히오슈 도헤

폴과 함께 프랑스 프랜차이즈 베이커리의 양대 산맥이라 할 수 있다. 모든 면에서 폴과 대동소이하지만 커피와 크루아상의 아침 세트, 샌드위치 하나에 디저트 하나, 차가운 음료, 따뜻한 음료를 묶은 런치 세트, 디저트와 커피를 묶은 디저트 세트 등 다양한 세트 메뉴들을 단품보다 저렴하게 제공해 좋은 반응을 얻고 있다.

Data Access 시내 곳곳
Open 07:00~ 20:00(매장마다 다름) **Cost** 런치 세트 10유로 전후
Web www.briochedoree.fr

에릭 케제르 Eric Kayser 🔊 에힉 케제흐

한국에는 에릭 카이저로 알려진 프랑스 유명 파티시에의 베이커리. 프랑스의 니콜라 사르코지 전 대통령이 즐겨 먹는 빵으로, 파리 특급호텔에 납품될 만큼 고급스러운 맛을 자랑한다. 최고급 재료와 프랑스 전통 기술을 고집해 매일 아침 매장에서 직접 구워내는 것이 그 비법. 폴이나 브리오슈 도레와 마찬가지로 샌드위치를 기본으로 한 세트 메뉴도 판매한다.

Data Access 시내 곳곳
Open 07:00~20:00(매장마다 다름)
Cost 런치 세트 10유로 전후
Web www.maison-kayser.com

EATING 04
파리 최고의
마카롱을 찾아라

알록달록 앙증맞은 파스텔 톤 마카롱을 눈앞에 두고 어찌 그냥 지나칠 수 있을까? 하지만 하나에 2유로 이상 하는 마카롱을 보는 대로 다 먹어볼 수는 없는 노릇. 가장 맛있고 유명한 마카롱을 선택해 가장 맛있게 먹는 법을 알아보자.

TIP 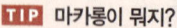 마카롱이 뭐지?

파스텔톤 마카롱은 달걀흰자와 아몬드, 설탕으로 만들어졌다. 한입 베어 물면 쫀득하게 씹히며 입안 가득 달콤함으로 물들인 뒤 사르르 녹아 없어진다. 마카롱은 원래 이태리의 과자였지만 16세기 카트린 드 메디치가 앙리 2세와 결혼하면서 프랑스에 전해졌다. 이후 프랑스 최고의 파티시에들을 거치며 맛과 모양의 발전을 이뤘고 오늘날 전 세계에서 폭발적인 사랑을 얻게 되었다.

파리 최고의 마카롱은

아무리 유명하다 해도 비싼 가격에 다 먹어보기 망설여지는 사람과 단것을 좋아하지는 않지만 왠지 마카롱 하나쯤은 먹어봐야 할 것 같은 사람에게 꼭 필요한 정보. 최고의 마카롱을 소개하는 프랑스 언론 기사, 10개를 골라 다수(전문가 및 설문조사)가 맛있다고 인정한 마카롱의 순위를 공개한다. 마카롱 왕 중의 왕은?

★★★★★ 　 ★★★★ 　 ★★★ 　 ★★ 　 ★
피에르 에르메 → 라뒤레 → 달로와요 → 장폴 에뱅 → 포숑, 폴, 맥 카페

달로와요

포숑

한국인들 사이에서도 '최고의 마카롱'으로 꼽히는 피에르 에르메와 라뒤레지만 그중에서도 더 맛있는 걸 고른다면? 결과는 피에르 에르메의 압승. 10에 9는 피에르 에르메를 1위로 선택했다. 달로와요Dalloyau는 300년 전통의 고급 베이커리로 마카롱 외에도 모든 제과들이 파리지앵들의 큰 사랑을 받고 있다. 파리 최고의 쇼콜라티에 장폴 에뱅이 마카롱까지 접수했다는 사실은 매우 흥미롭다. "여기서 마카롱도 팔아?"라는 생각이 들 정도로 포숑, 맥 카페의 순위권 등장은 흥미롭다. 고급 식품전문점 포숑이야 그럴 수 있다 해도 '맥도날드에서 마카롱을?'하는 의구심은 지울 수 없다. 하지만 1개에 2유로도 안 하는 저렴한 마카롱은 의외로 대중적인 입맛에 잘 맞아 만족도가 높았다. 폴의 마카롱은 외국인들에게 좋은 평가를 받았지만 현지인들에게는 의문부호가 찍힌다는 점에서도 매우 흥미롭다.

TIP 마카롱 맛있게 먹는 법

한국보다 싼 가격과 월등한 맛에 파리를 떠나며 공항에서 몇 상자씩 사가는 사람들도 많다. 이런 사람들을 위한 고급 정보. 파리에서 구입한 마카롱을 한국에서도 맛있게 먹는 법은?

① 구입한 마카롱은 4일 이내 먹는다.
② 최저 4° 이상의 냉장고 안에 보관한다.
③ 먹기 전 30분 정도 실온에 내놓는다.

STEP 04
EATING

파리 마카롱 전문점 BEST 2

라뒤레 Ladurée 🔊 라뒤헤

20세기 초부터 마카롱을 만들어 온 역사 깊은 곳으로, 피에르 에르메와 함께 최고의 마카롱 전문점 1, 2위를 다툰다. 라뒤레 역시 가장 인기 있는 품목은 로즈 마카롱과 이스파한. 매장에는 각종 기념품도 판매하는데, 마카롱 열쇠고리가 단연 눈에 띈다. 라뒤레 매장은 샤를 드골 공항 안에도 있어 박스째 한국으로 사오는 사람들이 많다.

Data **Access** 마들렌 사원 근처(본점), 샹젤리제 거리, 생토노레 거리, 프렝땅 백화점, 생제르맹데프레 구역, 피카소 미술관 근처, 리옹역, 샤를 드골 공항 (각 구역 지도 참조) **Open** 08:30~20:00(매장과 요일에 따라 다름) **Cost** 마카롱 1개 2.90유로~, 이스파한 10유로 **Web** www.laduree.fr

피에르 에르메 Pierre Hermé 🔊 삐에흐 에흐메

파리에서 꼭 먹어봐야 할 마카롱으로 명성이 자자한 곳. 하나에 2유로나 하는 만만찮은 가격에도 마카롱을 사려는 사람들로 매장 안은 인산인해를 이룬다. 가장 인기 많은 것은 핑크색의 로즈 마카롱과 마카롱 사이에 산딸기를 얹은 이스파한Ispahan. 그 외 파스텔 톤의 알록달록한 마카롱 20여 종을 맛볼 수 있다.

Data **Access** 퍼블릭 드러그스토어(샹젤리제), 콩코르드 광장 인근, 오페라 거리, 갤러리 라파예트, 마레 지구, 생제르맹데프레 지구, 몽파르나스역, 리옹역 등(각 구역 지도 참조) **Open** 10:00~20:00(매장마다 다름) **Cost** 마카롱 1개 2.80유로, 1상자(8개) 26유로 **Web** www.pierreherme.com

EATING 05

파리에서 주목해야 할 **프랜차이즈 레스토랑**

프랜차이즈 레스토랑은 일정 수준 맛이 검증된 데다 주요 관광지에서 쉽게 접근할 수 있어 굳이 찾아가는 수고를 덜 수 있다. 배는 고프고 지나가다 눈에 띄었다 하면 일단 믿고 들어가 보자.

이포포타뮈스 Hippopotamus 이뽀뽀따뮈쓰

프랑스의 아웃백 스테이크 하우스라 할 수 있다. 1968년 처음 문을 열어 프랑스 전역에 100여 개의 지점을 운영하고 있으며, 그중 반 이상이 파리에 집중돼 있다. 이포포타뮈스의 인기 비결은 고기의 품질과 부담스럽지 않은 가격, 캐주얼한 레스토랑 분위기를 꼽을 수 있다. 이포포타뷔스는 프랑스와 아일랜드의 농장과 가공업체들을 엄격하게 관리해 최상품의 고기를 확보하고 자신들만의 노하우에 따라 숙성 과정을 거쳐 육즙이 풍부하고 부드러운 것이 특징. 소고기 외에도 치킨, 오리가슴살, 말고기, 생선 그릴, 바비큐립, 꼬치구이 등 다양한 메인 요리와 각종 디저트가 준비돼 있다. 단품 스테이크 가격도 20유로 전후인 만큼 상대적으로 저렴하고, 세트 메뉴는 18유로부터 시작하기 때문에 특히 부담이 없다.

Data **Access** 파리 시내 곳곳(각 구역 지도 참고) **Open** 11:00~24:00(매장에 따라 다름) **Cost** 등심스테이크 19유로, 런치 세트 16유로~ **Web** www.hippopotamus.fr

STEP 04
EATING

스테이크와 감자튀김

Data Access 몽파르나스, 샹젤리제, 생제르맹데프레 지구(각 구역 지도 참조)
Open 12:00~14:30, 19:00~23:30(매장마다 다름)
Cost 랑트르꼬뜨 29유로
Web www.relaisentrecote.fr

르를레 드 랑트르코트 Le Relais de l'Entrecôte 🔊 르흘레 드 랑트흐꼬뜨

현지인들은 물론 한국인 여행객들 사이에서도 입소문 난 스테이크 전문점. 늦은 저녁시간대 특히 대기 시간이 길다. 메뉴는 오직 하나, 랑트르코트(등심 스테이크)! 이 집만의 특제 소스에 최고의 등심살만을 사용해 다른 어느 곳에서도 맛볼 수 없는 독특한 스테이크를 탄생시켰다. 스테이크는 한 번 더 리필 되고 감자튀김은 원하는 만큼 요청할 수 있기 때문에 양 또한 만만치 않다. 굽는 정도는 아포앵à point (웰던과 미디엄의 중간)을 추천한다.

빅 페르낭 Big Fernand 🔊 빅 페흐낭

2012년 미식의 나라 프랑스 파리에서 탄생한 패스트푸드 햄버거는 무엇이 다를까? 정크푸드라는 인식이 강한 햄버거에 프랑스 색채를 입혀 '속도 빠른 메인 요리'로 재탄생했다. 대량 공급되는 값싼 재료들이 아닌, 도축업자들에게 직접 가져온 소고기와 훈제 삼겹살, 치즈 생산자에게서 가져온 100% 프랑스산 치즈, 매일 아침 제빵사가 직접 굽는 빵, 생감자를 직접 손질해서 만든 감자튀김과 수제 소스까지 맛의 특별함을 더한다. 햄버거는 9종이 있으며, 패티는 굽기 정도를 선택할 수 있는데, 살짝 매콤한 바비큐 소스의 '바르톨로메' 버거와 빅페르낭 버거가 베스트셀러다.

Data Access 방돔 광장, 몽소 공원, 몽파르나스 타워, 프랑수아 미테랑 국립도서관, 뱅센 성 근처, 라데팡스, 리옹 역 등(각 구역 지도 참고) **Open** 11:30~23:00(매장에 따라 다름) **Cost** 버거 단품 15유로~
Web www.bigfernand.com

포 반꾸온 14 Phở Bánh Cuốn 14 🔊 뽀 반꾸온 까또흐즈

19세기 프랑스가 베트남을 식민지화하면서 프랑스 곳곳에 베트남 사람들이 자리를 잡기 시작했다. 특히 베트남인들이 많이 거주하는 13구의 아시아 지구에는 베트남 레스토랑들이 밀집해 있는데 그중에서 가장 유명한 곳이 바로 '포 반꾸온 14Phở Bánh Cuốn 14'다. 진한 육수의 쌀국수와 짜조가 얹어진 비빔쌀국수는 우리 입맛에도 그만이다. 본점의 인기에 힘입어 파리 내 2곳에 체인을 가지고 있을 정도. 맛은 본점이 최고다.

Data **Access** 메트로 7호선 톨비악Tolbiac 근처(본점), 오페라, 라발레 빌리지 근처 (각 구역 지도 참고)
Open 09:00~23:00 (매장에 따라 다름)
Cost 쌀국수 10.50유로~
Web www.pho14paris.fr

빅 마마 Big Mamma Group

파리 외식계에 선풍적인 바람을 불러일으킨 이탈리안 레스토랑 체인 그룹이다. 2015년 이스트 마마East Mamma라는 이름의 첫 번째 매장을 오픈한 이후 현재 파리에 10개의 지점(바, 푸드마켓 포함)을 운영 중이다. 대부분 식재료는 이탈리아 현지에서 공급받고 있으며, 100% 홈메이드 방식의 이탈리아 요리들을 선보이는데, 수제 도우 위에 아낌없이 토핑을 얹어 장작불에서 구운 피자는 이곳의 베스트 메뉴. 파스타는 한국인들에게 짜다는 평. 전 직원이 이탈리아인들로 구성돼 매장 분위기도 경쾌하다.

Data **Access** 파리 시내 곳곳 (각 구역 지도 참고)
Open 12:00~14:30, 19:00~23:00 (매장에 따라 다름)
Cost 피자 12유로~, 파스타 12유로~ **Web** www.bigmammagroup.com

기타 매장명

오베르 마마 Ober Mamma (바스티유 근처)
핑크 마마 Pink Mamma (몽마르트르 지구)
빅러브 BigLove (마레 지구)
마마 프리미 Mamma Primi (생라자르역 근처)
피제리아 포폴라레 Pizzeria Popolare (팔레 루아얄 근처)
리베르티노 Libertino (파리 북, 동역 근처)
바 노 엔트리 Bar No Entry (몽마르트르 지구)
라 펠리시타 La Felicita (푸드 마켓, 베르시 공원 근처)

STEP 04
EATING

EATING 06
파리의 **카페 레스토랑 방문 노하우**

언제 어디를 가든 먹는 것은 늘 큰 걱정 중 하나. 대체 어떤 음식점을 가야 할지, 영어도 아닌 프랑스어로 어떤 걸 고르고 어떻게 주문해야 할지 모든 게 두렵기만 하다. 외국 한번 나가보지 않은 사람도 실전에서 바로 활용할 수 있는 정보들을 모두 모았다.

파리 음식점의 종류

비스트로 & 브라스리 Bistro&Brasserie
🔊 비스트호&브하쓰히

레스토랑보다 좀 더 소박한 분위기에 저렴한 가격으로 대중적인 요리들을 즐길 수 있는 곳이다. 비스트로는 본래 빠르고 간편하게 주문해 먹을 수 있는 캐주얼한 레스토랑이고 브라스리는 맥주와 간단한 식사를 파는 술집이었다. 현재는 2곳 모두 편안하고 부담 없는 레스토랑으로 자리를 잡았다.

레스토랑 Restaurant 🔊 헤스또헝

일반적인 음식점을 말한다. 세계적으로 인정받는 맛집 평가서 미슐랭 가이드나 고에미요, 트립 어드바이저가 추천하는 음식점을 선택하면 대체로 실패가 없다.

크레프리 Crêperie 🔊 크헤쁘히

프랑스의 국민 간식 크레이프 전문점이다. 식사용 크레이프 혹은 갈레트(메밀로 만든 크레이프)와 디저트용 크레이프, 시드르(사과주) 3개를 세트로 묶어 12유로 전후로 판매한다.

카페&살롱 드 테 Café &Salon de Thé
🔊 까페 & 쌀롱 드 떼

우리가 흔히 아는 카페 혹은 찻집으로 커피와 티 등 각종 음료와 디저트류를 즐길 수 있다. 이름은 카페(혹은 살롱 드 테)지만 간단한 점심이나 저녁을 판매하는 곳도 있고, 레스토랑과 별반 다를 것 없이 이름만 카페인 곳도 있다.

패스트푸드 전문점 Restauration Rapide
🔊 헤스또하씨옹 하삐드

우리가 흔히 아는 맥도날드나 케밥, 팔라펠, 샌드위치 전문점 등을 포함한다. 주문을 하면 그 자리에서 먹을 것("쉬흐 쁠라스Sur place")인지 혹은 가져갈 것("아 앙뽀흐떼A emporter")인지를 물어본다. 대체로 테이크아웃이 조금 싸다.

레스토랑 이용법

❶ 식당 앞에 메뉴판에서 가격과 메뉴를 확인하자.

❷ 종업원이 자리로 안내해 줄 때까지 기다린다. 무조건 들어가 마음에 드는 자리에 앉는 것은 실례. 원하는 자리가 있다면 안내 시 요청한다.

❸ 자리에 앉으면 메뉴판을 가져다준다. 메뉴를 다 골랐으면 메뉴판을 덮고 기다린다.

❹ 웨이터가 오지 않을 때는 눈을 마주치거나 살짝 손을 든다.

❺ 메인요리 주문이 끝나면 음료 주문을 받는다. 음료를 시키지 않을 때는 일반 수돗물을 요청할 수 있다. "윈 꺄하프 도, 씰 부 쁠레Une carafe d'eau, s'il vous plaît(일반 물로 주세요)." 유럽의 물은 석회석이 많이 함유돼 있어 한국인 여행자는 보통 물을 사먹지만 엄밀히 말하면 조리 시 사용하는 물 대부분이 일반 수돗물이라는 사실! 현실을 알면 수돗물 시키는 게 그리 꺼림칙하지만은 않다.

❻ 테이블 위에 놓여 있는 린넨 냅킨은 무릎 위에 올려놓고 입을 닦을 때 사용하기도 한다. 식사를 마치면 테이블 위에 접어놓는다.

❼ 포크와 스푼은 바깥쪽 것부터 차례로 사용하면 된다.

❽ 식사를 다 마치면 손을 들어 웨이터에게 계산서를 요청한다. "라디씨옹, 씰 부 쁠레 L'addition s'il vous plaît(계산서 가져다주세요)!"

❾ 계산서 금액에 맞춰 현금 혹은 카드를 끼워 테이블 위에 다시 올려놓으면 계산 후 잔돈 또는 카드를 가져다준다. 카드는 단말기를 가져와 비밀번호를 누르게 하거나 영수증에 사인을 받는다.

❿ 대체로 메뉴판 혹은 계산서에 서비스료 포함 여부가 표시돼 있다. 포함돼 있지 않다면 총액의 10% 정도로 계산한다. 카페나 브라스리 같은 곳은 1유로 전후 혹은 거스름돈 정도를 테이블 위에 올려놓으면 된다.

⓫ 눈이 마주친 점원에게 인사를 꼭 하도록 하자. "메흐씨, 오흐부아흐Merci, Au revoir!(감사합니다. 안녕히 계세요)!"

알아두면 돈이 되는 식당 이용법

✔ 비슷한 음식도 디너보다 런치가 싸다. 특히 런치에는 세트 메뉴가 저렴하므로, 꼭 가고 싶은 고급 레스토랑은 디너보다 런치 때 다녀오자. 인기 많은 곳은 예약 필수.

✔ 런치와 디너 메뉴 간 차이가 없는 레스토랑도 많다. 대표적으로 한국인들이 꼭 가는 스테이크 집 '르를레 드 랑트르코트'나 햄버거 전문점 등이 있다. 이런 곳은 디너로 이용하자.

✔ 프랑스의 맛집 전문 인터넷사이트 '더 포크 www.thefork.com'는 해당 사이트에 소개된 레스토랑을 예약하면 최대 50%까지 할인(세트 메뉴 제외, 일부 레스토랑 불가)해 준다. 기존 고객들의 평가와 별점, 메뉴 등을 보고 선택하면 된다.

✔ 프랑스 사람들의 식사 시간은 2시간 정도 한다. 왠지 빨리 먹고 나가야 할 것 같은 생각은 금물! 세트 메뉴에 디저트를 잘 고르고 커피 하나만 추가해도 따로 카페에 갈 필요가 없다. 이는 와인도 마찬가지. 굳이 와인바를 가지 않아도 그 자리에서 괜찮은 와인을 추천받아 부담 없이 오래도록 즐길 수 있다.

✔ 당신이 초 절정 짠돌이라면! 아침과 저녁까지 주는 민박으로 숙소를 잡고 점심에 저렴한 맛집들을 공략한다. 가성비 런치 세트 메뉴만 잘 선택해도 파리에서 꼭 먹어야 할 유명 음식과 디저트는 모두 맛볼 수 있다.

알고 나면 쉽다.
파리 식당의 메뉴판 읽기

관광의 도시 파리. 하지만 영어 메뉴판이 없는 경우도 상당히 많다.
메뉴판을 정복하기 위한 필수 프랑스어를 모두 모았다.

메뉴판 Carte 까흐뜨

오늘의 요리 Plat du Jour [쁠라 뒤 주흐]
세트 메뉴 Menu [므뉘], Formule [포흐뮐]

*세트 메뉴는 전식+본식, 혹은 본식+후식, 혹은 전식+본식+후식으로 구성돼 있다. 세트 메뉴에서 선택할 수 있는 요리 수는 일반 메뉴보다 한정돼 있다.

아페리티프 Apéritif 아뻬히띠프

식욕을 돋우는 식전 술. 보통 백포도주에 리쾨르를 가미한 키르Kir나 샴페인Champagne을 많이 마신다.

전식 Entrées 앙트헤

부드러운 빵 Brioche [브히오슈]
바삭한 빵, 과자 Croustille [크후스띠유]
에스카르고 Escargot [에스꺄흐고]
푸아그라 Foie Gras [푸아 그하]
치즈 Fromage [프호마쥬]
햄 Jambon [쟝봉]
계란 Oeuf [외프]
키슈 Quiche [끼슈]
샐러드 Salade [쌀라드]
훈제연어 Saumon Fumé [쏘몽 퓌메]
양파수프 Soupe à l'Oignon [쑤 빠 로뇽]

주식 Plats 쁠라

고기류 Viande 비앙드

어린양고기 Agneau [아뇨]
소고기 Boeuf [뵈프]
염소 Chèvre [셰브흐]
토끼 Lapin [라뺑]
양고기 Mouton [무똥]
돼지고기 Porc [뽀흐]
육회 Tartare [따흐따흐]
송아지 Veau [보]
안심 Côtes Filet [꼬뜨 필레]
소고기 갈비뼈 사이 등심 Entrecôte [앙트흐꼬뜨]
등심 Faux-Filet [포필레], Contre-Filet [꽁트흐필레]
우둔살 Rumsteck [훔스떼끄]
양 넓적다리 Souris d'Agneau [쑤히 다뇨]
스테이크 Steak [스떼끄]

생선류 Poisson 뿌아쏭

생대구 Cabillaud [꺄비요]
작은 새우 Crevette [크흐베뜨]
큰 새우 Gambas [겅바스]
고등어 Maquereau [마끄호]
정어리 Sardine [싸흐딘]
연어 Saumon [쏘몽]
참치 Thon [똥]

닭류 Poulet 🔊 뿔레

오리 Canard [꺄나흐]

거위 Oie [우와]

오리 가슴살 Magret [마그헤]

면류 Pâtes 🔊 빠드

펜네 Penne [뻰느]

스파게티 Spaghetti [스빠게띠]

부재료 및 사이드 메뉴

가지 Aubergine [오베흐진]

당근 Carotte [꺄호뜨]

버섯 Champignon [샹삐뇽]

감자튀김 Frites [프히뜨]

허브 Herbe [에흐브]

채소 Légumes [레귐므]

감자 Pomme de Terre [뽐므 드 떼흐]

감자퓌레 Purée [쀠헤]

트러플 Truffe [트휘프]

디저트 Dessert 🔊 데쎄흐

크렘 브륄레 Crème Brûlée [크헴 브휠레]

크럼블 Crumble [크휨블]

초콜릿 퐁당 Fondant au Chocolat [퐁덩 오 쇼꼴라]

케이크 Gâteau [갸또]

아이스크림 Glace [글라쓰]

밀푀유 Millefeuille [밀푀유]

초콜릿 무스 Mousse au Chocolat [무쓰 오 쇼꼴라]

소르베 Sorbet [쏘흐베]

수플레 Soufflé [쑤플레]

파이 Tarte [따흐뜨]

요거트 Yogourt [요구흐뜨]

과일(맛&향) Fruit 🔊 프휘

살구 Abricot [아브히꼬]

딸기 Fraise [프헤즈]

산딸기 Framboise [프항부아즈]

배 Poire [뿌아흐]

사과 Pomme [뽐므]

포도 Raisin [헤쟁]

음료 Boisson 🔊 부아쏭

따뜻한 Chaud [쇼]

차가운 Froid [프후아]

비알코올성 Non Alcool 🔊 노 날꼴

물 Eau [오]

탄산수 Eau Gazeuse [오 갸쥬즈]

과일주스 Jus de Fruit [쥐드프휘]

아메리카노 Café Allongé [꺄페 알롱죄]

카페오레 Café au Lait [꺄페 오 레]

크림커피 Café Crème [꺄페 크헴]

디카페인 커피 Café Décaféiné [꺄페 데꺄페이네]

에스프레소 Café Express [꺄페 엑스프헤쓰]

비엔나커피 Café Viennois [꺄페 비에누아]

핫 초콜릿 Chocolat Chaud [쇼꼴라 쇼]

차 Thé [떼], Infusion [엥퓌지옹]

녹차 Thé vert [떼 베흐]

알코올성 Alcool 🔊 알꼴

맥주 Bière [비에흐]

병(맥주) Bouteille [부떼유]

샴페인 Champagne [샹빠뉴]

생맥주 Pression [프헤씨옹]

데킬라 Tequila [떼낄라]

뱅쇼 Vin chaud [뱅 쇼]

포도주(백, 적, 로제) Vin(Blanc, Rouge, Rosé)
[뱅 블렁, 뱅 후쥬, 뱅 호제]

EATING 07

초보자를 위한 **최고의 와인 선택법**

와인 애호가가 아니더라도 와인의 본고장 프랑스에 왔다면 와인 한 잔쯤 시도해 보는 것은 어떨까? 와인은 품종, 생산지 및 생산자, 생산연도에 따라 맛이 천차만별이다. 와인을 선택하는 법은 애호가들에게조차 쉽지 않은 게 사실. 하지만 와인을 처음 시도해보는 사람들에게도 크게 실패하지 않고 좋은 와인 선택하는 노하우를 공개한다!

와인의 종류

와인은 프랑스어로 뱅vin이다. 붉은빛의 레드와인은 뱅 루주vin rouge, 노란빛이 도는 화이트와인은 뱅 블랑Vin branc, 분홍빛이 도는 로제와인은 뱅 로제vin rosé라고 한다. 우리가 흔히 샴페인이라고 부르는 스파클링 와인 샹파뉴champagne는 엄밀히 말해 프랑스 샹파뉴 지역에서 생산되는 것만을 말한다. 한국과 달리 프랑스에서 대중적으로 가장 인기 있는 것은 로제와인이다. 어떤 상황에서든 부담 없이 무난하게 마실 수 있기 때문이다.

와인에 관한 오해들

흔히 고기에는 레드와인, 생선에는 화이트와인, 식전 혹은 디저트로는 달콤한 샴페인을 마신다고 알고 있다. 와인을 잘 모르는 사람도 프랑스 와인하면 역시 보르도 와인을 떠올린다. 오래되고 비싼 것일수록 맛있다는 생각들도 많다. 하지만 정말 그럴까? 수많은 와인 전문가들은 하나같이 입을 모아 말한다. "내 입맛에 맞는 와인이 가장 좋은 와인이다!"

레스토랑에서 좋은 와인 마시는 법

따로 와인바를 가지 않아도 얼마든지 식사와 함께 훌륭한 와인들을 즐길 수 있다. 특히 와인 리스트가 충실한 레스토랑일수록 믿을 만하다. 와인 초보자라면 웨이터에게 추천을 부탁하자. 이때에는 아래와 같이 내가 원하는 맛을 꼭 덧붙이도록 한다.

화이트와인

스파이시하고 드라이한 와인 Un blanc vif et sec [엉 블렁 비프 에 쎅]
과일 향에 부드럽고 단맛이 나는 와인 Un blanc fruité et moelleux [엉 블렁 프휘떼 에 무알뢰]

레드와인

묵직하고 강한 와인 Un rouge puissant et ensoleillé [엉 후쥬 쀠쌍 에 앙쏠레이에]
가볍고 부드러운 와인 Un rouge léger et doux [엉 후쥬 레제 에 두]

TIP 알아두면 유용한 기타 정보

① 와인에 가장 잘 어울리는 안주는 치즈와 살라미다. 치즈 초보자들은 부드러운 맛의 카망베르가 가장 무난하다.
② 마시기 전 와인 잔을 한두 번 돌려 와인 향을 풍부하게 만든다.
③ 병Bouteille으로 시킬 때는 테스팅goûter [구떼]을 요청하자.
④ 30유로 이하 저렴한 포도주는 오히려 2~3년 정도 숙성된 젊은 포도주가 좋다.
⑤ 보르도Bordeaux, 부르고뉴Bourgogne 포도주는 비쌀 것일수록 좋다. 저렴한 가격대라면 그 외 지역으로 눈을 돌려보자. 코트 뒤 론Côtes du Rhône이 가격 대비 맛이 좋다.

슈퍼마켓에서 와인 고르는 법

와인바나 레스토랑에서 병으로 주문하는 와인은 비쌀 수밖에 없다. 슈퍼마켓에서 최상품 와인을 고르는 법을 알아보자.

와인 레이블 읽는 법

- **샤토** (전문 와이너리)에서 포장한 것. 일정 수준의 품질을 나타냄
- **샤토 이름**
- **빈티지** (포도 수확 년도)
- **와인등급**
  1등급 Premier Grand Cru Classe
  그 다음으로 좋은 최고급 등급 Grand Cru Classe
- **용량**
- **원산지 관리 인증**
- **생산지**
- **알코올 도수**

1. 5유로면 일반 가정에서 식사 때 마시는 와인 수준이다. 10유로 전후라면 괜찮은 와인이다. 그 이상 가격대는 와인 전문점에서 구입할 것을 추천한다. 슈퍼마켓의 10유로 와인보다 와인 전문점의 10유로 와인이 더 좋은 편이며 전문가의 도움을 얻을 수 있기 때문이다.

2. 초보자가 좋은 와인 고르는 가장 쉽고 확실한 방법은 전문가의 식견을 믿는 것이다. 와인 병에 "Médaille d'or du concours agricole(농업경진대회 금상 수상)" 같은 특별한 표기는 전문 패널들에게 블라인딩 테스트를 거친 것으로 좋은 포도주의 지표가 될 수 있다.

3. 보르도, 루아르, 부르고뉴 등 지역별로 포도주를 구분하기보다 품종에 따라 내 입맛에 맞게 구입하도록 하자. 대표적인 품종은 아래와 같다.

레드와인

카베르네 소비뇽 Cabernet Sauvignon: 타닌 함량이 많아 떫은 맛이 난다.

메를로 Merlot: 카베르네 소비뇽보다 타닌 함량은 적고 과일향이 풍부하다.

피노 누아르 Pinot Noir: 타닌 함량이 적고 부드러운 맛. 여성적인 최고급 와인이다.

시라 Syrah: 묵직하며 스파이시한 맛의 와인이다.

화이트와인

샤르도네 Chardonnay: 풍부하고 다양한 과일향이 난다.

소비뇽 블랑 Chenin Blanc: 설익은 과일향과 풀향이 나는 경쾌한 느낌의 와인이다.

리즐링 Riesling: 화이트와인의 최고 품종으로 산도와 당도가 높다.

4. 모든 게 다 귀찮고, 비싸도 좋으니 무조건 좋은 와인이면 된다 할 때는 최고급 와인을 뜻하는 그랑 크뤼 Grand Cru 특별 섹션에서 선택한다.

5. A.O.C., 혹은 A.O.P는 관리기관의 규정에 따라 믿을 만한 양조지에서 생산된 와인이라는 뜻이다.

파리에서 주목할 만한 와인바

오 샤토 Ô Chateau 🔊 오 샤또

50여 종의 시음용 와인과 천여 종의 와인리스트가 있다. 와인 클래스까지 더해진 와인 테이스팅 코스(약 2시간 소요)도 참여 가능하다. 단, 참여를 원한다면 홈페이지 예약은 필수다. 그 외 소믈리에와 함께 센강 보트를 타고 샴페인을 즐기는 샴페인 크루즈(약 1시간 소요 / 인당 79유로) 등의 프로그램도 운영한다.

Data **Map** 265p-L **Access** 메트로 4호선 레알Les Halles역 하차. 도보 4분 **Add** 68 Rue Jean-Jacques Rousseau, 75001 Paris **Tel** (01) 44 73 97 80 **Open** 월~토 12:00~00:00 **Cost** 포도주 잔 5.5유로~, 와인 테이스팅 코스 75유로~ **Web** www.o-chateau.com/en

레클뤼즈 L'Ecluse 🔊 레끌뤼즈

'보르도산 그랑 크뤼(최고급 포도주)를 잔으로 맛볼 수 있는 파리 유일의 바'로 자주 소개되는 곳이다. 보르도 와인을 전문으로 하며, 메독, 생테밀리옹, 마르고, 포므롤 등 생산 지역별(12곳)로 3~4개의 와인이 준비돼 있다. 와인을 추천받을 수도 있다. 파리에 3개의 체인 바가 있으므로 접근성이 좋은 곳을 이용하면 된다.

Data **Access** 마들렌, 오페라 지구(각 구역 지도 참조) **Open** 화~토 12:00~24:00(매장마다 다름) **Web** www.lecluse-restaurant-paris.fr

니콜라 Nicolas 🔊 니꼴라

1882년 처음 문을 연 역사 깊은 와인 전문점이다. 파리 시내를 걷다 보면 곳곳에서 포도주 빛깔의 니콜라 매장을 발견할 수 있다. 파리 외 프랑스 전역은 물론 인터넷 매장까지 운영 중이다. 홈페이지에는 니콜라가 엄선한 와인들도 소개돼 있다.

TIP 니콜라가 엄선한 와인 리스트 참조법

① 영문 홈페이지(www.nicolas.com/en) 접속한다.
② 메뉴바에서 WINES를 클릭하면, 프랑스 지역별, 나라별, 색깔별 와인 리스트를 볼 수 있다.
③ 관심 있는 제품을 클릭하면 와인 맛과 특징, 곁들이면 좋을 음식, 이상적인 조리 방법 등 상세한 정보가 제공된다.
④ 가격 위에는 평점과 리뷰, 아래에는 구매량이 나와 인기도를 알 수 있다.
⑤ PICKUP IN STORE를 클릭하면 판매 중인 상점의 이름과 주소, 지도까지 확인할 수 있다.

Data **Access** 시내 곳곳 **Open** 10:00~19:00(매장마다 다름) **Web** www.nicolas.com/en

EATING 08

파리에서 발견한 **맥주의 신세계**

유럽의 맥주하면 독일과 벨기에, 체코 등이 강세를 보이지만 프랑스에도 그냥 지나치기 아까운 맛좋은 맥주들이 많다. 프랑스에서 마실 수 있는 맥주 베스트. 여기에는 프랑스산 맥주뿐 아니라 슈퍼에서 쉽게 구입할 수 있는 유럽 맥주도 함께 소개한다.

파리에서 맛봐야 할 맥주 BEST 6

데스페라도 Desperado 데스뻬하도

한마디로 테킬라와 맥주를 결합한 상쾌한 맛의 프랑스 맥주라 할 수 있다. 오리지널을 비롯해서 '구아라나' 과일향을 더한 데스페라도 레드, 스파이시한 테킬라의 맛 데스페라도 푸에고Fuego 등 다양한 맛이 있다.

파나슈 Panache 빠나슈

맥주라고 말하기는 민망하지만 맥주가 18% 함유되어 있어 일명 짝퉁 맥주라고 불린다. 레몬에이드가 82%가 들어가 있어 청량음료같이 달달하다. 알코올 도수가 1%로, 홀짝홀짝 마시면 조금 알딸딸해지기도 한다.

1664 블랑 1664 BLANC 1664 블렁

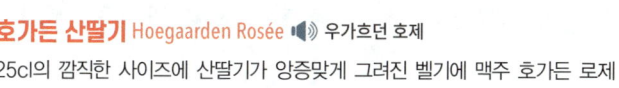

크로넨버그에서 2006년 출시한 히트 상품이다. 시트러스의 풋풋하고 싱그러운 청량감이 맥주의 씁쓸한 맛에 묻어나 마치 화이트와인과 샴페인의 관계를 연상케 한다. 코발트색 파란 병에 1664를 볼록 새긴 병 디자인이 한층 고급스럽다.

호가든 산딸기 Hoegaarden Rosée 우가흐던 호제

25cl의 깜찍한 사이즈에 산딸기가 앙증맞게 그려진 벨기에 맥주 호가든 로제는 특히 젊은 여성들에게 인기가 많다. 호가든 본연의 상쾌한 맛은 살리고 산딸기의 달콤한 맛과 향을 더해 훌륭한 조화를 이뤘다.

크로넨버그 1664 Kronenbourg 1664 크호낭부흐 1664

프랑스의 맥주 회사 크로넨버그의 대표 맥주 1664. 알자스 지역(스트라스부르)에서 1664년에 탄생한 351년 역사를 자랑한다. 페일 라거로 씁쓸한 맛에 부드러운 청량감으로 누구나 부담 없이 즐길 수 있다.

레페 Leffe 레페

벨기에 레페 수도원에서 제조되는 맥주로 700년의 전통을 이어오고 있다. 레페에는 페일 에일 맥주(색은 연하고 탄산이 많이 든 순한 맛)인 레페 블롱드Leffe blonde와 좀 더 진한 맛에 도수 높은 흑맥주 레페 블륀Leffe blune이 있다. 후자 강추!

EATING 09
치즈의 왕국, **프랑스의 고소함을 맛보다**

프랑스에는 매해 350~400여 종류의 치즈가 생산된다. 치즈는 숙성 조건과 기간에 따라 그 맛이 달라지기 때문에 1년 365일 매일 다른 치즈가 존재한다. 치즈의 왕국 프랑스에서는 어떤 치즈를 골라야 할까. 슈퍼마켓에서 쉽게 구할 수 있는 치즈 종류와 그 특징, 맛있게 먹는 법을 소개한다.

추천 슈퍼마켓 치즈

카망베르 Camembert 🔊 꺄망베흐

신선한 원유의 고소함이 입안에서 부드럽게 퍼지는 가장 대중적인 치즈다. 진짜 카망베르는 카망베르를 포함 노르망디의 5개 지역에서만 난다. 인기를 반영하듯 짝퉁이 많다.

HOW TO EAT 바게트나 식빵에 넣어먹기 좋다. 달콤한 화이트와인이나 가벼운 레드와인, 혹은 시드르(사과주)와 좋은 궁합을 이룬다.

캉탈 Cantal 🔊 껑딸

프랑스 중남부의 오베르뉴 지방에서 생산되는 치즈다. 콩테 치즈와 마찬가지로 고산지대에서 깨끗한 풀을 먹고 자란 소젖으로 만든다.

HOW TO EAT 오베르뉴 지방의 각종 요리에도 많이 사용되고, 다양한 와인과도 잘 어울려 안주로도 애용된다.

묑스테르 Munster
🔊 묑스떼흐

12세기 묑스테르 계곡에 있는 수도원에서 육식이 금지된 베네딕트 수도사들의 영양 보충을 위해 처음 만든 것이다. 껍질에 살짝 붉은 기운이 돌고 속살은 쫀득하다.

HOW TO EAT 알자스에서 탄생한 만큼 알자스산 화이트와인과 잘 어울린다.

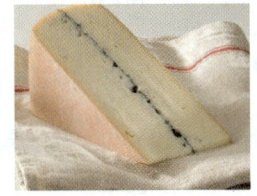

콩테 Comté 🔊 꽁떼

프랑스인들이 가장 좋아하는 치즈 1위. 쥐라 산맥의 깨끗한 목초지에서 키운 소젖에 아무 것도 더하지 않고 18개월 이상 숙성시켰다. 전문가의 까다로운 품질 테스트를 받아 통과된 것만이 시장에 나오게 된다.

HOW TO EAT 치즈 전문 섹션 프로마주리 Fromagerie에서 구입하는 게 좋다. 레드와인(메를로)과 특히 잘 어울린다.

라클레트 Raclette
🔊 하끌레뜨

라클레트 요리(치즈를 팬에 녹여 덩어리째 떼어낸 뒤 찐 감자나 고기 위에 얹어 먹는 것)의 주재료다. 따뜻하게 녹은 치즈가 진하고 고소하다.

HOW TO EAT 퐁듀와 비슷하지만 조리법은 매우 간단하다. 썰어서 익히기만 하면 된다. 달콤한 화이트와인이나 시드르와 잘 어울린다.

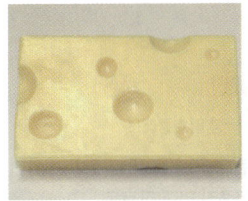

에멘탈 Emmental 🔊 에멍딸

톰과 제리에 나오는 구멍 송송 뚫린 연노란색 치즈. 스위스 에멘탈이 원산지지만 프랑스 마트에서도 쉽게 구입할 수 있다. 긴 숙성기간을 거쳐 단단하며, 진한 크림맛보다 고소하고 담백한 맛이 특징.

HOW TO EAT 바게트 샌드위치와 궁합이 잘 맞는다. 레드와인, 화이트와인 모두 다 잘 어울린다.

브리 Brie 🔊 브히

프랑스 치즈의 왕이라고 불릴 만큼 대중적으로 사랑받는 치즈다. 일드프랑스 북부의 브리 지역에서 생산되며, 우유를 연하게 숙성시켜 부드러운 크림맛이 특징이다. 카망베르 치즈와 비슷하게 느껴질 수 있다.

HOW TO EAT 바게트나 식빵에 넣어먹기 좋고, 과일향이 풍부한 레드와인이 잘 어울린다.

블루 Bleu 🔊 블뢰

푸른곰팡이가 마치 대리석 모양으로 퍼져 있는 치즈로, 코를 찌르는 향과 강하고 자극적인 맛 때문에 치즈 입문자에게는 고역일 수 있다. 가장 대표적이고 쉽게 구할 수 있는 것이 로크포르 Roquefort다.

HOW TO EAT 화이트와인인 리즐링과 잘 어울린다.

꼭 맛봐야 할 **마트 먹거리**

꿀 Miel l'Apiculteur 🔊 미엘 랄삐뀔뙤흐

한국처럼 비싼 것도 아닌데 맛도 좋고 100% 진짜 꿀이다. 반드시 'Apiculteur(양봉업자)'라고 적힌 것만 살 것.

본 마망 Bonne Maman 🔊 본 마망

체크무늬 병뚜껑으로 더 유명한 프랑스 고급 잼 브랜드. 딸기, 산딸기, 살구보다 한국에서 보기 힘든 우유나 밤 잼 추천!

라빠르쉐 La Perruche 🔊 라뻬휘슈

한국에는 앵무새 각설탕으로 유명한 브라운 슈거. 100% 유기농 사탕수수만을 사용한 비정제 건강 설탕으로, 단맛을 줄이고 깔끔함을 더했다.

카랑바르 Carambar 🔊 까항바흐

딸기, 오렌지, 레몬, 포도 등 상큼한 과일 맛에 너무 달지 않은 캐러멜 사탕. 입에 달라붙지 않아 더 좋다.

네슬레 유제품 디저트 Nestle la Laitière
🔊 네슬레 라 레띠에흐

디저트의 천국 프랑스에서 일반 가정집의 식탁을 책임지는 각종 유제품 디저트 브랜드. 어떤 종류를 선택해도 실패가 없다.

본 마망 타르틀레트 Bonne Maman Tartelettes 🔊 본 마망 따흐뜰레뜨

덜 달고 과즙 풍부한 고급 본 마망 잼이 두툼하게 얹어져 있는 버터쿠키 미니 타르트.

생 미셸 갈레트 St. Miche Galettes
🔊 쌩 미셸 걀레뜨

버터가 자그마치 24%나 들어가 엄청 고소하고 진한 고급 과자. 아메리카노와 잘 어울린다.

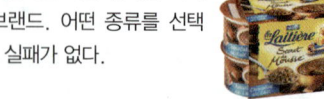

엘에비르 Elle&Vire 🔊 엘에비흐

프랑스의 대표 브랜드 프레지당보다, 죽기 전에 꼭 먹어야 할 버터라는 에쉬레Echiré보다도 더 맛있다. 프랑스 농업경진대회 금상 수상 버터.

매일매일 먹어도 질리지 않고, 금전적 부담도 적은 최고의 맛집은? 바로 대형마트다.
프랑스 사람들이 매일 먹는 생활 먹거리 중 베스트셀러만을 모았다.

베엔 BN 🔊 베엔

프랑스의 국민과자 양대 산맥 중 하나. 딸기잼이 든 시리얼 비스킷 샌드로 출출할 때 딱 좋다.

린트 초콜릿 Lindt chocolat
🔊 린트 쇼꼴라

세계 10대 초콜릿 중 가장 대중적인 브랜드. 유명 쇼콜라티에 초콜릿보다 훨씬 저렴하다.

프린스 Prince de LU
🔊 프헹쓰 드 뤼

베엔과 쌍벽을 이루는 국민과자. 커다란 초콜릿 샌드로 먹다 보면 은근히 중독된다.

시드르 Cidre 🔊 씨드흐

향긋한 사과즙에 약간의 탄산과 알코올이 더해진 발포성 사과주. 샴페인보다 순하고 훨씬 달콤하면서 가격까지 저렴해 누구나 부담 없이 즐길 수 있다.

말린 소시지 Saucisson Sec
🔊 쏘씨쏭 쎅

와인의 단짝으로 알려진 햄으로 살라미도 좋지만 말린 소시지는 더없이 좋다. 육포의 돼지고기 버전쯤으로 생각하면 된다.

프레지당 Président
🔊 프헤지덩

유제품계의 국민 브랜드 프레지당의 치즈들(카망베르, 브리, 에멘탈 등)은 초보자들의 입맛을 단번에 사로잡는다.

엘리펀트 차 Thé Eléphant 🔊 떼 엘레펑

마리아주 프레르 같은 고급 브랜드만 맛이 좋은 건 아니다. 향긋한 과일향, 캐러멜향 등 각종 가향차부터 수면에, 혹은 소화에 좋은 기능성 차까지 없는 게 없다.

Step 05
Shopping

파리를
남기다

01 파리 쇼핑 오리엔테이션
02 파리를 추억하는 **기념품**
03 파리에서 꼭 사야 하는 **약국 화장품**
04 주목해야 할 **프랑스 명품 브랜드**
05 패션 피플들이 주목한 **프렌치 룩**
06 프렌치 스타일의 **키즈 웨어**
07 디자인부터 남다른 **액세서리&잡화**
08 써본 사람은 다시 찾는 **화장품&욕실용품 브랜드**

09 주부라면 탐낼 만한 **주방용품 브랜드**
10 디자인 감각이 물씬! **생활 인테리어 전문점**
11 모든 종류의 쇼핑을 한 곳에서! **백화점&쇼핑몰**
12 파리의 감성을 듬뿍 담은 **콘셉트 숍**
13 파리를 대표하는 **고급 식료품점**
14 파리의 **쇼핑 거리**
15 낡고 오래된 중고의 매력, **벼룩시장**

SHOPPING 01
파리 쇼핑 오리엔테이션

파리는 쇼핑의 도시다. 쇼핑에 관심 없는 사람도 지갑을 열게 만든다는 파리. 언제, 어디서, 무엇을 사야 할지 쇼핑의 밑그림을 그려보자.

무엇을 살까?

파리는 샤넬 같은 명품 브랜드부터 자라, H&M 같은 중저가 브랜드까지 브랜드 쇼핑의 천국이다. 벤시몽, 레페토 같은 신발도 인기품목 중 하나. 열에 아홉은 반드시 사는 약국 화장품은 아무리 강조해도 지나침이 없다. 의약품으로 취급될 만큼 피부 개선에 효과가 큰 기초 화장품이 우리나라 저가 브랜드와 가격대가 비슷하다. 생활 예술, 디자인의 발달로 인테리어 소품들도 큰 주목을 받고 있다. 베이킹 및 요리에 관심 있는 주부들에겐 주방 용품들도 큰 관심거리다. 포도주, 치즈, 버터, 초콜릿, 티, 각종 과자 및 사탕류의 식료품과 에펠탑 열쇠고리를 필두로 한 자질구레한 기념품들은 남녀노소를 막론하고 파리 쇼핑에서 가장 많이 찾는 아이템들이다.

어디서 살까?

명품은 주로 몽테뉴 거리와 생토노레 거리, 생제르맹데프레 지구의 명품 거리, 혹은 갤러리 라파예트와 프랭탕 백화점에서 구입할 수 있다. 백화점은 짧은 동선 안에 거의 모든 브랜드들을 섭렵할 수 있다는 큰 장점이 있다. 파리의 라발레 아웃렛도 명품족에게 큰 인기다. 라발레와 붙어 있는 발되로프 Val d'Europe나 라데팡스의 레카트르탕은 중저가 브랜드들이 몰 안에 몰려 있어 상당히 편리하다. 캐주얼에 관심이 많다면 무조건 시타듐 citadium으로, 인테리어에 관심이 있다면 베아슈베 마레로 가자. 고급 식료품은 백화점 식품매장을 이용하고, 일반 식료품은 대형 마트(라데팡스의 오샹 Auchan이나 까르푸 Carrefour)를 추천한다.

언제 살까?

파리의 대형 쇼핑몰, 백화점, 관광지에 있는 소형 마트는 대부분 주말에도 정상 영업을 한다. 화장품 쇼핑을 해야 하는 약국들 중에는 주말에 문을 닫는 곳도 있고 주말 할증이 붙기도 하므로 가능한 한 주중에 방문하는 것이 좋다. 주택가에 위치한 작은 마트들은 주말에 문을 닫거나 오전 영업만 하는 경우가 많다. 크리스마스나 1월 1일 역시 문 닫는 곳이 많다.

세금환급

하루에 한 상점에서 100.01유로 이상 쇼핑한 경우(식료품 제외) 구입 금액의 10~20%(제품마다 다름)를 돌려받을 수 있다. 계산을 마친 후 여권과 비행기 티켓을 제시하며 택스 리펀드 Détaxe, Tax Refund 서류를 요청하자. 백화점과 같은 대형 쇼핑몰은 택스 리펀드 담당 부스가 따로 마련돼 있다. 서류 작성이 끝나면 이 용지들을 잘 챙겨둔 후 출국 시 파리 공항에서 현금이나 카드로 환급을 받는다.

대세일 기간에 주목

파리는 1년에 2차례 최대 70%까지 대세일을 한다. 여름 대세일은 보통 6월 마지막 주부터, 겨울 대세일은 1월 둘째 주부터 시작해 6주간 진행된다. 정확한 날짜는 매년 바뀐다. 세일 초반에는 좋은 제품, 다양한 사이즈에 선택의 폭이 넓지만 세일 폭은 작다. 반면 뒤로 갈수록 반대 현상이 벌어진다. 세일 기간에는 아웃렛에 주목하자. 정상가보다 싼 아웃렛 특별가에 세일까지 더해져 가장 싸게 명품을 구입할 수 있는 기회가 된다.

SHOPPING 02
파리를 추억하는 **기념품**

에펠탑 열쇠고리
1유로에 3개라는 환상적인 가격으로 단체 선물하기 딱!
샤요 궁, 기념품점

마그네틱
하루에도 수십 번 냉장고 문을 열며 파리를 생각해야지~
기념품점

파리 풍경 그림
몽마르트르의 화가들이 그린 인상주의풍 파리 풍경화
테르트르 광장

미니 철 쟁반
파리 대표 기념물과 포스터로 디자인된 미니 쟁반
기념품점

장식용 접시
테이블 한 귀퉁이에서 늘 파리를 생각나게 하는 너!
기념품점

파리 티셔츠
입고 나가긴 뭣해도 홈웨어로 이만한 게 어디 있어?
기념품점

마카롱 비누
마카롱, 먹지 말고 피부에 양보하세요~
기념품점

도자기 인형
파리 티가 팍팍 나는 장식용 인형들
기념품점

파리 옛 우표
파리는 우표마저 예술적이네?
파사주

파리의 추억을 오래도록 되새겨주는 기념품. 파리의 상징 에펠탑 열쇠고리부터 아이디어 반짝이는 생활용품에 이르기까지, 파리의 멋과 향이 느껴지는 아이템들을 소개한다.

스마트폰 케이스
내 손의 필수품 스마트폰에
파리의 향기를 입힌다
필론

복제 그림
진짜 고흐 그림은 아니지만
메이드 인 파리!
센강 부키니스트

파리 옛날 신문
20세기 초 파리의 감성을
21세기 한국에서 되살리다
벼룩시장

파리지엔 프린트
파리지엔이 프린트된 소품들.
봄날의 파리 느낌 폴폴~
라셰즈 롱그

인테리어 용품
파리의 디자인 감성과 아이디어가
결합된 깜찍이 아이템
필론, 라셰즈 롱그

스타벅스 머그컵&텀블러
전 세계 커피계를 평정한
스타벅스의 파리 지점 방문 인증!
스타벅스

메르시 팔찌
어려운 사람에게 수익금이!
예쁘고도 의미 있는
'감사(메르시)' 팔찌
편집숍 메르시

티
파리에서 무거워진 몸을
디톡스 티로 가뿐하게!
쿠스미 티

마카롱 열쇠고리
파리의 상징 에펠탑과
마카롱을 열쇠고리 하나에!
라뒤레

SHOPPING 03

파리에서 꼭 사야 하는 **약국 화장품**

쇼핑을 좋아하지 않는 사람도 꼭 사야 하는 약국 화장품. 프랑스 식약청을 통과한 기능성 기초 화장품이 한국의 웬만한 화장품보다 싸다. 사도 사도 더 사올걸 후회하는 한국인의 베스트 아이템을 소개한다.

필로르가 아이크림
FILORGA OPTIM-EYES

국내 피부과 '샤넬주사'로 유명한 필로르가 사의 주름 케어 제품

비쉬 V 미네랄 89
Vichy Minéral 89

히알루론산과 15가지 미네랄이 풍부한 페이스 세럼

꼬달리 비노퍼펙트 래디언스 세럼 화이트닝 Caudalie Vinoperfect Sérum Éclat Anti-Taches

수분공급과 영양공급으로 피부 톤을 밝게 정돈시켜 주는 화이트닝 제품

꼬달리 핸드&네일 크림
Caudalie Crème Gourmande Mains et Ongles

흡수가 빨라 끈적임이 없고 건조한 손을 촉촉하게 해주는 핸드크림

유리아주 립밤
Uriage Stick Lèvres

끈적임 없이 건조한 입술에 수분과 영양 공급한다. 좀 더 저렴한 바이오더마 립밤 역시 인기 상품

르네 휘테르 포티샤샴푸
René Furterer Forticea

99% 천연성분으로 이뤄진 모발 강화, 탈모 방지 샴푸

눅스 오일 NUXE Huile Prodigieuse

에센스, 로션, 크림의 기능을 한 병에 담은 멀티 오일. 일명 김남주 오일

유리아주 진피 Uriage Gyn-phy

프랑스 산부인과에서 추천하는 부드러운 파우더향의 여성 청결제

달팡 수분 크림 Darphin
HydraSkin Rich/Light

수분과 영양공급을 동시에. 리치는 중건성용, 라이트는 복합성용

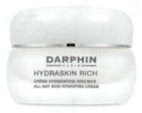

아벤느 오떼르말
Avène Eau Thermale

약효 있는 온천수를 사용해 민감한 피부를 진정시키고 부드럽게 해주는 미스트

라로슈포제 시카플라스트
La Roche-Posay Cicaplast

여드름 흉터나 피부과 레이저 시술 후 손상된 피부를 보호, 재생시키는 전문 화장품

엠브리올리스 콘센트레이트 크림 Embryolisse Lait-Crème Concentré

일명 구은애 크림으로 알려진 수분 및 영양 공급 밀크 크림

알골로지 엘릭시르 데 바그
Algologie Élixir des Vagues

천연 성분에 고보습 히알루론산이 풍부한 피부 포뮬러

바이오더마 핸드크림
Bioderma Atoderm Mains

끈적임, 자극적인 향 없이 부드럽게 싹 스며드는 핸드크림

클로란 탈모 세럼
Klorane Serum Antichute

유럽 헤어제품 1위 업체 클로란의 탈모 방지 세럼

르봉 치약 LEBON

치약계의 에르메스라 불리는 100% 친환경 성분 치약

파리 화장품 판매 약국 3곳

몽주 약국 Pharmacie Monge 파흐마씨 몽쥬

파리에서 가장 싸게 화장품을 판다는 소문이 들면서 한국인의 화장품 쇼핑 1번지가 되었다. 제품에 따라 다른 곳이 더 저렴한 것도 있지만, 100유로 이상 구입하면 현장에서 바로 12%의 택스를 돌려받을 수 있다. 한국인이 선호하는 제품들은 모두 구비돼 있으며, 제품에 쓰여 있는 프랑스어를 한국말로 해석한 안내판도 준비돼 있다. 한국어가 가능한 점원의 도움을 얻을 수 있다.

Data Map 358p-E
Access 메트로 7호선 플라스 몽주Place Monge역 하차, 도보 2분
Add 74, rue Monge 75005
Tel (01) 43 31 39 44
Open 월~토 08:00~20:00, 일요일 개점일은 홈페이지 참조
Web notre-dame.pharmacie-monge.fr

> **TIP** 에펠 코메르스 약국
> Pharmacie EIFFEL COMMERCE
> 한국인들 사이에서 "몽주약국 에펠탑점"으로 알려진 곳. 접근성이 좋고 한국인 직원도 있다. 메트로 6, 8, 10호선 라 모트-픽케 그르넬 La Motte - Picquet Grenelle역에서 하차.

카레 오페라 약국 Pharmacie Carré Opéra
파흐마씨 까헤 오뻬하

파리 시내 한가운데 위치해 접근성이 탁월하다. 관광객들이 많이 찾아 인기 품목들은 빠짐없이 구비하고 있다. 특히 한국인 점원이 상주하고 있어 택스 리펀드는 물론 샘플들도 꼼꼼하게 챙겨준다.

Data Map 264p-E **Access** 메트로 7, 9호선 쇼세당탱-라파예트Chaussée d'Antin-La Fayette역 하차, 도보 2분 **Add** 52-54 Rue de la Chau. d'Antin, 75009 Paris
Open 월~토 08:00~20:30, 일 10:00~19:00

시티파르마 Citypharma
씨티파흐마

센강 좌안의 생제르맹데프레 구역에 숙소가 있는 사람들에게 접근성이 좋은 곳이다. 제품의 다양성이나 가격은 앞선 두 약국과 대동소이하다. 단, 서양인 여행객들이 압도적이다. 택스 리펀드 가능.

Data Map 332p-E
Access 메트로 4호선 생제르맹데프레Saint-Germain-des-Prés역 하차, 도보 2분
Add 26 Rue du Four, 75006 Paris
Open 월~토 08:30~21:00, 일 12:00~20:00

SHOPPING 04
주목해야 할 **프랑스 명품 브랜드**

파리가 명품 쇼핑의 메카가 된 것은 인기 브랜드의 본점이 있어, 다양한 디자인의 핫한 아이템들을 한국보다 빨리 손에 넣을 수 있기 때문. '명품 하나쯤은~' 하고 생각하는 사람이라면 파리에서 득템할 수 있는 프랑스산 명품 브랜드를 반드시 체크해 보자.

STEP 05
SHOPPING

고야드 Goyard

150년 이상의 역사를 지닌 브랜드로 여행용 가방과 백, 가죽제품 등을 전문으로 한다. 소량의 핸드메이드를 원칙으로 한다. 한국인들 사이에서 저렴한 인터넷 구매가 바람 불 만큼 인기 좋은 생루이백은 가짜들이 많으므로 현지 쇼핑은 필수!

셀린느 Celine

1946년 신발 매장으로 시작해 고품질의 패셔너블한 디자인으로 인기를 얻었다. 이후 가방과 의류 라인으로 사업을 확장했으며, 프랑스의 세련됨에 실용성을 겸비해 주목을 끌고 있다. 대표 제품으로는 트리오백과 러기지백, 클래식박스 등이 있다.

디오르 Dior

1947년 '뉴룩'을 선보이며 단번에 전 세계 패션계의 슈퍼스타로 부상했다. 다이애나 왕세자비가 애용해 일명 다이애나 백이라고도 부르는 레이디백이 인기. 그 외 한국인들에게는 향수와 화장품이 사랑을 받고 있다.

지방시 Givenchy

지방시는 오드리 햅번을 비롯해 그레이스 캘리, 그레타 가르보 등 당대 세계적인 배우들과 패션 작업을 펼치며 큰 명성을 얻었다. 1988년 이후 LVMH에 병합되었으며, 대표상품으로는 지방시 안티고나, 나이팅게일, 판도라, 클러치 등이 있다.

생로랑 Saint Laurent

디오르의 수석 디자이너 이브 생 로랑은 천재적인 재능을 바탕으로 디올에서 독립해 1961년에 자신의 이름을 딴 브랜드를 론칭했다. 시대를 앞서가는 혁신적인 디자인이 큰 특징으로, 드쥬르, 카바시크, 루루백 등을 비롯해 무파진이 사랑을 받고 있다.

샤넬 Chanel

샤넬이 하나의 브랜드로서 주목을 받기 시작한 것은 1909년. 패션 디자이너 가브리엘 샤넬이 5초에 1개씩 팔린다는 그 유명한 샤넬 No.5를 세상에 내놓으면서부터다. 이후 샤넬의 인기는 향수를 넘어 각종 화장품과 가방, 선글라스 등으로 확장되었다. 특히 샤넬 깜봉 매장의 클래식 라인은 파리 명품 쇼핑의 백미로도 꼽힌다.

루이비통 Louis Vuitton

1854년 여행가방 전문 매장으로 시작해 패션 가방, 의류, 주얼리 및 시계 등으로 라인을 넓혀왔다. 1987년에는 세계적인 주류업체 모엣 헤네시와 합병하여 LVMH 그룹으로 재탄생했다. 최고급 소재에 철저한 품질 관리, 판매량을 제한해 희소성을 높이고 소유욕을 더욱 증대시키는 전략으로, 명품 브랜드 파워 1위를 달리고 있다.

라코스테 Lacoste

1920년대 테스니 선수 장 르네 라코스테가 자신의 별명인 '악어'를 로고로 론칭한 브랜드. 고급스포츠로 인식되는 테니스의 이미지가 브랜드로 고스란히 이어졌다. 남녀 의류를 비롯해 신발, 액세서리 등이 있다.

란셀 Lancel

1876년 론칭한 브랜드로, 양쪽에서 끈을 잡아당겨 복주머니 형태를 띠게 되는 버킷백을 선보여 큰 인기를 끌었다. 단순하면서도 세련된 디자인과 색감, 실용성 높은 백들로 파리지엔들이 가장 좋아하는 가방 브랜드 1위를 차지했다.

에르메스 Hermès

1837년 론칭해 처음에는 마구용품을 판매했지만, 차츰 가방 같은 패션 아이템으로 사업을 전환했다. 장인의 손을 거친 핸드메이드 제품들로 소량 판매되어 희소성이 크고, 특정 품목은 수개월 이상 주문 대기해야 할 정도. 모나코의 왕비 그레이스 켈리, 가수 겸 배우인 제인 버킨의 이름을 딴 켈리백과 버킨백이 특히 유명하다.

그 외 해외 명품 브랜드

파리에는 프랑스에서 만든 명품 브랜드 외에도 이탈리아의 몽클레르, 영국의 버버리, 스페인의 로에베, 뉴욕의 마크 제이콥스 등 다양한 국적의 명품 브랜드숍이 즐비하다.

SHOPPING 05
패션 피플들이 주목한 **프렌치 룩**

해외 공구, 직구 열풍 역시 피해가지 못한 것, 바로 프랑스 패션 브랜드들이다. 전 세계 패셔니스타들은 물론 국내 드라마 주인공들이 입고 나와 패션족들의 눈도장을 꽝! 찍은 브랜드. 파리 여행에서 저렴(?)하게 득템해 보자.

마쥬 Maje

심플하고 편안해 보이면서도 시크한 디자인을 추구한다. 산드로의 자매 브랜드로, 프랑스를 비롯해 유럽과 미국, 홍콩 등에 200여 개의 매장을 가지고 있다.

아페쎄 A.P.C.

심플하면서도 실루엣을 중요시하는 젊은 층에게 특히 사랑받는 브랜드. 미니멀하고 클래식한 진으로 일본에서 먼저 큰 인기를 얻기 시작했다. 이후 뉴욕의 소호를 강타하며 전 세계로 퍼져 나갔고, 한국에서도 주목받고 있다.

바네사 브루노 Vanessa Bruno

모델 출신의 디자이너 바네사 브루노가 1992년 론칭한 브랜드. 빈티지에 모던함을 더해 다양한 아이템의 믹스매치를 가능케 했다. 최근에는 세컨 브랜드인 '바네사 브루노 아떼'로 다시 한 번 주목을 받고 있다.

산드로 Sandro

흰색, 검정, 베이지, 회색 같은 차분한 색을 중심으로 한다. 비욘세의 동생 솔란지 놀스가 산드로의 팬으로 알려져 있으며, 드라마 〈별에서 온 그대〉 PPL 이후 더 큰 주목을 받고 있다.

모르간 Morgan

홈쇼핑의 위력에 힘입어 한국인들에게는 위빙백으로 유명해진 브랜드. 하지만 오래전부터 프랑스에서는 중저가 패션 브랜드로 젊은 여성들 사이에서 좋은 평가를 받아왔다.

끌로디 피에로 Claudie Pierlot

마쥬, 산드로의 자매 브랜드로, '파리의 여성'을 모티프로 활동적이면서 여성성을 강조한 것이 특징. 고품질의 소재를 사용해 고급스러움을 더했다. 최근 한국에서는 드라마의 영향으로 캔버스 가방이 히트를 쳤다.

자딕&볼테르 Zadig et Voltaire

캐주얼하면서도 시크하고 록 스타일의 혁신적인 디자인이 인기의 비결. 한국에는 갤러리아, 신세계 강남, 현대 본점 등에 입점해 있으며, 밀라노, 뉴욕, 일본, 홍콩 등에도 매장을 오픈했다. 한국인들의 인기 직구 아이템 중 하나다.

이자벨 마랑 Isabel Marant

1994년 주얼리와 액세서리로 시작해 단숨에 파리 여성들의 사랑을 받으며 프렌치 시크를 대표하는 여성 브랜드 자리매김했다. 보이시한 매력이 살짝 묻어나는 스타일이 특징.

STEP 05
SHOPPING

메종 키츠네 Maison Kitsuné

일렉트로닉 뮤직 브랜드에서 패션 브랜드로 확장했다는 점에서 눈에 띄는 브랜드. 메종 키츠네라는 이름은 '여우 집'이라는 뜻이다. 귀여운 여우 로고가 유명하다. 편안함과 심플함을 강조하며, 고급스러운 색감과 개성적인 디자인이 돋보인다.

제라르 다렐 Gerard Darel

심플하고 시크한 스타일로 전 세대를 아우르는 여성 토털 패션 브랜드. 재클린 캐네디와 마릴린 먼로 같은 패션 아이콘에 영감을 얻어 프랑스의 우아함을 더했다. 제시카 알바, 안젤리나 졸리 같은 할리우드 스타들도 즐겨 입는다.

꽁뜨와 데 꼬또니에
Comptoir des Cotonniers

1995년 론칭해 '엄마와 딸이 함께 입는 옷'이라는 독특한 콘셉트로 큰 반향을 일으켰다. 유행을 타지 않는 심플하고 세련되며 편안한 스타일이 특징. 자매 브랜드로 더쿠플스가 있다.

세인트 제임스 Saint James

1889년 노르망디 지역에서 프랑스 선원과 해군들을 위해 줄무늬 패턴의 심플한 셔츠를 판매하기 시작하면서 탄생한 브랜드. 일명 마린 룩으로 불리는 세인트 제임스의 스타일은 누구나 부담 없이 가볍게 걸칠 수 있는 옷으로 큰 사랑을 받고 있다.

소니아 리키엘 Sonia Rykiel

유행을 거부하며 젊고 모던한 이미지의 아방가르드적 니트웨어로 큰 인기를 끌고 있는 세계적인 브랜드다. 특히 검정 바탕에 컬러풀한 스프라이트는 소니아 리키엘의 트레이드마크라 할 수 있다.

에릭 봉파르 Eric Bompard

프랑스에서 가장 유명한 캐슈미어 전문 브랜드다. 몽고산 어린 양의 부드러운 털을 이용한 100% 캐슈미어 카디건과 니트 등이 인기. 화사한 색감 역시 주목을 끄는 데 한몫을 하고 있다.

놓치면 아쉬운 중저가 글로벌 브랜드

버쉬카 Bershka
스웨덴에 본사를 둔 브랜드로 베이직한 디자인에 실용적이고 부담이 없어 20대 젊은이들에게 특히 인기가 많다. 남녀 의류, 아동복을 비롯해 각종 패션 액세서리 등 다양한 제품들을 구비하고 있다.

C&A
H&M, 자라와 같은 콘셉트의 네덜란드 브랜드지만 디자인이나 인기 모두 경쟁 브랜드에 밀리는 게 사실. 게다가 한국인들에겐 인지도도 낮다. 하지만 파리 곳곳에 매장들이 있고 유럽에서는 나름 지명도와 마니아층이 있다.

풀앤베어 Pull&Bear
자라Zara의 자매 브랜드 중 하나로, 처음에는 20대 남성층을 타깃으로 론칭됐으나 여성복과 액세서리 라인까지 그 세를 넓혔다. 도시 스타일의 캐주얼한 디자인과 편안함이 특징이다.

망고 MANGO
스페인 브랜드로, H&M, 자라 등과 같은 콘셉트의 스타일리시한 제품들을 많이 출시해 젊은 층의 사랑을 받고 있다. 국내에는 압구정과 IFC몰, 부산 롯데 등에 오프라인 매장을 갖고 있다.

데씨구엘 Desigual
스페인 바로셀로나에 본사를 둔 캐주얼 브랜드. '똑같지 않은', '서로 다른'이라는 뜻을 가진 브랜드명에서도 짐작할 수 있듯 독특한 색의 다양한 조합으로 화려하고 유니크한 디자인이 특징. 나만의 개성을 중요시하는 젊은 층이 많이 찾는다.

SHOPPING 06
프렌치 스타일의 **키즈 웨어**

패셔너블한 부모들의 이유 있는 선택, 바로 프랑스 아동복이다. 고급스러운 소재와 디자인은 기본. 전 세계 유명 인사와 유럽 왕실의 아이들처럼 소중한 내 아이의 스타일을 완성시킨다.

까띠미니 Catimini

프랑스보다 정작 영국에서 더 인기가 많아 영국 브랜드로 착각할 정도. 까띠미니의 가장 큰 특징은 알록달록한 색감이다. 칼레이도스코프처럼 다양한 색깔들이 어우러져 아이들의 밝고 경쾌함을 최대한 강조했다.

봉쁘앙 Bonpoint

프랑스 고급 아동복의 대표 브랜드. '아동복계의 에르메스'라고도 불린다. 고급스러운 소재와 디자인은 유럽 왕실에서도 인정할 정도. 덴마크 왕실의 아이들이 봉쁘앙 옷을 입은 모습이 포착되면서 인기는 더욱 급상승했다.

자카디 Jacadi

톰 크루즈의 딸 수리가 입는 옷으로 잘 알려져 있다. 귀엽고 앙증맞은 디자인에 고급 리버티 원단, 오가닉 면을 사용했다. 국내에서도 구매 대행 및 직구가 활발한 브랜드로, 세일 기간에는 세일 폭도 커 더욱 인기다.

쁘띠 바또 Petit Bateau

프랑스 고급 아동복 중 한국에 가장 많이 알려진 인기 브랜드다. 쁘띠 바또는 프랑스어로 '작은 배'라는 뜻으로 흰색 바탕에 줄무늬 패턴의 마린룩을 기본 디자인으로 한다. 최고급 면 소재를 사용해 피부 자극을 최소화했다.

봉통 Bonton

봉쁘앙의 설립자 마리 프랑스와 베르나르 코엔의 아들 토마스가 론칭한 아동복 브랜드. 봉쁘앙에 비해 저렴하면서도 품질 및 디자인이 좋아 고급 아동복 중에서도 대중적인 편이다.

오카이디 오바이비 Okaidi-Obaibi

0~14세의 아이들을 위한 브랜드. 믹스매치가 가능한 깔끔하고 베이직한 디자인에 좋은 품질, 합리적인 가격으로 대중화에 성공했다. 브랜드 명성보다 실리적인 쇼핑을 원한다면 주목!

STEP 05
SHOPPING

SHOPPING 07
디자인부터 남다른 **액세서리&잡화**

패션은 작은 소품에서 완성된다. 유명 패션 브랜드만큼 주목해야 할 프랑스 명품 주얼리와 가방, 신발 브랜드를 소개한다.

랩스

벨앤로스

폴렌느

베자

파라부트

레네레이드

레페토

주얼리

반클리프 아펠 Van Cleef & Arpels
보석상의 딸 아펠과 보석 커팅공의 아들 반클리프의 결혼으로 1906년 탄생한 명품 주얼리 브랜드다. 1933년 미스터리 세팅법을 최초 개발하는 등 세팅 기술이 뛰어나 유럽 왕실 및 사교계가 아끼는 브랜드다.

카르티에 Cartier
19세기 중반부터 왕족과 귀족들에게 주얼리를 공급하면서 최고급 명품 주얼리 브랜드로서 입지를 다졌다. 20세기에 들어서 시계 제작에 관심을 갖기 시작하여 세계적인 럭셔리 시계 브랜드로도 널리 알려져 있다.

부쉐론 Boucheron
150여 년의 역사를 가지고 있으며, 러시아 황제를 비롯해 이집트, 이란, 요르단 국왕의 왕관을 제작하였다. 록펠러가와 밴더빌트가 등 미국 부호들을 주고객으로 두고 있으며, 주얼리 시계도 큰 사랑을 받고 있다.

쇼메 Chaumet
1780년 보석세공업자 마리에티엔 니토가 방돔 광장에 보석상을 열면서 235년의 역사가 시작되었다. 마리 앙투아네트의 조카들이 주고객이 되어 귀족들 사이에서 큰 인기를 끌었고, 나폴레옹 황제의 대관식 왕관과 그의 아내 조세핀의 티아라 및 각종 장신구 제작을 맡으면서 지금의 명성을 얻게 되었다.

레네레이드 Les Néréides
꽃, 하트, 나비 등 여성적인 소재를 사용해 앙증맞은 주얼리를 선보이고 있다. 특히 발레리나를 모티브로 한 주얼리들은 레네레이드의 트레이드마크가 될 정도. 소녀 감성의 디자인들은 보는 것만으로도 흥미롭다.

시계

벨앤로스 Bell & Ross
스위스에서 제조되는 프랑스 시계 브랜드. 비행기 조종사, 잠수사, 폭탄제거 전문가 등 극한 환경에 부합하는 고성능 기술에 전문성이 돋보이는 심플하면서도 빈티지한 디자인이 특징이다.

랩스 LAPS
그래픽디자인과 시계 제조의 성공적인 만남을 알린 브랜드. 2018년부터 여러 아티스트들과 함께 다양한 프로젝트를 진행해 왔으며, 시그니처 에디션은 파리 작업실에서 한정 생산돼 더 특별하다.

신발

벤시몽 Bensimon
1970년대 프랑스에 등장해 지금까지 많은 사랑을 받고 있는 캐주얼 브랜드. 한국에서는 '벤시몽=발 편한 캔버스 슈즈'로 통한다. 심플함과 베이직한 디자인, 파스텔톤 색감에 빈티지함까지 어우러져, 벤시몽 마니아들을 형성하고 있다.

파라부트 Paraboot
100년 전통의 프랑스 가죽신발 브랜드로 전세계 800여 개의 매장을 보유하고 있다. 프리미엄 가죽에 두툼한 아웃솔, 노르웨이식 웰트 제법을 사용해 투박해 보이면서도 시크하고 견고함이 큰 특징이다.

베자 Veja
2005년 론칭한 운동화 브랜드로, 친환경 콘셉트를 전면에 내세웠다. 공정무역을 통해 들여온 페루산 유기농 면이나 아마존 고무, 플라스틱을 재활용한 폴리에스터 등을 사용하고, 장애인과 취약계층에 일자리를 제공한다. 광고를 하지 않아 가격의 거품을 뺐다.

레페토 Repetto
편하고 예쁜 플랫 슈즈로 인기를 끌고 있는 브랜드다. 본래는 로즈 레페토가 세계적인 발레 안무가 롤랑 프티의 요청을 받아 세운 발레슈즈 전문 회사였는데, 그 인기에 힘입어 일반 구두 및 가방 라인으로까지 사세를 확장하고 있다.

가방

에르베 샤플리에 Hervé Chapelier
프랑스 브랜드지만 일본인에게 폭발적인 사랑을 받으며 일본으로 수출돼 본토인 프랑스보다 일본에서 더 인기가 많다. 고급스러운 소재와 색감, 심플한 디자인이 돋보인다. 또한, 튼튼하면서도 가벼워서 실용성도 뛰어나다. 여러 디자인 중에서 토트백이 가장 인기가 좋다.

폴렌느 Polène
20~30대 여성들을 타깃으로 2016년 론칭한 핸드백 전문 브랜드이다. 고품질 가죽, 클래식하면서도 유행에 뒤지지 않는 디자인, 합리적인 가격의 데일리백으로 주목을 받고 있다. 모든 제품이 스페인에서 수작업으로 제작되었다는 점에서도 그 가치를 인정받고 있다.

롱샴 Longchamp
천 소재의 접이식 가방으로 선풍적인 인기를 끌었던 브랜드. 전통적인 스타일의 가볍고 실용적인 가방을 주로 제작해 왔다. 최근에는 글래머러스한 슈퍼모델 케이트 모스뿐 아니라 세계 유명 디자이너들과도 공동 작업을 해오며 다양한 이미지 변신을 꾀하고 있다.

SHOPPING 08
써본 사람이 다시 찾는
화장품 & 욕실용품 브랜드

파리지앵들은 물론 국내 전문가와 마니아들이 추천하는 프랑스 화장품, 욕실용품에 주목! 기능성이 뛰어나고 향도 좋은 데다 국내보다 확실히 싸다.

로레알 L'Oréal
세계 최대의 종합 화장품 브랜드다. 프랑스의 약국 화장품들과는 달리, 면세점에서 구입할 수 있는 기초 화장품 고급 라인을 슈퍼마켓에서도 저렴하게 구입할 수 있다는 장점이 있다.

르프티 마르세예 Le Petit Marseillais
프랑스 욕실용품의 국민 브랜드라 할 수 있다. 프랑스 남부 마르세유에서 처음 비누를 판매하기 시작해 오늘에 이르렀다. 올리브나 라벤더 등 남불에서 자생하는 식물들을 사용해 향도 좋고 촉촉하다. 어느 마트에서나 저렴하게 구입할 수 있다.

록시땅 L'Occitane
전통방식 그대로 재배한 천연 식물을 사용해 프로방스의 향과 에너지를 고스란히 담고 있다. 전 세계 5성급 호텔의 상급 객실에 어메니티를 제공할 만큼 고급 제품. 핸드크림, 바디크림, 디퓨저, 립밤 등이 특히 인기다.

이브로셰 Yves Rocher
이효리 향수로 일약 화제가 된 이브로셰는 자연주의를 표방한 브랜드다. 모든 재료를 자연에서 가져와 자연의 향과 색은 물론 생명력을 살리는 데 주력했다. 록시땅과 비슷한 콘셉트에 좀더 대중적인 브랜드라 할 수 있다.

SHOPPING 09

주부라면 탐낼 만한 **주방용품 브랜드**

프랑스는 전통 음식이 유네스코 세계무형유산에 등재될 만큼 음식 문화가 발달된 나라다. 그러다 보니 조리도구나 그릇 등 각종 주방용품 역시 타의 추종을 불허한다.

베르나르도 Bernardaud

1863년 리모주에서 처음 출발한 도자기 브랜드다. 최상의 원료와 최고의 페인팅 기술을 바탕으로 일류 호텔 및 프랑스 대통령 관저에 납품하고 있다. 디자인은 크게 클래식 라인과 모던 라인, 화이트 라인으로 나눠져 있다.

지앙 Gien

194년 전통의 프랑스 명품 도자기 브랜드다. 1865년부터 귀족가문의 문장과 주문 연도 등을 새겨 넣는 주문 제작을 시작했고, 이는 유럽 전역에 유행이 되어 귀족들의 즐겨 찾는 브랜드가 되었다. 오늘날에도 전통방식 그대로 도자기를 생산해 내고 있으며, 생활 속 예술 자기로 큰 사랑을 받고 있다.

드그렌 Degrenne

1948년 론칭한 테이블웨어 브랜드다. 처음에는 스테인리스 제품으로 시작해 큰 인기를 끌었으며, 아직까지 그 명성을 이어오고 있다. 화려한 문양의 명품 사기그릇들은 리모주에서 생산되고 있다.

크리스토플 Christofle

19세기 은세공업자 샤를 크리스토플이 설립한 은세공 전문회사다. 당시 나폴레옹 3세의 만찬 테이블을 장식해 명성을 떨쳤고 지금까지 유럽 왕실에서 즐겨 사용하는 명품 테이블웨어다.

르크루제 Le creuset

프랑스 주물 조리기구 전문 브랜드로 에나멜이 코팅된 무쇠 주물이 유명하다. 1925년 설립된 이래 지금까지 전통적인 수작업 방식을 고수하고 있으며, 음식의 깊은 맛을 내는 데 효율적이다.

베이킹과 각종 요리를 위한 주방용품 전문점

서양 요리나 베이킹에 관심 있는 여성들이라면 파리에 있는 유명 주방용품 전문점 한두 곳은 방문하는 추세다. 다행히 레알 북쪽 에티엔 마르셀 거리를 중심으로 주방용품 전문점들이 5~6개 몰려 있다. 이 가운데서도 특히 주목을 끄는 것은 으 드일르렝 E. DEHILLERIN. 1820년에 문을 연 주방용품 전문점으로, 독특한 조리 도구나 한국에서 구하기 힘든 몰드 등을 구비하고 있어 전문가는 물론 일반인들도 많이 찾는다. 이곳은 개점 때부터 자체 제작한 구리 냄비류가 특히 유명하다. 지척에 위치한 몽마르트르 거리에는 으 드일르렝과 쌍벽을 이루는 200년 전통의 모라 Mora를 비롯, 아시몽 A Simon, TOC Trouble Obsessionnel Culinaire 등이 있다. 프랑스 요리나 제과, 제빵 서적을 찾는다면 요리책 전문 서점 리브레리 구르망드 Librairie Gourmande를 찾아가 보자. 프랑스어 책이 대부분이지만 2층 서가에는 영어책도 몇 칸 차지하고 있다.

모라 Mora

Data Map 265p-I
Access 메트로 4호선 에티엔 마르셀 Étienne Marcel역 하차, 도보 7분 **Add** 13 rue Montmartre 75001 Paris
Tel (01) 45 08 19 24
Open 월~금 09:45~18:30, 토 10:00~18:30
Web www.mora.fr

으 드일르렝 E. DEHILLERIN

Data Map 265p-L
Access 메트로 4호선 레알 Les Halles역 하차 후 도보 4분
Add 18-20 Rue Coquillière, 75001 Paris
Tel (01) 42 36 53 13
Open 화~금 09:00~19:00, 월, 토 09:00~18:00
Web www.edehillerin.fr

리브레리 구르망드 Librairie Gourmande

Data Map 373p-B
Access 메트로 4호선 바뱅 Vavin역 하차, 도보 1분
Add 50 Rue Vavin
Tel (01) 43 54 37 27
Open 화~토 11:00~13:30, 14:30~19:00 **Web** www.librairiegourmande.fr

SHOPPING 10

디자인 감각이 물씬!
생활 인테리어 전문점

예술의 도시 파리에선 생활 소품 하나도 작품이 된다. 멋들어진 가구들과 아기자기한 생활용품, 독특하고 신기한 아이디어 용품들에 이르기까지. 사는 재미에 구경하는 재미까지 부족함이 없다.

자라의 명성을 홈인테리어에
자라 홈 Zara Home

자라가 설립한 가정 인테리어 전문 매장이다. 브랜드 특성상 패브릭 제품들이 많다. 자라 홈의 제품들은 '모던', '화이트', '전통', '지역성' 4개의 콘셉트로 나눠지는 것이 특징. 갓난아이부터 5세 정도의 아이가 있는 엄마라면 특히 자라 홈 키즈에 주목해보자. 아이에게 필요한 아기자기한 패브릭 제품들이 꼼꼼하게 잘 갖춰져 있다.

Data **Map** 265p-G **Access** 메트로 8, 12, 14호선 마들렌Madeleine역 하차, 도보 5분(그 외 매장들은 홈페이지 참조) **Add** 3 rue de Caumartin 2 Boulevard de la Madeleine 75009 Paris **Tel** (01) 58 18 38 20 **Open** 월~토 10:00~19:30 **Web** www.zarahome.com

심플한 디자인의 실용품을 사려면
아비타 Habitat

영국에 본사를 둔 생활 인테리어 전문점으로 콘란 숍The Conran Shop의 창업자 테렌스 콘란이 1964년 문을 열었다. 하지만 1992년 스웨덴의 이케아 그룹과 합병되고 2011년에는 최종적으로 영국 카폼 그룹이 인수하여 지금에 이르고 있다. 아비타는 화려한 장식을 배제하고 단순한 선과 절제된 스타일에 실용성을 더했다.

Data **Map** 246p-E **Access** 메트로 7호선 퐁뇌프Pont Neuf역 하차, 도보 3분(그 외 매장은 홈페이지 참조) **Add** 8 rue du Pont Neuf 75001 Paris **Tel** (01) 70 36 09 85 **Open** 월~토 11:00~19:00 **Web** www.habitat.fr

생활 인테리어 백화점
베아슈베 마레 BHV Marais

1856년 처음 오픈한 베아슈베는 본래 집수리 공구 및 인테리어 소품, DIY 용품들을 판매하는 전문점이었다. 하지만 1991년 갤러리 라파예트 그룹이 인수하면서 '베아슈베 마레'로 개명하고 일반 백화점으로 재단장했고, 대대적인 리노베이션을 거쳐 매장 환경은 더욱 쾌적해졌다. 이곳에서 특히 주목해 볼 것은 실내 인테리어 제품과 주방용품, 침구류, 공예 장식품 등이다. 그 외 책, 문구류 쇼핑에도 그만이다.

Data Map 247p-G
Access 메트로 1호선 오텔 드 빌Hôtel de Ville역 하차, 도보 1분 **Add** 52 rue de Rivoli 75004 Paris
Tel 09 77 40 14 00 **Open** 월~토 10:00~20:00, 일 11:00~19:00 **Web** www.bhv.fr

내 집에 필요한 모든 것
메종 뒤 몽드 Maisons du Monde

모든 종류의 가구부터 조명기구, 주방용품, 침구류, 욕실제품, 아기자기한 디자인 소품들까지 내 집을 꾸미는 데 필요한 모든 것을 판매한다. 파리 내 9개의 매장이 있어 접근성이 좋고 가격 역시 큰 부담이 없다.

Data Map 264p-F
Access 메트로 8, 9호선 그랑 불르바르Grands Boulevards역 하차, 도보 1분(그 외 매장은 구역 지도 참고) **Add** 5 Bd Montmartre, 75002 Paris
Tel (01) 42 36 00 99
Open 월~토 10:00~20:00, 일 11:00~19:00
Web www.maisonsdumonde.com

파리 관광지가 새겨진 디자인용품들
라셰즈 롱그 La Chaise Longue

가구, 주방용품, 전자제품 및 각종 생활용품에 인테리어 감각을 더한 제품들을 판매한다. 그렇지만 아기자기한 디자인 소품들은 선물로 더 인기. 게다가 관광객들에게까지 주목을 끌면서 에펠탑 같은 유명 관광지와 파리지엔느를 소재로 제품들을 내놓아 기념품으로도 손색이 없다.

Data Map 265p-G
Access 메트로 8, 12, 14호선 마들렌Madeleine역 하차, 도보 3분(그 외 매장은 구역 지도 참조)
Add 2 Rue de Sèze, 75009 Paris
Tel 09 63 29 88 26 **Open** 월~토 11:00~19:30
Web www.lachaiselongue.fr

아기자기한 인테리어 소품들의 세계
필론 Pylones

1985년 론칭한 프랑스의 인테리어 소품 전문 브랜드다. 그 인기에 힘입어 뉴욕, 도쿄, 홍콩 등 전 세계 대도시는 물론 한국에도 진출해 있다. 각종 주방용품부터 사무용품, 문구류는 물론 가방, 지갑 등의 생활 잡화, 반지, 목걸이, 귀걸이, 팔찌 같은 액세서리에 이르기까지 디자인 소품이라면 무엇이든 판매한다. 알록달록 화려한 색상을 바탕으로 아기자기한 제품들이 여성들의 이목을 사로잡기 충분하다.

Data **Access** 메트로 1, 7호선 팔레 루아얄-뮈제 뒤 루브르Palais Royal–Musée du Louvre역 하차, 도보 2분. 카루젤 뒤 루브르 내 (그 외 매장은 구역 지도 참조) **Add** 99 rue de Rivoli 75001 **Tel** (01) 40 15 96 65 **Open** 10:00~20:00 **Web** www.pylones.com

진짜 유럽산 생활용품이 한곳에
라트레조르리 La Trésorerie

판매 제품의 90% 이상이 유럽에서 생산되고, 이 중 40%는 프랑스산인 디자인 생활용품점이다. 또한 석유화학제품을 배제하고 재생 혹은 재활용 가능한 제품만을 다룬다. 2014년 처음 문을 연 후 사세를 확장해, 맞은편에 가구, 조명 전문 매장인 스위트 라트레조르리Suite La Trésorerie도 오픈했다.

Data **Access** 메트로 5호선 자크 봉세르장Jacques Bonsergent역 하차, 도보 2분 **Add** 8, rue du château d'eau 75010 Paris **Tel** (01) 42 82 14 49 **Open** 화~토 12:00~19:00 **Web** www.latresorerie.fr

파리지앵들이 사랑하는 디자인 편집숍
플뢱스 Fleux'

2005년 작은 소품점에서 시작해, 현재 3개의 대형 매장으로 확장할 만큼 파리지앵들에게 사랑받는 곳이다. 디자인 가구들과 조명기구, 키친웨어, 각종 인테리어 소품 등 집안 꾸미기 좋은 아이디어 상품들이 가득. 뿐만 아니라 파리 여행의 추억을 되새겨줄 포스터들과 액자, 패션 액세서리와 소소한 기념품까지 없는 것이 없다.

Data **Access** 1호선 호텔 드 빌Hôtel de Ville 역에서 도보 4분 **Add** 39, 52 Rue Sainte-Croix de la Bretonnerie, 75004 Paris **Tel** (01) 42 78 27 20 **Open** 11:00~20:30 **Web** www.fleux.com

SHOPPING 11

모든 종류의 쇼핑을 한 곳에서!
백화점&쇼핑몰

휴가는 짧고 갈 곳은 많은데 쇼핑마저 포기할 수 없다 해도 걱정은 금물! 파리 3대 백화점과 아웃렛은 물론이요, 유럽에서 가장 큰 쇼핑몰과 주말 및 공휴일, 새벽까지 문을 여는 최고의 쇼핑 플레이스가 여기 있다. 모든 쇼핑을 한자리에서 끝낼 수 있는 곳, 베스트만 모았다.

관광지를 능가하는 볼거리 가득
프랭탕 오스만 Printemps Haussmann 🔊 쁘헹떵

1965년 문을 연 백화점으로, 패션에 초점을 둔 본관Printemps de la Mode과 실내인테리어 및 미용을 테마로 한 미용&생활관 Printemps de la Beauté et de la Maison, 남성관Printemps de l'Homme으로 구성돼 있다. 300여 개 이상의 고급 브랜드들과 본관 5층을 모두 할애한 신발 섹션, 세상에서 가장 넓은 화장품 섹션, 최고급 식료품점과 카페, 레스토랑 등을 보유하여 규모면에서나 내실도, 인지도 면에서 갤러리 라파예트와 경쟁관계를 이룬다. 프랭탕은 쇼핑 외에도 다양한 볼거리로 유명하다. 아르데코 양식의 아름다운 외관은 프랑스 정부가 역사적 건축물로 지정했을 정도. 화려한 스테인드글라스의 실내 쿠폴라(둥근 천장) 역시 주목할 만하다. 프랭탕 최고의 볼거리는 미용&생활관의 9층 테라스에서 감상하는 파노라믹 뷰. 해 질 녘 붉게 물든 하늘과 에펠탑, 파리의 지붕들이 선사하는 멜랑콜리한 분위기는 파리 여행의 또 다른 묘미를 선사한다. 크리스마스 시즌에는 프랭탕의 명성이 피크를 이룬다. 쇼핑도 쇼핑이지만, 최정상급 디자이너와 디스플레이어들이 환상적이고도 아름답게 쇼윈도를 장식한다. 이때 파리 여행을 한다면 프랭탕 백화점 방문은 필수!

Data Map 264p-D
Access 메트로 3, 9호선 아브르-코마르탱Havre-Caumartin 하차, 도보 1분
Add 64, Boulevard Haussmann 75009 Paris
Tel (01) 42 82 57 91
Open 월~토 10:00~20:00, 일 11:00~20:00
Web www.printemps.com

> **세금 환급 창구**
>
> **본관 지하 1층** 한국말이 지원되는 키오스크에서 셀프 신청 (한국어를 하는 직원의 도움을 받을 수 있다).

TIP 알아두면 유용해요!
- 유럽 백화점 최초로 카카오페이 결제 시스템이 도입됐다.
- 백화점에서는 상품 구매 당일, 현금으로 택스 리펀드를 받을 수 있다.
- 갤러리 라파예트와 프랭탕 백화점 입구에는 한국어 리플릿이 비치돼 있다.
- 프랑스의 층 개념은 한국과 달리 0부터 시작한다. 한국 기준의 1층은 0층, 지하 1층은 -1층으로 표기된다.

STEP 05
SHOPPING

딱 하나의 백화점에 간다면
갤러리 라파예트 Galeries Lafayette 걀러히 라파예뜨

파리를 대표하는 고급 백화점들 중에서도 독보적인 위치를 차지한다. 총 7만 평 규모로, 본관Lafayette Coupole, 남성관 Lafayette Homme, 생활&식품관Lafayette Maison&Gourmet으로 나눠져 있으며 매년 10만 명 이상 방문한다. 본관 1~3층에 위치한 여성 패션 코너에는 프랑스를 비롯해 전 세계 유명 브랜드 350여 개가 입점해 있다. 갤러리 라파예트는 시대적 요구에 항상 귀를 기울이며 다양한 테마의 섹션을 신설하는데, 신예 디자이너 30인의 제품들을 전시 판매하는 크리에이티브 갤러리(본관 2층)와 럭셔리 제품을 포함한 중고 패션 공간 리스토어(본관 3층)는 큰 주목을 받고 있다. 남성 패션에 초점을 둔 남성관에는 250여 개의 브랜드가 입점해 있으며, 의류는 2~3층, 신발은 1층, 기타 잡화들은 0층에 위치해 있다. 멋진 전망을 선사하는 옥상 무료 테라스도 잊지 말자. 오스만 대로를 사이에 두고 본관과 마주한 생활&식품관 라파예트 메종&구르메는 쇼핑에 관심 없는 사람이라도 한번쯤 들러볼 만하다. 피에르 마르코리니, 얀 쿠브뢰르, 달로와요 등 프랑스의 유명 식품 브랜드는 물론 캐비어, 푸아그라, 트러플, 고메 버터 등 고급 식자재, 프랑스 및 전 세계에서 들여온 진미들을 맛볼 수 있다.

Data Map 264p-E
Access 메트로 7, 9호선 쇼세 당탱-라파예트Chaussée d'Antin-Lafayette역 하차, 도보 1분
Add 40, Boulevard Haussmann 75009 Paris **Tel** (01) 42 82 34 56 **Open** 월~토 10:00~20:30, 일 11:00~20:00 **Web** www.galerieslafayette.com

---

TIP 세금 환급 받기

① 한 매장에서 100유로 이상 구입 시, 결제와 함께 택스 리펀드를 요청한다. 이때 여권이 꼭 필요하다.
② 도장이 찍힌 영수증을 들고 택스 프리 창구로 가면 택스 리펀드 서류를 작성해 준다.
③ 일부 백화점에서는 고객 편의를 위해 택스 프리 서류 작성과 동시에 환급액(총 구매액의 5~12%)을 바로 돌려준다. 환급은 카드나 현금으로 받을 수 있으며, 현금 환급은 카드 환급보다 환급률이 2% 정도 낮다.
④ 출국 당일 공항 택스 리펀드 창구로 간다. 파란색 파블로 기계에 택스 리펀드 서류의 바코드를 스캐닝하거나 세관으로 가 도장을 받는다. 도장이 찍힌 서류는 해당 업체(글로벌 블루Global Blue나 플래닛 택스 프리Planet Tax free) 봉투에 넣은 후, Drop off Box라고 쓰인 수거함에 넣으면 된다.

파리 최초의 백화점
르봉 마르셰 Le Bon Marché 🔊 르봉 마흐셰

1838년 바느질용품과 직물, 우산 등을 판매하는 대형 상점에서 시작해 1852년 지금의 백화점이라는 개념을 처음 도입한 역사적인 곳이다. 초기의 서민적인 분위기를 벗어나 계속적인 리노베이션을 거치며 고급 백화점으로 자리매김했다. 르봉 마르셰는 고급 생활 문화공간을 표방한다. 아르데코 양식의 실내 건축이나 매장 곳곳에 전시된 예술 작품들이 그 예라 할 수 있다. 또한 갤러리 라파예트나 프랭탕 백화점에 비해 관광객보다는 현지인들이 많고 덜 붐벼 좀 더 편안한 분위기에서 쇼핑을 즐길 수 있다. 길 건너에 위치한 식품관 그랑드 에피스리 Grande Épicerie는 제품이 다양하고 고급 브랜드들이 많이 인기다.

세금 환급 창구
본관 3층 택스 프리 창구

Data **Map** 332p-D **Access** 메트로 10, 12호선 세브르-바빌론Sèvres Babylone역 하차, 도보 3분 **Add** 24, rue de Sèvres 75007 Paris **Tel** (01) 44 39 80 00 **Open** 월~토 10:00~20:00 일 11:00~20:00 **Web** www.lebonmarche.com

파리 시내 한가운데 들어선 초대형 복합쇼핑몰
웨스트필드 포럼데알 Westfield Forum des Halles 🔊 웨스트필드 포험 데알

웨스트필드 포럼 데알은 파리 시내 중심에 위치한 대형 복합 쇼핑몰이다. 포럼데알의 전신은 19세기 중반 세워진 파리 중앙시장(프랑스어로 '레 알 Les Halles')으로, 시대의 변화에 따라 리노베이션을 거듭해 단순한 쇼핑몰 이상의 의미를 갖고 있다. 총 7만㎡ 규모에 지상 1층, 지하 4층으로 되어 있으며, 거대한 잎새 모양의 투명 천장을 통해 건축미와 자연채광을 극대화시켰다. 약 115개의 매장이 들어서 있으며, 이중 50% 이상이 패션 카테고리로, 자라, 망고, 산드로 같은 인기 패션 브랜드들을 한 곳에서 만나볼 수 있다. 그 외 세포라, 레고 플래그십, 각종 이동통신사, 약국, 서점, 전자매장, 슈퍼마켓, 인테리어 및 주방용품전문점 등도 입점해 있다.

Data **Access** 메트로 4호선 레알역, RER A, B D선 샤틀레Châtelet역에서 도보 1분 **Add** 101 Porte Berger 75002 Paris **Tel** (01) 44 76 96 56 **Open** 월~토 10:00~20:30, 일 11:00~19:30 **Web** www.westfield.com/fr/france/forumdeshalles

명품 브랜드를 30% 이상 저렴하게
라발레 빌리지 La Vallée Village 🔊 라발레 빌라쥬

쇼핑족들의 무한 사랑을 받고 있는 파리 대표 아웃렛이다. 120여 개의 세계적인 패션 브랜드 매장이 입점해 있으며 최소 33% 이상 저렴한 가격에 트랜디한 아이템들을 구입할 수 있다. 게다가 여름(6~7월)과 겨울(1~2월) 정기 세일 기간에는 아웃렛 역시 추가 세일에 들어가므로 일거양득이다. 이 기간에는 쇼핑객들이 급증하므로 아침 일찍 서두르는 것이 좋다. 단, 샤넬이나 루이비통 등 최고급 브랜드는 입점해 있지 않기 때문에, 자신이 원하는 브랜드의 유무를 파악하는 것이 중요하다. 프레타망제(샌드위치), 피에르 에르메(마카롱), 라뒤레(마카롱), 아모리노(아이스크림), 알랭뒤카스 초콜릿, 스타벅스 등의 식음료 매장이 들어서 있으며, RER로 한 정거장 거리에 디즈니랜드가 있으니 쇼핑을 싫어하는 아이와 아빠가 동행한다면 참고하자.

Data **Access** RER A선 (디즈니랜드 행) 발되로프 Val-d'Europe역 하차, 도보 10분
Add 3 cours de la Garonne, 77700 Serris 77711 Marne-la-Vallée **Tel** (01) 60 42 35 00
Open 10:00~20:00 (시즌에 따라 변동)
Web www.thebicestercollection.com/la-vallee-village

쇼핑 익스프레스 Shopping Express 셔틀버스 (45분 소요)

출발지	출발시간	출발지	출발시간
베르시 빌라주 Bercy Village (메트로 14호선 쿠르 생테밀리옹 Cour Saint-Émilion역 하차)	09:00	라발레 빌리지	14:30, 18:45

Cost 왕복 일반 25~30유로, 3~11세 15~20유로. 홈페이지 예약 필수(출발 2시간 전까지)

* 시즌마다 출발시간 다를 수 있음(홈페이지 참고)

TIP 인기 중저가 브랜드는 바로 옆 쇼핑몰에서!

RER 역에서 내려 라발레 빌리지로 가는 길에 위치한 발되로프 쇼핑몰 Centre Commercial Val d'Europe도 주목해보자. 자라, 망고, H&M을 비롯한 중저가 브랜드 매장과 프라이마크, 러쉬, 이브로셰 등 코스메틱 매장, H&M홈, 라세드 롱그 등의 생활인테리어 매장, 프낙(서점 및 전자제품), 오샹(대형마트) 등이 입점해 있다. 다양한 메뉴의 각종 레스토랑들이 있어 아웃렛 쇼핑 전후 이곳에서 식사를 해결할 수 있다.

공항에서 세금 환급 받기

❶ 세금 환급은 반드시 수하물을 부치기 전에 받는다. 프랑스 외 EU 지역에서 쇼핑한 물건도 함께 세금 환급을 받을 계획이라면, 여권, 비행기 티켓, 택스 리펀드 서류, 구매한 제품을 미리 챙겨놓는다.

❷ 각 공항 터미널에 들어가서 Détaxe/Tax Refund이라고 쓰여 있는 표지판을 따라간다.

❸ 파리에서 발급받은 택스 리펀드 서류는 세관 근처에 있는 파란색 파블로 기계에 서류 바코드를 스캐닝한다. 정상 처리되면 녹색불이 들어오고, 택스 리펀드 청구 과정은 완료된다.

❹ 빨간불이 들어온 경우와 프랑스 외 다른 EU 국가에서도 택스 리펀드 서류를 받은 경우, 세관 창구로 간다. 택스 리펀드 서류, 여권, 전자항공권을 제출하고 스탬프를 받는다. 세관원의 요청이 있는 경우, 구매한 제품을 보여줘야 한다.

❺ 세관원에게 스탬프를 받은 택스 리펀드 서류는 만약의 경우를 대비해 사진을 찍어둔다.

❻ 카드로 택스 리펀드를 받고 싶다면, 서류는 같이 받았던 해당 업체 봉투에 담아 Drop off Box라고 쓰인 수거함에 넣으면 된다(카드 환급은 서류 처리가 간편하고 현금보다 환급률이 높지만, 환급 완료까지 시간이 좀 걸리고 중간에 사고가 생기는 일도 있다).

❼ 현금으로 택스 리펀드를 받고 싶다면, 다시 근처에 있는 CASH PARIS 창구로 가 서류와 여권을 제출하고 환급을 받는다(이때, 서류당 5유로가량의 수수료가 발생한다. 또한 신청자가 많고 직원이 부족한 경우 처리 시간이 길어져 비행기 탑승까지 시간이 빠듯할 수 있다).

TIP 쇼핑 물건 국제 택배 보내기

수하물 무게 규정으로 쇼핑이 망설여진다면 국제 택배를 보내보자. 가장 편한 방법은 시내 곳곳에 있는 우체국La Poste으로 가 국제택배 서비스 꼴리시모Colissimo를 이용하는 것이다. 단, 5kg에 75유로로 가격이 비싼 것이 흠(kg당 요금 책정). 저렴한 요금의 업체를 찾는다면 아디 익스프레스Adi Express로 가보자. 파리시에 정식 등록된 중국 물류 회사로 한국까지 좀더 싼 요금에 서비스를 제공한다.

아디 익스프레스
Data Access 메트로 7호선 포르트 디브리 Porte d'Ivry 역 하차, 도보 2분
Add 84 Bd Masséna 75013 Paris
Tel (01) 53 79 06 23 Open 월~토 09:00~18:00
Cost 5kg 50유로~ Web www.adiexpress.fr

택배 이용법

❶ 인근 우체국(노란색 간판) 혹은 아디 익스프레스로 간다.

❷ 직원에게 꼴리시모를 신청하고 포장 박스를 구입한다.

❸ 제품을 잘 포장해 담는다. 우체국에는 에어비닐도, 밀봉 테이프도 없다. 아디 익스프레스는 전부 구비돼 있다.

❹ 박스 구입 시 받은 송장을 작성한다(영어 가능). 보내는 품목 정보도 꼼꼼하게 적는다.

❺ 창구로 가서 직원에게 전달하고 송장 영수증을 챙긴다.

STEP 05
SHOPPING

루브르 박물관 옆 쇼핑몰
카루젤 뒤 루브르 Carrousel du Louvre 🔊 카후젤 뒤 루브흐

튈르리 정원 지하에 위치한 복합 쇼핑몰로, 루브르 박물관과 붙어 있어 접근성이 좋다. 라메종 뒤 쇼콜라, 라뒤레, 포숑 등의 디저트 브랜드와 파슬, 판도라, 마쥬, 산드로 등의 패션 브랜드, 필론, 델포닉스, 프라고나르 잡화 브랜드 등이 입점해 있다. 엔터테인먼트로는 트릭아트 전시관과 게임존, 4컷사진 부스 등도 있다. 스타벅스, 커피 콘체르토, 요거트 팩토리 등의 F&B 매장 외에도 브리오슈 도레, 맥도날드, 맥카페, 프랜치·태국·이태리 요리를 맛볼 수 있는 푸드코트도 있다.

Data **Map** 265p-K **Access** 메트로 1, 7호선 팔레 루아얄-뮈제 뒤 루브르Palais Royal–Musée du Louvre역 하차, 도보 2분 **Add** 99 rue de Rivoli 75001 **Tel** (01) 43 16 47 10 **Open** 월·수·목·토·일 10:00~19:00, 화 11:00~18:00, 금 10:00~20:00 **Web** www.carrouselddulouvre.com

캐주얼 패션의 집합체
시타듐 Citadium 🔊 씨따듐

스트리트 패션, 영 캐주얼을 콘셉트로 한 3층 규모의 패션몰이다. 나이키, 아디다스는 기본이요, 팀버랜드, 닥터데님, 칩 먼데이, 누디진, 에이프릴 77, 컨버스, 데님&서플라이, 벤 셔먼, 프랭클린 마샬, 캐나다 구스, 위에스씨, 벤 시몽 등 우리에게 익숙한 브랜드들과 낯설지만 프랑스를 대표하는 브랜드들을 대거 만날 수 있다. 프랭탕 백화점 뒤의 본점 외 샹젤리제, 보부르그, 나시옹 지점이 있으나 규모가 작다.

Data **Map** 264p-E
Access 메트로 3, 9호선 아브르-코마르탱Havre-Caumartin역 하차, 도보 3분 **Add** 50-56 rue Caumartin 75009 Paris
Tel (01) 55 31 74 00 **Open** 월~토 10:00~20:00, 일 11:30~19:30 **Web** www.citadium.com

Data Map 298p-F
Access 메트로 1, 2, 6호선, RER A선 샤를 드골-에투알Charles de Gaulle-Etoile역 하차, 도보 3분
Add 133, avenue des Champs Elysées, 75008 Paris
Tel (01) 44 43 75 07
Open 월~금 08:00~02:00, 토·일·공휴일 10:00~02:00
Web www.publicisdrugstore.com

늦은 밤 약국 화장품이 필요할 때
퓌블리시스 드러그스토어 Publicis Drugstore 쀠블리시쓰 드휘그스또흐

휴일 없이 새벽 2시까지 문을 여는 미국 스타일의 복합문화공간이다. 영화관과 서점, 약국, 와인 숍, 미슐랭 스타 셰프 조엘 로부숑의 아틀리에(레스토랑) 등이 위치해 있고, 한켠에는 잡화 및 액세서리 섹션이 조그맣게 마련돼 있다. 대부분의 숍들이 문을 닫는 늦은 밤, 약국 화장품 및 기념품을 꼭 사야 한다면 이곳으로 가보자. 라뒤레, 라메종 뒤 쇼콜라(이상 디저트류), 마리아주 프레르, 쿠스미 티(이상 티류) 등 유명 식료품도 구입할 수 있다.

초대형 마트가 있는 파리 최대 쇼핑몰
레카트르탕 Les Quatre Temps 레까뜨흐떵

라데팡스에 위치한 파리 최대 복합 문화 쇼핑몰이다. 13만㎡의 규모에 의류, 잡화, 액세서리, 도서, 전자제품, 생활 인테리어 소품 등 250개의 매장들이 들어서 있다. 이곳에 입점해 있는 브랜드들은 대부분 현지인들 사이에서 인기가 많은 만큼 주목해 볼 필요가 있다. 또한 파리 시내에서 찾아볼 수 없는 초대형 마트 오샹Auchan까지 있어 커피, 초콜릿, 과자, 와인 등 식품 쇼핑까지 한 번에 해결할 수 있다. 신개선문을 비롯해 유명 건축가의 미래형 건물들과 유명 조각가들의 작품들이 곳곳에 전시된 라데팡스는 관광지로서도 손색이 없어 함께 둘러보면 좋다.

Data Access 메트로 1호선과 RER A선 라데팡스La Défense역 하차, 도보 2분
Add 15, parvis de La Défense 92800 Puteaux **Tel** (01) 47 73 54 44 **Open** 10:00~20:30
Web fr.westfield.com/les4temps

SHOPPING 12
파리의 감성을 듬뿍 담은 **콘셉트 숍**

색깔이 있는 쇼핑 공간 콘셉트 숍은 패션과 디자인, 사람과 문화가 만나 메시지를 소통하고 그곳만의 정신을 공유한다. 파리의 패션 트랜드와 정신을 체감할 수 있는 잇 플레이스, 파리의 베스트 콘셉트 숍 네 곳을 소개한다.

마음이 따뜻해지는 쇼핑문화 생활공간

메르시 Merci 메흐씨

창의적인 디자이너들의 트렌디한 제품과 빈티지 패션, 디자인 소품 등을 만나볼 수 있는 파리의 대표적인 편집숍이다. 하지만 이곳을 더욱 특별하게 만드는 것은 카페, 도서관, 갤러리, 정원을 아우르는 아름답고 편안한 매장 분위기. 게다가 모든 수익금은 100% 지구상에서 가장 가난한 나라 중 하나인 마다가스카르의 여성들과 아이들을 돕는 데 쓴다. 프랑스어로 '감사'를 뜻하는 매장 이름 '메르시'도 이와 무관하지 않다. 이곳에서 만든 메르시 팔찌와 에코백은 국내 인터넷 쇼핑몰에서도 판매할 만큼 인기가 많은데, 기념품도 챙기고 좋은 일도 할 겸 한두 개씩 구입하는 여행객이 많다. 메르시의 주인인 마리 프랑스와 베르나르 코엔 부부는 유명 아동복 브랜드 봉쁘앙 Bonpoint의 창업자이기도 하다.

Data **Map** 247p-H **Access** 메트로 8호선 생 세바스티앙 프루아사르Saint Sébastien Froissart역 하차, 도보 2분 **Add** 111 boulevard Beaumarchais 75003 Paris **Tel** (01) 42 77 00 33
Open 일~수 10:30~19:30, 목~토 10:30~20:00 **Web** www.merci-merci.com

갤러리 같은 프랑스 공예품 숍
앙프랭트 Empreintes 앙프헹뜨

프랑스어로 앙프랭트는 Emprinte는 '자국, 흔적'을 뜻한다. 예술가들의 생각과 제스처의 흔적이 곧 작품이 되고 그 표현이 공간에 또 다른 흔적을 남기면서 작가와 작품, 관람자(소비자)가 활발히 소통한다는 의미를 담고 있다. 이 숍은 파리 수공예 예술가 협회에서 만든 콘셉트 숍으로, 프랑스에서 작품 활동을 하는 작가들의 작품 천여 점을 온라인 및 오프라인에서 소개한다. 총 3층에서 주얼리, 가구, 조명, 테이블 아트, 선물용 공예품을 전시하고, 잡지 속 핫플레이스 같은 카페도 있다.

Data Map 247p-D
Access 메트로 8호선 피유 뒤 카베르 Filles du Calvaire역 하차, 도보 6분
Add 5 Rue de Picardie, 75003 Paris
Tel (01) 40 09 53 80
Open 화~토 11:00~19:00
Web www.empreintes-paris.com

화려하고 매혹적인 색의 향연
앙투안 에 릴리

Antoine et Lili 앙뚜안 에 릴리

알록달록한 키치 스타일의 여성복과 아동복, 구두, 가방 및 각종 액세서리, 가정용 인테리어 소품 등을 만날 수 있는 숍이다. 사실 앙투안 에 릴리는 프랑스에 이미 16개 매장을 갖고 있는 고유 브랜드지만, 그 분위기는 웬만한 편집숍 못지않다. 특히 발미 거리Quai de Valmy에 위치한 매장은 생마르탱 운하에서 촬영된 사랑스런 영화 〈아멜리에〉를 연상시킬 만큼 이 지역의 느낌을 잘 전달해 준다.

Data Map 075p-A
Access 메트로 5호선 자크 봉세르장Jacques Bonsergent역 하차, 도보 7분
Add 95 quai de Valmy 75010 Paris
Tel (01) 40 37 41 55 **Open** 화~토 10:30~19:30, 일·월 11:00~19:00 **Web** www.antoineetlili.com

어릴 적 그 시절로 돌아가자
봉통 피유 뒤 칼베르

Bonton Filles Du Calvaire 봉똥 피유 뒤 깔베흐

고급 아동복 브랜드 봉통의 파리 매장 중 하나지만, 아이가 없는 사람에게도 충분히 매력적인 곳이다. 이곳의 콘셉트는 '어린 시절로의 회귀'가 아닐까 싶을 만큼, 성인들을 위한 소품들(수첩, 파우치, 매니큐어, 액세서리, 그릇, 책, 린넨 등)도 쏠쏠하게 마련돼 있다(지하 1층). 키덜트 소비를 즐기는 사람이라면 꼭 한번 들러보자. 물론 봉통의 깜찍하고 고급스러운 아동복들은 두말하면 잔소리다(1, 2층).

Data **Access** 메트로 8호선 생 세바스티앙 프루아사르Saint Sébastien Froissart역 하차, 도보 1분 **Add** 5 boulevard des Filles du Calvaire 75003 Paris **Tel** (01) 42 72 34 69
Open 월~토 10:00~19:00
Web www.bonton.fr

기타 테마별 매장 총집합

색조 화장품과 향수 전문점
세포라 Sephora 세포하

1973년 향수 및 화장품 유통업체로 출발하여 1997년 LVMH사가 인수한 화장품 전문점이다. 이후 전 세계로 뻗어나가 프랑스보다 미국에서 더 많은 영업 이익을 내고 있고, 한국인들도 미국 기업으로 인식할 정도. 프랑스에서는 일반 약국에서 팔지 않는 색조 화장품과 향수 구입을 위해 많이들 방문한다. 한국 면세점에 비해 무조건 싼 것은 아니므로 가격 비교는 필수. 매장은 파리 곳곳에 위치해 있지만 샹젤리제 지점이 가장 크고 물건도 많다. 참고로 세포라와 같은 콘셉트의 마리오노 marionnaud 역시 시내 곳곳에 위치해 있다.

Data Map 194p
Access 샹젤리제점
메트로 1, 9호선 프랑클랭 루즈벨 Franklin D. Roosevelt 하차
(기타 매장은 각 지구 지도 참조)
Add 72 avenue des Champs-Élysées 75008 Paris
Tel (01) 53 93 22 50
Open 10:00~21:30
Web www.sephora.fr

유명 스포츠웨어들은 다 모였네!
고 스포츠 Go Sport 고 스뽀흐

파리 대형몰에 입점해 있는 스포츠용품 전문 매장이다. 밀레나 더푸마 같은 프랑스 아웃도어 제품들을 한국보다 저렴한 가격에 구입할 수 있다. 아디다스, 나이키, 에어워크, 스케쳐스 등 우리가 흔히 아는 유명 브랜드들도 충실하게 갖춰져 있다.

Data Map 246p-F
Access 웨스트필드 포럼데알점
메트로 4호선 레알역, RER A, B D선 샤틀레Châtelet역 하차 후 도보 4분. 포럼데알 지하 3층(기타 매장은 홈페이지 참고)
Add 101 rue pierre lescot forum des halles, 75001 Paris
Tel (01) 40 13 73 50
Open 월~토 10:00~20:30, 일 11:00~19:00
Web www.go-sport.com

책과 음반, 공연 티켓을 구입할 때
프낙 Fnac 🔊 프낙

도서, 음반, DVD 등 문화 상품과 컴퓨터, 카메라, 비디오게임 등 각종 전자제품들을 판매하고 있다. 특히 각종 공연 티켓은 물론 리그앙과 같은 스포츠 경기, 디즈니랜드 입장권 등을 쉽고 저렴하게 구입할 수 있다. 오프라인 매장뿐 아니라 온라인 매장 역시 활발하게 운영 중인데, 특히 티켓 예매 시 유용하다. 파리에는 웨스트필드 포럼데알점, 몽파르나스역점, 베르시 빌라주점, 생라자르역점 등이 접근하기 편리하다.

Data **Map** 246p-F
Access 웨스트필드 포럼데알점 메트로 4호선 레알역, RER A, B D선 샤틀레Châtelet역 하차 후 도보 4분. 포럼데알 지하 1층 (기타 매장은 홈페이지 참고)
Add Portes Berger, 1-7 Rue Pierre Lescot, 75001 Paris
Open 월~토 10:00~20:00, 일 11:00~19:00
Web www.fnac.com

동심의 세계로 돌아가자
디즈니 스토어 Disney Store 🔊 디즈네 스또흐

디즈니의 캐릭터들로 꾸며진 쇼핑 매장으로, 디즈니의 세계를 테마파크 밖에서도 즐길 수 있다. 캐릭터 인형들과 옷, 가방, 장난감, 액세서리, 머그컵, DVD 등을 구매할 수 있으며, 꼭 쇼핑이 아니더라도 한번쯤 구경삼아 방문해 볼 만하다. 대세일 기간에는 어른 아이 할 것 없이 쇼핑대열에 참여해 매장 안은 인산인해를 이룬다.

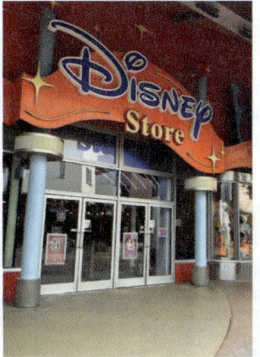

Data **Access** RER A선 Marne-la-Vallée Chessy 역 하차 후 도보 2분, 디즈니 빌리지 (무료) 내
Add 2 Av. Paul Séramy, 77700 Chessy **Tel** 09 69 32 60 05
Open 10:00~23:00
Web www. disneylandparis. com/fr

STEP 05
SHOPPING

소설 속 어린 왕자와 사막여우를 만나보자
어린 왕자 스토어 Le Petit Prince Store Paris 르쁘띠 프헹스 스또어 빠히

'정말 중요한 것은 눈에 보이지 않아, 네가 오후 네 시에 온다면 나는 세 시부터 행복해지기 시작할 거야, 사막이 아름다운 건 어딘가에 오아시스가 있기 때문이지' 같은 명대사로 유명한 소설 〈어린 왕자〉의 캐릭터 숍이다. 책에 나온 등장인물과 에피소드를 활용해 사막여우 인형, 어린 왕자 노트, 어린 왕자 시계, 어린 왕자 그릇 세트 등 다양한 소품들을 선보인다. 그중에서 영어판 〈어린 왕자〉 팝업 북은 부담되는 가격에도 불구하고 소장 욕구를 불러일으킨다.

Data **Map** 332p-F **Access** 메트로 10호선 마비옹Mabillon역 하차, 도보 3분
Add 8 Rue Grégoire de Tours, 75006 Paris **Tel** (09) 86 46 74 09 **Open** 월~토 11:00~19:00
Web www.petitheros.fr

에코백으로 더 유명한 파리 서점
오프르 vs 이봉 랑베르 Ofr. vs Yvon Lambert

파리는 아직도 작은 서점들이 큰 힘을 발휘하는 곳이다. 공통점은 대형 종합 서점과는 다른 전문성과 독창성이라고 할 수 있다. 패션 잡지나 아트북에 중심을 두면서 작은 갤러리를 겸해 특별전 등 이벤트로 주목을 끄는 오프르와 이봉랑베르가 대표적이다. 그런데 어느 순간부터 한국 여행객들 사이에서 에코백으로 유명세를 타면서 이 두 곳의 에코백 공구 열풍이 불기도 했다. 서점과 주소가 프린팅된 디자인이 '파리스럽다'는 평가를 받는다. 꼭 에코백이 아니라도 서점을 좋아한다면 한 번쯤 가볼 만하다.

오프르
Data **Map** 247p-C **Access** 메트로 3호선 탕플Temple역 하차, 도보 2분
Add 20 Rue Dupetit-Thouars, 75003 Paris **Open** 10:00~20:00

이봉랑베르
Data **Map** 247p-D
Access 메트로 8호선 피유뒤칼베르 Filles du Calvaire역 하차, 도보 2분
Add 14 Rue des Filles du Calvaire, 75003 Paris **Tel** (01) 45 66 55 84
Open 화~토 10:00~19:00,
일 14:00~

Data Map 265p-I
Access 메트로 3호선 상티에르 Sentier역 하차, 도보 4분
Add 20 Rue Bachaumont, 75002 Paris **Tel** (01) 40 26 46 03 **Open** 월~토 11:00~19:30
Web www.noseparis.com

노즈 Nose 🔊 노즈

향수를 좋아하는 사람이라면 주목. 내가 좋아하는 향을 정확히 파악하고 나에게 맞는 나만의 향수를 구입할 수 있는 향수 편집숍이다. 기존에 사용하던 향수나 선호하는 향을 말하면 5개의 향수를 추천해주며 최종 15~20개 정도 시향을 한 후 마음에 드는 향을 선택하는 방식이다. 본품 구매가 부담스럽다면 1.5ml의 샘플 구매도 가능하다. 온라인매장을 통해 국내까지 추천샘플을 배달받을 수도 있다.

유럽 축구 팬들을 위한 잇 플레이스
PSG 공식 기념품 숍 Boutique Officielle du PSG
🔊 부띠끄 오피씨엘 뒤 뻬에스쥐

축구 마니아들이라면 유럽 여행 중 자신이 좋아하는 팀의 공식 기념품 숍 한두 곳은 꼭 방문하는데, 파리에서도 예외가 아니다. 샹젤리제 거리에 위치한 파리생제르맹 매장은 방문객 수에 비해 매장 규모가 작아 항상 대기줄이 있다. 1층에 홈·어웨이 유니폼이 전시돼 있고, 2층으로 올라가면 구매한 유니폼에 선수 이름과 등번호를 새기고 패치를 달 수 있다(25유로 추가). 대세일 기간에는 최대 50%까지 할인도 해준다.

Data Map 299p-G
Access 메트로 1, 9호선 프랑클랭 루즈벨Franklin D. Roosevelt역 하차, 도보 1분
Add 92 Av. des Champs-Élysées, 75008 Paris
Tel (01) 56 69 22 22
Open 월~토 10:00~20:00, 일 11:00~19:00 **Web** store.psg.fr

> SHOPPING 13

파리를 대표하는 **고급 식료품점**

미식의 도시, 파리에서 빼놓을 수 없는 것 중 하나가 바로 식료품 쇼핑이 아닐까. 여기저기 돌아다니기보다 한 곳에서 쇼핑을 즐기기 원한다면, 전 세계 유명 식료품이 한데 모인 식품 백화점 라그랑 데피스리 드 파리로! 특정 식료품의 최고급 맛에 도전해 보고 싶다면, 분야별 전문 식료품점으로 가보자.

고급 먹거리가 한자리에
라그랑드 에피스리 드 파리 La Grande Épicerie de Paris
🔊 라그헝 데삐쓰히 드 빠히

고급 브랜드 식자재들을 한자리에 모아놓은 식료품 백화점이다. 파리의 최초 백화점으로 '고급스러움'을 내세우는 르봉 마르셰의 식품부로만 치부하기에는 그 규모나 위상이 남다르다. 장인의 손으로 직접 구운 각종 베이커리류와 최상의 식재료를 사용한 푸드코트 음식들은 파리의 고급 음식을 부담스럽지 않게 즐겨볼 수 있는 기회를 제공한다. 이곳에서 더욱 주목할 만한 것은 지하 1층의 와인셀러. 전문가가 엄선한 다양한 가격대의 와인들이 포진하고 있어, 보장된 품질의 프랑스 와인을 구입하기 좋다.

Data Map 332p-D Access 메트로 10, 12호선 세브르Sèvres-바빌론Babylone역 하차, 도보 3분
Add 38, rue de Sèvres 75007 Paris Tel (01) 44 39 81 00 Open 월~토 08:30~21:00,
일 10:00~20:00 Web www.lagrandeepicerie.com/en

장인이 만든 고급 치즈의 세계
로랑 뒤부아 치즈 전문점 Fromagerie Laurent Dubois
🔊 프로마쥬히 로항 뒤부아

'프랑스 최고의 장인 MOF'이라는 타이틀을 거머쥔 치즈계의 거장, 로랑 뒤부아의 치즈 전문점으로 파리에 4개의 매장이 있다. 신선한 생우유를 직접 정제하고 자체 저장고에 보관, 남다른 맛과 풍미를 자랑한다. 프랭탕 백화점 8층에는 레스토랑도 운영하는데, 치즈 플래터와 치즈가 들어간 스낵, 와인 등을 맛볼 수 있다.

Data Map 358p-C 라틴 구역 지점 Access 메트로 10호선 모베르-뮈튀알리테Maubert - Mutualité역 하차,
도보 1분 Add 47 Ter Bd Saint-Germain, 75005 Paris, 프랑스 Tel (01) 43 54 50 93
Open 화~토 08:00~20:00, 일 ~13:00 Web www.fromageslaurentdubois.fr

푸아그라, 햄, 소시지 등에 특화된
르콩프투아르 Le Comptoir de La Gastronomie 🔊 르꽁쁘뚜아르 들 라 갸스뜨호노미

한국인들에게는 오리 스테이크와 양파 수프 맛집으로 알려져 있지만, 현지인들에게는 고급 식료품점으로 유명하다. 푸아그라를 비롯해 햄, 소시지 등 가공품들이 특히 유명하며, 캐비어, 트러플, 에스카르고(달팽이), 테린, 잼류 등을 자체 브랜드로 판매한다. 매장 한쪽에서 레스토랑도 운영하며, 피크 타임에는 예약 필수이다.

Data Map 265p-I Access 메트로 4호선 에티엔 마르셀Étienne Marcel역
하차, 도보 4분 Add 34 Rue Montmartre, 75001 Paris
Tel (01) 42 33 31 32 Open 월 09:00~19:00, 화~토 ~22:30
Web comptoirdelagastronomie.com

SHOPPING 14
파리의 **쇼핑 거리**

이것저것 산다고 아무데나 헤매지 말자! 인기 브랜드 숍이 몰려 있는 쇼핑 거리를 알아두면 금쪽 같은 시간도 줄이고 헛수고 할 필요도 없다.

명품 주얼리의 집합소
방돔 광장 일대

방돔 광장 일대에는 쇼메, 카르티에, 부쉐론, 모부생, 반클리프 아펠 등 프랑스를 대표하는 명품 주얼리 브랜드와 불가리, 티파니, 쇼파드, 브레게, 부커러, 파네라이 등 기타 유럽 브랜드들이 빠짐없이 들어서 있다. 참고로 세계5대 보석 브랜드에는 쇼메와 카르티에가 독보적인 위치를 차지하며, 그 외 부쉐론, 모부생, 반클리프 아펠, 티파니, 불가리가 번갈아 언급되고 있다.

샤넬 본점으로 유명한 명품 거리
포부르 생토노레 & 생토노레 거리

골든트라이앵글이 명품 브랜드와 중저가 브랜드가 적절하게 뒤섞여 있다면 포부르 생토노레 거리Rue du Faubourg Saint-Honoré에서 생토노레 거리Rue Saint-Honoré까지는 최상급 명품 브랜드 매장들이 줄지어 있다. 특히 샤넬 깜봉, 에르메스 본점, 고야드 본점에 주목하자. → ❶ 번 지도

고급 식료품을 구입하려면
마들렌 일대

마들렌은 명품의 1번지 생토노레 거리Rue Saint-Honorée와 백화점의 거리 오스만 대로Boulevard Haussmann (프랭탕 백화점과 갤러리 라파예트 위치) 중앙에 위치하면서, 명품과 중저가 브랜드, 쁘띠 바또 같은 아동복 브랜드, 갤러리 라파예트 백화점 식품관, 세포라까지 다양한 종류의 숍이 한데 몰려 있다. 어떤 물품의 어떤 쇼핑을 하든, 마들렌 일대는 한번 둘러보는 것이 좋다. 참고로, 그리스 신전을 연상시키는 마들렌 성당은 그냥 지나치기 아까운 관광지다. 특히 한국어 설명서가 매우 잘 되어 있다. → ❷ 번 지도

STEP 05
SHOPPING

쇼핑의 골든트라이앵글
샹젤리제 일대

샹젤리제 거리Avenue des Champs-Elysées와 조르주 생크 거리Avenue Georage V, 몽테뉴 거리Avenue Montaigne가 삼각형을 이루는 파리 서쪽 일대는 일명 '파리 쇼핑의 골든 트라이앵글'로 알려져 있다. 루이비통, 에르메스, 샤넬을 비롯한 명품 브랜드숍과 중저가 브랜드, 액세서리, 주얼리, 아웃도어 브랜드 등 파리 쇼핑 인기 브랜드 대부분을 만날 수 있다.

프랑스의 인기 브랜드를 모두 만난다
생제르맹데프레 지구 렌 거리 일대

센강 남쪽의 대표적인 쇼핑 구역이라 할 수 있다. 생제르맹데프레 성당 앞을 지나는 생제르맹 대로Boulevard Saint-Germain와 이를 남북으로 가로지르며 몽파르나스역까지 길게 뻗은 렌 거리Rue de Rennes, 그리고 이 두 거리에서 이리저리 빠져나간 수많은 거리에는 에르메스, 루이비통 같은 명품부터 H&M, 자라 같은 중저가 브랜드까지 파리에서 주목해야 할 모든 브랜드들이 대부분 들어서 있다. 센강 북쪽에 비해 쇼핑 구역은 넓고 방대하지만 관광객보다 현지인이 많고 덜 번잡하다.

SHOPPING 15
낡고 오래된 중고의 매력, **벼룩시장**

낡고 오래돼 유행에는 한참 뒤처졌지만 당시의 역사와 문화, 생활상이 고스란히 반영된 각종 물건들. 오직 파리, 그곳에서 그 순간에만 살 수 있는 단 하나뿐인 기념품은 바로 벼룩시장에 있다.

Why 벼룩시장?

벼룩시장은 프랑스어로 마르셰 오 퓌스Marché aux Puces라고 하는데, 퓌스Puce는 우리 말 그대로 '벼룩'을 뜻한다. 그만큼 아주 작고 소소한 물건, 혹은 벼룩이 나올 만큼 낡고 오래된 물건들이 거래되기 때문에 붙여진 이름이다. 또 다른 일설에 따르면, 그 옛날 사람들이 많이 오가는 길거리에 보자기를 펴고 물건들을 팔다가 경찰이 들이닥치면 잽싸게 짐을 챙겨 여기저기로 도망가는 모습이 마치 벼룩이 튀어 다니는 모습과 비슷하여 벼룩시장이라 불리기 시작했다.

벼룩시장 스케치

평범한 일반인들이 직접 만든 가정식 요리, 더 이상 쓰지 않는 고가구, 주방기구, 옷, 책, 인형, 우표, 우편엽서, 시계와 같은 수집품, 각종 장식품 등을 보자기 위에 늘어놓고 헐값에 판매한다. 어떤 제품들은 이게 정말 작동하기는 할까 싶을 정도로 낡았지만, 의외로 실제 사용에도 문제가 없고 빈티지한 멋 역시 상당해 알뜰한 소비자들이나 옛 물건들을 찾는 수집가들, 관광객들로 벼룩시장은 항상 장사진을 이룬다.

파리의 벼룩시장

특히 파리에는 관광 명소로 자리 잡은 벼룩시장들이 있다. '파리'라는 특성상 좀 더 대규모에 상업적이고 관광화되었지만 수십 년간 대대로 내려와 지난날 파리의 추억을 고스란히 간직한 추억의 물건들을 둘러보고 구입하고 싶다면 이곳만큼 제격인 곳은 없다. 특히 벼룩시장은 정찰제가 철저한 파리에서 '쇼핑은 역시 깎는 맛'이라고 생각하는 사람들에게 더욱 흥미로울 수 있다.

프랑스 전통 벼룩시장의 정취가 물씬
방브 벼룩시장 Marché aux Puces de Vanves 마흐셰 오 쀠쓰 드 방브

350여 명의 상인들이 길거리에 고가구나 자질구레한 생활용품들, 장신구, 옷, 장난감, 책, 우편엽서, 옛 신문, 음반 등을 늘어놓고 판매한다(공장에서 갓 나온 제품이 아닌, 정말 사용하다 나온 손때 묻은 제품이 다수). 생투앙 벼룩시장보다 작지만 크기도 적당하고 덜 번잡하며 벼룩시장 고유의 맛을 느낄 수 있다. 고급 골동품들은 취급하지 않기 때문에 이들 제품에 관심이 있다면 생투앙 벼룩시장이 낫지만, 그 외에는 방브 벼룩시장을 추천한다. 12시경부터 파장 분위기가 나므로 오전 중에 다녀올 것.

Data **Access** 메트로 13호선, 트램 3A 포르트 드 방브 Porte de Vanves역 하차, 도보 2분
Add Avenue Georges Lafenestre et avenue Marc Sangnier 75014 Paris
Open 토·일 07:30~14:30

파리 동쪽에 숙소가 있다면
몽트뢰유 벼룩시장 Marché aux Puces de Montreuil 마흐셰 오 쀠쓰 드 몽트회유

헌옷, 장난감, 가구, 가전제품, 식기류, 공구 등을 판매한다. 기념품이 될 만한 빈티지 제품들보다 공장에서 대량으로 나온 저가 생활용품이 많아 여행객들보다 파리에 거주하는 이민자들이 많이 이용한다.

Data **Access** 메트로 9호선 포르트 드 몽트뢰유 Porte de Montreuil역 하차, 도보 3분
Add Avenue de la Porte de Montreuil 75020 Paris **Open** 토~월 08:00~18:30

세계에서 가장 큰 벼룩시장
생투앙 벼룩시장 Marché aux Puces de St-Ouen 마흐셰 오 쀠쓰 드 쌩뚜앙

'끌리냥꾸흐 벼룩시장'이라고도 불리는 이곳은 7헥타르에 14개의 시장으로 구성돼 있고, 3천 명의 상인들이 매주 18만 명 이상의 방문객들을 상대하는 세계에서 가장 큰 벼룩시장이다. 이곳에는 원래 폐품 수집으로 끼니를 이어가던 사람들의 판자촌이 형성돼 있었는데, 쓸 만한 물건들을 매우 저렴하게 살 수 있다는 소문을 타고 사람들이 몰려들면서 본격적인 벼룩시장이 형성되었다. 하지만 유명세가 더해갈수록 고급 앤티크 가구들 및 인테리어 제품들을 취급하는 전문 상점들과 레스토랑들이 늘어났고 반대로 소박한 전통 벼룩시장의 모습은 퇴색되고 말았다. 그럼에도 여전히 파리 '벼룩시장'의 대표격이 된 것은 13개의 시장에 나뉘져 다양한 가격대에 무한한 상품군이 펼쳐져 있어, 고급 앤티크 제품이든 저가 중고품 및 기념품이든 취향에 따른 쇼핑이 가능하기 때문이다. 규모가 크기 때문에 하루에 모두 돌아보기는 불가능하다. 한국에 가져갈 수 있을 만한 크기의 소품들과 기념품들, 볼거리가 풍성한 곳으로 도핀Dauphine과 베르네종Vernaison 구역을 추천한다. 시장은 너무 이른 아침보다 12시 이후 활기를 띤다.

Data Map 199p
Access 메트로 4호선 포르트 드 클리냥쿠르Porte de Clignancourt역 하차, 도보 5분 **Add** Marché aux Puces de Saint-Ouen 93400 Saint-Ouen
Open 금 08:00~12:00, 토·일 10:00~18:00, 월 11:00~17:00
Web www.pucesdeparissaintouen.com

구역	판매 물품
앙티카 Antica	가구 및 18~19세기 물건들
비롱 Biron	가구, 유럽 및 아시아 물건들, 보석, 그래픽 아트 물건
캉보 Cambo	가구, 18~19세기 물건들, 옛 무기나 신기한 물건들
도핀 Dauphine	빈티지 제품, 디자인 제품, 책, 음반, 장식품, 옷 등
앙트르포 L'entrepôt	책장, 벽난로 등 부피 큰 제품들(전문 상인용)
아비타 뱅타주 Habitat Vintage	가구, 액세서리, 옷
쥘 발레스 Jules Vallès	가구, 빈티지 물건, 아르누보 및 디자인 제품, 포스터 등
말라시스 Malassis	앤티크 제품, 현대 예술품, 디자인 제품, 조각상 등
르파사주 Le Passage	책, 우편엽서, 중고 옷, 가구 등
폴 베르 Paul Bert	가구, 17세기 이래 생활 장식품, 빈티지 제품 등
세르페트 Serpette	1970년대 고가 앤티크 제품
베르네종 Vernaison	중고 물품, 18~20세기 가구, 테이블 용품, 기념품 등
말릭 Malik	새 옷(캐주얼 위주)

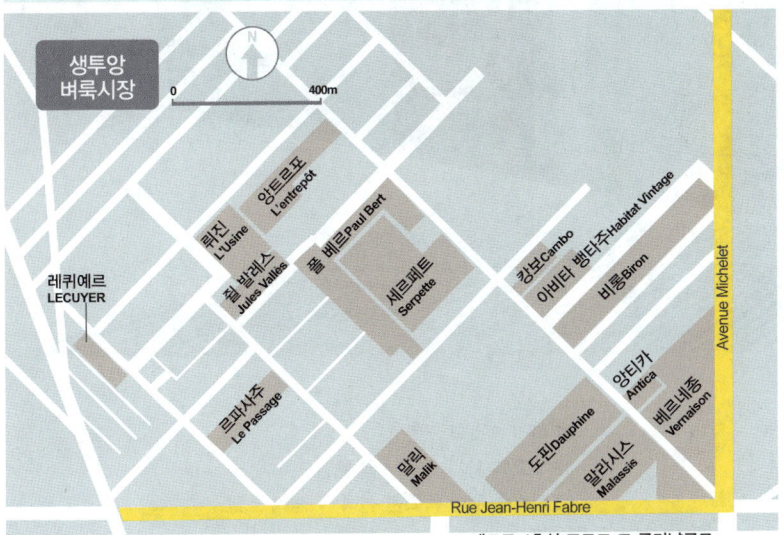

Step 06
Sleeping

파리에서
자다

01 파리 숙소의 모든 것
02 최고의 사치, 팰리스급 호텔
03 다수를 위한 똑똑한 선택, **가심비 호텔**

04 20만 원대 유명 체인 호텔
05 젊은 여행자들을 위한 호스텔&한인민박

SLEEPING 01

파리 숙소의 모든 것

파리는 세계적인 관광지답게 프랑스에서 가장 많은 호텔을 보유하고 있다. 반면 지나친 다양성은 선택의 어려움을 초래하는 법! 그래서 준비했다. 파리의 숙소 정하기 완벽 가이드라인!

파리의 숙소 사정

파리시는 문화재 보호를 위해 건물 증개축을 엄격하게 제한하고 있다. 특히 관광지가 몰려 있는 1존 안에서 5층 이상의 건물은 신축 자체가 불가능하고, 내부 구조 변경 역시 허가를 받아야만 가능하다. 이는 곧, 대부분의 숙소들이 옛 건물을 그대로 사용한다는 뜻이다.

객실 컨디션

리노베이션을 거친 숙소들도 구조 자체는 바꿀 수는 없는 탓에 대부분 객실이 매우 좁고 시설은 낡은 편이다(하물며 5성급 중에서도 낮은 카테고리 객실은 좁은 경우가 많다). 심한 곳은 침대와 테이블 외 사람 지나다닐 공간만 겨우 있기도 하다. 모던한 인테리어보다 프랑스 가정집 같은 분위기가 많이 난다. 저렴한 곳은 엘리베이터나 난방이 없는 경우도 있다. 이는 파리의 높은 물가와 엄청난 부동산 가격, 비싼 전기료도 한몫을 한다.

예산

파리의 숙소 가격은 천차만별이지만, 대체로 핫한 관광지를 벗어난 3성급 호텔은 10만 원 후반에서 20만 원대 중반쯤 한다. 가장 무난하고 현실적인 선택이다. 단, 같은 가격대 한국 혹은 동남아 호텔들과 비교는 금물이다. 특히 좁은 건 어쩔 수 없다. 파리는 파리니까. 저렴하고 깔끔하고 맘 편한 곳으로 아예 한인민박을 선택하는 것도 나쁘지 않다. 한식으로 아침과 저녁까지 무료로 제공하기 때문에, 3성급 이하를 찾는 사람이라면 한인민박이 더 나을 수도 있다.

호텔 관광세

파리 호텔에 투숙하는 모든 관광객들은 관광세를 지불해야 한다. 1박당 세액은 호텔 성급에 따라 1인당 계산된다. 세금은 호텔 현지에서 직접 지불해야 한다.

팰리스급	15.60유로	5성급	11.38유로
4성급	8.45유로	3성급	5.53유로
2성급	3.25유로	1성급	2.60유로

TIP 좀 더 저렴하게 호텔 예약하기

① 가격도 비교하고 입소문도 듣고!
흔히들 호텔 예약 사이트를 이용하지만 같은 호텔도 각 사이트마다 가격이 다른 것은 사실. 그래서 가격 비교 사이트를 적극 활용하는 것이 좋다. 한국인들이 많이 이용하는 사이트는 호텔스 컴바인으로, 아고다, 호텔스닷컴, 부킹닷컴, 익스피디아 등 다양한 호텔 예약 사이트 8곳의 가격을 한 곳에 제시해 놓았다. 수천 건에 달하는 이용객 후기도 참고할 수 있어 선택에 도움이 된다. 이 외에도 트립어드바이저, 네이버 호텔 검색 기능도 이용할 수 있다.
- 호텔스컴바인 www.hotelscombined.co.kr
- 트립어드바이저 www.tripadvisor.co.kr
- 아고다 www.agoda.com

② 20% 이상 절약하는 호텔 경매
보통 20% 전후, 최대 30%까지 싸다는 장점이 있지만 호텔 위치와 등급, 가격만을 정하면 호텔은 랜덤으로 낙찰된다. 마음에 안 들어도 환불이 안 된다는 단점도 있다.
- 프라이스라인 www.priceline.com

파리의 숙소 종류

호텔

팰리스급 호텔
일반 5성급과 비교할 수 없을 정도로 고급스러운 호텔 카테고리. 1박에 300만 원을 호가하는 르뫼리스나 플라자 아테네 같은 팰리스 호텔은 그야말로 꿈의 호텔이다. 옛 귀족들의 생활공간을 재현한 최고급 호텔에서의 숙박은 파리 여행을 더욱 낭만적으로 만든다.

5성급 호텔
파리에는 페닌슐라, 하얏트, 소피텔, 메리어트 같은 5성급 체인호텔 역시 빠짐없이 들어서 있다. 좋은 위치에 최고급 서비스는 만족스럽지만 파리 특성상 동남아의 같은 가격대 호텔과 비교한다면 만족도는 매우 떨어진다. 어떤 곳은 '5성급'이 무색할 만큼 낡고 공간이 좁다. 대체로 1박에 70만 원 전후이지만 위치에 따라 더 비싸지기도, 더 저렴해지기도 한다. 에펠탑이 잘 보일수록 비싼 경향이 있다.

3성급 호텔
가장 무난하게 묵을 수 있는 3성급 호텔들은 위치에 따라 가격차는 있지만 20만 원 전후로 예상하면 된다. 샹젤리제 거리 쪽은 3성급 자체가 거의 전무하다고 봐야 한다. 루브르 인근이나 마레 지구의 경우 괜찮은 3성급은 30만 원 이상 잡아야 한다. 대체로 에펠탑 너머, 몽파르나스 지역, 생라자르역 일대에 괜찮은 호텔들이 많다. 이동성이나 주변 환경, 가격, 서비스, 룸 컨디션 모두 수긍갈 만하다.

초저렴 호텔
10만 원대 중반의 초저렴 호텔들도 존재한다. 단, 파리 물가로 환산하면 모텔 수준이라고 할 수 있다. 호텔 선정의 기준을 '깨끗함'에 둔다면 10만 원대 호텔이 꼭 나쁜 것은 아니다. 숙박비로 절약한 예산을 쇼핑이나 맛집에 투자하는 것도 스마트한 여행 방법 중 하나다.

호스텔

프랑스어로는 '오베르주 드 죄네스Auberge de Jeunesse'라고 한다. 주로 젊은 배낭여행객들을 위한 숙소로, 한 방에 2층 침대가 여러 개 놓여 있고 그중 한 침상을 배정받아 방을 공유하는 것이다. 저렴한 숙소비와 세계 전역에서 온 젊은이들을 만날 수 있다는 장점이 있지만 공동생활의 불편함은 어쩔 수 없다. 대체로 공동 샤워실을 사용하며 간단한 조식이 포함돼 있다. 1인실, 2인실도 일반 호텔보다는 저렴하다.

• 부킹닷컴 www.booking.com

한인민박

한국 여행객들을 대상으로 한인들이 운영하는 게스트하우스다. 호스텔과 마찬가지로 한 방에 2층 침대를 놓고 여럿이 공유하는 도미토리룸과 1, 2인실 혹은 가족실이 마련돼 있다. 정보 교환이 수월하고 나홀로 여행의 외로움을 달랠 수 있으며 아침, 저녁으로 한식을 먹을 수 있다. 유럽여행 동호회에 들어가면 기존 이용자들이 추천하는 민박집들이 많다.

• 유랑(네이버 유럽여행 동호회) cafe.naver.com/firenze
• 민다트립 www.theminda.com

하우스 렌트

현지인이 여행자들을 대상으로 일정 기간 자신의 집이나 렌트용 세컨드 하우스를 대여해 준다. 호텔보다 저렴하면서도 오롯이 나만의 공간을 사용할 수 있어 편리하다. 특히 부엌이 딸린 집은 요리도 직접 해먹을 수 있어 경비를 줄이는 데 더없이 좋다. 렌트에 관한 정보 수집 및 숙소 예약은 국내외 전문 업체 사이트를 이용하면 된다. 에이전시는 집 주인과 여행자를 연결해 주는 것뿐 문제 발생 시 집주인과 일대일로 해결을 해야 한다는 단점이 있다.

• 에어비앤비 www.airbnb.co.kr

TIP 파리의 유학생들이 개인 사정으로 잠깐 집을 비우는 동안 시중보다 저렴한 값에 자신의 원룸을 대여해 주기도 한다. 단, 상대의 신분을 반드시 확인하고 안전 거래를 해야 한다는 점에서 조심 또 조심하자.
• 프랑스존 www.francezone.com '프랑꼬레 ▶ 내집찾기' 클릭

파리 구역별 숙소 선택하기

파리는 크게 20개의 행정 구역으로 나뉘고, 숙소 사정, 교통편, 물가, 치안 등 모든 면에서 큰 차이가 있다. 따라서 숙소를 선택하려면 각 구의 특징을 아는 것이 꼭 필요하다.

파리 구역별 특징

1~4구
루브르 박물관이 있는 1구, 오페라 가르니에에 근접한 2구, 흔히 마레 지구라 부르는 3구, 퐁피두센터와 노트르담 대성당, 생루이섬을 포함한 4구는 파리의 중심이다. 주요 관광지와 각종 숍이 몰려 있으며, 어디로든 이동이 편리해 숙소로서도 최적의 장소다. 단, 호텔 수도 적고, 가격은 비싸다. 이는 곧 가격 대비 시설 만족도는 떨어진다는 뜻이다(5성급 이상 제외).

5구
소르본과 팡테옹이 있는 역사 깊은 곳이다. 저렴한 레스토랑이 많고 무프타르 거리나 몽주 약국 등도 인접해 있다. 지역 환경도 좋고 접근성도 좋지만 호텔 수가 많지 않다.

6~7구
6구에는 생제르맹데프레와 뤽상부르 정원이, 7구에는 에펠탑과 오르세 미술관이 있다. 1~4구 못지않은 많은 숍들과 레스토랑, 관광지가 있고, 북쪽으로 샹젤리제, 루브르, 남쪽으로 몽파르나스와 연결돼 교통도 편리하다. 호텔 수가 많고 가격은 살짝 높은 편. 30만 원대 호텔들이 괜찮다. 에펠탑이 잘 보일수록 가격은 높아진다.

8구
샹젤리제 일대로 5성급 이상 호텔, 명품 숍, 미슐랭 스타 레스토랑이 몰려 있다. 파리에서도 집값 비싸기로 소문난 곳인 만큼 호텔 가격대도 상당히 높고 시설도 좋다.

9~10구
9구에는 20만 원대 괜찮은 호텔들이 많이 포진해 있다. 남쪽으로 오페라와 마레 지구가, 북쪽으로 몽마르트르와 연결돼 있어 위치적 장점이 크다. 반면 10구는 북역과 동역이 있어 기차 이용에 편리하지만, 이 일대는 치안이 좋지 않다. 기차역 남쪽으로는 마레 지구와 맞닿아 있어 그나마 낫다.

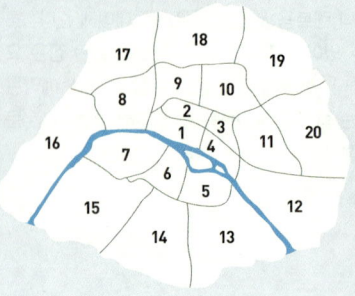

TIP 호텔의 위치, 어떻게 알죠?
호텔의 우편번호를 알면 위치를 짐작할 수 있다. 파리의 우편번호는 750으로 시작하고 뒤에 2자리는 01구부터 20구까지를 나타낸다. 즉 어떤 호텔의 우편번호가 75014라면, 이 호텔은 14구(몽파르나스 지구)에 위치한 것이다.

11~13구

바스티유 광장이 있는 11구와 베르시 지구가 속한 12구, 아시아인이 많이 사는 13구는 파리 중심에서 점차 멀어지기 때문에 호텔 수도 줄어든다. 하지만 중심보다 저렴한 가격에 더 나은 호텔을 기대할 수도 있다. 특히 베르시에 위치한 3~4성급 체인 호텔은 주목!

14~15구

몽파르나스역을 공유하고 있는 두 구역이다. 14구는 생제르맹데프레 구역, 15구는 에펠탑이 있는 7구와 이웃해 있다. 몽파르나스 타워 근처로 20만 원대 괜찮은 호텔들도 많다.

16구

가장 아름다운 에펠탑을 볼 수 있는 트로카데로Trocadéro와 불로뉴 숲까지 포함하는 광대한 구역이다. 에펠탑에 가까운 곳은 비싸고 불로뉴 쪽은 저렴해진다. 관광객용 편의시설이 적은 편. 라데팡스 쪽으로는 상대적으로 저렴하고 만족스런 4성급 호텔들이 많아 주목!

17~20구

파리 북쪽이다. 18구 몽마르트르에는 많은 중소 호텔과 맛집들이 몰려 있지만, 다른 관광지까지 이동시간이 길다. 북역, 동역과 가까운 18, 19구는 치안이 매우 불안하다.

그래서 결론은 뭐?

그래도 선택하기 어려운 사람들을 위한 요점 정리. 가격대에 상관없다면 1~4구와 8구가 답이다. 팰리스급 호텔은 숙박해볼 가치가 있다. 교통의 편리와 가격대를 두루 고려한다면 9~10구 오페라 인근이 좋다. 너무 비싸지 않으면서도 흔히 들어본 체인 호텔을 원한다면 14~15구, 중심에서 좀 떨어져 있어도 쾌적한 곳을 원한다면 베르시나 라데팡스를 추천한다. 되도록 피할 곳으로는 북역과 동역 근처의 10, 18, 19구다.

구역별 한인민박

파리 한인민박의 위치는 크게 세 곳이다. 관광지들이 모여 있는 1존, 관광지를 살짝 벗어난 2존, RER을 타야 하는 파리 외곽 3존 이상이다. 1존은 위치가 좋은 만큼 비싸다. 2존의 민박들은 대부분 동서남북 2존 끝(메트로 각 노선 끝부분)에 위치한다. 저렴한 만큼 수용 인원이 많다. 3존 이상에 위치한 숙소들은 대체로 도미토리보다 1, 2인실, 가족실 단위다. 가격도 저렴하고 여유도 있다. 단 이동 시간이 길다는 단점은 있다.

SLEEPING 02
최고의 사치, 팰리스급 호텔

꿈의 호텔로도 불리는 팰리스급 호텔. 프랑스 정부는 파리에 위치한 5성급 중에서도 월등히 뛰어나고 흠 잡을 데가 없으며 역사적으로도 보존 가치가 있는 호텔만을 선정해 '팰리스'란 명칭을 부여했다.

왕의 저택이 호텔로
르뫼리스 Le Meurice 르뫼히쓰

영국 왕실이 머물렀던 곳이자 파리 최초의 팰리스급 호텔로 명성이 자자하다. 1835년 지어진 호텔 건물은 왕들의 저택으로 사용되었으며, 대리석과 화려한 샹들리에, 금장식 등은 옛날의 영광을 재현하는 듯하다. 총 160개의 룸과 42개의 스위트룸은 18세기와 나폴레옹 시대 양식으로 꾸며져 있다. 단골 고객이었던 살바도르 달리의 이름을 딴 '달리 레스토랑'은 필립 스탁과 그의 딸이 인테리어를 맡아 더욱 유명해졌다. 튈르리 정원 맞은편 위치.

Data Map 265p-G
Access 메트로 1호선 튈르리 Tuileries역 하차, 도보 1분
Add 228 rue de Rivoli 75001 Paris
Tel (01) 44 58 10 10
Cost 디럭스룸 2,100유로
Web www.dorchestercollection.com/en

파리 제1의 레스토랑을 보유한
르브리스톨 Le Bristol 🔊 르브히스똘

1925년 처음 문을 연 호텔로 18세기 분위기를 고스란히 간직하고 있다. 앤티크 가구들로 꾸민 품격 있는 객실과 시간이 멈춘 듯 아름다운 프랑스식 정원, 배 위에서 파리 시내를 내려다보는 듯한 실내 수영장도 갖추고 있다. 영화 <미드나잇 인 파리>의 배경이 된 호텔로, 미슐랭 3스타 레스토랑 에피큐어도 유명하다.

Data **Map** 299p-H **Access** 메트로 9, 13호선 미로메닐Miromesnil역 하차 후 도보 5분 **Add** 112,rue du Faubourg Saint-Honoré, 75008 Paris **Tel** (01) 53 43 43 00 **Cost** 슈피리어룸 1,600유로 **Web** www.lebristolparis.com

18세기 스타일이 고스란히 살아 있는
호텔 플라자 아테네 Hôtel Plaza Athénée
🔊 오뗄 쁠라자 아떼네

파리를 비롯해 런던, 밀라노, 로마 등에 럭셔리 호텔들을 보유하고 있는 도체스터 호텔 그룹 체인 중 하나다. 필립공의 섭정시대 양식, 루이 16세 양식, 아르데코 양식 등 각 층마다 다양한 스타일로 고전미를 살린 것이 특징. 미슐랭 1스타 레스토랑 '오 플라자 아테네'도 주목.

Data **Map** 299p-K **Access** 메트로 9호선 알마-마르소Alma-Marceau역 하차, 도보 3분 **Add** 25 avenue Montaigne 75008 Paris **Tel** (01) 53 67 66 65 **Cost** 슈피리어룸 2,200유로 **Web** www.dorchestercollection.com/en

세심한 고객 서비스로 유명한
만다린 오리엔탈 파리 Mandarin Oriental Paris 🔊 망다랭 오히앙딸 빠히

1930년대 아르데코 양식 건물에 세련되고 고급스런 모던 인테리어로 꾸몄다. 객실 역시 깔끔하고 모던한 스타일을 기본으로 하지만 자개 장식이나 실크 베딩 등 동양미를 가미해 정적이고 평온한 분위기를 강조했다. 만다린의 상징으로 통하는 세심한 고객 서비스는 파리에서도 그 빛을 발한다. 아름다운 실내 정원과 스파&풀, 2스타 미슐랭 레스토랑을 갖추고 있으며, 시내 중심 방돔 광장 인근에 위치해 있어 어디로든 이동이 편리하다.

Data **Map** 265p-G **Access** 메트로 1, 8, 12호선 콩코르드Concorde역 하차, 도보 10분 **Add** 251 rue Saint-Honoré, 75001 Paris **Tel** (01) 70 98 78 88 **Cost** 디럭스룸 1,600유로 **Web** www.mandarinoriental.com/paris

역사적 건축물에 동양미를 더한
샹그릴라 파리 Shangri-La Paris 샹그릴라 빠히

1896년 건축된 건물로 나폴레옹 보나파르트의 종손인 롤랑 보나파르트가 거주했으며 2009년에는 역사적인 건축물로 지정되었다. 아시아 럭셔리 호텔 그룹 샹그릴라의 세련된 동양적 이미지를 나폴레옹 시대의 신고전주의 양식과 잘 조화시켰다. 총 81개의 객실로 고객 맞춤형 최고의 서비스를 제공한다. 미슐랭 1스타 레스토랑 샹팰리스는 파리에서 최고의 광동식 요리를 즐길 수 있는 곳이다.

Data Map 298p-J
Access 메트로 9호선 이에나Iéna역 하차, 도보 2분
Add 10 Avenue d'Iéna, 75116 Paris
Tel (01) 53 67 19 98
Cost 슈피리어룸 1,650유로
Web www.shangri-la.com/fr/paris/shangrila

필립 스탁의 디자인이 돋보이는
르로열 몽소 래플스 파리 Le Royal Monceau Raffles Paris
르하얄 몽쏘 해뻴스 빠히

1928년 처음 문을 연 호텔로, 세계적인 디자이너 필립 스탁이 전체 리노베이션을 맡아 화제가 됐다. 35~50세 사이의 최상류층을 타깃으로, 우아하면서도 세련된 객실을 선보인다. 300여 개의 예술 작품을 전시하고 도서관, 영화관을 갖추는 등 문화 예술의 공간으로 호텔을 재해석한 것도 흥미롭다. 개선문 인근에 위치했다.

Data Map 298p-F
Access 메트로 1, 2, 6호선, RER A선 샤를 드골-에투알Charles de Gaulle-Étoile역 하차, 도보 10분 **Add** 37 Avenue Hoche 75008 Paris **Tel** (01) 42 99 88 00
Cost 슈피리어룸 1,800유로
Web www.leroyalmonceau.com

9천 송이 꽃들로 화려하게 장식된
포시즌 호텔 조르주 V Four Seasons Hotel George V 포씨즌 오뗄 조흐쥬 쌩끄

1928년 세워진 아르데코 양식의 건물이다. 17~19세기 스타일의 객실은 루이 16세풍 가구들로 고전미를 더했다. 이곳의 하이라이트는 매주 네덜란드에서 수입해온 9천 송이의 꽃들이 서로 다른 테마로 호텔 곳곳을 화려하게 장식한 것. 빌 클린턴 전 미국 대통령의 딸 첼시를 비롯, 장동건, 고소영 부부의 결혼식 꽃 장식을 담당했던 세계적인 플라워 아티스트 제프 레섬이 아트디렉터를 맡고 있다. 샹젤리제에 위치했다.

Data Map 298p-F
Access 메트로 1호선 조르주 생크George V역 하차, 도보 7분
Add 31, avenue George V 75008 Paris **Tel** 049 52 70 00
Cost 슈피리어룸 2,400유로
Web www.fourseasons.com/fr/paris

방돔 광장에 위치한 고급스런
파크 하얏트 파리 방돔 Park Hyatt Paris Vendôme

빠흐끄 야뜨 빠히 방돔

익숙한 브랜드, 멤버십을 애용하는 한국 사람들의 특성상, 팰리스급 호텔 중 한국인들에게 가장 잘 알려진 곳이다. 방돔 광장을 면하고 있어 위치에 따라 테라스에서 광장이 내려다보인다. 객실은 진한 갈색 목재와 은색, 금색, 올리브색의 패브릭으로 고급스러운 분위기를 연출한다. 미슐랭 1스타 레스토랑 퓌르Pur'가 들어서 있다.

Data Map 265p-H
Access 메트로 3, 7, 8호선 오페라Opéra역 하차, 도보 7분
Add 5 rue de la Paix Paris, 75002 **Tel** (01) 58 71 12 34
Cost 파크룸 1,500유로
Web www.paris.vendome.hyatt.fr

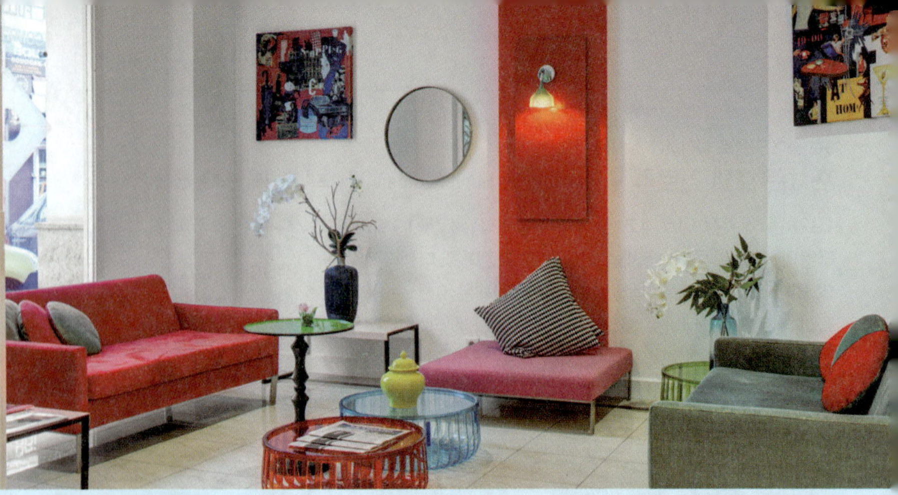

SLEEPING 03
다수를 위한 똑똑한 선택, **가심비 호텔**

파리의 물가와 시설 수준을 생각하면, 3성급 호텔도 100~200유로 정도 예상하는 것이 좋다. 4성급은 보통 250~350유로 정도. 합리적인 가격, 좋은 위치, 깔끔하고 괜찮은 시설, 좋은 서비스로 기존 이용자들의 좋은 평가를 받는 3~4성급 호텔들을 모았다.

마릴린 먼로 콘셉트의 부티크 호텔
플라틴 호텔 Platine Hôtel 🔊 쁠라띤 오뗄

1950년대 섹시 심벌이자 세계적인 할리우드 스타 마릴린 먼로를 콘셉트로 한 부티크 호텔이다. 먼로의 금발을 테마로 한 금색 방, 섹시함을 강조한 붉은색 방, 먼로의 사진과 포스터들로 가득한 방 등 각기 다른 테마의 42개 객실을 보유하고 있다. 그르넬 다리 근처에 있어 에펠탑도 도보로 다녀올 수 있다.

Data Map 316p-D
Access 메트로 10호선 샤를 미셸Charles Michels역 하차, 도보 5분
Add 20 rue Ingenieur Robert Keller, 75015 Paris
Tel (01) 45 71 15 15
Cost 클래식룸 160유로
Web www.platinehotel.fr

Data Map 264p-F
Access 메트로 8, 9호선 그랑 불바르 Grands Boulevards역 하차, 도보 5분
Add 4 rue Geoffroy Marie 75009 Paris
Tel (01) 40 22 99 99
Cost 더블룸 130유로
Web www.astotel.com

가격 좋고 위치 훌륭한
호텔 아카디아-아스토텔 Hôtel Acadia Astotel 오뗄 아꺄디아-아스또뗄

2014년 리노베이션을 마쳐 심플하지만 깔끔한 객실을 보유한 미니호텔이다. 팔레 가르니에에서 도보 10분 거리에 위치해 있어 백화점과 각종 브랜드 숍, 레스토랑 등으로 접근성이 좋다. 호텔 200m 내에 지하철 7, 8, 9호선이 지나는 것도 큰 장점이다.

라틴 구역에 위치한 부티크 호텔
더파이브 호텔 The Five Hôtel 더파브 오뗄

라틴 구역 남쪽, 파리에서 가장 오래되고 활기찬 무프타르 거리 인근에 위치한 부티크 호텔이다. 붉은색과 파란색, 검정색 등 원색을 사용한 화려한 인테리어와 천장에 박힌 반짝이는 광섬유 별빛이 로맨틱한 분위기를 낸다. 모든 룸의 어메니티는 록시땅을 사용하며, 매일 오후 4시에 무료 티타임을 제공한다. 2024년 레노베이션을 마쳤다.

Data Map 358p-E
Access 메트로 7호선 레고블랭Les Gobelins역 하차, 도보 7분
Add 3, rue Flatters 75005 Paris
Tel (01) 43 31 74 21
Cost 슈피리어룸 165유로
Web www.thefivehotel.com

STEP 06
SLEEPING

저렴하고 만족도 높은
르파브 호텔 Le Fabe Hôtel 🔊 르파브 오뗄

몽파르나스 지역에 위치하는 소형 부티크 호텔. 처음에는 1성급 호텔로 출발했지만 정성스런 운영과 계속적인 리노베이션을 거쳐 지금의 3성급 호텔로 발돋움할 수 있었다. 총 17개의 객실은 '열정', '난초', '욕망', '행복' 등 자기만의 이름을 갖고 있는데, 객실 침대 맡에 걸린 커다란 그림이 그 방의 이름과 콘셉트, 전체 분위기를 결정한다. 호텔 5분 거리에 지하철이 위치해 이동도 편리하다.

Data Map 373p-D
Access 메트로 13호선 페르네티Pernety역 하차, 도보 5분
Add 113 bis Rue de l'Ouest 75014 Paris
Tel (01) 40 44 09 63
Cost 더블룸 115유로
Web www.lefabehotel.fr

저렴한 가격대의 4성급을 찾는다면
레자르댕 드 라빌라 Les Jardins de la Villa
🔊 레쟈흐댕 드 라빌라

개선문 너머 위치한 4성급 부티크 호텔이다. '비밀의 정원' 콘셉트로 모던 인테리어의 고급스러움과 시크함을 더했다. 방마다 구비된 캡슐 커피머신도 커피 마니아에겐 더없이 반가운 소식. 라이브러리와 피트니스 센터, 자연의 숨결을 느낄 수 있는 파티오 등 휴식 공간들도 세심하게 마련돼 있다. 시내 중심에서는 조금 멀게 느껴질 수도 있지만 그 때문에 시설 대비 가격이 저렴한 것도 사실. 하지만 공항 버스 정류장과 메트로가 지척에 위치해 있어 이동에는 불편이 없다.

Data Map 298p-A
Access 메트로 1호선 포르트 마요Porte Maillot 하차 후 도보 3분
Add 5, rue Belidor 75017 Paris
Tel (01) 53 81 01 10
Cost 슈피리어룸 210유로
Web www.jardinsdelavilla.com

에펠탑과 가까운 부티크 호텔
호텔 뒤 카드랑-에펠탑 Hôtel du Cadran-Tour Eiffel 🔊 오뗄 뒤 꺄드항-뚜흐 에펠

에펠탑과 앵발리드 사이에 위치한 부티크 호텔이다. 위치만으로도 충분히 매력적이지만 붉은색이나 하늘색 패브릭으로 포인트를 준 단정하고 깔끔한 객실은 더욱 인상적이다. 시계 눈금반이라는 뜻의 호텔 이름 때문인지, 호텔 내 의외의 장소에서 시계 모양을 활용한 장식들을 발견할 수 있다.

Data Map 316p-E
Access 메트로 8호선 에콜 밀리테르 École Militaire역 하차, 도보 5분
Add 10, rue du Champ de Mars 75007 Paris **Tel** (01) 40 62 67 00
Cost 스탠더드 195유로, 패밀리룸(4인) 370유로 **Web** www.cadranhotel.com

전면 리노베이션으로 다시 태어난
르12 호텔 Le 12 Hôtel 🔊 르 두즈 오뗄

생라자르 기차역 인근에 위치해 갤러리 라파예트를 비롯한 백화점과 각종 숍들을 쇼핑하기 편리하다. 기차역과 많은 메트로 노선 덕에 이동이 편리하다. 전 객실 리노베이션을 거쳐 모던한 인테리어와 쾌적함이 남다르다. 에펠 주니어 스위트룸에서는 에펠탑과 파리의 지붕을 조망할 수 있다.

Data Map 264p-A
Access 메트로 3호선 외로Europe역, 생라자르Saint-Lazare 기차역 하차, 도보 3분 **Add** 10, rue de Stockholm 75008 Paris **Tel** (01) 89 89 12 12
Cost 디럭스 더블룸 180유로
Web www.le12hotel-paris.com

마레 지구와 가까운
호텔 파브릭 Hôtel Fabric 🔊 오뗄 파브히끄

직물 공장이었던 것에 착안하여 패브릭 콘셉트의 호텔이 탄생했다. 모든 객실은 알록달록한 패브릭을 사용해 밝고 화사한 느낌을 준다. 동급 호텔들에 비해 약간 넓은 것도 장점 중 하나. 이 지역 북쪽에는 생마르탱 운하, 남쪽에는 바스티유 광장, 서쪽에는 마레 지구가 있다.

Data Map 247p-D
Access 메트로 5, 9호선 오베르캄프Oberkampf역 하차, 도보 5분 **Add** 31 Rue de la Folie Méricourt 75011 Paris
Tel (01) 43 57 27 00
Cost 클럽 더블룸 170유로
Web www.hotelfabric.com

STEP 06
SLEEPING

관광지 접근성이 좋은
호텔 조이스-아스토텔 Hôtel Joyce-Astotel 🔊 오뗄 조이쓰-아스또뗄

오페라 팔레 가르니에와 몽마르트르의 물랭 루주 중간에 위치한 호텔이다. 메트로를 타면 콩코르드 광장을 거처 생제르맹데프레 지구와 몽파르나스까지 한 번에 갈 수 있어 관광지 접근성이 좋다. 객실과 호텔 구석구석 파스텔톤 패브릭을 이용해 전체적으로 깔끔하고 산뜻한 느낌을 준다. 유리지붕으로 자연 채광 풍부한 라운지 역시 따뜻한 느낌이 드는 것은 마찬가지. 직원들의 서비스도 만족도가 매우 높다.

Data **Map** 264p-B **Access** 메트로 12호선 생조르주Saint-Georges역 하차, 도보 5분
Add 29 Rue la Bruyère 75009 Paris **Tel** (01) 55 07 00 01 **Cost** 더블·트윈룸 160유로
Web www.astotel.com

19세기 귀족 저택을 호텔로 개조한
브래드퍼드 엘리제-아스토텔 Bradford Elysées-Astotel 🔊 브하드포흐 엘리제-아스또뗄

샹젤리제 거리에서 400m 정도 떨어진 곳에 위치해 있는 4성급 호텔이다. 나폴레옹 3세 때 파리 지사를 지냈던 오스만 남작의 저택을 호텔로 개조하였으며, 19세기 중반 우아하고 클래식한 인테리어로 주목을 끈다. 파리의 여타 호텔들에 비해 객실이 넓은 편이고, 150여 년 전 파리 귀족의 객실 느낌을 살려 여성들이 특히 좋아할 만하다. 최고급 호텔들이 밀집한 샹젤리제 거리 인근에서 시설 대비 가격이 착한 편이다.

Data **Map** 299p-G **Access** 메트로 9호선 생필리프뒤룰Saint-Philippe-du-Roule역 하차, 도보 2분
Add 10 rue St Philippe du Roule 75008 Paris **Tel** (01) 45 63 20 20
Cost 더블·트윈룸 210유로 **Web** www.astotel.com

루브르 근처에 꼭 머물고 싶다면

호텔 말트-아스토텔 Hôtel Malte-Astotel 오뗄 말뜨-아스또뗄

루브르 박물관과 최대한 가까우면서 너무 비싸지 않은 곳을 찾는다면 고려해 볼 만하다. 팔레 루아얄 북쪽에 위치해 오페라 가르니에, 퐁피두센터 등 주요 관광지 및 쇼핑 거리에 접근하기 용이하다. 객실은 소박하지만 깔끔하고 단정하며 침구 관리도 잘 돼 있다. 화려한 시설보다 위치를 최우선으로 생각하는 사람에게 적합하다.

Data **Map** 265p-H **Access** 메트로 3호선 카트르 셉탕브르Quatre-Septembre역 하차, 도보 5분 **Add** 63 rue de Richelieu 75002 Paris **Tel** (01) 44 58 94 94 **Cost** 스탠더드 트윈룸 210유로 **Web** www.astotel.com

---

TIP 100유로 초반 체인 호텔 추천

파리에서 100유로 초중반의 깔끔한 호텔을 찾는다면 일단 시내 중심에서 외곽으로 눈을 돌려야 한다. 하지만 메트로만 잘 연결돼도 생각보다 큰 불편은 없다. 특히 체인으로 운영되는 3성급 호텔들은 객실 컨디션, 청결도, 직원 서비스 등 모든 면에서 기본 이상은 보장되기 때문에, 가격을 생각하면 크게 실망할 일도 없다. 단, 냉장고나 커피포트, 안전금고 등은 없는 경우가 많다. 아래 소개하는 두 곳은 4성급 풀만 파리 센터 베르시와 지척에 위치해 위치적 장점도 크다.

이비스 베르시 빌라주 Hôtel Ibis Bercy Village
오뗄 이비쓰 베흐씨 빌라쥬

Data **Access** 메트로 14호선 쿠르 생테밀리옹Cour Saint-Émilion역 하차, 도보 2분 **Add** 19 Pl. des Vins de France, 75012 Paris **Tel** (01) 49 28 06 06 **Cost** 스탠다드룸 130유로

캄파닐 파리 베르시 Hôtel Campanile Paris Bercy
오뗄 깡빠닐 빠히 베흐씨

Data **Access** 메트로 14호선 쿠르 생테밀리옹Cour Saint-Émilion역 하차, 도보 4분 **Add** 17 Rue Baron le Roy, 75012 Paris **Tel** (01) 44 67 75 75 **Cost** 더블·트윈룸 125유로

SLEEPING 04
200유로대 **유명 체인 호텔**

세계적인 호텔 그룹 아코르는 소피텔을 비롯해 풀만, 머큐어, 노보텔, 이비스 등 우리에게 익숙한 호텔들을 다수 보유하고 있다. 그중에서도 가장 평가가 좋은 4개의 호텔을 소개해 본다.

머큐어 파리 센터 에펠탑 Mercure Paris Centre Tour Eiffel

🔊 메흐뛰흐 빠히 쌍트흐 뚜흐 에펠

아침저녁 에펠탑을 보고 눈을 뜰 수는 없어도 문 앞만 나서면 에펠탑을 볼 수 있는 최적의 호텔이다. '에펠탑 근처'를 호텔 선정 제1의 조건으로 삼는 사람에겐 이보다 더 좋을 수 없다. 단, 파리의 모든 호텔들이 그렇듯 객실은 좁고, 욕조가 없을 수도 있다는 점에 유의할 것. 메트로가 지척에 위치해 있어 접근성이 좋고 가격도 착한 편이다. 또한 조식이나 서비스 역시 나쁘지 않다는 게 중론이다. 에펠탑이 눈앞에 펼쳐지는 호텔을 원한다면, 바로 옆에 있는 풀만 파리 타워 에펠 Hôtel Pullman Paris Tour Eiffel로 가면 된다.

Data **Map** 316p-D
Access ERE C선 샹드마르스-투르 에펠 Champ de Mars-Tour Eiffel역 하차, 도보 2분
Add 20 rue Jean Rey 75015 Paris
Tel (01) 45 78 50 00
Cost 에펠탑 부분 뷰 260유로
Web www.mercure.com

Data Map 397p Access 메트로 14호선 쿠르 생테밀리옹 Cour Saint-Émilion역 하차, 도보 3분
Add 1 rue de Libourne 75012 Paris
Tel (01) 44 67 34 00 Cost 슈피리어룸 240유로
Web www.pullmanhotels.com

여유롭고 쾌적한 주변 환경
풀만 파리 센터 베르시 Pullman Paris Centre-Bercy 🔊 풀망 빠히 쌍트흐-베흐씨

베르시는 센강 우안에 위치한 신도시로, 파리지앵들의 핫 플레이스 베르시 빌라주와 베르시 공원, 미테랑 국립도서관이 위치해 있다. 그만큼 풍경이 아름답고 쾌적하며 안전하고 여유가 느껴진다. 특히 지척에 메트로 14호선이 있어 15분 내 시내 중심 샤틀레역에 도착할 수 있다. 신도시 개발과 함께 들어선 만큼 시설물들의 상태도 좋고 인테리어도 세련됐다. 특히 동급 호텔보다 넓은 객실, 실내 수영장과 스파 시설, 탁구대 등의 부대 시설은 같은 가격대의 다른 호텔에서 찾아보기 쉽지 않다.

교통 좋고, 가격 좋고, 깔끔하고!
노보텔 파리-몽파르나스역 Novotel Paris Gare Montparnasse 🔊 노보뗄 빠히 갸흐 몽빠흐나쓰

몽파르나스 타워로 관광객들에게 익숙한 지역에 위치해 있다. 몽파르나스 기차역을 비롯해 에어프랑스 공항 리무진 정류장이 있고, 메트로 4, 6, 12, 13호선이 지나가는 그야말로 교통의 요지다. 몽파르나스 북쪽으로 생제르맹데프레 지구가 위치해 있어 오르세 미술관과 생쉴피스 성당 등의 관광지와 쇼핑 거리로의 접근성도 좋다.

Data Map 373p-D Access 메트로 4, 6, 12, 13호선 몽파르나스 비앵브뉘Montparnasse-Bienvenüe역 하차, 도보 7분
Add 17 Rue Du Cotentin 75015 Paris Tel (01) 53 91 23 75
Cost 슈피리어룸 210유로 Web www.novotel.com

파리에서 이 가격에 5성급 호텔을?
엠갤러리 네스트 파리 라데팡스
MGallery Nest Paris La Défense 🔊 엠갤러리 네스트 빠히 라데뻥쓰

5성급 호텔이 라데팡스로 넘어오면서 파리 시내보다 50%가량 저렴한 가격으로 최상의 서비스를 제공한다. 특히 레 카트르 탕Les Quatre Temps과 같은 대형 복합쇼핑몰이

인근에 위치해 있는 것도 장점. 메트로 1호선을 타면 개선문, 샹젤리제를 거쳐 루브르까지 20분 만에 도착한다.

Data Access 메트로 1호선 에스플라나드 드 라데팡스Esplanade de La Défense역 하차, 도보 3분
Add 33 Voie des Sculpteurs Puteaux, Hauts-de-Seine, 92800 Tel (01) 47 76 44 43
Cost 슈피리어룸 200유로 Web www.sofitel.com

SLEEPING 05

젊은 여행자들을 위한 호스텔 & 한인민박

새로운 사람을 만나 여행 정보를 모을 수 있고, 아침 혹은 저녁 식사까지 무료로 제공되며 숙박 요금도 저렴하다. 파리의 호스텔과 한인민박을 소개한다.

청결하고 시설 좋은 호스텔

더피플 The People - Paris Bercy 더 삐쁠 빠히 베흐씨

베르시 지역 주택가에 위치한 호스텔이다. 관광지에서는 조금 떨어져 있지만, 3분 거리에 메트로 6호선이 있고 에펠탑까지 한 번에 갈 수 있다. 6~8인실 도미토리룸은 각 침대마다 커튼, 선반, 조명등, 콘센트가 갖춰져 있어 프라이버시를 보장하고, 청결함이 돋보인다. 규모는 작지만 조리도구가 잘 갖춰진 공용 주방, 카페 스타일의 라운지와 루프톱 테라스까지 편의시설도 잘 돼 있다. 지척에 대형마트, 빨래방도 있어 편리하다.

Data **Access** 메트로 6호선 도메닐Daumesnil 역 하차, 도보 3분 **Add** 28 Bd de Reuilly, 75012 Paris **Tel** 09 67 21 41 41 **Cost** 8인실 55유로 **Web** www.thepeoplehostel.com

파리 최고의 인기 호스텔
아드브니아 호스텔 Adveniat Hostel 🔊 아드브니아 오스뗄

한국인들에게 최고의 인기를 얻고 있는 호스텔로 예약조차 힘들 만큼 경쟁이 치열하다. 가톨릭 공동체가 운영하는 곳으로 매일 (토요일 제외) 기도 모임이 있지만, 참여를 강요하지 않고 원하는 사람들에겐 언제나 문이 열려 있다. 파리 1존 그랑 팔레 옆에 있으며 샹젤리제까지 3분, 에펠탑까지 도보 10분 정도 걸린다. 내 집처럼 깔끔하고 편안한 데다 모든 도미토리는 남·녀 전용으로 운영된다. 한 방은 2~6명까지 공유하며 공동 화장실을 사용한다. 홈페이지(한국어 가능)에서 직접 예약하는 경우에는 7유로 상당의 조식을 무료로 제공한다.

Data **Map** 299p-K
Access 메트로 1, 9호선 프랑클랭 루스벨Franklin D. Roosevelt역 하차, 도보 3분
Add 10, rue François 1er 75008 Paris **Tel** (01) 77 45 89 10
Cost 1일 41유로(회원증 발급 필수 6유로)
Web www.adveniat-paris.org

에펠탑에서 가까운
쓰리 덕스 The 3 Ducks 🔊 더쓰히 덕스

에펠탑에서 도보 20분 거리에 위치해 있다. 각 방마다 화장실과 샤워실, 에어컨이 있고, 침대마다 전기 코드와 독서등이 있다. 소박하지만 무료 조식을 제공하고, 1층에 펍이 있어 다른 나라 사람들과 친해지기도 쉽다. 인근에 각종 카페, 레스토랑을 비롯해 슈퍼마켓, 몽주약국(에펠타워점, 도보 8분) 등 상권이 잘 발달돼 있어 편리하다.

Data **Access** 메트로 8호선 코메르스Commerce역 하차, 도보 2분
Add 6 Place Etienne Pernet 75015 Paris
Tel (01) 48 42 04 05
Cost 8인 혼성 도미토리 65유로, 6인 여성 전용 도미토리 75유로
Web www.3ducks.fr

STEP 06
SLEEPING

밤마다 파티 분위기로 왁자지껄
생 크리스토페 인 카날 St. Christopher's Inn Canal 🔊 쌩 크히스또페흐 인 꺄날

파리에서 가장 큰 호스텔이자 가장 인기 있는 호스텔로, 밤마다 크고 작은 파티들이 마련돼 왁자지껄한 분위기를 좋아하는 사람들이 주로 찾는다. 12, 8, 6인 도미토리(혼성 및 여성전용)와 2인실 등 객실 유형 및 가격대가 다양하다. 커튼을 치면 개인 공간이 보장된다. 무료 조식이 제공되며, 라커를 이용하려면 개인 열쇠가 필요하다. 라빌레트 운하 바로 앞에 위치해 있다는 장점과 에어컨이 없어 여름에 덥다는 단점이 있다. 본점의 인기에 힘입어 같은 콘셉트의 2호점이 북역 100m 이내에 문을 열었다.

1호점 카날 Canal
Data **Access** 메트로 7호선 크리메Crimée역 하차, 도보 5분 **Add** 159 Rue de Crimée 75019 Paris **Tel** (01) 40 34 34 40 **Cost** 12인 혼성 도미토리 40유로, 12인 여성전용 41유로 **Web** www.st-christophers.co.uk/paris-hostels

2호점 가르 뒤 노르 Gare du Nord
Data **Access** 메트로 4, 5호선, RER B, D선 가르 뒤 노르Gare du Nord역 하차, 도보 3분 **Add** 5 Rue de Dunkerque 75010 Paris **Tel** (01) 70 08 52 22 **Cost** 10인 혼성 도미토리 40유로, 10인 여성 전용 41유로 **Web** www.st-christophers.co.uk/paris-hostels

2024년 신상 호스텔
프래터니티 호텔 Fraternity Hotel 🔊 쁘하띠흐네띠 오뗄

파리의 숙소들이 다 그렇지만 특히 가성비가 좋지 않은 호스텔 중 빛나는 신상 숙소다. 도미토리 객실이 여느 호스텔들보다 넓어 답답하지 않고, 방마다 개별 욕실을 갖췄다. 각 침대는 조명등과 커튼이 있어 프라이버시가 보장된다. 11구 주택가에 있어 관광지와 좀 거리가 있지만, 도보 4분 거리에 메트로 2호선이 있으며, 버스 15분 거리에 마레 지구가 있어 위치적 단점은 감내할 만하다.

Data **Access** 메트로 2호선 메닐몽탕Ménilmontant 역 하차, 도보 4분 **Add** 6 Rue Moret, 75011 Paris **Tel** 06 83 38 16 98 **Cost** 다인실 50유로~ **Web** www.fraternity-hotel.com

한인민박 어디가 좋을까?

파리의 한인민박은 1존부터 3존까지 넓게 퍼져있다. 남녀 구분 도미토리(4~8인용), 드라이어, 욕실용품 및 수건 제공(칫솔은 개인 지참), 퇴실 시 짐 보관 등 조건은 비슷하다. 성수기에는 기존 객실에 간이침대까지 넣어 운영하는 숙소들도 있는데 이런 곳은 최대한 피해야 한다.

한인민박 위치별 특징

1존
관광지가 모여 있는 1존 파리 시내 한가운데에서는 1박당 50유로(6~7만 원) 정도를 예산으로 잡아야 한다. 위치와 시설이 좋을수록 더 비싸진다.

2존
관광지에서 살짝 벗어난 2존은 30유로(약 4만 원) 정도. 2존의 민박들은 대부분 2존 끝(메트로 각 노선 끝부분)에 위치. 저렴하고, 수용 인원이 많다.

3존
RER을 타야 하는 파리 외곽의 3존으로 넘어가면 가격은 더욱 저렴해진다. 도미토리보다는 1~2인실, 가족실 단위의 객실이 많다. 아파트보다 단독주택들이 많아 훨씬 쾌적한 데다 가격도 저렴하고 여유 있다. 1~5존 교통 요금이 단일화된 것도 플러스 요인이다. 다만 이동 시간이 길다는 게 단점.

좋은 평을 얻는 한인민박 리스트

상호	위치	1박 요금	특징	홈페이지
파리 제이민박	1존	도미토리 40유로	시내 중심 위치, 무료 조석식	www.jminbak.com
파리 화이트에펠	1존	도미토리 70유로	여성전용, 에펠탑 도보 15분	www.theminda.com
파노라마 아파텔	1존	150유로~	개인실 부엌 사용, 에펠탑과 파리 시내 조망	www.theminda.com
파리 로뎀의 집	2존	도미토리 40유로 1인실 63유로	저렴한 1인실, 무료 석식	www.rothem82.com
파리 투어민박	2존	도미토리 32유로	주2회 석식제공, 주3회 조식제공	
파리 해바라기 민박	2존	도미토리 30유로	가장 저렴, 조식 무료	www.theminda.com

TIP 좋은 민박 고르는 법

① 가격과 위치를 먼저 결정해야 한다. 저렴한 곳은 중심에서 멀고, 에펠탑과 가까운 곳은 비쌀 수밖에 없다.
② 인터넷 평을 절대적으로 신뢰하면 안 된다. 친분 있는 사람들이 홍보용으로 작성한 리뷰들도 많기 때문. 지나치게 칭찬 일색인 리뷰는 의심해 보는 것이 좋다.
③ 단점이 객관적으로 기록된 리뷰가 믿을 만하다.

Paris
By Area

파리
지역별 가이드

01 시테섬 & 생루이섬
02 마레 지구
03 루브르 & 오페라
04 샹젤리제
05 에펠탑 & 앵발리드
06 생제르맹데프레

07 라틴 구역
08 몽파르나스
09 몽마르트르
10 베르시
11 기타 지역

Paris By Area

01

시테섬 & 생루이섬

Ile De La Cité &
Ile Saint Louis

최초의 파리는 시테섬에서 시작됐다. 모든 도시의 중심에 대성당이 있는 것처럼 파리의 중심 시테섬에 바로 노트르담 대성당이 위치해 있다. 파리 역사의 시작이자 파리 여행의 출발점이라 해도 무방하다. 노트르담 대성당 앞 포앵 제로에 서면 당신의 파리 여행이 시작된 것이다.

© Benh LIEU SONG

Ile de la cité & Ile saint louis
PREVIEW

1km가 채 못 되는 시테섬과 생루이섬은 현대 속에 공존하는 과거 그 자체다. 뮤지컬과 소설 <노트르담의 꼽추>로 더 유명한 노트르담 대성당, 눈부시게 화려한 스테인드글라스의 생트 샤펠, 마리 앙투아네트가 머물렀던 감옥 콩시에르주리까지 호기심을 사로잡는다. 17세기부터 근래에 이르기까지 유명 인사들이 살았던 생루이섬은 센강을 옆에 두고 고즈넉한 주택가를 산책하는 재미가 있다.

SEE

시테섬의 핵심 명소는 노트르담 대성당이다. 생트 샤펠은 화려한 스테인드글라스로, 콩시에르주리는 마리 앙투아네트의 감옥으로 유명하다. 하지만 그 외 특별한 볼거리가 없다는 점에서 호불호가 갈린다. 생루이섬에서는 보들레르나 퀴리부인, 조르주 퐁피두 대통령 같은 유명 인사들의 집을 찾아보는 재미가 있다. 특히 생루이섬에서 보는 노트르담 대성당과 시테섬의 경치가 매우 아름다우므로 놓치지 말 것!

EAT

시테섬이나 생루이섬을 방문한 여행객들은 대부분 다리 건너 센강 좌우안으로 빠져 나와 식사를 한다. 그편이 선택의 폭도 넓고 가격도 저렴하다. 굳이 섬 내에서 식사를 원한다면 이 책에 소개된 3곳 중 하나를 찾아가 보자. 가격도 합리적이고 평가도 좋은 곳이다. 생루이섬은 한국인 관광객들에게 일명 '베르티옹섬'으로 통한다. 영국 왕실에 납품을 하는 70년 전통 아이스크림 베르티옹이 이곳에 있기 때문이다.

BUY

노트르담 대성당 정면을 바라보고 왼쪽 시청사 방향으로 뻗은 아르콜 거리Rue d'Artcole에는 각종 기념품 숍들이 줄지어 있다. 웬만한 기념품들은 모두 구입할 수 있으며, 가격 역시 저렴한 편이다. 생루이섬의 메인도로인 생루이 앙 릴 거리Rue Saint-Louis en l'Ile에는 아기자기한 인테리어 소품 체인점 '필론Pylones'을 비롯해 비스킷 전문점, 액세서리점 등이 늘어서 있다.

🚗 어떻게 갈까?

시테섬의 중앙, 생트 샤펠과 가까운 곳에 메트로 4호선 시테Cité역이 있다. 7호선 퐁뇌프Pont Neuf역에서 내리면 남단부터 생루이섬까지 일직선으로 동선을 짤 수 있어 더 효율적이다. 노트르담 대성당을 중심으로 돌아본다면 RER B선과 C선 생미셸-노트르담Saint-Michel-Notre-Dame역에서 하차한다. 생루이섬을 방문하려면 7호선 퐁마리Pont Marie역에서 내리면 된다.

어떻게 다닐까?

시테섬과 생루이섬을 다니는 가장 좋은 방법은 도보다. 거리도 멀지 않고 관광지 간 거의 붙어 있다시피 해 어려움은 없다.

Ile de la cité & Ile saint louis
ONE FINE DAY

시테섬에서 생루이섬까지 구석구석 돌아보는 코스다. 생트 샤펠, 파리 노트르담 대성당 같은 유명 관광지뿐 아니라 베르갈랑 광장, 생루이섬 뷰 포인트처럼 센강 유역과 시테섬의 아름다운 경치를 즐길 수 있는 숨은 명소까지 두루 돌아본다.

퐁뇌프 광장에서
여행 시작하기

도보 3분 →

베르갈랑 광장, 시테섬
끝에서 센강 유역 감상하기

도보 5분 →

도핀 광장과 주변
근사한 건물 구경하기

도보 5분 ↓

센강 좌안 따라 산책하며
부키니스트 구경하기

← 도보 4분

콩시에르주리,
마리 앙투아네트의
감방 구경하기

← 도보 1분

생트 샤펠의
스테인드글라스
감상하기

도보 7분 ↓

노트르담 대성당
파사드와 측면
둘러보기

도보 10분 →

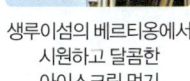

생루이섬의 베르티옹에서
시원하고 달콤한
아이스크림 먹기

도보 10분
이상 →

생루이섬 산책하며
아름다운 경치
즐기기

SEE

Writer's Pick! 고딕 건축 양식의 정수
파리 노트르담 대성당 Cathédrale Notre-Dame de Paris 까떼드할 노트흐담 드 빠히

파리 최고의 관광지 중 하나다. 1163년부터 약 200년에 걸쳐 건축되었으며, 13세기까지는 서유럽에서 가장 큰 종교 건축물이었다. 하지만 18세기 프랑스 혁명으로 크게 훼손되어 1864년 현재의 모습으로 재건되었고, 인류문화적 가치를 인정받아 1991년 유네스코 세계문화유산에 등재되었다. 또한, 빅토르 위고의 소설 〈노트르담의 꼽추〉와 뮤지컬 〈노트르담 드 파리〉의 배경으로 등장해 대중들에게 큰 관심을 받는 곳이기도 하다. 대성당 내부는 3개의 스테인드글라스 장미창, 프랑스에서 가장 큰 오르간, '가시 면류관'을 비롯한 종교적 유물들이 유명하다. 2019년 발생한 화재로 인해 5년간 보수 공사 후 재개방하였다. 내부 입장 시 온라인 예약(무료)을 권장하고 있다.

Data **Map** 230p-E **Access** 메트로 1, 11호선 오텔 드 빌Hôtel de Ville역 하차, 도보 5분 **Add** 6 Parvis Notre-Dame-Place Jean-Paul II 75004 Paris **Open** 월~금 07:50~19:00(목요일은 22시까지), 토~일 08:15~19:30, 폐장 30분 전 입장 제한 **Cost** 무료 **Web** www.notredamedeparis.fr/en

화재 후 노트르담 대성당

파사드

TIP 노트르담 대성당 관람 꿀팁

① 미사 시간은 다음과 같다.
평일 08:00,12:00,18:00,토 08:30,12:00,18:00,일 08:30, 10:00, 11:30, 18:00
② 일 10시 미사는 아름다운 그레고리오 성가를 들어볼 수 있는 기회다.
③ 일 오후 4시에는 45분간 대오르간 연주회가 열린다. 무료.
④ 매주 화 20시 30분에는 대오르간 및 합창단의 유료 음악회가 열린다.
⑤ 대성당의 유·무료 연주회 스케줄 및 예약은 QR 참고.
⑥ 17~19세기의 종교 유물들을 보관해 놓은 노트르담 대성당 보물관은 12유로의 입장료가 있다. 운영시간은 월~토 09:30~18:00(목은 21:00까지), 일 13:00~17:30.
⑦ 유료 오디오가이드(6유로) 및 무료 모바일 앱 서비스(영어, 프랑스어, 스페인어, 주요 스폿 소개 및 투어 경로, 예배 시간 등)를 이용할 수 있다.

Theme

노트르담 대성당 속속 들여다보기

프랑스 건축사와 종교사에서 큰 의미를 갖는 노트르담 대성당은 꼼꼼히 챙겨볼수록 그 가치를 제대로 이해할 수 있다. 안타깝게도 2019년 화재로 인해 대성당의 중심 부분, 첨탑이 소실되어 문을 닫았다가 현재는 재개방하였다. 노트르담 대성당이 파리의 대표 관광지가 된 이유를 아래 6가지 감상 포인트를 통해 알아보자.

남쪽 장미창의 스테인드글라스 ▶

대성당에 있는 3개 장미창 중 최고의 걸작이다. 생트 샤펠을 건축한 당대 최고 건축가 피에르 드 몽트뢰가 디자인했다. 각 패널에는 예수의 12제자와 16명의 선지자, 성인들을 비롯해 아담과 이브의 유혹, 솔로몬의 재판, 수태고지, 예수의 부활 등 주요 사건이 표현돼 있다.

◀ 성당 광장 포앵 제로 Point Zéro

1870년에 조성된 성당 광장에는 프랑스에서 거리를 측정할 때 기준점이 되는 '포앵 제로'가 있다. 포앵 제로를 밟으면 다시 파리에 오게 된다는 설이 있어 이곳에 발을 얹고 사진 찍는 관광객들의 모습을 자주 볼 수 있다.

노트르담 보물관 Trésor de Notre-Dame

17~19세기의 종교적 유물과 건축물, 가구, 네오 고딕 양식의 예술 작품들을 전시하고 있다 (유료).

대오르간 Orgue

13세기에 처음 설치된 이 오르간은 7,374개의 파이프를 가지고 있으며 프랑스에서 가장 큰 것으로 알려져 있다. 매주 일요 미사 및 주요 행사 때 연주된다.

파사드 Façade ▶

노트르담의 파사드는 가로선과 세로선이 교차하는 형상으로 세로선은 신을 향한 사랑을, 가로선은 인간을 향한 사랑을 형상화하고 있다. 파사드에서 주목할 것은 장미 모양의 창이다. 그 중심에 아기를 안은 성모상이 서 있는데 그 모습이 마치 세상에 아기 예수의 탄생을 고하는 듯하다. 그 양 옆에 있는 천사는 아담과 이브의 상으로 인간의 원죄를 상징한다. 그 아래로 왕들의 상이 나열돼 있는데, 이는 유다의 왕 18명을 가리킨다. 맨 아랫단에 있는 3개의 출입구는 마지막 심판(중앙)과 성 안나(마리아의 어머니, 오른쪽), 성모 마리아(왼쪽)를 테마로 주요 에피소드를 표현한 것이다.

▲
트랜셉트 Transept

성당의 좌우 측면에 돌출된 부분을 말하며, 노트르담의 정면보다 더 아름답다는 평이 돌 정도. 벽에는 장미창의 외관과 빗물의 배수구 역할을 맡았던 괴물석상도 볼 수 있다. 또한 반아치 모양의 벽날개 플라잉 버트레스 Flying Buttress는 외관의 미를 더해줄 뿐 아니라 건물 상부의 압력을 적절하게 분산시키는 기능을 갖는 것으로 프랑스 고딕 건축의 대표적 특징이라 할 수 있다. 트랜셉트를 보기 위해서는 성당 정면을 바라보고 오른쪽으로 돌아 성당 뒤쪽까지 천천히 감상하며 이동하면 된다.

종탑 Belffroi

1681년 남쪽 탑에 설치된 13톤의 엠마뉘엘 종은 프랑스 대성당의 종들 가운데 가장 크고 가장 아름다운 소리로 유명하다. 왕의 대관식이나 교황의 방문, 제1, 2차 세계대전 종식 등 국가 기념일에 종이 울렸고, 오늘날에는 크리스마스, 부활절, 성모승천일 등 종교 기념일에 종소리를 들을 수 있다. 관광객들은 종탑 꼭대기까지 유료로 올라가 볼 수 있는데, 성당 곳곳을 장식한 괴물석상들은 물론 파리 시내까지 한눈에 내려다보여 많은 사람들이 즐겨 찾는다. 종탑까지는 총 400여 개의 계단을 올라야 하며, 10분에 20명씩만 입장시키기 때문에 성수기에는 대기줄이 긴 편이다.

▼

고딕 예술의 보석

생트 샤펠 Sainte Chapel 🔊 쌩뜨 샤뻴

십자가에 매달린 그리스도의 가시관을 보관(지금은 노트르담 대성당으로 이관)하기 위해 12세기 생 루이 왕 시대에 건축된 소예배당이다. 이곳은 특이하게도 1층과 2층으로 나눠져 있는데, 1층은 일반 평민들에게, 2층은 귀족 및 왕족들에게 개방되었다. 이곳의 하이라이트는 2층 소예배당의 스테인드글라스. 벽면 중간부분부터 천장까지 뒤덮은 600㎡의 스테인드글라스는 2/3가 처음 제작된 모습 그대로 보존되고 있어 역사적으로나 미술사적으로도 그 의미가 남다르다. 특히 맑은 날 이곳에 가면 스테인드글라스 사이로 태양빛 투과해 더없이 화려한 빛의 쇼를 볼 수 있는데, 그 모습이 장관을 이룬다.

Data **Map** 230p-A **Access** 메트로 4호선 시테Cité역 하차, 도보 5분
Add 4 boulevard du Palais 75001 Paris **Tel** (01) 53 40 60 80
Open 10월~3월 09:00~17:00, 4~9월 09:00~19:00(1월 1일, 5월 1일, 12월 25일 휴관)
Cost 일반 13유로, 18세 미만 무료, 11~3월 첫번째 일요일 무료. 생트 샤펠 & 콩시에르주리 통합권 20유로. 뮤지엄 패스 사용 가능 **Web** www.sainte-chapelle.fr/en

생트 샤펠 스테인드글라스 주제도

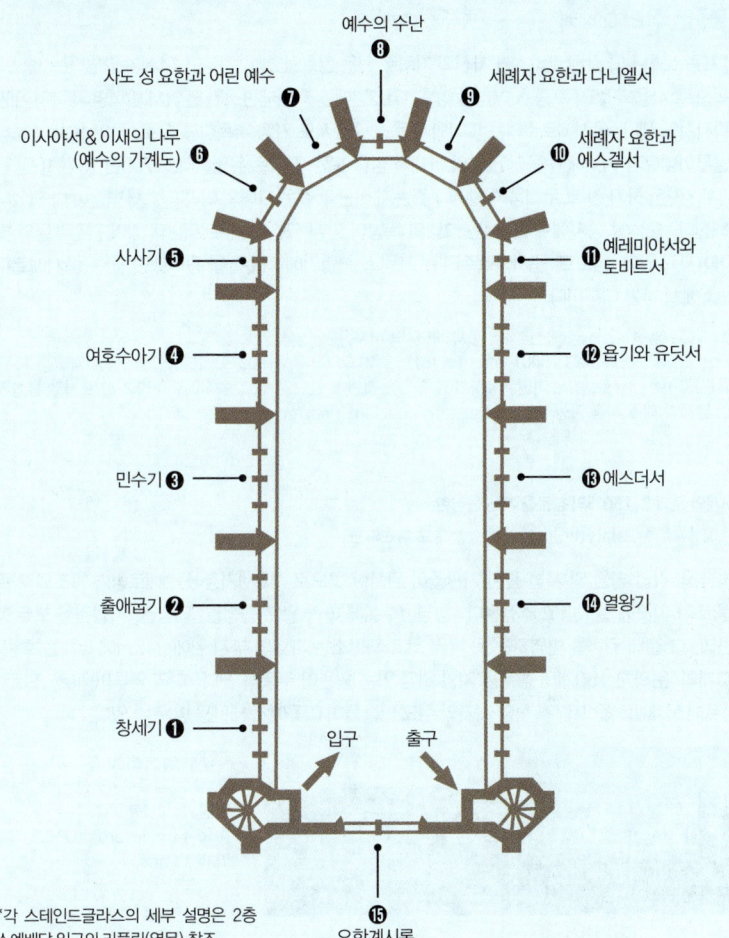

*각 스테인드글라스의 세부 설명은 2층 소예배당 입구의 리플릿(영문) 참조.

TIP 생트 샤펠 관람 방법

생트 샤펠은 예약제를 실시하고 있다. 뮤지엄 패스 사용자라도 예약 필수. 생트 샤펠은 최고 재판소와 입구를 공유한다. 입구 오른쪽이 생트 샤펠 입장객 줄이다. 예배당은 규모가 작고 스테인드글라스 외 특별한 볼거리가 없어 관람 시간은 얼마 소요되지 않는다. 생트 샤펠 입장 시 보안 검색이 철저하다. 특히 주머니칼같이 스테인드글라스를 훼손시킬 만한 물건은 반입이 불가하다.

마리 앙투아네트가 수감돼 있던
콩시에르주리 Conciergerie 꽁씨에흐쥬히

6세기 프랑스 최초의 왕 클로비스가 자신의 거처로 처음 건축하였다. 하지만 14세기 말부터는 재판소와 감옥으로 사용되었고, 프랑스 대혁명 이후 1793년에는 혁명재판소가 들어서 반혁명 세력의 재판이 이뤄지기도 했다. 콩시에르주리는 파리의 수용소 중에서도 가장 혹독한 곳으로, 루이 16세의 왕비 마리 앙투아네트가 이곳에 수용되어 삶의 마지막 밤을 보낸 것으로 유명하다. 1793년 10월 16일 단두대에서 사형당하기 전 그 두려움이 얼마나 컸는지 비단결 같은 그녀의 머리가 밤새 백발이 다 되었다고 전해진다. 오늘날 콩시에르주리에는 그녀의 독방이 당시 모습 그대로 재현돼 있어 관광객들의 발길이 이어지고 있다. 참고로 '콩시에르주리'는 프랑스 혁명기에 죄수들을 관리했던 간수 '콩시에르주 Concierge'에서 나온 이름이다.

Data **Map** 230p-A **Access** 메트로 4호선 시테Cité역 하차, 도보 5분
Add 2 boulevard du Palais 75001 Paris **Tel** (01) 53 40 60 80 **Open** 09:30~18:00(1월 1일, 5월 1일, 12월 25일 휴관) **Cost** 13유로, 18세 미만 무료. 11월, 1~3월 첫번째 일요일 무료. 콩시에르주리 & 생트 샤펠 통합권 20유로. 뮤지엄 패스 사용 가능 **Web** www.paris-conciergerie.fr/en

7,000개의 문과 3,150개의 창문을 지닌 웅장한
최고 재판소 Palais de Justice 빨레 드 쥐스띠쓰

현재 파리의 각급 법원 및 사법 관련 기관들이 위치한 곳으로, 10세기경에는 메로빙거 왕조와 카로링거 왕조가 이곳에 살았다고 추정된다. 왕권신수설에 따라 왕은 행정권, 입법권, 사법권을 모두 행사했는데, 그 절대 권력을 반영하는 듯 파리 최고 재판소는 4ha의 부지 위에 24km에 달하는 회랑, 7,000개의 문과 3,150개의 창문을 지닌 위엄 있는 외관이 주목을 끈다. 마리 앙투아네트, 조르주 당통, 로베스피에르 등 프랑스 혁명 시기의 주요 인물들이 이곳에서 재판을 받은 바 있다.

Data **Map** 230p-A
Access 메트로 4호선 시테Cité역 하차, 도보 1분
Add 4 boulevard du Palais 75001 Paris

TIP 그냥 지나치기 아까워요~

최고 재판소 뒤쪽으로 앙리 3세가 루이 13세를 위해 조성한 도핀 광장Place Dauphine이 있다. 삼각형 형태에 삼면이 아름다운 건물들로 둘러싸여 있어 쉬어가기 그만이다. 도핀 광장을 빠져 나가면 영화 <퐁네프의 연인들>의 배경이 된 퐁네프 다리Pont Neuf와 앙리 4세의 기마상이 있는 퐁네프 광장Place Pont-Neuf이 나온다. 앙리 4세 기마상 뒤 계단을 내려가면 작은 녹지대 베르갈랑 광장Place Vert Galant이 보인다.

콩시에르주리 내부 관람도

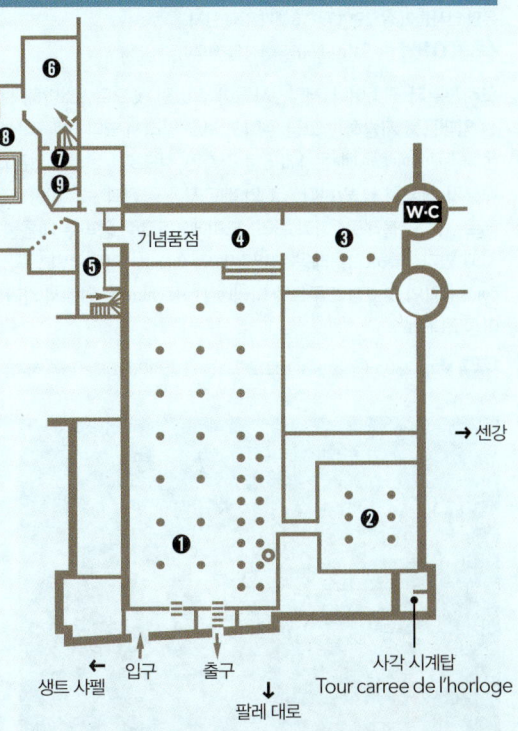

〈중세 시대 공간〉
❶ 헌병을 위한 홀
❷ 부엌
❸ 위병소(대혁명기에는 혁명재판소로 사용)
❹ 헌병 홀의 일부

〈혁명기 시대 공간〉
❺ 죄수들이 자유롭게 돌아다녔던 복도
❻ 온건공화파(지롱댕)가 사형되기 전 만찬을 즐겼던 곳 (중세에는 왕의 소예배실로 사용)
❼ 마리 앙투아네트의 소예배실
❽ 여자 죄수들이 식사를 하거나 빨래를 하기도 했던 뜰
❾ 마리 앙투아네트의 독방

기념품점
→ 센강
← 생트 샤펠
입구 출구
↓ 팔레 대로
사각 시계탑
Tour carree de l'horloge

© André Lage Freitas

유명 인사들이 살았던 17~18세기 주택 단지
생루이섬 Île Saint-Louis 🔊 일 쌩루이

오래전부터 귀족이나 저명인사들이 살았던 곳으로, 소박해 보이는 외관과는 달리 파리에서 값비싼 임대료를 자랑하는 고급 주택 단지로 알려져 있다. 생루이섬 한가운데 위치한 생루이 앙 릴 성당 Église Saint Louis en l'Ile은 1725년 건축된 것으로, 소박한 외관과는 달리 대리석과 금장식의 화려한 내부가 상당히 볼 만하다. 그 외 베르사유 궁전과 보르비콩트성을 건축한 건축가 루이 르보, 보들레르, 루소, 볼테르, 마리 퀴리, 도미에, 조르주 퐁피두 대통령 등이 살았던 건물들이 섬 곳곳에 위치해 있다. 특히 오를레옹 강변길Quai d'Orléans 쪽에 유명 인사들의 건물이 많으며, 부타렐 거리Rue Boutarel와의 교차점과 투르넬 다리Pont de la Tournelle 위에서 바라보는 노트르담 대성당의 경치는 매우 아름답다.

Data Map 230p-F Access 메트로 7호선 퐁마리Pont Marie역 하차, 도보 3분

생루이섬의 문패들

문패 1 : 1645년 건축되었으며 1842년부터 1843년까지 시인 보들레르 Baudelaire가 살았다는 표시

문패 2 : 1846년부터 1863년까지 화가 오노레 도미에Honoré Daumier가 살았다는 표시

TIP ① 한국인들에게 생루이섬은 베르티옹(아이스크림 가게)과 거의 동격으로 인식된다.
② 유명 인사들의 저택에는 하나 같이 문패가 부착돼 있다. 프랑스어를 몰라도 그 집이 건축된 해(연도가 하나 나올 때)와 그곳에 살았던 사람의 이름, 거주 연도(연도 2개가 연달아 나올 때)는 알 수 있다.

1991년 유네스코 세계 문화유산에 등재된
부키니스트 Bouquinistes 🔊 부끼니스뜨

'헌책'을 뜻하는 프랑스어 부캥Bouquin에서 파생된 부키니스트는 헌책 장수를 말하는데, 16세기 퐁뇌프 다리에서 상인들이 책을 팔던 것에 그 기원을 두고 있다. 현재는 시테섬과 생루이섬에서 빠져나와 센강 좌안과 우안을 걷다보면 루브르 근방까지 약 3km에 걸쳐 길게 늘어선 간이 헌책방을 볼 수 있다. 이들이 판매하는 것에는 일반 중고도서 외에도 오래된 신문, 잡지, 우편엽서, 포스터, 인쇄 그림 등 각종 출판물들과 마그네틱, 열쇠고리 같은 기념품들이 포함돼 있다. 이중에는 70~80년대 파리의 향수를 자극하는 것들이 많아, 여행객들은 특히 기념품으로 많이 사간다. 성수기와 날씨 좋은 날, 주말 오후 시간대에 활기를 띤다.

Data Map 230p-A
Access 센강 우안은 퐁뇌프 다리에서 루브르 박물관 강변까지, 센강 좌안은 투르넬 다리부터 카루젤 다리까지

\EAT/

영국 왕실이 극찬한 60년 전통 젤라토
베르티옹 Berthillon 🔊 베흐띠용

70년의 역사를 자랑하며 각종 언론으로부터 가장 맛있는 아이스크림 가게 중 하나로도 소개되고 있다. 특히 영국 여왕도 그 맛에 극찬했다는 보도 이후 파리를 찾는 전 세계 관광객들에게 더없이 유명한 집이 되었다. 진한 크림에 천연 과일향을 더한 베르티옹의 아이스크림 메뉴는 총 70가지가 넘으며, 그중 30가지를 매일 선보인다. 베르티옹의 베스트셀러는 산딸기 소르베다. 그 외 마리아주 프레르 차와 커피, 제과들을 즐길 수 있다. 늘 사람들로 장사진을 이뤄 찾기 쉽다.

Data **Map** 230p-F **Access** 시테섬에서 다리를 건너와 생루이섬 메인 도로인 생루이 앙 릴을 따라 직진 **Add** 29-31 rue Saint Louis en l'Ile 75004 Paris **Tel** (01) 43 54 31 61 **Open** 수~일 10:00~20:00 **Cost** 싱글 3.50유로, 더블 6.50유로

TIP 근방에 이탈리안 천연 젤라토로 유명한 아모리노Amorino 매장이 있다(지도 참조). 베르티옹과 아모리노는 개인 입맛에 따라 선호도가 달라지지만, 아모리노는 파리에만도 수십 개의 매장이 있는 만큼 생루이섬에서는 베르티옹을 추천한다.

시테섬 생트 샤펠 앞
브라스리 레 되 팔레 Brasserie Les Deux Palais 🔊 브하쓰히 레 되 빨레

생트 샤펠과 최고 재판소 길 건너편에 위치해, 아름다운 전경을 감상하며 식사를 즐길 수 있는 곳이다. 날씨 좋은 날 야외 좌석은 자리 경쟁이 치열하며, 19세기 벨 에포크 시대의 인테리어를 간직한 실내는 일반 캐주얼한 브라스리보다 고급스러운 느낌을 준다. 시테섬 주요 관광지 한가운데 있다는 것을 감안하면 가격은 합리적이고 맛도 기본 이상은 한다. 한국인들은 스테이크와 에스카르고(달팽이)를 많이 주문하지만, 맥주나 디저트류 등 간단한 스낵 등도 좋은 평을 받는다. 조식 메뉴와 10세 미만을 위한 키즈 메뉴도 있다.

Data **Map** 230p-A **Access** 메트로 4호선 시테Cité역 하차, 도보 2분 **Add** 3 Bd du Palais, 75004 Paris **Tel** (01) 43 54 20 86 **Open** 월~금 07:00~22:00, 토~일 08:00~ **Cost** 에스카르고 13유로~, 스테이크 20.50유로 **Web** www.brasserielesdeuxpalais.fr

가격 대비 맛 좋고 서비스 좋은
Writer's Pick! 오베르주 드 라렌 블랑슈 Auberge de la Reine Blanche 오베흐쥬 드 라헨느 블랑슈

생루이섬 일대에서 부담스럽지 않은 가격대의 세트 메뉴를 맛볼 수 있는 곳이다. 신선한 재료들을 엄선한 전통 프랑스 요리를 전문으로 하며, 애피타이저와 메인 요리, 혹은 메인 요리와 디저트로 구성된 세트 메뉴를 런치에는 20유로 초반대, 디너에는 30유로 초중반대에 제공한다. 뵈프 부르기뇽이나 남부 바스크식 닭요리, 에스카르고, 크렘 브륄레 같은 대표적인 프랑스 요리들을 비롯해 '이번 주의 특선요리'가 준비돼 있다.

Data Map 230p-F Access 생루이섬의 메인 도로 생루이 앙 릴에 위치. 생루이 앙 릴
Add 30, rue Saint Louis en l'Ile 75004 Paris Tel (01) 85 15 21 30
Open 화~일 12:00~14:30, 18:00~22:30 Cost 런치 세트 17.50유로~, 단품 메인 요리 18유로~

현지인들이 많이 찾는 전통 비스트로
오 부냐 Au Bougnat 오 부냐

노트르담 대성당 근방에 위치한 전통 비스트로로, 1949년 처음 문을 열었다. 파리의 대표 관광지에 위치해 있지만 뜨내기 관광객보다 현지인의 요구와 눈높이에 맞춰 맛과 가격, 서비스, 분위기 등에 정성을 다했다. 전통 프랑스 가정식을 현대에 맞게 재해석하고 손님들의 반응에 따라 계절마다 새로운 메뉴를 내놓고 있는 것이 큰 특징이다. 일반 식사뿐 아니라 가볍게 배를 채울 수 있는 타파스나, 소량의 디저트들이 커피와 함께 나오는 카페 구르망 Cafe Gourmand도 준비돼 있다.

Data Map 230p-B Access 노트르담 대성당에서 아르콜 다리 Pont D'Arcole 방향으로 가다 오른쪽 샤누아네스 거리 Rue Chanoinesse로 진입 Add 26, rue Chanoinesse 75004 Paris Tel (01) 43 54 50 74
Open 월~토 09:00~22:00 Cost 런치 세트 20유로~, 단품 메인 요리 19유로~ Web www.aubougnat.com

Paris By Area

02

마레 지구
Le Marais

마레 지구는 골목을 쏘다니는 재미가 있다! 귀족들의 저택들과 패션 액세서리 숍, 기념품 숍, 크고 작은 박물관과 맛집들이 골목 구석구석 자리를 잡고 있기 때문이다. 파리의 역사와 현재가 공존하고, 화려함과 소박함, 상업과 예술, 쇼핑과 관광, 관광객과 현지인의 모든 이분법을 뛰어넘는 곳이 바로 마레 지구다.

OF HALF LIFE

PARIS BY AREA 02
마레 지구

Le Marais
PREVIEW

중심 퐁피두센터부터 바스티유 광장에 이르기까지 방대한 지역을 가리켜 마레 지구라 부른다. 마레 Marais란 프랑스어로 늪지대를 뜻하는데, 17세기부터는 파리 귀족들의 주택이 들어서고 19세기에는 부르주아들, 20세기에는 유대인들이 거주하면서 다양한 문화가 공존하게 되었다. 오늘날 마레 지구에는 이들이 남겨놓은 호화저택들이 거리를 채우고 있다.

SEE

가장 유명한 관광지는 퐁피두센터다. 근현대미술에 관심이 없다 해도 에펠탑 못지 않은 파격적인 건물 자체가 큰 볼거리다. 세계에서 피카소 작품을 가장 많이 보유하고 있는 피카소 미술관도 놓치지 말아야 한다. 그 외 카르나발레 박물관, 빅토르 위고의 집(기념관), 쇼아 기념관, 코냑제 박물관은 무료인데다 볼거리도 풍성하다.

EAT

마레 지구에서 가장 인기 있는 먹거리는 단연 팔라펠이다. 각종 채소에 병아리콩 완자튀김을 넣어 빵에 끼워먹는데, 라스 뒤 팔라펠은 팔라펠 전문점 중에서도 최고의 주가를 자랑한다. 레스토랑 랑주 20도 주목할 만하다. 한국인에게 유명하지는 않지만 재야의 고수를 발견한 느낌이다. 마레 지구에는 파리지앵들 사이에서 큰 인기를 누리는 쌀국수 집 '송흥'이 있다. 따뜻한 국물이 생각난다면 가볼 것.

BUY

마레 지구의 인기는 메르시, 플럭스 같은 편집숍과 독특한 제품들로 시선을 끄는 이름 모를 디자이너의 작은 숍들이다. 어떤 목적을 갖고 쇼핑을 나서기보다 지나가다 맘에 들어 이것저것 사게 되는 곳이 바로 마레다. 마레에는 고급 티 브랜드 마리아주 프레르의 본점이 있다. 또한 생활인테리어 쇼핑의 강자 '베아슈베 마레BHV Marais' 백화점도 주목할 만하다.

어떻게 갈까?

마레 지구는 메트로 1, 8, 11호선이 삼각형 모양으로 감싸고 있다. 마레 지구로 접근하기 좋은 역은 1, 5, 8호선이 서는 바스티유Bastille역과 1호선이 서는 생폴Saint Paul 혹은 오텔 드 빌Hôtel de Ville(파리 시청사)역, 퐁피두센터 바로 앞에 있는 11호선 랑뷔토Rambuteau역을 이용하면 된다. 피카소 미술관은 8호선 생 세바스티앵 프루아사르 Saint-Sébastien Froissart역에서 하차한다.

어떻게 다닐까?

마레 지역 내에서는 도보가 최선이다. 대부분의 관광지들이 고만고만한 곳에 떨어져 있고, 그 사이사이 놓치기 아까운 기념품점, 맛집들이 포진해 있기 때문이다. 중간 중간 메트로를 이용한다 해도 메트로까지 찾아가는 수고에 교통비까지 추가돼 비효율적이다.

Le Marais
ONE FINE DAY

산책과 쇼핑, 맛집과 박물관을 모두 섭렵할 수 있는 1일 코스다. 패키지 관광객들로 바글대는 관광지를 벗어나, 골목 구석구석 누비며 파리의 참맛(?)을 느낄 수 있다.

메트로 1, 5, 8호선 바스티유역, 바스티유 광장에서 출발하기

→ 도보 5분 →

쉴리 저택, 예쁜 정원에서 쉬었다 가기(무료)

→ 도보 1분 →

보주 광장, 아름다운 붉은 저택 감상하기

↓ 도보 1분

코냑제 박물관, 18세기 고급 저택 훔쳐보기 (상설전 무료)

← 도보 3분 ←

카르나발레 박물관, 옛날 파리의 모습 훔쳐보기(무료)

← 도보 5분 ←

빅토르 위고 기념관, 대문호의 집 구경하기(무료)

↓ 도보 4분

그 유명한 팔라펠이나 홍차, 마카롱 맛보기

→ 도보 6분 →

쇼아 기념관, 잊지 말자 홀로코스트(무료)

→ 도보 7분 →

동화 속 건물 같은 시청사에서 사진 찍기

↓ 도보 5분

생퇴스타슈 성당, 고딕건축의 걸작 감상하기

← 도보 2분 ←

19세기 파리 시장이 재탄생한 포럼데알 구경하기

← 도보 8분 ←

퐁피두센터, 에펠탑만큼 파격적인 건물 감상하기

PARIS BY AREA 02
마레 지구

 SEE

피카소의 진가를 알 수 있는

피카소 미술관 Musée Picasso de Paris 뮈제 삐꺄소 드 빠히

세계에서 피카소의 작품을 가장 많이 보유한 곳으로 작품 수준이 역시 상당해 큰 인기를 얻고 있는 미술관이다. 이곳에는 회화, 드로잉, 콜라주, 조각, 판화 등의 피카소 작품 400여 점은 물론 피카소와 관련된 화가들(미로, 마티스, 세잔, 루소, 르누아르, 자코메티 등)의 작품들 70여 점도 전시돼 있다. 특히 〈게르니카〉와 같은 콘셉트로 전쟁의 참상을 그린 〈한국에서의 학살 Massacre en Corée〉은 주목할 만하다. 박물관이 들어서 있는 살레 저택은 1660년 완공돼 1968년 역사적 기념물로 등록될 만큼, 당시의 건축양식과 아름다운 인테리어를 고스란히 간직하고 있어 건물 자체로도 볼거리를 제공한다.

Data **Map** 247p-H **Access** 메트로 8호선 생 세바스티앵 프루아사르역Saint-Sébastien Froissart역 하차, 도보 4분 **Add** 5 Rue de Thorigny Hôtel Salé 75003 Paris **Tel** (01) 85 56 00 36
Open 화~일 09:30~18:00(매월 첫번째 수요일 20시까지. 매주 월, 1월 1일, 5월 1일, 12월 25일 휴관)
Cost 16유로, 매달 첫 번째 일요일 무료, 뮤지엄 패스 사용 가능 **Web** www.museepicassoparis.fr

파격적인 현대 예술문화 공간

Writer's Pick! 퐁피두센터-국립현대미술관

Pompidou Centre-Musée National d'Art Moderne 뽕삐두 쌍트흐-뮈제 나씨오날 다흐 모데흔느

건물 안에 있어야 할 금속 파이프들이 모두 겉으로 드러나 있다니! 건축 당시 이 얼마나 괴상망측한 일이냐며 흥분하던 파리지앵들도 이젠 퐁피두센터 하면 현대 예술의 중심지이자 파리의 대표적 관광지로 추천할 정도다. 퐁피두센터는 파리 심장부에 위치한 복합문화예술 단지로, 금속 파이프와 유리만을 사용한 파격적인 외형이 산업화 시대의 이미지를 예술적으로 형상화하고 있다. 건물 뒤 벽면 가득 차지한 파이프들과 건물 안 곳곳 파란색, 노란색, 녹색, 붉은색의 원색들이 눈에 띄는데, 이는 공기와 전기, 물, 사람들의 흐름을 형상화한 것으로, 퐁피두센터가 자연과 문화, 발전하는 근대 문명과 인간의 끊임없는 교류의 장임을 상징한다.

퐁피두센터의 핵심은 프랑스 국립현대미술관으로, 유럽에서 가장 큰 근현대미술관 중 하나로 손꼽힌다. 이곳은 피카소, 칸딘스키, 마티스, 샤갈, 레제르, 미로, 달리 등 거장들의 작품을 비롯해 약 7만여 점을 소장하고 있다. 이 외에도 현대 미술사에 기록될 만한 예술 동향이나 작가들의 특별전이 상시 기획되어 현대미술의 이정표 역할을 하고 있다. 그 외 노트르담 대성당, 에펠탑, 사크레쾨르 성당 등 파리의 상징적인 건물들과 주변 전경들을 감상할 수 있는 4~6층 전망 테라스 Vue de Paris(무료)는 관광객들이 이곳을 찾는 또 하나의 이유가 되고 있다.

퐁피두센터 옆, 스트라빈스키 광장에는 분수대와 스트라빈스키의 대표작 〈봄의 제전〉을 형상화한 알록달록한 설치 작품들이 들어서 눈길을 끈다. 특히 날씨 좋은 날에는 다양한 행위 예술과 퍼포먼스를 선보이는 사람들로 분위기는 더욱 달아오른다.

Data **Map** 246p-F **Access** 메트로 11호선 랑뷔토Rambuteau역 하차, 도보 1분
Add Place Georges Pompidou 75004 Paris **Tel** (01) 44 78 12 33 **Open** 수~월 11:00~21:00(목요일 저녁 6층 기획전만 23시까지), 화요일, 5월 1일 휴관 **Cost** 상설전 15유로, 상설전 및 기획전 16~18유로. 18세 미만 무료, 매달 첫 번째 일요일 상설전 무료. 뮤지엄 패스 사용 가능 **Web** www.centrepompidou.fr/en

TIP 퐁피두센터 폐관 및 이전 안내

1977년 개관한 퐁피두센터는 약 50여 년의 역사와 함께 노후화를 피할 수 없어 2025년 9월부터 2030년까지 보수 공사에 들어간다. 소장품들은 파리 4존에 위치한 퐁피두센터 프랑실리앙 마시Centre Pompidou Francilien Massy로 이전되며, 2026년 가을 오픈 예정이다.

말문이 막힐 만큼 웅장하고 아름다운
생퇴스타슈 성당 Paroisse Saint-Eustache 에글리즈 쌩뙈스따슈

Writer's Pick!

파리의 중심 1구에 위치한 생퇴스타슈 성당은 파리의 지도를 놓고 보면 신기하게도 원형의 외곽순환 도로 안 정중앙에 위치한다. 이는 성당의 중요성을 상징적으로 보여주는 게 아닐까! 이곳은 태양왕 루이 14세가 처음 영성체를 받았고, 모차르트가 어머니의 장례식을 치른 곳이기도 하다. 1532년 처음 건축된 성퇴스타슈 성당은 후기 고딕 건축의 대작으로 손꼽히는 만큼 외관부터 보는 이로 하여금 경외감이 들게 한다. 내부는 르네상스와 고전양식을 띠고 있으며, 아름다운 스테인드글라스와 베를리오즈가 테데움을 초연한 파이프오르간(무려 파이프가 800개나 된다!)이 유명하다. 또한 이곳의 하이라이트인 동정녀 마리아의 소예배실Chapel of the Virgin은 아치형 지붕 아래 스테인드글라스와 성모를 테마로 한 3폭의 성화가 어우러져 극도의 아름다움과 성스러움을 자아낸다.

Data Map 246p-A
Access 메트로 4호선 레알 Les Halles역 하차, 도보 2분
Add 2 impasse Saint-Eustache 75001 Paris
Tel (01) 42 36 31 05
Open 월~금 10:00~18:00, 토~일 10:00~19:00
Web www.saint-eustache.org

아름다운 정원에서 휴식을
쉴리 저택 정원 Jardin de l'Hôtel de Sully 쟈흐댕 드 로뗄 드 쉴리

앙리 4세 때 장관직을 지낸 쉴리 공작 저택의 정원으로 보주 광장에서 곧장 연결된다. 현재 저택은 국립 기념 건축물 센터로 사용 중이며 내부 입장이 불가하다. 하지만 정원과 안마당, 아름다운 17세기 바로크 스타일의 저택 외관은 감상할 수 있다. 쉴리 저택 정문 앞 길 건너편에 모노프리Mono Prix에서 간단한 먹거리를 사다 저택 정원에서 점심을 해결하는 현지인들이 많다. 최고의 전망을 즐기며 간단히 점심을 즐기는 최고의 방법!

Data Map 247p-L
메트로 1호선 생 폴Saint-Paul역 하차, 도보 3분
Add 62 Rue Saint-Antoine 75004 Paris
Open 09:00~19:00

고급 저택에 18세기 예술품이 가득
코냑제 박물관 Musée Cognacq-Jay 뮈제 꼬냑제이

백화점 라사마리텐La Samaritaine의 창립자이자 18세기 예술에 조예가 깊었던 에르네스트 코냑이 그의 아내 마리 루이즈 제와 함께 수집한 가구, 그림, 조각, 드로잉 및 각종 예술품이 전시된 파리 시립미술관이다. 프랑수아 부셰와 프라고나르, 와토, 장 앙투안 우동 등의 프랑스 작가들은 물론 카날레토, 티에폴로, 레이놀즈와 로렌스까지 유명 화가들의 주옥같은 작품들을 만날 수 있다. 16세기에 건축된 이 건물은 본래 왕실 수문장이자 카트린 드 메디치가의 일원이었던 메디치 드 도농의 고급 저택으로 실내 인테리어가 상당히 화려하고 품격 있어 귀족의 저택을 둘러보는 즐거움까지 함께 누릴 수 있다.

Data **Map** 247p-H **Access** 메트로 1호선 생 폴Saint-Paul역 하차, 도보 7분
Add 8 Rue Elzévir 75003 Paris **Tel** (01) 40 27 07 21 **Open** 화~일 10:00~18:00, 월요일, 1월 1일, 5월 1일, 12월 25일 휴관 **Cost** 상설전 무료. 기획전이 있는 경우 유료로 전환(요금은 전시에 따라 다름)
Web www.museecognacqjay.paris.fr

왕실의 품위기 느껴지는
보주 광장 Place des Voges 쁠라쓰 데 보쥬

1605년 앙리 4세가 건축을 지시하고 1612년 루이 13세와 오스트리아의 왕녀 안느의 약혼식을 기념해 완공된 왕실 광장Place Royal으로, 파리에서 가장 오래되었다. 광장에는 루이 13세의 기마상과 4개의 분수대, 잔디밭이 조성돼 있고, 광장 주위로는 붉은 벽돌과 청회색 지붕의 아름다운 건물 39채가 들어서 있다. 이 중 남쪽 중앙에 있는 가장 높은 건물은 왕의 빌라로, 북쪽에서 가장 높은 건물은 왕비의 빌라로 사용되었다. 건물 아케이드에는 각종 갤러리들이 들어서 있는데, 작품 내용이 좋아 그림에 관심 있는 사람이라면 천천히 둘러볼 만하다.

Data **Map** 247p-L
Access 메트로 1, 5, 8호선 바스티유Bastille역 하차, 도보 4분
Add Place des Vosges 75004 Paris

PARIS BY AREA 02
마레 지구

Data Map 247p-L
Access 메트로 1, 5, 8호선 바스티유Bastille역 하차, 도보 5분
Add 6 place des Vosges 75004 Paris **Tel** (01) 42 72 10 16
Open 화~일 10:00~18:00, 월요일, 1월 1일, 5월 1일, 12월 25일 휴관 **Cost** 상설전 무료
Web maisonsvictorhugo.paris.fr/en

Writer's Pick! 마레 지구 고급 아파트의 내부는?
빅토르 위고 기념관 Maison de Victor Hugo 메종 드 빅또흐 위고

보주 광장을 둘러싼 붉은 벽의 집들은 마레 지구의 아름다움을 더욱 돋보이게 하는 것 중 하나. 이 집들을 바라보고 있으면 '저곳의 내부는 어떤 모습일까'하는 의문을 갖게 된다. 상시 무료로 개방되는 빅토르 위고의 집은 이런 궁금증에 해답이 될 수 있을 것이다. 프랑스의 대문호 빅토르 위고는 1832년 이곳 3층의 한 아파트를 빌려 16년간 거주하며 〈레미제라블〉과 같은 명작을 탄생시키고, 생의 마지막을 맞이한 곳으로도 알려져 있다. 이곳에는 그의 자필 원고와 직접 그린 드로잉들, 가족의 초상화들, 당시 사용했던 가구들과 사진, 공예품 등 그의 숨결을 느낄 수 있는 소장품들이 전시돼 있다. 하지만 이곳의 하이라이트는 바로 내부 인테리어다. 각종 도자기와 고가구로 꾸민 중국풍 응접실과 위고가 직접 가구들을 제작한 중세풍의 식당은 50여 년간 위고의 정부로 살았던 '쥘리에트 드루에'의 건지 섬 별장을 그대로 재현했다. 또한 쥘리에트 드루에의 초상화를 볼 수 있는 위고의 서재와 대문호의 개인 취향을 엿볼 수 있는 침실 역시 인상적이다. 위고의 집에서 내려다보는 보주 광장의 전경도 놓치지 말아야 할 볼거리 중 하나다.

유대인 학살의 흔적을 찾아
쇼아 기념관 Mémorial de la Shoah 메모히알 드 라쇼아

유대인 학살의 실상을 보기 위해 폴란드의 아우슈비츠까지 갈 필요는 없다. 아이러니하게도 '자유, 평등, 박애'를 외치는 프랑스에도 나치의 유대인 학살에 동참했던 흑역사가 존재했고, 이를 낱낱이 보여주는 쇼아 기념관이 파리 한가운데 위치해 있으니까. 이곳의 전시물들 가운데 특히 주목을 끄는 것은 '이름의 벽'이다. 여기에는 프랑스 정부에 의해 이 땅에서 강제 추방된 7만 6천 명의 유대인 이름이 새겨져 있다. 이중 1만 1천 명이 어린아이다. 이와 반대로 쇼아 기념관을 둘러싼 외벽(쇼아 기념관을 바라보고 오른쪽 길가의 벽)은 '정의의 벽'으로 불린다. 여기에는 프랑스에서 자신들의 목숨을 걸고 유대인들을 구해낸 3천 4백여 명의 이름이 새겨져 있다.

기념관 내 지하 납골당에는 검은 대리석으로 만든 다비드의 별이 놓여 있다. 이것은 무덤도 없이 죽어간 6백만 명의 유대인들을 위한 상징적 묘다. 여기에는 게토의 폐허 혹은 죽음의 캠프에서 발견한 유대인 시신들의 재가 섞여 있다. 이 외에도 파리에서 체포된 유대인들의 개인 정보가 기록된 '유대인 파일' 보관소나 프랑스에서 추방된 유대인 아이들의 해맑은 사진으로 가득한 2평 남짓한 자료실 등도 깊은 울림을 남길 만큼 인상적인 곳이다.

Data **Map** 247p-K **Access** 메트로 7호선 퐁마리Pont Marie역 하차, 도보 3분
Add 17 Rue Geoffroy l'Asnier 75004 Paris **Tel** (01) 42 77 44 72
Open 일~금 10:00~18:00(목 ~22:00) **Cost** 무료 **Web** www.memorialdelashoah.org

Data Map 246p-J
Access 메트로 1, 11호선 오뗄 드 빌Hôtel de Ville역 하차, 도보 1분
Add Place de l'Hôtel de Ville 75004 Paris
Web www.paris.fr

 동화책 속 성 같은
파리 시청사 Hôtel de Ville de Paris 🔊 오뗄 드 빌 드 빠히

유럽의 어느 도시를 가도 관광의 1번지는 시청사다. 낮이나 밤이나, 여름이나 겨울이나 시청사는 꼭 봐줘야 한다. 네오르네상스 양식의 웅장하고 아름다운 건물은 낮뿐 아니라 은은한 조명 속에서도 빛을 발한다. 7월 중순부터 8월 중순까지 여름철에는 파리 시청사 앞에 휴가 못 간 파리지앵들을 위해 인공비치 '파리 플라주 Paris plage'가 조성된다. 반면 겨울에는 스케이트장이 들어서 아이들에게 큰 사랑을 받고 있다. 시청사 전시홀에는 '메그넘 사진전' 같은 수준 높은 전시회가 개최되기도 한다(비정기적이며 무료입장이 원칙이다). 시청사 내부는 베르사유 궁전의 거울의 방을 모델로 한 화려한 연회장을 비롯해 볼거리가 쏠쏠하지만 개별 관람이 불가능하고 2달 전 그룹으로 미리 예약(이메일 visites.hdv@paris.fr)을 해야 한다.

 파리의 옛 모습이 궁금하다면
카르나발레 박물관 Musée Carnavalet 🔊 뮈제 까흐나발레

16세기 이래 파리의 모습은 어땠고, 파리 사람들은 어떻게 살았을까 궁금하다면 주목! 16세기부터 20세기에 이르기까지 파리 사람들의 생활공간을 재현하고 당시의 가구들과 장식들, 당시 파리의 거리와 건물을 고증해 주는 모형들과 그림들, 거리의 간판 등 흥미로운 소장품들을 방대하게 전시해 놓고 있다. 1544년 건축된 2채의 건물은 1866년 파리시가 인수해 1880년 파리 역사 박물관으로 첫 문을 열었는데, 상설전은 연중 무료로 개방되는 만큼 꼭 방문해 볼 것을 추천한다. 특히 아름다운 정원은 야외 카페로 꾸며 차 한잔 즐기기에 더할 나위 없이 좋다.

Data Map 247p-H **Access** 메트로 1호선 생 폴Saint-Paul역 하차, 도보 5분 **Add** 23 Rue de Sévigné, 75003 Paris **Tel** (01) 44 59 58 58 **Open** 화~일 10:00~18:00, 월요일, 공휴일 휴관 **Cost** 상설전 무료
Web www.carnavalet.paris.fr

화려한 접견실로 유명한
국립 고문서 보관소 박물관–수비즈 저택
Musée des Archives Nationales-Hôtels de Soubise 뮈제 데 자흐쉬브 나씨오날-오뗄 드 수비즈

14세기 건축된 중세 건물이지만 18세기 수비즈공과 그의 부인 프랑수아 로앙이 거주하면서 유명해졌다. 수비즈관은 당대 유명한 건축가 제르맹 보프랑이 화려한 로코코 양식으로 디자인하고 부셰, 반루, 트레몰리에르 등 저명 화가들의 작품들로 꾸며져 있는데, 특히 접견실이 볼 만하다. 현재는 국립 고문서 보관소로 사용 중이며, 박물관으로 대중에게도 공개된다.

Data **Map** 247p-G **Access** 메트로 11호선 랑뷔토Rambuteau역 하차, 도보 7분
Add 60 Rue des Francs-Bourgeois 75003 Paris **Tel** (01) 40 27 60 96
Open 월·수~금 10:00~17:30, 토·일 14:00~(화, 공휴일 휴관) **Cost** 입장료 무료

파리에서 가장 오래된 시장
앙팡루주 시장 Marché des Enfants Rouges 마흐셰 데 장팡 후쥬

1615년 처음 문을 연 이 시장은 마레 지구 사람들에게 식료품을 공급하던 중요한 역할을 맡고 있었다. 하지만 여기저기 슈퍼마켓이 들어선 오늘날에는 장을 보러오는 현지인보다 호기심에 방문하는 관광객이 더 많은 편! 파리의 전통 재래시장이라고 단정 짓기 무색할 만큼 관광객 대상의 음식점(특히 중동 음식)이 주가 되어 '역사적 장소'라는 명맥만 유지하고 있다. '앙팡루주'란 '붉은 옷을 입은 아이들'이라는 뜻으로, 본래 이 자리에 있던 고아원의 아이들이 붉은 옷을 입었다는 점에서 유래한 이름이다. 고아원은 1534년 문을 닫았다.

Data **Map** 247p-D **Access** 메트로 3, 11호선 아르 에 메티에Arts et Métiers 하차, 도보 7분
Add 39 Rue de Bretagne, 75003 Paris
Open 화·수·금·토 08:30~20:30, 목 08:30~21:30, 일 08:30~17:00

PARIS BY AREA 02
마레 지구

유대인의 역사와 문화를 소개하는
유대교 박물관 Musée d'art et d'histoire du Judaïsme 뮈제 다흐 에 디스뚜아흐 뒤 쥐다이슴

유대인들의 역사와 문화, 전통을 이해할 수 있는 박물관이다. 수많은 종교 예술품들을 통해 유대교에 대한 이해를 높이고, 드레퓌스 사건처럼 유대인과 관련된 역사적 사건들을 재조명한다. 또한 샤갈, 모딜리아니, 수틴 같은 유대인 예술가들의 작품도 전시돼 있다.

Data Map 247p-G
Access 메트로 11호선 랑뷔토Rambuteau역 하차, 도보 7분 Add 71 Rue du Temple 75003 Paris
Open 화~금 11:00~18:00, 토~일 10:00~18:00. 월요일·1월 1일·5월 1일·각종 유대인 기념일 휴관
Cost 13유로, 10~6월 첫번째 토요일 상설전 무료, 뮤지엄 패스 사용 가능(예약 필수) Web www.mahj.org

과학기술의 발명과 발전의 역사
기술 박물관 Musée arts et métiers 뮈제 아흐 제 메띠에

새로운 과학기술의 발견과 기술 혁신의 면면을 살펴볼 수 있는 전문 박물관이다. 과학 도구들과 각종 물질들, 에너지, 기계 장비, 건설, 통신, 미디어, 교통수단 등 과학과 기술에 관련된 모든 분야를 다루고 있다. 일반 과학보다 더 전문적인 내용이기 때문에 일반 과학관을 생각하면 큰 오산. 과학기술에 전혀 관심이 없다면 흥미가 떨어질 수 있다.

Data Map 247p-C Access 메트로 3, 11호선 아르 에 메티에Arts et Métiers역 하차, 도보 1분
Add 71 Rue du Temple 75003 Paris Tel (01) 53 01 82 00 Open 화~일 10:00~18:00(금 ~21:00),
월요일, 1월 1일, 5월 1일, 12월 25일 휴관 Cost 상설전 12유로, 18세 미만 무료, 매달 첫 번째 일요일,
매주 금요일 오후 6시 이후 무료, 뮤지엄 패스 사용 가능 Web www.arts-et-metiers.net

프랑스 혁명의 상징
바스티유 광장 Place de la Bastille
🔊 쁠라쓰 드 라바스띠유

이곳에는 본래 왕권을 위협하던 정치범들의 감옥이 위치해 있었다. 하지만 1789년 7월 14일 파리 시민들이 교도소를 습격하고 단두대를 설치하면서 프랑스 혁명의 상징적 장소가 되었다. 광장 중앙에는 혁명으로 희생된 사람들을 추모하는 7월 혁명 기념탑이 서 있다.

Data Map 247p-L
Access 메트로 1, 5, 8호선 바스티유Bastille역 하차, 도보 1분
Add Place de la Bastille 75004 Paris

파리지앵들의 생활상을 엿볼 수 있는
바스티유 시장 Marché Bastille
🔊 마흐셰 바스띠유

목요일과 일요일 오전에만 문을 여는 야외 시장이다. 신선한 야채와 과일, 생선, 치즈 등의 식료품은 물론 옷과 악세서리, 꽃, 생활용품 등 일반 재래시장에서 볼 수 있는 모든 것을 판매한다. 특히 시식 가능한 먹거리가 풍성하고 파리 기념품도 저렴하게 판매하고 있다.

Data Map 247p-L Access 메트로 1, 5, 8호선 바스티유Bastille역 하차, 도보 3분
Add Bd Richard-Lenoir, 75011 Paris
Open 목 07:00~13:30, 일 ~14:30

수준 높은 문화 공연의 장
오페라 바스티유 Opéra Bastille

프랑스 혁명 200주년을 맞아 세워진 국립 오페라 극장이다. 팔레 가르니에와는 달리 현대적인 외관을 자랑하며, 총 2,700석 규모에 최신 공연 시설을 갖추고 있다. 발레, 콘서트, 오페라, 연극 등 다양한 프로그램이 준비돼 있다. 스케줄 확인 및 티켓 구매는 홈페이지에서 가능하다(티켓 구매에 대한 자세한 정보는 089p 참고). 그 외 본 공연장과 백 스테이지, 휴게실 등을 둘러보는 가이드투어(90분 소요)도 마련돼 있다.

Data Map 247p-L Access 메트로 1, 5, 호선 바스티유Bastille역 하차, 도보 1분 Add Place de la Bastille 75012 Paris Tel (01) 40 01 19 70 Open 공연 티켓 오피스 월~토 11:30~18:30(공연일에는 1시간 전까지). 가이드 투어 홈페이지에서 요일 및 시간 확인 Cost 가이드 투어 일반 20유로, 25세 이하 15유로 Web www.operadeparis.fr/en

EAT

한국인들이 인정한 오리 스테이크 맛집
셰 자누 Chez Janou 셰 자누

보주 광장 일대에서 한국인들이 많이 찾는 레스토랑 중 하나다. 프랑스 남부 프로방스식 요리를 표방하는 만큼, 각종 식물들로 꾸민 야외석과 녹색의 차양막이 외관부터 눈길을 끈다. 이곳을 방문하는 한국인들 열의 아홉이 주문하는 것은 오리 스테이크와 버섯 리조토. 라타투이와 개구리 다리 튀김, 초콜릿 무스 등도 인기가 많다. 특히 아니스가 들어간 식전주 파스티스Pastis가 유명하다.

Data Map 247p-L Access 메트로 8호선 슈맹베르Chemin Vert역 하차, 도보 2분 Add 2 Rue Roger Verlomme, Paris Tel (01) 42 72 28 41 Open 08:00~02:00 Cost 오리 스테이크 26유로, 디저트 5유로 Web www.chezjanou.com

줄 서서 먹는 팔라펠 집
라스 뒤 팔라펠 L'As du Fallafel 라쓰 뒤 팔라펠

유대인 지구에서 가장 인기 있는 팔라펠 전문점으로, 언제나 사람들로 북적인다. 팔라펠이란 작은 병아리콩을 으깨어 튀긴 후 각종 채소에 섞고 화이트소스를 뿌려 빵 사이에 끼워먹는 중동음식이다. 생각보다 양이 꽤 많고 든든해 한 끼 식사로도 충분하다. 테이크아웃이 훨씬 저렴하고 대기 시간도 짧다.

Data Map 247p-G Access 메트로 1호선 생폴St. Paul역 하차, 도보 5분 Add 34 Rue des Rosiers 75004 Open 일~목 11:00~23:30, 금 11:00~15:00(토요일 휴무) Cost 스페셜 팔라펠(테이크아웃) 10유로

진한 치즈 맛에 반했어요
뺑, 뱅, 프로마쥬 Pain Vin Fromages 뺑, 뱅, 프호마쥬

'빵, 포도주, 치즈'라는 뜻처럼, 퐁듀와 라클렛 등의 치즈 요리를 와인과 함께 즐길 수 있는 곳이다. 스위스와 맞닿아 치즈 요리로 유명한 사부아 지역식 퐁듀Savoyarde Fondue가 가장 인기 있다. 부드러운 카망베르 퐁듀, 강한 블루치즈 애호가를 위한 로크포르 퐁듀 등 입맛 따라 선택도 가능하다. 말랑말랑한 라클렛 치즈를 포슬포슬한 감자 위에 얹어 먹는 라클렛도 별미다. 주문은 2인부터 가능.

Data Map 247p-G Access 메트로 11선 랑뷔토Rambuteau역 하차, 도보 2분 Add 3 Rue Geoffroy l'Angevin, 75004 Paris Tel (01) 42 74 07 52 Open 19:00~24:00 Cost 퐁듀 18.50유로~ Web www.painvinfromages.com

 손님이 바글바글
랑주 20 L'Ange 20 랑쥬 벵

보주 광장 근처에 위치한 랑주 20은 스테이크, 푸아그라 등 전형적인 프랑스 요리들을 파는 프렌치 레스토랑이다. 런던과 파리의 유명 호텔에서 실력을 쌓은 셰프 티에리 폴리가 주방을 맡고 있다. 가격도 합리적이며 프랑스의 권위 있는 레스토랑 가이드북〈고에미요〉에서도 주목한 바 있다. 스타터와 메인 디저트는 각각 6가지 정도가 준비돼 있는데, 가짓수를 줄이고 요리 하나하나에 신경을 썼다.

Data **Map** 247p-L **Access** 메트로 8호선 슈맹베르Chemin Vert역 하차, 도보 4분 **Add** 44 rue des Tournelles 75004 Paris **Tel** (01) 49 96 58 39 **Open** 수~일 12:00~14:00, 18:30~23:00 **Close** 월, 화요일 **Cost** 메인 요리 22유로, 스타터 10유로, 디저트 9유로 **Web** www.lange20.com

불닭볶음면보다 더 매워도 괜찮겠니?
세 배 더 매운 집 Trois Fois plus de Piment
트흐와 푸아 쁠뤼 드 삐멍

유독 매운맛을 즐기는 한국사람들을 위한 가게다. 사천식 면과 만두 요리를 전문으로 하는 이곳에서 가장 인기 있는 메뉴는 탄탄면. 된장맛이 나는 맵고 진한 돼지고기 육수에 땅콩을 넣어 고소한 뒷맛까지 챙겼다. 맵기는 1~5단계 중 선택할 수 있는데, 불닭볶음면을 즐겨 먹는 사람은 3단계 이상을 선택하면 된다.

Data **Map** 246p-B **Access** 메트로 11호선 랑뷔토Rambuteau역에서 하차, 도보 3분 **Add** 184 Rue Saint-Martin 75003 Paris **Tel** (06) 52 66 75 31 **Open** 화~일 12:00~23:00 (월 휴무) **Cost** 만두 5.90유로 **Web** troisfoisplusdepiment.fr

 파리 최고의 쌀국수 집
송흥 Song Heng 쏭흥

파리지앵들 사이에서 소문난 쌀국수 전문점. 메뉴는 오직 쌀국수 퍼Phở와 비빔 쌀국수 보분Bobun뿐이다. 테이블도 10여 개밖에 되지 않아 자리만 나면 무조건 합석해야 한다. 약간 두툼한 면발에 야들야들한 소고기 고명, 감칠맛 나는 육수는 말이 필요 없다. 비빔 쌀국수도 만만치 않게 인기가 많다.

Data **Map** 247p-C **Access** 메트로 3, 11호선 아르 에 메티에Arts et Métiers역 하차, 도보 1분 **Add** 3 Rue Volta, 75003 Paris **Tel** (01) 42 78 31 70 **Open** 월~토 11:00~16:00 **Cost** 쌀국수 소 10.90유로

Paris By Area

03

루브르 & 오페라

Musée du Louvre & Opéra Garnier

세계 3대 박물관 중 하나인 루브르, 이집트의 오벨리스크가 우뚝 선 콩코르드 광장, 귀족들의 전유물이었던 오페라 하우스까지 프랑스의 화려했던 역사와 문화가 눈앞에 펼쳐진다. 유명 명품 브랜드와 고급 식료품점, 파리 최고의 백화점들도 관광객이 꼭 들르는 인기 스폿 중 하나! 악마의 유혹, 마카롱과 몽블랑도 빼놓을 수 없다.

Musée du Louvre & Opéra Garnier
PREVIEW

관광과 쇼핑, 먹거리, 어느 것 하나 부족함이 없는 지역이다. 1초에 한 작품씩만 봐도 하루에 다 볼 수 없다는 루브르는 유명 작품만 본다 해도 2~3시간은 잡아야 하니, 미술관, 정원, 성당, 오페라 극장 등을 꼼꼼하게 돌아보려면 하루가 부족하다.

SEE
'파리' 하면 역시 루브르를 빼놓을 수 없다. 유명 작품들도 많고 전시 공간도 상당히 넓기 때문에 지도나 오디오가이드를 적극 활용하자. 모네를 좋아하는 사람이라면 오랑주리 미술관은 필수다. 그리스 신전 같은 마들렌과 프랭탕 백화점의 테라스(파리의 지붕들과 에펠탑 감상)도 잘 알려지진 않았지만 그냥 지나치긴 아깝다. 오페라 극장은 야경마저 아름답다.

EAT
여성들이 좋아하는 디저트는 다 있다. 앙젤리나의 몽블랑과 라뒤레의 마카롱. 294년 전통 베이커리 스토레도 빼놓을 수 없다. 루브르가 정면에 보이는 카페 마를리는 조식을 즐기기에 좋다. 미슐랭 스타 음식을 원한다면 귀족의 만찬장을 연상케 하는 르뫼리스 알랭 뒤카스에 주목하자. 순대국밥, 뼈해장국 같은 한식을 원한다면 삼부자, 저렴하고 맛좋은 프랑스 음식을 원한다면 비스트로 빅투아르를 추천한다.

BUY
쇼핑의 메카다. 쇼핑에 큰 비중을 둔다면, 하루쯤 따로 날을 잡는 것이 좋다. 갤러리 라파예트와 프랭탕 백화점은 물론 캐주얼 패션몰 시타듐과 각종 중저가 브랜드 몰, 화장품 약국이 오밀조밀 모여 있다. 윈도우 쇼핑이 즐거운 파사주들이 있고, 캐주얼 마린룩의 정석, 세인트 제임스 매장도 놓칠 수 없다.

 ## 어떻게 갈까?

유명 관광지와 백화점, 식료품점을 모두 포함하고 있는 이 구역은 주요 포인트마다 메트로가 정차한다. 루브르는 1, 7호선이, 콩코르드 광장은 1호선, 마들렌 성당은 8, 12, 14호선이 정차한다. 프랭탕 백화점은 3, 9호선 아브르-코마르탱Havre-Caumartin역을, 오페라는 3, 7, 8호선 오페라Opéra역을 이용하면 된다. 명품 숍이 몰려 있는 포부르 생토노레와 생토노레 거리는 콩코르드Concorde역이나 마들렌Madeleine역에서 하차해 조금 걸어 들어간다.

 ## 어떻게 다닐까?

이 구역은 도보로도 충분히 돌아볼 만하다. 하지만 주요 포인트마다 메트로 역이 있고 많은 버스 노선들이 지나고 있어, 무제한 교통카드를 소지하고 있다면 버스를 적절하게 이용하는 것도 좋다.

Musée du Louvre & Opéra Garnier
ONE FINE DAY

'죽기 전에 꼭 봐야 할 명화'들도 감상하고 파리의 대표적인 쇼핑 구역도 구경하는 하루 일정이다. 쇼핑에 관심 없는 사람도 충분히 즐겁고 볼거리가 풍성하다. 파리 맛집에서 빠지지 않는 포숑, 라뒤레, 앙젤리나에서 다양한 먹거리도 즐겨보자.

루브르 박물관,
명화들 속에 빠져보기

도보 3분 →

카루젤 개선문,
나폴레옹의 숨결 느끼기

도보 3분 →

튈르리 정원, 파리지앵처럼
일광욕하기

도보 5분 ↓

마들렌 성당,
그리스 신전 같은 성당 보기

← 도보 3분

콩코르드 광장, 동서남북
돌아보며 작품 사진 만들기

← 도보 1분

오랑주리 미술관, 〈수련〉
향기에 푹 젖어보기

↓ 도보 8분

갤러리 라파예트
식품관에서
최고급 맛 즐겨보기

도보 3분 →

프랭탕 백화점, 옥상에서
파리 지붕들 내려다보기

도보 5분 →

팔레 가르니에, 귀족처럼
극장 계단 밟아보기

도보 3분 ↓

앙젤리나, 몽블랑 혹은
쇼콜라쇼 맛보기

← 도보 3분

라뒤레, 1, 2위를 다투는
최고의 마카롱 먹기

← 도보 3분

방돔 광장,
부와 권력의 집합소 보기

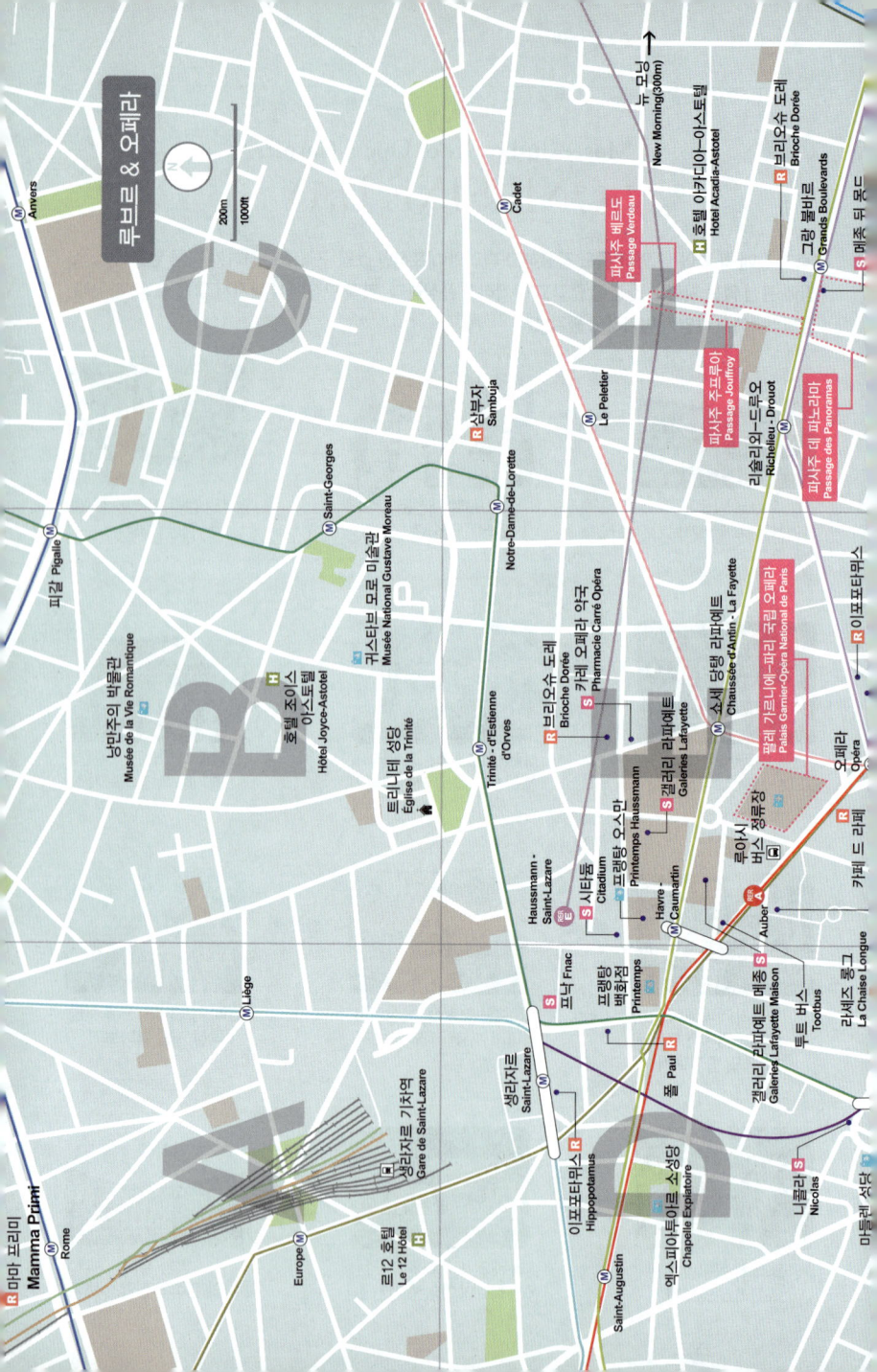

가장 대중적이고 친근한 왕궁
팔레 루아얄 Palais-Royal 🔊 빨레 후아얄

이토록 친근하고 대중적인 왕궁이 또 있을까. 유명 브랜드 숍의 아케이드이자 만남의 장소, 아이들의 놀이터, 노인들의 페탕크(게이트볼과 비슷한 프랑스 남부의 전통 게임) 경기장이자 동네 주민들의 휴식 장소, 게다가 유명 설치작가의 작품 전시장이자 정부 청사가 한데 모여 있는, 그야말로 '익사이팅'한 곳이다. 루브르의 맞은편에 위치한 팔레 루아얄은 1633년 건축된 것으로, 본래 리슐리외 추기경의 저택이었다. 하지만 베르사유 궁전이 완공될 때까지 루이 14세를 비롯해 왕가가 머무르면서 팔레 루아얄(왕궁)이라는 이름을 얻게 되었고, 1661년부터는 전적으로 왕가(오를레앙 공)의 소유가 되었다. 18세기에는 아름다운 왕궁 정원을 중심으로 3개의 건물이 들어설 만큼 규모가 확장되었다.

하지만 재정적인 문제에 부딪히면서 세를 주게 되었고, 프랑스의 여류소설가 콜레트와 장 콕토 같은 유명 인사들이 거주하기 시작했다. 그 외 1층 회랑에는 레스토랑, 카페, 각종 숍이 들어서면서 대중적인 사교의 중심지로 부상하였다.

오늘날 팔레 루아얄은 프랑스 문화부 청사로 사용 중이며, 디자이너 숍들이 들어서 있다. 하지만 이곳이 대중적인 만남의 장소와 관광지로 더 큰 인기를 얻게 된 것은 일명 '뷔랭의 기둥들'이라 불리는 260개의 크고 작은 흑백 줄무늬 기둥들 덕분이다. 프랑스의 개념 미술가 다니엘 뷔랭Daniel Buren의 설치 작품으로, 단순해 보이는 줄무늬 패턴의 반복을 통해 사람들의 주의를 환기시키고 주변과의 조화를 통해 공간의 재해석을 이끌어냈다. 이로써 권위적으로 느껴질 수 있는 '왕궁'은 보다 현대화되고 친근한 대중적 장소로 재탄생할 수 있었다.

Data Map 265p-K
Access 메트로 1, 7호선 팔레 루아얄-뮈제 뒤 루브르Palais Royal-Musée du Louvre역 하차, 도보 1분 **Add** 6 Rue de Montpensier 75001 Paris
Tel (01) 47 03 92 16
Open 08:30~22:30
Cost 무료 **Web** www.domaine-palais-royal.fr

〈모나리자〉의 미소를 보러 가자
Writer's Pick! 루브르 박물관 Musée du Louvre 뮈제 뒤 루브흐

파리에 가야 하는 이유 중 하나, 바로 루브르가 있기 때문이다. 세계 3대 박물관 중 하나인 루브르는 12세기 이후 프랑스 왕들이 거주하던 왕궁이었지만 1793년 국립 박물관으로 용도를 변경하여 지금에 이르고 있다. 총 7만 3천m²의 방대한 규모로, 리슐리외관과 쉴리관, 드농관 세 건물에 걸쳐 약 3만 5천여 작품이 전시돼 있으며, 이는 크게 고대 이집트, 고대 그리스 & 로마, 로마제국 하의 오리엔탈 미술, 이슬람 예술, 회화, 조각, 그래픽 예술, 공예품 등으로 나누어진다. 루브르를 대표하는 작품으로는 레오나르도 다빈치의 〈모나리자〉, 외젠 들라크루아의 〈민중을 이끄는 자유의 여신〉, 〈밀로의 비너스〉, 〈함무라비 법전〉 등이 있다.

오늘날 루브르를 더욱 유명하게 만든 것은 바로 루브르 뜰에 세워진 20m 높이의 유리 피라미드다. 이는 1988년 프랑수아 미테랑 대통령이 루브르를 세상에서 가장 큰 박물관으로 만들겠다는 계획 아래 흩어져 있던 출입구를 유리 피라미드 아래 하나로 통합하면서 탄생된 것이다. 당시에는 반대 의견도 많았지만, 지금은 루브르의 가장 유명한 포토 존이 되었다. 한편 루브르는 유럽 열강을 호령하던 절대군주 루이 14세기 거주했던 곳이기도 하다. 야경 역시 놓치기 아깝다.

Data **Map** 265p-K **Access** 메트로 1, 7호선 팔레 루아얄-뮈제 뒤 루브르Palais Royal-Musée du Louvre역 하차, 도보 1분 **Add** Musée du Louvre, 75058 Paris **Tel** (01) 40 20 53 22
Open 월·목·토·일 09:00~18:00, 수·금·매달 첫 번째 토요일 ~21:00 (화요일, 1월 1일, 5월 1일, 12월 25일 휴관) **Cost** 22유로(당일과 그 다음날 사용 가능한 외젠 들루크루아 미술관 입장권 포함). 9~6월 첫 번째 금요일 18시 이후, 7월 14일 무료. 뮤지엄 패스 사용 가능 **Web** www.louvre.fr/en

---

TIP 루브르 관람 요령

① 루브르 박물관은 사전 예약 필수다. 홈페이지 내 공식 티켓 메뉴(ticketlouvre.fr)로 들어가 방문 날짜와 입장 시간을 정해 개별 입장권(Individual tickets)을 구입해야 한다. 뮤지엄 패스를 사용하는 경우에도 마찬가지다. 이때에는 티켓 메뉴에서 'Paris Museum Pass ticket' 항목을 클릭하고 방문 날짜와 입장 시간을 예약한다. 예약을 위해서는 회원 가입(Sign up)이 꼭 필요하다.
② 무료 입장 대상자인 경우에도 예약이 꼭 필요하다.
③ 입장권과 함께 한국어 오디오가이드도 대여 예약 할 수 있다. 요금은 6유로이며, -1층에서 QR코드를 보여주면 된다.
④ 지상의 유리 피라미드 입구(정문)보다 메트로 팔레 루아얄-뮈제 뒤 루브르역과 연결돼 있는 지하 2층 입구가 덜 붐빈다.
⑤ 인포메이션 데스크에는 한국어 안내서가 비치돼 있다.

PARIS BY AREA 03
루브르&오페라

THEME PAGE

루브르 주요 작품 둘러보기

워낙 넓고 작품 수도 많아 주요 작품만 보는 데도 2~3시간은 소요된다. 그림 찾다 길 잃어버리기 십상이니 지도를 잘 따라가자. 자신의 관심 분야에 따라 골라보는 것도 효율적인 방법이다. 다음은 루브르에서 꼭 봐야 할 대표 작품들을 모으고 해설을 덧붙인 것이다.

지하 1층 Entresol

마를리 궁의 말들 Cheval de Marly
기욤 쿠스투 Guillaume Coustou, 리슐리외관, 지하 1층, 마를리 궁정

사나운 말들과 이를 길들이는 마부의 동작이 역동적으로 잘 표현됐다. 처음에는 마를리성 정원에 세워졌다 샹젤리제 입구로, 그리고 다시 1894년에는 루브르 박물관으로 옮겨졌다.

중세 루브르의 해자 Fossés du Louvre Médiéval
쉴리관, 지하 1층, 135번 방

12세기 필립 오귀스트 왕 당시, 루브르가 요새로 지어졌음을 증명하는 곳이다. 루브르가 거주지로 쓰이기 시작한 것은 14세기 이후로 알려져 있다('해자'란 적의 침략을 막기 위해 성곽 주위에 파 놓은 도랑을 말한다).

성 마리 마들렌 Sainte Marie-Madeleine
에르하르트 G. Erhart, 드농관, 지하 1층, 169번 방

이 상은 본래 아우크스부르크 도미니칸 수도원의 성 마리마들렌 성당 천정에 달려 있던 것이다. 자신의 머리카락으로 몸을 가린 채 동굴에서 살고 있던 이 여인은 자신의 죄를 회개한 후 천사에게 들려 매일같이 천국을 방문하고 천국의 아름다운 음악을 들을 수 있었다. 균형 잡힌 육체미에 요염함을 내뿜는다.

젊은 여인의 초상 Portrait de Jeune Femme
드농관, 지하 1층, 183번 방

기원전 3세기경 이집트의 장례식에서 사용된 여인의 초상으로, '유럽 여인'이라고 불릴 만큼 서양인(그리스인)의 이미지가 섞여 있다. 머리를 깔끔하게 뒤로 넘겨 금장식 핀을 꽂고, 귀에는 진주귀걸이를 달았다. 자줏빛 옷은 가슴 위에서 에메랄드 핀으로 여며져 있다. 목에 두른 금박은 훗날 덧칠해진 것이다.

키클라데스의 우상 Idole des Cyclades
드농관, 지하 1층, 170번 방

키클라데스는 그리스 남동쪽 에게 해에 위치한 군도들(산토리니, 시로스, 미코노스, 밀로스 등)을 가리킨다. 기원전 3천 년경(청동기 시대) 키클라데스 문명은 풍부한 광물 자원(그중에서도 대리석)을 이용해 팔짱 낀 여성 조각들을 많이 남겼다. 신체를 최대한 단순화시키면서 놀랄 만큼 세련미를 추구하였다.

생루이 왕의 세례반 Baptistère de Saint Louis
드농관, 지하 1층, 186번 방

황동에 화려하게 금, 은장식을 한 이슬람 공예품으로, 14세기 초중반 시리아-이집트 지역에서 만들어진 것이다. 이름과 달리, 생 루이 왕(루이 9세 왕)과는 아무 관련이 없다. 1606년 앙리 4세와 마리 드 메디치가 아들(훗날 루이 13세)의 세례식 때 이것을 사용했다.

0층 Rez-de-chaussée

함무라비 법전 Code de Hammurabi, Roi de Babylone
리슐리외관, 0층, 227번 방

'눈에는 눈, 이에는 이'로 유명한 함무라비 법전은 바빌론의 함무라비 왕이 제정한 최초의 성문헌법. 설형문자로 282개의 법조문이 3,500줄에 걸쳐 새겨져 있다. 함무라비 왕이 태양의 신이자 정의와 재판의 신이기도 한 사마슈에게 기도를 드리고, 신은 왕에게 만물의 척도를 재는 자를 주는 모습이 새겨져 있다.

라마수 Lamassu
리슐리외관, 0층, 229번 방

사람 얼굴에 날개 달린 황소 상 라마수는 기원전 900~330년까지 제작되던 것으로, 왕궁 수호의 역할을 맡았다. 이는 스핑크스와 비슷한 성격을 갖지만, 라마수는 입상이고 스핑크스는 좌상이다.

밀로의 비너스라고도 불리는 아프로디테
Aphrodite, dite Venus de Milo
쉴리관, 0층, 345번 방

밀로섬 아프로디테 신전 근처에서 발견돼 붙은 이름이다. 8등신의 완벽하고 균형 잡힌 몸매에 관능미가 헬레니즘 미술의 특징을 잘 보여준다.

다리우스 궁전의 벽 장식 Palais de Darius
쉴리관, 0층, 307번 방

307과 308번 방에는 이란 페르시아 제국의 다리우스 1세 때 건축된 궁전 벽 장식들이 전시돼 있다. 궁수는 특히 자주 쓰인 모티프인데, 파란색 바탕에 노란색, 흰색, 녹색 등의 유약을 사용해 채색돼 있다. 궁수들은 옆 모습으로 표현돼 있지만, 오직 눈만이 정면을 향해 있다. 어깨에 화살통을 메고 두 손으로 창을 든 이들은 왕을 호위하는 불멸의 군사들일까?

큐피트의 키스로 다시 살아난 프시케
Psyché Ranimée par le Baiser de l'Amour
카노바A. Canova, **드농관, 0층, 403번 방**

프시케의 아름다운 외모를 질투한 비너스는 프시케를 영원한 잠에 빠뜨리지만, 프시케를 사랑했던 큐피드는 어머니의 노여움을 가라앉히고 프시케를 다시 살려낸다는 신화 속 이야기를 모티브로 한다. 부드러운 선이 살아 있는 순백의 대리석상은 애틋한 사랑의 주인공들을 더욱 신비롭게 만들어준다.

타무트네프렛의 관 Cercueil de Tamoutnefret
쉴리관, 0층, 321번 방

이집트의 태양신 아문의 신녀였던 타무트네프렛의 미라 관이다. 신의 목소리를 전달하는 특별한 그녀의 능력과 위상을 반영해, 신을 연상시키듯 황금빛으로 단장했다. 관 뚜껑과 측면에는 부활의 신 오시리스, 시간과 달의 신 토트, 죽은 자를 인도하는 아누비스 신, 호루스의 눈 등 다양한 그림과 문자가 그려져 있다. 이는 신의 보호로 내세에까지 무사히 이르는 것은 물론 그곳에서 영원한 삶을 살 수 있기를 기원한 것이다.

© Musee du Louvre, Georges Poncet

포로(죽어가는 노예) Captif(L'esclave Mourant)
미켈란젤로Michel-Ange, **드농관, 0층, 403번 방**

교황 율리우스 2세의 무덤 장식을 위해 제작된 것이다. 미켈란젤로의 작품들은 자로 잰 듯 정확한 육체미가 큰 특징이다. 고단한 삶을 살았던 노예에게 죽음은 끝이 아니라 일종의 해방과도 같은 것이다. 죽어가는 순간에 그토록 평안한 모습을 보이는 것도 그 때문이다. 바로 옆에 동일한 목적으로 제작된 포로(반항하는 노예)도 있다. 결박당한 노예의 모습은 고된 삶에 매여 있는 모든 인간의 모습 아닐까.

1층 1er Étage

나폴레옹 3세의 아파트 Appartements Napoléon-III
리슐리외관, 1층, 544번 방

나폴레옹 3세가 실제 거처했던 곳으로, 제2제정 시대의 화려한 실내 인테리어와 장식예술품들을 감상할 수 있다. 고급 벨벳 소파와 의자, 그 위를 장식한 거대한 샹들리에는 이곳의 하이라이트다.

'쉬제르의 독수리'라 불리는 꽃병 Vase dit Aigle de Suger
리슐리외관, 1층, 502번 방

꽃병은 원래 고대 이집트의 자주색 대리석 항아리만 있는 단순한 모양이었다. 하지만 이것이 생드니의 수도원장 쉬제르 손에 들어가면서 지금의 모습을 갖게 되었다. 쉬제르는 세공사를 시켜 이 항아리에 도금한 은으로 독수리의 머리와 날개, 발톱을 붙이게 했다. 이러한 세팅은 고대 유물을 안전하게 보존하는 방법이었으며, 독수리의 모습은 그리스도를 상징하는 것이었다.

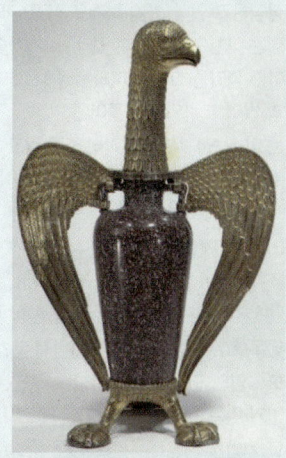

서기관 좌상 Le Scribe Accroupi
쉴리관, 1층, 635번 방

이집트를 대표하는 조각상이다. 책상다리를 하고 앉아 파피루스에 무엇인가를 막 받아 적으려는 손이 감상 포인트. 또한 냉정한 표정에 섬뜩하리만큼 사실적인 눈 역시 매우 흥미롭다.

사모트라케섬의 니케상 La Victoire de Samothrace
드농관, 1층, 703번 방

헬레니즘 시대의 그리스 조각으로 승리의 여신 니케를 묘사한 것이다. 사모트라케섬에서 발견될 당시 현재의 모습 그대로 머리와 양팔이 잘려져 있었다. 양 날개를 펼친 채 한쪽 다리를 내딛은 모습이 마치 하늘을 날 것처럼 보이지만, 오른발은 땅에 딛고 왼발은 아직 허공에 떠 있어, 막 하늘에서 내려와 앉는 자세로 봐야 한다. 온몸으로 바닷바람을 맞고 있는 여신의 가운은 너무나도 생생하게 조각돼 있어 약간 비틀어진 자세와 함께 더욱 생동감을 느끼게 한다. 뱃머리를 장식하는 선수상이었으며, 배 모양의 받침대 위에 놓여 있다.

성 안나와 성모자 La Vierge, l'Enfant Jésus et Sainte Anne
레오나르도 다빈치 Leonardo da Vinci, **드농관, 1층, 710번 방**

성모 마리아와 아기 예수를 중심으로 마리아의 어머니 성 안나가 있다. 아기 예수는 어린 양과 장난을 치고 있는데, 양은 곧 인류의 죄를 대신해 산 제물로 바쳐질 미래의 예수 자신을 상징하고 있다. 특이하게도 성 안나와 성모는 같은 나이대의 젊은 여인으로 그려져 있다. 화가가 자신을 길러준 엄마와 낳아준 엄마를 그린 것이라는 주장도 제기되고 있다. 서로의 팔과 발이 교차되며 만들어낸 안정된 구도와 세 인물의 부드러운 미소, 경계선을 명확히 하지 않고 부드럽게 처리한 기술(스푸마토)로 자연스러운 조화와 부드러운 인상을 남긴다.

아기 성요한과 함께 있는 성모자
La Vierge à l'Enfant avec le Petit Saint Jean-Baptiste
라파엘로Raffaello Sanzio, **드농관, 1층, 710번 방**

뒤쪽으로 보이는 평온한 전원적 풍경, 요한과 아기 예수, 성모 3인의 안정적인 피라미드 구조는 당시 피렌체 화단에서 인기 있는 구도였다. 여기에 레오나르도 다빈치처럼 스푸마토 기법을 사용해 사랑스러운 눈길로 아기 예수를 바라보는 성모의 모습은 더욱 부드럽고 온화하게 느껴진다. 정원에 있는 성모의 아름다운 모습 때문에 '아름다운 정원사'라는 별칭이 붙기도 한 작품이다.

소녀에게 선물을 내놓는 비너스와 삼미신
Vénus et les Grâces Offrant des Présents à une Jeune Fille
보티첼리S. Botticelli, **드농관, 1층, 706번 방**

시스티나 성당의 프레스코화로 유명한 보티첼리의 작품. 신화에서 테마를 가져와 서정적이고도 신비로운 느낌을 주며, 부드러운 빛깔과 여인들의 우아한 몸짓, 섬세한 주름이 주목을 끈다.

리젠트 다이아몬드 Diamant dit "Le Régent"
드농관, 1층, 아폴로 갤러리, 705번 방

426캐럿의 서양에서 가장 크고 가장 아름다운 다이아몬드. 나폴레옹은 대관식 때 이것으로 자신의 칼을 장식해 착용했다.

세례 요한 Saint Jean Baptiste
레오나르도 다빈치 Leonardo da Vinci, 드농관, 1층, 710번 방

레오나르도 다 빈치의 마지막 걸작이다. 경계선을 부드럽게 처리하는 스푸마토 기법을 사용해 신비롭고 우아한 느낌을 전달하며, 모나리자의 수수께끼 같은 미소가 특히 인상적이다.

암굴의 성모 La Vierge aux Rochers
레오나르도 다빈치 Leonardo da Vinci, 드농관, 1층, 710번 방

'대기의 원근법' 개념을 처음으로 주장한 작품이다. 즉, 대기의 농도에 따라 달라 보인다는 것이다. 멀리 연한 안개가 끼어 있고, 어두운 암굴 속에 빛이 스며들어 인물들 주변을 밝히고 있다. 특히 얼굴 위로 매혹적인 빛의 반사가 일어난다.

공원에서의 대화 Conversation dans un Parc
토머스 게인즈버러 Thomas Gainsborough, 드농관 1층, 713번 방

토머스 게인즈버러는 18세기 후반 영국을 대표하는 초상화가이자 풍경화가이다. 그는 인물을 풍경 속에 배치시켜 초상화와 풍경화를 결합시키고 서정적 감성을 끌어올렸다. 이 작품은 화가 자신과 그 아내를 그린 것으로, 1746년 결혼을 앞두고 제작되었다. 배경은 전형적인 영국식 정원으로, 연못 뒤에는 결혼의 신 히메나이오스에게 바쳐진 신전을 그려 놓았다.

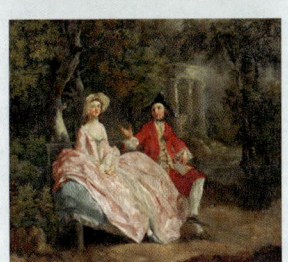

성모의 죽음 La Mort de la Vierge
카라바조 Michelangelo da Caravaggio, 드농관 1층, 712번 방

로마 산타 마리아 델라 스칼라 성당의 제단화로 주문을 받아 제작된 작품이다. 하지만 같은 테마의 여느 제단화들과는 달리, 성모의 성스러움은 사라지고, 평범하고 초라해 보이기까지 한 여인을 그려 (특히 이 여인은 카라바조의 애인이었던 매춘부를 모델로 하였다는 설도 있다) 주문을 취소당했다. 이 작품은 빛과 어둠의 극한 명암 대조를 통해 작품의 메시지를 더욱 극적으로 드러내는 테네브리즘을 잘 보여준다.

그랑 오달리스크 Grand Odalisque
장 오귀스트 도미니크 앵그르 Jean Auguste Dominique Ingres, **드농관, 1층, 702번 방**

오달리스크란 프랑스어로 터키 황제의 애첩을 가리키는데, 여인의 자태나 그녀를 둘러싼 패브릭 장식들이 이를 증명해 준다. 1819년 이 작품이 처음 세상에 공개되었을 때, 실제 인체와는 전혀 닮지 않은 길고 구부러진 몸체가 큰 논란이 되었다. 하지만 앵그르는 이상적인 미보다 르네상스의 미로 회귀하면서 당시 유행이었던 동양의 미적 감각을 더했다. 두건이나 깃털 부채, 커튼 등 패브릭의 세밀한 묘사가 특히 주목을 끈다.

가나의 결혼식 Les Noces de Cana
베로네세Veronese, **드농관, 1층, 711번 방**

성경 속 장면 '가나의 결혼식'에서 물을 포도주로 만든 예수의 첫 번째 기적을 화가 베로네세는 대형 캔버스에 옮겼다. 하지만 그의 작품 속 배경은 당시 화가 자신이 살던 베네치아의 건물이며, 중앙의 악사들은 자신과 동료 화가들이다. 기적의 순간을 왜곡한 이 그림은 당시 종교계에 큰 지탄을 받았다.

사비니 여인들의 중재 Les Sabines
자크루이 다비드 Jacques Louis David, **드농관, 1층, 702번 방**

로마와 사비니의 전쟁을 모티프로 한 장루이 다비드의 역사화다. 여자들이 부족했던 로마는 이웃 나라인 사비니에서 여성들을 강탈해 왔으며, 다시 3년이 지나 사비니는 자기 나라의 여인들을 되찾으러 로마를 침략했다. 이 둘 간의 전쟁을 막아선 것은 바로 사비니에서 끌려와 로마인의 아내가 된 사비니의 여인들이었다. 양팔을 벌리고 있는 중앙의 여인은 영웅같이 위엄있는 태도로 좌중을 통제하고 있다.

모나리자 Monna Lisa, la Gioconda ou la Joconde
레오나르도 다빈치 Leonardo da Vinci, **드농관, 1층, 711번 방**

모나리자의 프랑스 제목은 '라조콩드La Joconde'다. 이는 여인이 프란체스코 델 조콘도라는 이태리 상인의 아내라는 것을 알려준다. 이 작품이 유명한 것은 여인의 자세와 원근법을 사용한 풍경(이상의 세계) 등 여러 이유가 있지만, 역시 알 듯 말 듯 미묘한 미소 때문이다. 레오나르도 다빈치가 수없이 물감을 덧발라 얇은 층이 겹쳐지면서 자연스럽게 나타난 것이 바로 이 미소다.

메두사의 뗏목 Le Radeau de la Méduse
테오도르 제리코 Théodore Géricault, 드농관, 1층, 700번 방

1816년 메두사호가 난파하자, 이곳에 타고 있던 선장과 선원들은 이미 대피를 하고, 몇몇 사람들이 뗏목 위에 올라 약 2주간 구조를 기다렸던 실제 사건을 모티브로 하고 있다. 하지만 뗏목 위는 살상과 식인이 만연한 지옥 그 자체다. 처절했던 당시의 상황을 어두운 톤으로 상세히 그려내면서도 멀리 밝은 빛으로 희망을 상징하고 있다.

나폴레옹 1세의 대관식 La Sacre de l'Empereur Napoléon Ier et Couronnement de l'Impératrice Joséphine
자크루이 다비드 Jacques Louis David, 드농관, 1층, 702번 방

이 작품은 제목에서 연상되는 것과 달리, 관을 받고 있는 사람은 조세핀이요, 관을 주는 사람은 황제의 관을 쓴 나폴레옹이다. 교황이 대관식을 집전하는 전통과는 달리, 교황 피우스 7세는 한쪽으로 빗겨나 있고, 나폴레옹이 교황의 자리에서 교황의 역할을 하고 있다. 이는 곧 나폴레옹의 절대 권력을 의미하는 것이다.

민중을 이끄는 자유의 여신
Le 28 Juillet. La Liberté Guidant le Peuple
외젠 들라크루아 Eugène Delacroix, 드농관, 1층, 700번 방

왕정복고에 반기를 든 시민군이 3일간의 투쟁 후 정부군을 쓰러뜨리고 승리를 쟁취한 7월 혁명을 그렸다. 깃발을 든 여인 양옆으로 중절모 쓴 신사와 노동자, 농민, 학생 등 다양한 계층의 시민들을 그렸다. 가운데 여인은 자유, 평등, 박애의 상징이자 프랑스를 의인화한 인물 마리안이다. 오른쪽 멀리 노트르담성당이 보이는데, 이는 7월 혁명의 신의 보호 아래 이루어진 것임을 나타낸다.

2층 2e Étage

선한 왕 장 2세 Jean II le Bon
리슐리외관, 2층, 835번 방

14세기 목판 위에 그린 것으로, 고대 이후 지금까지 내려온 개인 초상화들 가운데 가장 오래된 것이다. 그림 속 인물은 1350년부터 1364년까지 프랑스를 다스렸던 장 2세로, 착한 심성을 지녀 선한 왕이라는 별칭이 붙었다. 왕관도 없이 덥수룩한 머리, 깎지 않은 수염, 커다란 코에 강인한 성격을 나타내면서도 희미하게 짓고 있는 미소는 그의 심성을 말해주는 듯하다.

엉겅퀴를 든 화가의 초상
Portrait de l'Artiste Tenant un Chardon
알브레히트 뒤러 Albrecht Dürer, **리슐리외관, 2층, 809번 방**

뒤러가 22세 때 그린 자화상이다. 이 작품은 화가가 자신의 아내가 될 처녀 아녜스 프레이에게 준 결혼 선물로 알려져 있다. 손에 들고 있는 엉겅퀴는 사랑과 부부간의 정조를 상징한다.

가브리엘 데스트레 자매 초상화
Portrait de Gabrielle d'Estrées et de Sa Soeur
리슐리외관, 2층, 824번 방

오른쪽의 여인은 앙리 4세의 애첩 가브리엘 데스트레. 그녀는 현재 4번째 아이를 임신하고 있으며, 그녀의 여동생이 유두를 집고 데스트레의 임신 사실을 알리고 있다. 가브리엘은 손에 사파이어를 들고 있는데, 이는 그녀가 곧 왕비가 될 것임을 상징하는 것이다. 또한 화면 가운데 깊숙이 앉아 있는 여인은 아기 옷을 만들고 있다. 하지만 실제 가브리엘은 결혼식을 앞두고 갑작스럽게 사망했다.

모자를 쓰지 않은 화가의 자화상 Autoportrait, tête nue
렘브란트 Rembrandt van Rijn, **리슐리외관, 2층, 844번 방**

렘브란트는 평생에 걸쳐 자신의 자화상을 남겼다. 과거 루브르에는 젊은 시절과 노년의 자화상을 배치하고, 젊은 시절 자신감 넘치던 화가의 모습과 모든 것을 잃은 노년의 모습을 비교(젊은 시절의 밝은 색채, 작고 정확한 붓질과 노년 시절의 짙고 어두운 색채, 두껍고 무거운 붓질)해 볼 수 있게 했다. 현재는 젊은 시절의 자화상만 공개돼 있다.

마리 메디치의 생애 연작 La Galerie Médicis
루벤스Peter Paul Rubens, **리슐리외관, 2층, 801번 방**

플랑드르 회화의 거장 루벤스가 1622년부터 1625년까지 자신의 제자들과 함께 작업해 탄생시킨 24점의 연작이다. 마리 메디치는 뤽상부르 궁을 장식할 목적으로 자신의 생애를 그린 작품을 의뢰했는데, 마리의 탄생부터 교육, 결혼, 루이 13세의 탄생, 대관식, 섭정 등 역사적 사건들을 그리고 있다. 이 작품들은 루벤스 특유의 화풍이 잘 드러나 있는데, 전체적으로 화려하고 웅장한 느낌을 주며, 역사적 사실에 신화적인 요소들을 등장시키고, 인물들을 풍만하고 과장되게 표현하면서 역동성을 강조하여 금방이라도 화면 밖으로 튀어나올 것 같은 인상을 준다.

목욕하는 밧세바 Bethsabée au bain
렘브란트Rembrandt van Rijn, **리슐리외관, 2층, 844번 방**

이스라엘의 왕 다윗은 우리아 장군이 전장터에 나가 있던 중, 우연히 그의 아내 밧세바가 목욕하는 것을 보고 반해 편지를 보낸다. 이를 받은 밧세바는 고민을 하지만 결국 다윗을 받아들이고, 다윗은 간통죄를 숨기기 위해 우리아 장군마저 죽이고 만다. 다윗의 편지를 받고 고민하는 밧세바의 모습.

레이스 뜨는 여인 La Dentellière
요하네스 베르메르 Johannes Vermeer, **리슐리외관, 2층, 837번 방**

베르메르는 평화로운 일상의 생활에서 모티프를 얻는 화가로, 특히 빛에 몰두했다. 그림에는 레이스 뜨는 여인의 모습이 보인다. 아무 장식 없는 소박한 방, 오로지 레이스 뜨는 일에만 몰두하는 한 여인의 손놀림에서 숨소리조차 내기 힘들 것 같은 고요함, 경건한 분위기마저 감돈다. 회색 벽과 이마, 노란 옷에 비치는 밝은 빛은 주변의 어두운 색들과 대비되면서 비밀스러운 생명력을 갖는다.

터키탕 Le Bain Turc
장 오귀스트 도미니크 앵그르 Jean Auguste Dominique Ingres, **쉴리관, 2층, 940번 방**

터키탕은 앵그르가 82세에 그린 것으로, 그의 작품들 중 가장 에로틱한 것이다. 18세기 초반 몽타그 부인이 이스탄불의 어느 여성 목욕탕을 방문하고 쓴 편지에서 영감을 얻은 앵그르는, 기존에 자신이 그렸던 누드 여인들을 가져다 터키탕을 완성시켰다. 이 작품은 처음에 나폴레옹 3세의 부인에게 건네졌으나 약 25명의 여인들이 누드로 등장하는 모습에 놀라 다시 앵그르에게 돌려보내졌다. 그 후 작가 사후에 대중들에게 공개되었다.

사기꾼 Le Tricheur
조르주 드 라투르 Georges de La Tour, **쉴리관, 2층, 912번 방**

조르주 드 라투르는 어둠속에 환히 비치는 불꽃 효과에 주목해 종교화를 많이 그렸지만, 이 작품은 당시의 시대상을 그린 풍속화다. 선술집으로 보이는 곳에 한 남자와 세 여인이 있다. 이 그림에는 당시 3대 사회악으로 지정된 노름, 술, 허영이 나타나 있다. 등 뒤로 카드를 숨기는 남자와 의심의 눈초리를 주고받는 두 여인, 자신의 카드에만 집중하는 한 여인의 동작과 표정은 서로 속고 속이는 노름판의 긴장된 분위기를 생생하게 전달해 준다.

루브르 지하 1층

주목할 전시실과 대표작품

리슐리외관
프랑스 조각 〈마를리 궁의 말들〉

쉴리관
루브르의 역사 135번 방, 〈중세 루브르의 해자〉

드농관
유럽 조각 169번 방, 〈성 마리 마들렌〉
고대 그리스 170번 방, 〈카를라테스의 우상〉
근동·이집트 미술 183번 방, 〈젊은 여인의 초상〉
이슬람 미술 186번 방, 〈성 루이왕의 세례반〉

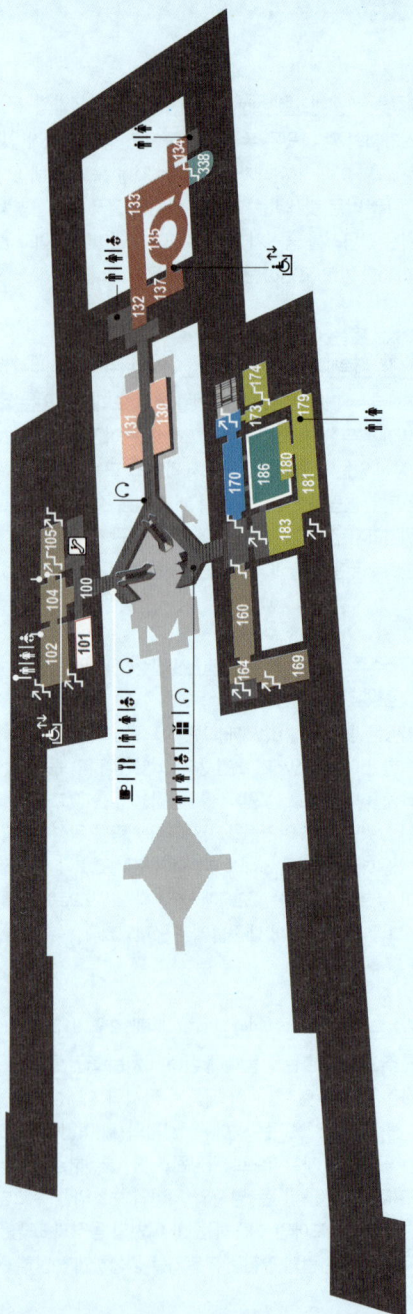

루브르 0층

주목할 전시실과 대표작품

리슐리외관
고대 근동 227번 방, 〈함무라비 법전〉
고대 근동 229번 방, 〈라마수〉

쉴리관
고대 근동 307번 방, 〈다리우스 궁전의 벽 장식〉
고대 이집트 321번방, 〈타부테네프탓의 관〉
고대 로마 345번 방, 〈밀로의 비너스라고도 불리는 아프로디테〉

드농관
유럽 조각 403번 방, 〈포로(죽어가는 노예)〉, 〈큐피트의 키스로 다시 살아난 프시케〉

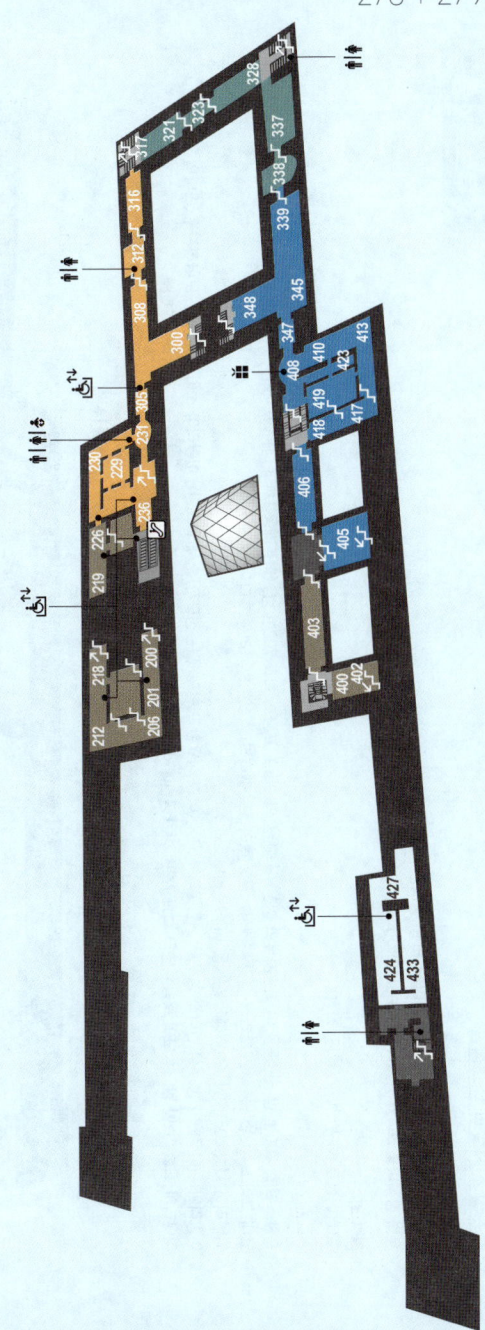

루브르 1층

주목할 전시실과 대표작품

리슐리외관
유럽 장식미술 502번 방, 〈쉬제르의 독수리'라 불리는 꽃병〉
유럽 장식미술 544번 방, 〈나폴레옹 3세의 아파트〉

쉴리관
고대 이집트 635번 방, 〈서기관 좌상〉

드농관
프랑스 회화 700번 방, 〈민중을 이끄는 자유의 여신〉, 〈메두사의 뗏목〉, **프랑스 회화** 702번 방, 〈나폴레옹 1세의 대관식〉, 〈사비니 여인들의 중재〉, 〈그랑 오달리스크〉
고대 그리스 703번 방, 〈사모트라케 섬의 니케상〉, **공예품**(아폴론 갤러리) 705번 방, 〈리젠트 다이아몬드〉
이탈리아 회화 706번 방, 〈소녀에게 선물을 내놓는 비너스와 삼미신〉
이탈리아 회화 710번 방, 〈성 안나와 성모자〉, 〈암굴의 성모〉, 〈아기 성요한과 함께 있는 성모〉, 〈세례 요한〉, **이탈리아 회화** 711번 방, 〈모나리자〉, 〈가나의 결혼식〉
이탈리아 회화 712번 방, 〈성모의 죽음〉, **영국 회화** 713번 방, 〈숲원에서의 대화〉

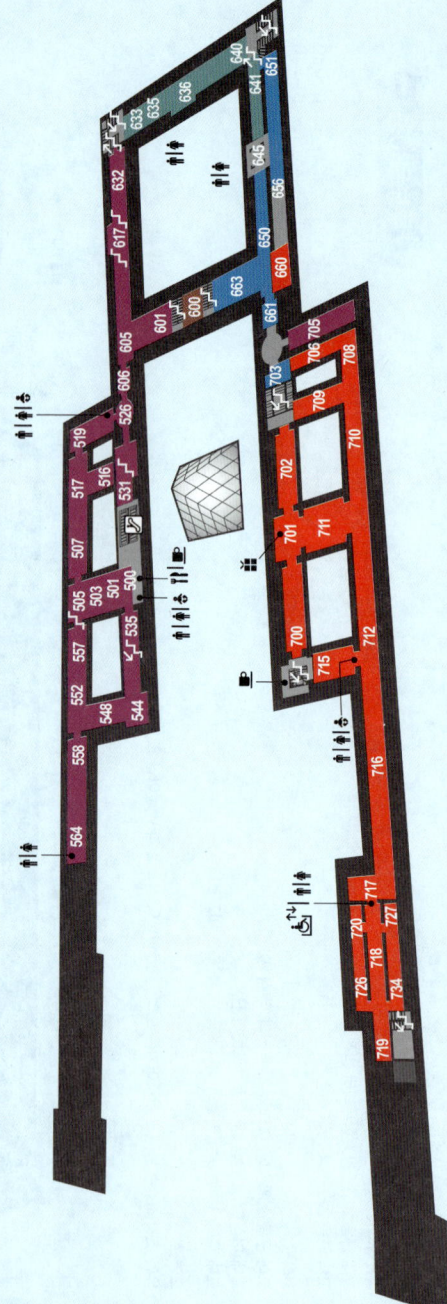

루브르 2층

주목할 전시실과 대표작품

리슐리외관
북유럽 회화 801번 방, 〈마리 메디치의 생애 연작〉
북유럽 회화 809번 방, 〈영정귀를 든 화가의 초상〉
북유럽 회화 824번 방, 〈가브리엘 데스트레 자매 초상화〉
북유럽 회화 837번 방, 〈레이스 뜨는 여인〉
북유럽 회화 844번 방, 〈목욕하는 밧세바〉
북유럽 회화 844번 방, 〈모자를 쓰지 않은 화가의 자화상〉
프랑스 회화 835번 방, 〈선한 왕 장 2세〉

쉴리관
프랑스 회화 912번 방, 〈사기꾼〉, 프랑스 회화 940번 방, 〈타키팀〉

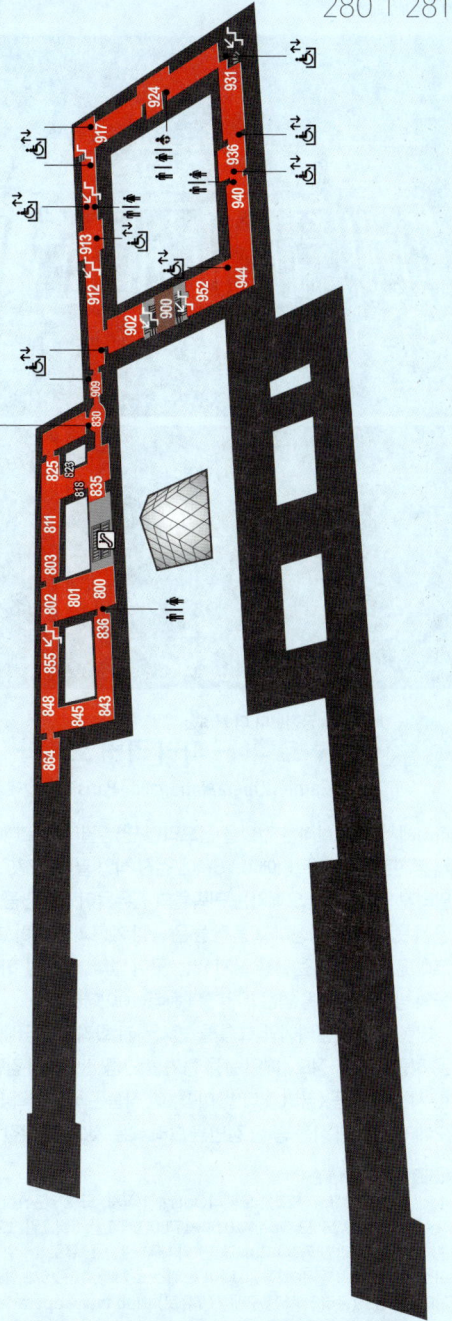

Writer's Pick!
베르사유 궁전보다 더 화려한
팔레 가르니에-파리 국립 오페라
Palais Garnier-Opéra National de Paris 빨레 갸흐니에-오뻬하 나씨오날 드 빠히

파리에서 가장 화려한 건물을 꼽으라면 단연 팔레 가르니에다. 1860년 오페라 극장 건축 공모전에서 당선된 샤를 가르니에가 15년에 걸친 작업 끝에 1875년 완공한 것으로 19세기 건축의 걸작으로 알려져 있다. 당시 오페라는 귀족들의 전유물이었던 만큼 오페라 하우스 자체의 화려함은 베르사유 궁전 못지않다. 웅장하고 품격 높은 중앙 계단과 화려하고 섬세한 조각 장식들, 높은 천정과 프레스코화 등 구석구석 눈길을 끌지 않는 곳이 없다. 하지만 이곳의 하이라이트는 바로 베르사유 궁전 거울의 방에서 영감을 얻은 메인 홀 Grand Foyer이다.

거대한 유리 샹들리에와 그 빛을 반사시켜 화려함을 극대화시킨 수많은 거울 장식들로 호화스러움은 혀를 내두를 정도. 메인 홀을 능가할 만큼 관람객의 감탄을 자아내는 것은 공연장 내 천장을 장식한 샤갈의 작품 〈꿈의 꽃다발〉이다. 이 작품은 바그너와 모차르트, 차이콥스키 등 주요 작곡가들의 오페라 및 발레 작품 중 한 장면을 그려 넣은 것으로, 샤갈 특유의 화려한 색감이 그대로 살아 있다.

Data **Map** 264p-E
Access 메트로 3, 7, 8호선 오페라Opéra역 하차, 도보 1분 **Add** 8 Rue Scribe, 75009 Paris
Tel (01) 75 25 24 23 **Open** 10:00~17:00(1월 1일, 5월 1일, 12월 25일, 특별 공연에 따라 임시 휴관. 홈페이지에서 확인 가능) **Cost** 공연 외 내부 관람 15유로 1주일 이내 사용한 오르세 미술관 혹은 귀스타브 모로 박물관 입장권, 나비고 패스 소지자, 12~25세 학생(신분증 제시) 10유로, 한국어 멀티미디어 가이드 8유로(온라인 사전 구매 시 7유로) **Web** www.operadeparis.fr/en

모네의 수련관

인상주의 회화 마니아라면
Writer's Pick! 오랑주리 미술관 Musée National de l'Orangerie 뮈제 나씨오날 드 로항쥬히

클로드 모네의 대표작 〈수련〉 연작으로, 모네를 사랑하는 사람들에게는 성지와도 같은 곳이다. 모네는 지베르니에 있는 자신의 집 정원에서 빛에 따라 변하는 수련의 아름다운 모습들을 대형 화폭에 담아냈는데, 오랑주리 미술관은 오직 이 작품들에 2개의 원형 전시실을 헌정하고 파리 3대 미술관의 감동 그 이상을 전해주고 있다. 그 외 르누아르의 〈피아노 치는 소녀〉, 모딜리아니의 〈폴 기욤의 초상화〉를 비롯해 피카소, 마티스, 세잔 등 20세기 초 예술가의 작품 100여 점이 전시되어 있다.

Data Map 265p-J Access 메트로 1, 8, 12호선 콩코르드Concorde역 하차, 도보 3분
Add Jardin des Tuileries 75001 Paris Tel (01) 44 50 43 00 Open 09:00~18:00, 입장 ~17:15
(화요일, 5월 1일 휴관. 7월 14일 오전 , 12월 25일 휴관) Cost 입장료 12.50유로 매달 첫 번째 일요일 무료
(예약 필수), 뮤지엄 패스 사용 가능(예약 필수) Web www.musee-orangerie.fr

파리에 이집트 오벨리스크가?
콩코르드 광장 Place de la Concorde 쁠라쓰 드 라꽁꼬흐드

'화합'이라는 뜻의 콩코르드 광장은 1775년 루이 15세 때 지어져 광장 한 쪽에 루이 15세의 기마상이 세워져 있다. 프랑스 대혁명 때에는 처형장으로도 사용돼 루이 16세와 마리 앙투아네트가 죽음을 맞이한 곳이기도 하다. 광장 중앙에 우뚝 선 오벨리스크는 1829년 이집트의 총독이 프랑스에 선물한 것으로, 실제 이집트 룩소르에서 3,300년 전에 제작된 것으로 추정된다. 콩코르드 광장에서 서쪽으로 뻗은 대로는 샹젤리제 거리와 개선문을 통과하여 라데팡스의 신개선문까지 일직선을 이루고 있으며 동쪽으로는 튈르리 정원과 루브르, 북쪽으로는 마들렌 성당, 남쪽으로는 부르봉 궁전과 연결된다.

Data Map 265p-G Access 메트로 1, 8, 12호선 콩코르드Concorde역 하차, 도보 1분
Add Place de la Concorde 75008 Paris

인테리어 예술의 모든 것
장식 예술 박물관 Musée des Arts Décoratifs 뮈제 데 자흐 데꼬하띠프

회화, 조각 등 일반 순수 예술과는 달리 일상생활에 밀접한 실용 예술품들이 중세부터 현대에 이르기까지 시대별로 전시돼 있다. 이곳에서 특히 주목할 것은 아르누보부터 시작된 각종 디자인 가구들. 프랑스를 넘어 전 유럽의 유명 디자이너 작품들까지 볼거리가 풍성하다. 이 외에도 장난감 갤러리, 장 뒤뷔페 갤러리, 주얼리 갤러리 등 주제별 갤러리도 주목해 볼 것. 장식 예술 박물관은 의상 섬유 박물관과 광고 박물관을 통합 운영하고 있다. 의상 박물관에서는 16세기부터 현재에 이르기까지 드레스와 야회복, 결혼 예복, 모자 등은 물론 샤넬이나 입생로랑, 피에르 발망, 장폴 고티에, 발렌시아가 등 현대 거장의 작품들도 전시하고 있다(상설전은 없고 기획전 개최 시에만 오픈). 광고 박물관 역시 각종 매체의 광고들과 포스터들을 소재로 다양한 기획전을 개최하고 있다.

Data **Map** 265p-K
Access 메트로1, 7호선 팔레 루아얄-뮈제 뒤 루브르Palais Royal-Musée du Louvre 하차, 도보 3분
Add 107, Rue de Rivoli 75001 Paris **Tel** (01) 44 55 57 50 **Open** 화~일요일 11:00~18:00, 입장 ~17:30, 목요일 ~21:00(월요일, 1월 1일, 5월 1일, 12월 25일 휴관) **Cost** 15유로(오디오가이드 포함), 26세 미만 무료, 뮤지엄 패스 사용 가능 **Web** madparis.fr

> **TIP 박물관 관람법**
> 전시실은 3층부터 9층까지 매우 복잡하게 배치돼 있다. 먼저 엘리베이터를 타고 3층으로 올라가 안내 데스크에서 무료 오디오가이드(영어 및 프랑스어)와 박물관 지도를 받자. 지도 안내를 따라야만 모든 작품들을 빠짐없이 관람할 수 있다. 특히 아르누보-아르데코 섹션은 꼭 살펴보자.

다양한 건축양식으로 더 아름다운
생제르맹 록세루아 성당 Église Saint-Germain l'Auxerrois 에글리즈 쌩제흐맹 록쎄후아

7세기에 처음 건축되었지만, 수세기 동안 재건축을 거치면서 로마네스크, 고딕, 르네상스 스타일이 혼합돼 아름다운 외관을 자랑한다. 성당 건물 중 가장 오래된 것은 12세기에 지어진 로마네스크 스타일의 중앙탑이며, 성당 정문과 내진(설교 단상이 있는 앞쪽 중앙부), 성모의 소예배실은 13세기, 스테인드글라스 창과 생제르맹의 목상, 생뱅상의 석상, 플랑드르풍의 제단화는 15세기의 것으로 알려져 있다. 특히 종교전쟁 중이던 1572년 8월 23일, '마리'라는 이름의 종이 울려 퍼짐과 동시에 참혹한 학살(흔히 '성 바르톨로메 축일의 학살'이라 불린다)이 자행된 곳으로도 유명하다.

Data Map 265p-L
Access 메트로 7호선 퐁뇌프 Pont-Neuf역 하차, 도보 2분
Add 2 Place du Louvre 75001 Paris Tel (01) 42 60 13 96
Open 화~일 10:30~19:00, 월요일 휴관

Writer's Pick! 파리지앵처럼 일광욕을 즐기는
튈르리 정원 Jardin des Tuileries 자흐댕 데 뛸르히

날씨 좋은 날에는 꼭 튈르리 정원으로 가자. 분수대 주위에 의자들을 옮겨와 책을 읽거나 일광욕을 즐기는 파리지앵들의 모습은 참 여유롭다. 분수대에서 바라보는 루브르와 콩코르드 광장의 광경도 훌륭하다. 튈르리라는 이름이 등장한 것은 1564년의 일이다. 원래는 카트린 드 메디치 여왕이 이곳에 '튈르리'라는 이름의 타일 공장을 세웠는데, 루이 14세의 정원사였던 앙드레 르노트르가 프랑스식 정원으로 다시 디자인해 지금의 모습과 이름을 갖게 되었다. 정원 한쪽에는 오랑주리 미술관과 기획전 형식으로 현존 작가의 작품들을 주로 전시하는 죄드폼 국립 미술관 Galerie Nationale du Jeu de Paume이 위치해 있다.

Data Map 265p-J Access 메트로 1호선 튈르리Tuileries역 하차, 도보 1분
Add 113 Rue de Rivoli 75001 Paris

TIP 튈르리 놀이공원 & 크리스마스 마켓

여름이 되면, 튈르리 정원 북동쪽(메트로 튈르리 역 근방)에 작은 놀이공원이 들어선다. 관람차, 회전그네 등 유아 수준(?)의 놀이기구들이 대부분이지만 동심으로 돌아가는 즐거움은 더없이 크다. 입장료는 따로 없고 탑승기구에 따라 요금을 지불하면 된다. 겨울에는 이 일대에 크리스마스 마켓이 열린다. 강추!

나폴레옹 1세의 승전 기념
카루젤 개선문 Arc de Triomphe du Carrousel 🔊 아흐 드 트히옹프 뒤 꺄후젤

8개의 대리석 기둥 위에 병사들의 상이 있고, 꼭대기 중앙에는 횃불을 들고 이륜 전차를 탄 평화의 여신과 금장을 한 4마리의 말, 그 양 끝에 도금된 승리의 여신상 둘이 장식돼 있다. 처음 이 개선문이 건축될 당시에는 나폴레옹이 베니스의 산마르코 성당에서 직접 가져온 4마리의 황금 말이 서 있었는데, 1815년 오스트리아가 베니스를 병합한 후 다시 본래 자리로 되돌려 보내, 지금의 모습을 하게 되었다. 같은 해 1806년 건축을 시작한 샤를 드골 에투알 광장의 개선문과 혼동하지 말 것.

Data **Map** 265p-K **Access** 메트로 1, 7호선 팔레 루아얄-뮈제 뒤 루브르Palais Royal-Musée du Louvre 하차, 도보 3분 **Add** Place du Carrousel 75001 Paris

부와 권력의 집합소
방돔 광장 Place Vendôme 🔊 쁠라쓰 방돔

방돔 광장은 루이 14세가 자신의 절대 왕권을 보다 가시화시키기 위해 조성한 것이다. 이후 나폴레옹은 적군의 대포 1,200문을 녹여 44m 높이의 청동 탑을 세우고 그 꼭대기에 자신의 상을 놓으며 지금의 모습을 완성하였다. 방돔 광장을 둘러싼 건물은 본래 귀족들의 대저택이었다. 하지만 오늘날에는 쇼메(쇼팽이 살았던 집으로도 유명하다), 모부생, 반클리프 아펠, 카르티에와 같이 세계적으로 권위 있는 보석상들이 들어서 있다. 이 외에도 세계 최고의 특급 호텔이자 다이애나 왕세자비가 마지막으로 머물렀던 리츠 호텔, 법무부 청사가 위치해 있다.

Data **Map** 265p-H **Access** 메트로 3, 7, 8호선 오페라Opéra 하차, 도보 7분. 튈르리 정원과 팔레 가르니에 사이 **Add** Place Vendôme 75001 Paris

그리스 신전을 연상시키는
마들렌 성당 Église de la Madeleine 에글리즈 드 라마들렌느

파리의 관광지들 가운데 한국인들에게 평가 절하된 곳 중 하나가 바로 마들렌이 아닐까. 프랑스의 일반적인 성당들과 달리 종탑도 없고 마치 그리스 신전처럼 거대한 코린트식 원주 52개에 둘러싸인 이곳은 밖에서 보는 것이 다가 아니라는 걸 여실히 보여준다. 마들렌 성당은 1765년 루이 15세 때 처음 건축 공사가 시작되었지만 프랑스 혁명으로 공사가 중단되었다. 하지만 1806년 나폴레옹 1세가 자신의 용맹한 군사들을 기리는 뜻에서 신전 건축을 명령하였고 1842년 완성하였다.

성당 정면의 페디먼트에는 최후의 심판이 부조되어 있고, 외벽에는 28개의 성인상들이 놓여 있다. 3.2톤 무게에 십계명의 내용이 부조돼 있는 중앙 청동문을 지나 내부로 들어서면 어둠 속에 빛 같은 하얀 대리석상이 가장 먼저 눈에 들어온다. 성녀 막달라 마리아(마리 마들렌)와 천사상이 조각된 제단으로, 그야말로 장관이 아닐 수 없다. 그 뒤로 성인들의 모자이크화와 프레스코화, 화려한 궁륭 장식들이 보인다. 이후 입구 오른쪽부터 시작해 시계 반대방향으로 돌아 나오며 각종 성상들과 구조물들을 관람하면 된다. 성당 입구 왼쪽 데스크에는 성당의 역사 및 성상들에 대한 한글 설명문이 마련돼 있는데, 관람에 큰 도움이 되므로 반드시 참조할 것. 일요일 오전 10시 30분 미사에서는 두 대의 오르간과 마들렌 성가대의 아름다운 음색을 들을 수 있다.

Data Map 265p-G Access 메트로 8, 12, 14호선 마들렌Madeleine역 하차, 도보 1분
Add Place de la Madeleine 75008 Paris Tel (01) 44 51 69 00 Open 09:30~19:00(일요 미사 10:30, 18:00)
Web lamadeleineparis.fr

어두운 마력의 신화 속 세계

귀스타브 모로 미술관 Musée National Gustave Moreau 뮈제 나씨오날 귀스따브 모호

모로의 그림들을 대할 땐 신화에 바탕을 둔 어느 장르 소설의 장면들이 떠오른다. 그는 성서나 신화에서 모티프를 얻어 인간의 고통과 번민을 상징적으로 표현해 낸 화가다. 대중적으로 잘 알려져 있지는 않지만 마니아층이 상당히 두텁고, 보면 볼수록 잡아끄는 매력이 있다. 이곳은 귀스타브 모로의 생가로, 그가 사용했던 가구와 소장품은 물론 그가 그린 데생과 회화 등 총 5천여 점을 소장하고 있다. 특히 그의 대표작으로 손꼽히는 〈게르마니쿠스의 죽음〉, 〈오이디푸스와 스핑크스〉, 〈귀스타브 모로의 자화상〉, 〈테스피우스의 딸들〉, 〈주피터와 세멜레〉, 〈아벨라르 전투에서 도망치다 지쳐 샘에서 물을 마시는 다리우스〉, 〈유니콘〉은 눈여겨 볼 것.

Data **Map** 264p-B **Access** 메트로 12호선 트리니테 Trinité 하차, 도보 3분 **Add** 14 Rue de La Rochefoucauld 75009 Paris **Tel** (01) 83 62 78 72 **Open** 수~월 10:00~18:00, 매주 화, 1월 1일, 5월 1일, 12월 25일 휴관 **Cost** 일반 8유로, 뮤지엄 패스 사용 가능, 매달 첫 번째 일요일 무료 **Web** www.musee-moreau.fr

프랑스 고전극의 산실
코미디 프랑세즈 Comédie-Française 꼬메디 프항쎄즈

1680년 개관한 프랑스 국립극장으로, 지금까지 1천여 작가의 2천 6백여 작품이 무대에 올려졌다. 매년 9월 중순부터 7월 중순까지 몰리에르, 마리보, 셰익스피어 등의 고전극은 물론 장 지로두, 마르셀 에메, 막심 고리키 등 근현대극까지 전 세계 다양한 작품들이 공연되고 있다. 프로그램은 홈페이지에서 확인 가능하며 관람료는 좌석에 따라 15~48유로 정도 한다. 공연 1시간 전, 시야 장애석에 한해 5유로로 저렴하게 판매하고 있지만, 인기 작품은 티켓 구매가 쉽지 않다.

Data **Map** 265p-K **Access** 메트로 1, 7호선 팔레 루아얄-뮈제 뒤 루브르Palais Royal-Musée du Louvre 하차, 도보 1분 **Add** Place Colette 75001 Paris **Tel** (01) 44 58 14 00 **Web** www.comedie-francaise.fr

남프랑스의 향을 담은
프라고나르 향수 박물관 Musée du Parfum Fragonard 뮈제 뒤 빠흐팽 프하고나흐

향수를 좋아하는 사람이거나, 파트리크 쥐스킨트의 소설 〈향수〉를 재미있게 읽은 사람이라면 주목해 보자. 향수의 본고장이라고 할 수 있는 니스 인근 지역 그라스까지 가지 않아도 향수의 역사와 원료, 제조법 등에 관해 설명을 듣고, 남프랑스의 자연 향을 담은 각종 향수들을 시향할 수 있는 무료 박물관이다. 향수 회사 프라고나르에서 운영을 하다 보니 가이드의 설명(영어, 프랑스어 중 선택 가능, 30분 소요)이 끝난 후 자사의 제품 매장으로 자연스럽게 안내하지만, 꼭 구매할 필요는 없다.

Data **Map** 264p-E **Access** 메트로 3, 9호선 아브르-코마르탱Havre-Caumartin역 하차, 도보 3분 **Add** 3-5 Square de l'Opera-Louis Jouvet, 75009 Paris **Tel** (01) 40 06 10 09 **Open** 월~토 09:00~17:30, 일 ~16:30 **Cost** 무료 **Web** musee-parfum-paris.fragonard.com

EAT

미슐랭이 주목한 우동 전문점
사누키야 Sanukiya 사누끼야

2013년부터 6년 연속 미슐랭의 주목을 받은 우동 전문점으로, 한국 여행객들에게는 가수 G-DRAGON이 다녀간 맛집으로 더 유명하다. 쫄깃한 면발이 백미인 우동 전문점답게 국물우동, 비빔우동, 냉우동 등 30여 가지의 우동을 맛볼 수 있다. 어느 우동에나 5유로만 추가하면 프라이드 치킨, 계란말이, 닭고기 우엉밥이 세트로 나오는 런치 메뉴도 있다.

Data **Access** 메트로 7, 14호선 피라미드Pyramides역 하차, 도보 3분
Add 9 Rue d'Argenteuil, 75001 Paris **Tel** (01) 42 60 52 61 **Open** 11:30~22:30
Cost 우동 11~22유로, 덮밥 15~22유로

저렴한데 맛 좋고 분위기도 굿!
비스트로 빅투아르 Bistrot Victoires 비스트호 빅뚜아흐

루브르 일대에서 찾아보기 힘들 만큼 저렴한 가격에 메인 요리와 디저트를 즐길 수 있는 곳이다. 메뉴는 오리콩피와 닭고기 구이, 등심 구이, 감자튀김, 크렘 브륄레 등과 같은 기본적인 프랑스 요리들로 구성돼 있다. 유명한 마리아주 프레르의 티들도 맛볼 수 있다. 일요일에는 15.50유로의 브런치도 제공한다. 가격 대비 만족도가 높은 곳으로, '최고급'보다 '경제적' 맛집을 찾는 알뜰족에게 추천한다. 2018년 트립어드바이저 우수 업소로도 선정되었다.

Data **Map** 265p-l **Access** 메트로 3호선 부르스Bourse역 하차, 도보 5분
Add 6, Rue de la Vrilliere 75001 Paris **Tel** (01) 42 61 43 78 **Open** 12:00~23:00
Cost 메인 요리 10.90유로~, 와인 3.50유로~

파리 스타일의 스타벅스는 어때?
스타벅스 카푸신점 Starbucks Capucines 🔊 스타벅스 까뿌씬

파리 시내 곳곳에서 볼 수 있고 메뉴마저 한국과 큰 차이 없는 스타벅스를 굳이 소개하는 이유는 이곳만의 '특별함' 때문이다. 오페라 근처에 위치해 있어 스타벅스 오페라점이라고도 부르는데 화려한 샹들리에와 금 테두리를 두른 로코코풍 천장 벽화, 조도를 낮춘 테이블 등이 19세기 고급 저택에 들어선 듯한 느낌을 준다.

Data **Map** 265p-H
Access 메트로 3, 7, 8호선 오페라Opéra역 하차, 도보 2분
Add 3 Boulevard des Capucines, 75002 Paris
Open 07:00~22:30 **Cost** 아메리카노 3.45유로, 디저트 3~4유로 내외

파리에서 먹는 라멘의 맛!
하카타 초텐 Hakata-Choten 🔊 아까따 쇼뗑

인기 일본식 라면 전문점으로 돼지고기 육수를 베이스로 한 돈코츠 라면이 특히 유명하다. 또한 6유로가 넘지 않는 가격에 차슈동을 맛볼 수 있는데, 한 끼 식사로 훌륭하다. 20명 정도 수용할 수 있는 작은 실내는 전형적인 일본식 스타일로 깔끔하게 꾸며져 있고, 1인 좌석도 있어 나홀로 여행족에게 딱이다. 피크타임에는 대기줄이 길지만, 회전율은 빠르다. 이곳 일대는 '일본 음식점 거리'로 통한다.

Data **Map** 265p-H
Access 메트로 7, 14호선 피라미드Pyramides역 하차, 도보 2분
Add 53 Rue des Petits Champs, 75001 Paris **Tel** (01) 40 20 98 88
Open 12:00~15:00, 18:00~22:00 **Cost** 돈코츠 라멘 13유로~, 차슈동 6유로 **Web** www.hakata-choten.com

루브르를 눈앞에 둔
카페 마를리 Cafe Marly 🔊 까페 마흘리

루브르 박물관과 유리 피라미드를 정면에서 감상할 수 있는 카페 겸 레스토랑이다. 인테리어와 분위기는 고급스럽지만 식음료 값이 일반 카페 레스토랑에 비해 비싸고 맛 역시 크게 호평받지 못한다는 사실. 하지만 이곳 테라스에서 바라보는 루브르의 전경은 가히 일품이라 할 수 있다. 본격적인 식사보다 조식(죽기 전에 꼭 먹어봐야 한다는 유명한 에쉬레 버터Beurre d'Échiré)이나 음료 한 잔을 추천한다.

Data **Map** 265p-K **Access** 메트로 1, 7호선 팔레 루아얄-뮈제 뒤 루브르Palais Royal-Musee du Louvre역 하차, 도보 1분 **Add** 93 Rue de Rivoli 75001 Paris **Tel** (01) 49 26 06 60
Open 08:00~02:00 **Cost** 조식 25유로, 커피 5유로~, 디저트 12유로~ **Web** www.cafe-marly.com.fr

팔레 가르니에만큼 화려하고 유명한
카페 드 라페 Cafe de la Paix 🔊 까페 드 라뻬

팔레 가르니에 앞에 위치한 카페 레스토랑으로, 1862년 문을 열었다. 대리석과 프레스코화로 꾸민 제2제정 양식의 실내는 팔레 가르니에만큼 화려하고 고급스럽다. 19세기에는 에밀 졸라나 모파상 같은 프랑스 문인들과 차이콥스키 등 유명 인사들이 단골로 드나들었고, 현재도 파리를 방문하는 세계 유명 인사들이 즐겨 찾는 곳으로 알려져 있다.

Data Map 264p-E **Access** 메트로 3, 7, 8호선과 RER A선 오페라Opéra역 하차, 도보 1분
Add 5, place de l'Opéra 75009 Paris **Tel** (01) 40 07 36 36 **Open** 08:00~23:00
Cost 메인 요리 25유로~, 커피 6유로~, 디저트 14유로~ **Web** www.cafedelapaix.fr

미슐랭 2스타 레스토랑
레스토랑 르뫼리스 알랭 뒤카스 Restaurant le Meurice Alain Ducasse
🔊 헤스또항 르뫼히스 알랭 뒤까쓰

튈르리 정원 맞은편에 위치한 팰리스급 호텔 르뫼리스의 부속 레스토랑이다. 일찍이 미슐랭 스타 레스토랑으로 주목을 받아왔지만, 2013년에 전 세계적인 스타 셰프 알랭 뒤카스가 인수하면서 더욱 화제가 됐다. 게다가 베르사유 궁전에 비유될 만큼 화려한 대리석과 금은 장식, 프레스코화와 샹들리에가 마치 옛날 귀족들의 식탁에 초대받아 온 듯한 느낌을 준다.

Data Map 265p-G **Access** 메트로 1호선 튈르리Tuileries역 하차, 도보 1분
Add 228, Rue de Rivoli 75001 Paris **Tel** (01) 44 58 10 55 **Open** 월~금 19:00~22:00
Cost 200유로~ **Web** www.dorchestercollection.com

 285년의 역사 깊은 베이커리
스토레 Stohrer 스또헤

1730년에 세워진 파리에서 가장 오래된 빵집이다. 1725년 루이 15세가 폴란드 스타니슬라스 왕의 딸과 결혼하면서 왕궁의 파티시에였던 니콜라스 스토레Nicolas Stohrer가 함께 베르사유로 따라와 궁전의 빵과 디저트를 담당하게 되었다. 그 후 5년 뒤 스토레가 현재의 자리에 빵집을 열었고 귀족들의 식탁에 디저트를 제공해 왔다. 럼이 들어간 스펀지케이크 바바오럼Baba au Rhum과, 사랑의 우물이라는 이름처럼 페이스트리 안을 우물처럼 파고 슈크림으로 가득 채운 부드러운 퓌다무르Puits d'Amour, 에클레어가 유명하다.

Data **Map** 265p-l **Access** 메트로 4호선 레알Les Halles역 하차, 도보 3분 **Add** 51 Rue Montorgueil 75002 Paris **Tel** (01) 42 33 38 20 **Open** 월~토 10:00~20:30, 일 08:30~20:00 **Cost** 에클레어 5유로 **Web** stohrer.fr

한식이 땡길 땐
삼부자 Sambuja 쌈뷔자

현지 교민들이 관광지에서 살짝 벗어난 이 한식당을 찾는 이유는 바로 다른 곳에서는 찾기 힘든 곱창볶음, 뼈다귀해장국 등 차별화된 메뉴 때문이다. 특히, 순댓국이 유명하다. 그 외 비빔밥이나 덮밥류를 포장해 갈 경우 11유로로 저렴하게 맛볼 수 있고, 2유로만 더하면 군만두 3개를 추가할 수 있다.

Data **Map** 264p-F **Access** 메트로 12호선 노트르담 드 로레트Notre-Dame-de-Lorette역 하차, 도보 3분 **Add** 65 Rue du Faubourg Montmartre 75009 Paris **Tel** (01) 53 21 07 89 **Open** 월 19:00~22:30, 화~토 12:00~14:30, 19:00~22:30 **Cost** 순댓국 16유로

TIP **아시아 음식점 거리**

오래전부터 오페라 지구의 생탄느 가Rue Sainte-Anne 일대는 현지인들 사이에서 '일본인 거리Japanese District'로 통했다. 수많은 일본 식당과 카페, 베이커리, 식료품점, 서점 등이 빼곡히 들어서면서 일본 느낌이 물씬 풍겼기 때문이다. 하지만 어느 순간 한국 식당과 식료품점이 하나둘씩 늘어나더니 지금은 일본 식당 못지않게 큰 비중을 차지하게 되었고, 베트남, 태국, 중국 식당 등 웬만한 아시아 식당까지 합세해 아시아 식당 골목으로 탈바꿈했다. 이 지역에서 주목할 만한 곳은 다음과 같다. 위치는 262~263쪽 지도 참고.

❶ **리틀 서울** Little Seoul – 각종 분식과 저렴한 세트메뉴 ❷ **에이스 정육점** Ace Boucherie – 10유로 한식 점심 도시락 ❸ **아키 불랑주리** Aki Boulangerie – 일본식 빵과 오니기리 ❹ **코다와리 라멘** Kodawari Ramen – 일본 수산시장 느낌의 라멘 전문점 ❺ **쿠니토라야** Restaurant Kunitoraya – 줄서서 먹는 우동 맛집 ❻ **퍼14** Pho 14 Opera – 파리 양대 쌀국수집 중 하나의 분점

Paris By Area

04

샹젤리제
Champs-Elysées

낭만의 거리 샹젤리제 걷기, 위풍당당 개선문 위에 올라보기, 수준 높은 박물관 관람하기, 센강을 옆에 끼고 산책하기, 미슐랭 가이드 추천 레스토랑 방문하기, 파리 맛집 줄서서 식사하기, 프랑스 브랜드 쇼핑하기. 파리에서 할 수 있는 모든 것이 가능하다. 선택은 오직 당신의 몫!

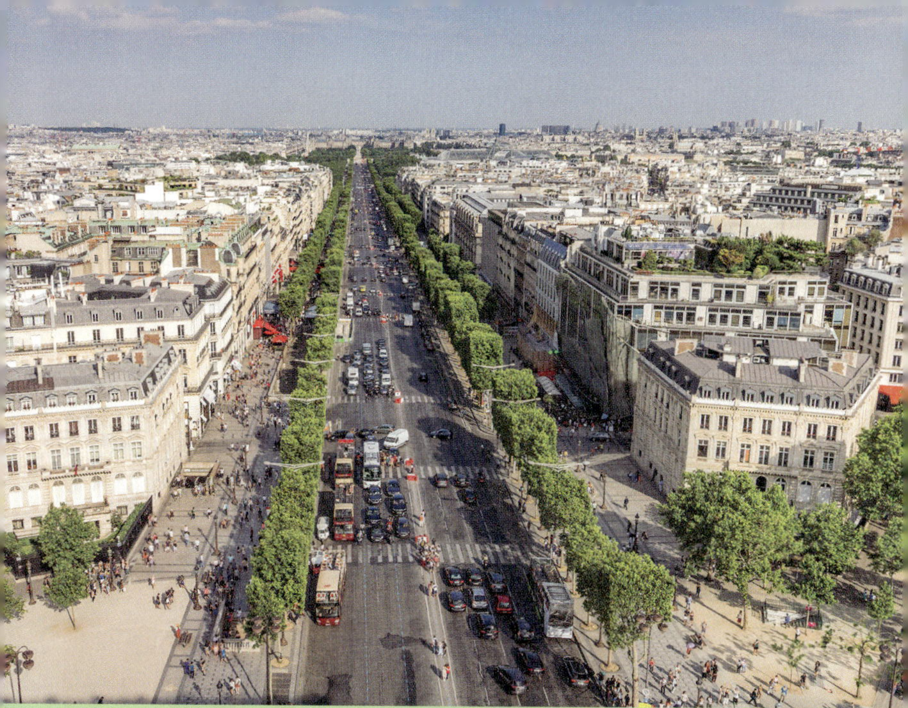

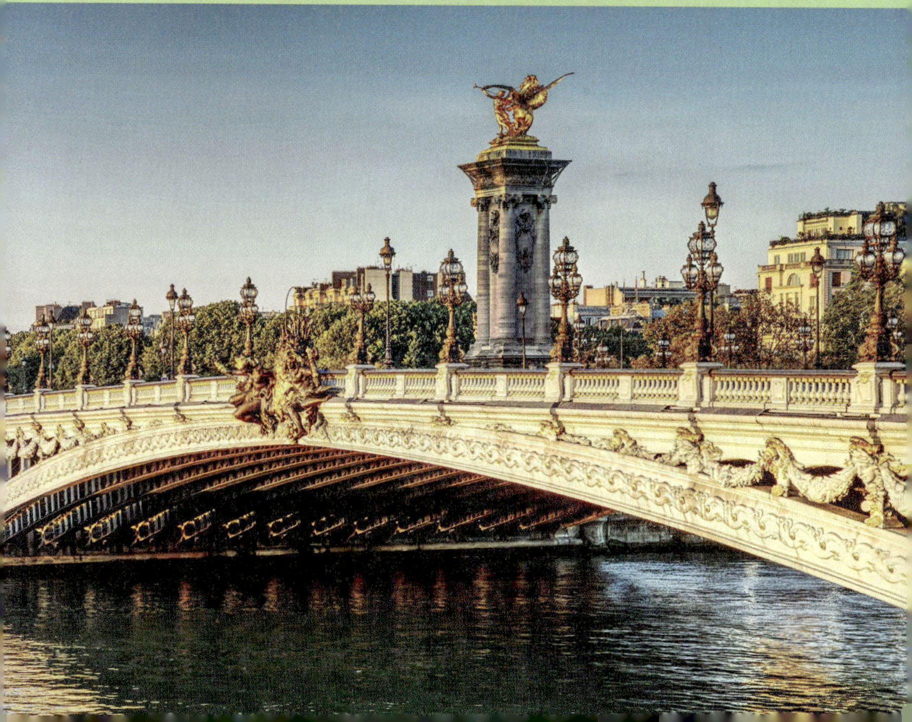

Champs-Elysées
PREVIEW

샹젤리제를 요약하는 키워드는 샹젤리제 거리, 개선문, 명품 쇼핑, 박물관이라 할 수 있다. 산책을 좋아하는 사람은 프티 팔레에서 알렉상드르 3세 다리를 거쳐 알마 광장까지 센강을 따라 걷는 것도 좋은 추억이 될 것이다.

SEE

큰 볼거리는 역시 개선문과 샹젤리제 거리다. 이곳은 낮과 밤의 분위기가 다르므로, 시간적 여유가 있다면 밤낮으로 두 번 방문하는 것도 나쁘지 않다. 이 일대에는 유명 박물관이 9개나 몰려 있는데 그중에서 수준 높은 무료 시립미술관이 세 곳이나 된다. 니생 드 카몽도 박물관은 인지도에 비해 묻어두기 아까운 곳이다. 예술적 안목이 탁월한 백만장자들의 고품격 저택을 생각하면 된다.

EAT

샹젤리제 거리 일대에는 팰리스급 호텔과 최고급 레스토랑들이 즐비하다. 그중에서도 미슐랭 가이드가 추천하는 레스토랑들이 많다. 샹젤리제에서 한국인들이 가장 많이 찾는 곳은 스테이크 체인점 르를레 드 랑트르코트, '오바마 햄버거'라는 별칭으로 유명한 파이브 가이즈다. 이 일대에서 이만한 가격에 이 정도의 음식을 먹기란 쉽지 않다. 그 외 <꽃보다 할배>에서 나왔던 한식집 '순Soon'도 이 일대에 있다.

BUY

샹젤리제 일대는 파리 쇼핑의 골든트라이앵글로 불린다. 샹젤리제 거리와 조르주 생크 거리, 몽테뉴 거리에서 샤넬을 비롯한 명품 브랜드 숍과 중저가 브랜드, 액세서리, 주얼리 등 한국인들에게도 인기 있는 브랜드 대부분을 만날 수 있다. 그 외 이강인 선수 때문에 더 주목받는 파리 생제르맹 스토어, 디즈니 스토어 등도 인기다.

 어떻게 갈까?

샹젤리제 일대는 북쪽으로 몽소 공원, 남쪽으로 알마 광장까지 포괄하는 광대한 지역이다. 개선문을 방문할 경우, 메트로 1, 2, 6호선과 RER A선을 타고 샤를 드 골—에투알Charles de Gaulle-Étoile역에서 하차하면 된다. 샹젤리제 거리는 콩코르드 광장에서 바로 이어지지만, 각종 숍과 볼거리는 메트로 1, 9호선이 정차하는 프랑클랭 루즈벨Franklin D. Roosevelt역에서 시작된다. 샹젤리제 지역을 샅샅이 훑고 싶다면 메트로 2호선 몽소Monceau역에서 출발해 메트로 9호선 이에나Iéna역에서 끝내는 추천 일정을 참고한다.

 어떻게 다닐까?

방대한 지역인 만큼 적절하게 중간 중간 메트로를 이용하는 것이 좋다. 샹젤리제 거리 자체도 상당히 길다. 쇼핑에 특별한 목적이 없다면 다 걸을 필요는 없다. 프티 팔레에서 센강 쪽으로 나와 파리에서 알렉상드르 3세 다리를 보고, 센강을 따라 알마 광장까지 가는 산책길은 추천.

Champs-Elysées
ONE FINE DAY

샹젤리제 거리와 개선문이 다는 아니다! 이상하리만큼 한국 여행객에겐 알려지지 않았지만, 파리에서 아름답기로 소문 난 공원과 산책길, 에펠탑 뷰포인트, 그냥 지나치면 섭섭한 최고의 무료 박물관들까지, 알짜들만 모았다.

몽소 공원, 모네 그림의 모델이 된 곳 관람하기

→ 도보 1분

세르누치 박물관, 아시아 예술 구경하기(무료)

→ 도보 3분

니생 드 카몽도 박물관 둘러보기

↓ 메트로 6분

프티 팔레, 쉬어가기 좋은 박물관 관람하기(무료)

← 도보 3분

샹젤리제 거리 산책하며 여유 즐기기

← 도보 1분

개선문, 프랑스군의 위풍당당 승전문 둘러보기

↓ 도보 3분

센강변 산책하며 파리 여행 기분 느껴보기

→ 도보 5분

알마 광장, 에펠탑 뷰포인트에서 전망 감상하기

→ 도보 4분

파리 시립 현대미술관에서 예술 감성 충족시키기(무료)

 SEE

Writer's Pick! 이름만 들어도 낭만적인
샹젤리제 거리 Avenue des Champs-Élysées 아브뉘 데 샹젤리제

파리에서 에펠탑만큼 낭만적인 곳을 꼽으라면 가장 먼저 언급되는 곳이 샹젤리제다. 콩코르드 광장에서 개선문에 이르는 약 2㎞의 이 거리는 파리에서도 가장 활기차고 아름다운 도로로 알려져 있다. 낮과 밤을 가리지 않고 사람들로 북적이는 거리, 각종 쇼핑몰과 영화관, 브랜드 숍, 레스토랑, 클럽 등으로 24시간 불이 꺼질 새가 없다. 파리로 떠나기 전부터 벌써 파리 여행을 두근거리게 만드는 노래 〈오 샹젤리제 Aux Champs-Élysées〉에는 다음과 같은 가사가 나온다. '햇빛 비추는 날이나, 비 오는 날이나, 낮이나 밤이나, 샹젤리제에는 당신이 원하는 모든 것이 있습니다.' 사실인지 아닌지는 직접 경험해 보자!

Data Map 299p-G
Access 메트로 1, 9호선
프랑클랭 루즈벨 Franklin D. Roosevelt역 하차

프랑스의 영광과 위대함의 상징
개선문 Arc de Triomphe 🔊 아흐 드 트히옹프

샹젤리제 거리 끝, 언덕 위에 우뚝 선 개선문은 나폴레옹 군대의 위엄과 영광을 상징하듯, 그 당당하고 웅장한 모습이 좌중을 압도한다. 개선문의 건축이 결정된 것은 1806년 프랑스 군대가 아우스터리츠 전투에서 큰 승리를 거둔 그 다음날의 일이다. 나폴레옹 1세가 용감한 프랑스 군대에 경의를 표하는 뜻에서 세상에서 가장 큰 아치형 전승문의 건축을 원했기 때문이다. 이후 30년간의 공사 끝에 1836년 지금의 에투알 광장에 개선문이 세워졌고, 1840년 나폴레옹의 장례식, 1885년 프랑스의 대문호 빅토르 위고의 국장을 비롯해 1944년 파리의 해방이 선언되는 등 역사적인 대사건들이 개선문을 무대로 펼쳐졌다. 개선문은 파사드에 새겨진 10개의 아름다운 부조로도 유명하다.

그중에서도 특히 샹젤리제 거리 쪽 오른편에 위치한 부조 〈라마르세예즈-1792년 의용군의 출정La Marseillaise-Le Départ des Volontaires de 1792〉이 가장 유명하다. 아치의 천정과 벽면 위에는 프랑스대혁명부터 1, 2차 세계대전에 이르기까지 프랑스군이 참전했던 전투와 장군들의 이름이 새겨져 있다. 또한 아치 아래에는 1차 세계대전에서 희생된 무명용사의 무덤이 있으며, 한순간도 꺼지지 않는 횃불이 타오르며 그들의 숭고한 뜻을 기리고 있다. 외부를 둘러본 후 272개의 계단을 오르면(혹은 엘리베이터 탑승) 개선문 꼭대기의 테라스에서 파리 시내를 내려다볼 수 있다.

이곳에서는 개선문을 지나 동서로 시원스레 뻗어 있는 대로가 한눈에 들어오는데, 동쪽으로는 샹젤리제 거리와 콩코르드 광장의 오벨리스크, 카루젤 개선문을 지나 루브르 궁전이, 서쪽에는 라데팡스의 신개선문이 일직선으로 자리를 잡고 있다. 그 외에도 크고 작은 도로 12개가 개선문을 중심으로 사방으로 뻗어나가 그 모양이 장관을 이루는데, 그 모습이 마치 별(프랑스어로 '에투알Étoile'이라고 한다)과 같다고 하여 개선문이 서 있는 곳 이름이 '에투알 광장'이 된 것이다.

Data **Map** 298p-F **Access** 메트로 1, 2, 6호선 RER A선 샤를 드골-에투알Charles de Gaulle-Étoile역 하차, 도보 1분 **Add** Place Charles de Gaulle, 75008 Paris **Tel** (01) 55 37 73 77 **Open** 4~9월 10:00~23:00, 10~3월 10:00~22:30 (1월 1일, 5월 1일, 5월 8일 오전, 7월 14일 오전, 11월 11일 오전, 12월 25일 휴관) **Cost** 16유로, 11~3월 첫 번째 일요일 무료, 18세 미만 무료, 뮤지엄 패스 사용 가능 **Web** www.paris-arc-de-triomphe.fr

뮤지엄 패스가 있다면 강추!

니생 드 카몽도 박물관 Musée Nissim de Camondo 뮈제 니생 드 까몽도

알려지지 않은 파리 박물관 중 최강자를 뽑는다면 단연 니생 드 카몽도 박물관이다. 뮤지엄 패스가 있다면 무조건 가봐야 할 박물관이요, 실내장식, 인테리어에 관심 많은 여성이라면 절대 실망하지 않을 곳이다. 이곳은 본래 스페인계 유대인 은행가 모이즈 드 카몽도(1860~1935)의 개인 저택이었다. 그는 장식예술에 조예가 깊었고, 자신의 예술적 심미안과 엄청난 부를 바탕으로 집안 곳곳을 장식했다. 몽소 공원이 내려다보이는 3층짜리 저택에는 1층에 식당과 부엌, 2층에 거실, 서재, 만찬장, 3층에는 응접실, 침실, 도서관 등 개인 공간들이 배치돼 있다.

어느 공간을 막론하고 화려한 인테리어와 고급 가구, 유명 예술가들의 회화 및 장식품들로 가득 차 있다. 이중 대부분이 18세기 말 장식예술품으로, 어느 것 하나 허투루 볼 게 없다. 니생 드 카몽도는 아들 하나와 딸 하나를 두었는데, 아들 니생이 1차 세계대전에서 사망하자 아들의 이름으로 이 집을 장식예술 박물관에 기증했다. 안타깝게도 그의 딸 역시 나치의 정권하에 아우슈비츠 수용소에서 사망하였다. 참고로, 모이즈의 사촌 이삭 드 카몽도는 1911년 자신의 소장품 대부분을 루브르 박물관에 기증하였다. 아쉽게도 2025년 보수 공사로 휴관하고 2026년 다시 문을 열 예정이다.

Data **Map** 299p-C
Access 메트로 2호선 몽소Monceau역 하차, 도보 5분 **Add** 63 Rue Monceau 75008 Paris
Tel (01) 53 89 06 50 **Open** 2025년 휴관, 2026년 재개관 **Web** madparis.fr

Writer's Pick! 현대미술 거장의 작품들을 무료로 본다
파리 시립 현대미술관 Musée d'Art Moderne de la Ville de Paris

 뮈제 다흐 모데흔 드 라빌 드 빠히

'근현대 미술=퐁피두센터'라는 생각은 그만! 파리시가 운영하는 현대미술관은 입장료 한 푼 없이 20, 21세기 미술사에서 중요시 언급되는 예술가의 작품들로 눈을 한껏 호강시킬 수 있다. 미술관은 근대미술과 현대미술, 앙리 마티스, 라울 뒤피, 크리스찬 볼탄스키 등 총 5개의 주제로 나눠져 있다. 우리가 흔히 아는 마티스, 피카소, 페르낭 레제르, 모딜리아니, 피에르 보나르 등으로 가볍게 시작해 큐비즘, 추상예술, 초현실주의, 아르데코, 뉴리얼리즘을 거쳐 현대 설치미술에 이르기까지 근현대 미술의 역사와 최신 트렌드를 '가볍게' 섭렵할 수 있다.

특히 앙리 마티스의 〈춤La Dance〉과 라울 뒤피Raoul Dufy의 〈전기의 요정La Fée Eléctricité〉, 크리스티앙 볼탕스키Christian Boltanski의 〈아이들의 박물관Réserve du Musée des Enfants I et II〉은 반드시 봐야 할 명작 중의 명작. 그 외에도 앙드레 드랭, 조르지오 데 키리코, 다니엘 뷔랭, 로베르 들로네, 더글라스 고든, 카미유 앙로, 백남준 등 세계가 주목하는 작가의 작품들이 다수 전시돼 있다.

Data Map 298p-J
Access 메트로 9호선 알마-마르소Alma-Marceau역 하차, 도보 3분
Add 11 Avenue du Président Wilson 75116 Paris **Tel** (01) 53 67 40 00 **Open** 화~일 10:00~18:00 (월요일, 1월 1일, 5월 1일, 12월 25일 휴관) **Cost** 상설전 무료 **Web** www.mam.paris.fr/en

TIP 미술관 관람법
① 전시는 상설전과 기획전으로 나뉘며 입장하는 입구도 달라진다. 상설전은 미술관 카페 옆에 난 전용 입구를 이용해야 한다.
② 관람 순서는 미술관 지도의 동선을 따라가자. 가이드북이라 할 만큼 각 갤러리와 주요 작품 설명이 상당히 잘 돼 있다.

최고의 아시아 예술품이 가득
기메 아시아 예술 국립박물관 Musée Nationale des Arts Asiatiques Guimet
🔊 뮈제 나씨오날 데 자흐 자지아띠끄 귀메

'아시아인이 서양에서 무슨 아시아 박물관을 가!?'라는 선입견만큼 위험한 것은 없다. 기메 박물관은 아시아 예술을 주제로 한 서양의 박물관 중 컬렉션 수가 가장 많고 작품 수준 역시 뛰어난 곳으로 정평이 나 있다. 이곳은 1879년 에밀 기메라는 사업가가 세계 여행을 통해 수집한 예술품들을 대중들에게 공개하면서 시작되었다. 이후 국립박물관으로 승격, 매년 42만 명이 방문할 만큼 인기를 얻고 있다. 총 4층에 걸쳐 26개의 전시실이 마련돼 있으며, 우리나라를 비롯해 중국, 일본, 인도, 캄보디아, 태국, 중앙아시아, 아프가니스탄, 히말라야 왕국 등의 작품들을 만날 수 있다.

Data **Map** 298p-J **Access** 메트로 9호선 알마-마르소Alma-Marceau역 하차, 도보 4분 **Add** 6 Place d'Iéna 75116 Paris **Tel** (01) 56 52 53 00 **Open** 10:00~18:00(화요일, 1월 1일, 5월 1일, 12월 25일 휴관) **Cost** 13유로(뮤지엄 패스 사용 가능), 매달 첫 번째 일요일 무료 **Web** guimet.fr

파리의 역사적인 전시 문화 공간
그랑 팔레 Grand Palais 🔊 그항 빨레

샹젤리제 인근에 자리한 그랑 팔레는 1900년 만국박람회를 위해 건립된 파리의 대표 전시 공간이다. 특히 세계 최대 규모의 유리 지붕과 아르누보 스타일의 철골 구조로 유명한 중앙 전시장은 그랑 팔레의 상징이라 할 수 있다. 이곳에서는 수십 년간 파리포토, 국제 현대미술 박람회, 샤넬 패션쇼 등 굵직한 문화 예술 행사가 열렸으며, 2024년 파리 올림픽의 펜싱, 태권도 경기가 펼쳐져 전세계의 시선을 사로잡았다. 2021년부터 시작된 대규모 리노베이션을 마무리하고 재개장한 그랑 팔레는 현재 박람회, 전시회, 쇼와 콘서트 등 다양한 프로그램들을 선보이고 있다. 하지만 과학 박물관으로 큰 사랑을 받았던 '발견의 궁전Palais de la Découverte'은 2027년에 다시 문을 열 예정이다.

Data **Map** 299p-K **Access** 메트로 1, 13호선 샹젤리제-클레망소Champs-Elysées-Clemenceau 하차, 도보 2분 **Add** 3, Avenue du Général Eisenhower 75008 Paris **Tel** (01) 44 13 17 17 **Open** 화~일 09:30~20:00, 금 ~22:30, 월요일 휴관 **Cost** 프로그램에 따라 다름 **Web** www.grandpalais.fr/en

Writer's Pick! 부담 없이 둘러보기 좋은 미술관
프티 팔레 Petit Palais 쁘띠 빨레

프티 팔레를 한마디로 정의하면 '작은 루브르'가 아닐까. 고대 그리스부터 중세, 르네상스, 16세기 이후 20세기에 이르기까지 각 세기별 회화, 조각, 성상화, 주얼리, 장식예술품 등이 전시돼 있고, 외관부터 범상치 않은 건물 자체가 예술적으로나 건축학적으로 하나의 작품이기 때문이다. 비록 이름만 들어도 알 만한 유명 작품들은 많지 않지만, 파리시가 운영하는 시립 미술관답게 전시 수준은 믿을 만하다. 하물며 무료다!

세잔, 모네, 들라크루아, 앵그르, 렘브란트처럼 유명한 작가들의 작품들도 있지만, 우리에겐 낯선(하지만 당대 프랑스에서는 매우 인기 있던) 작가들의 수준 높은 작품들이 많다. 세계적인 명화보다 덜 대중적이지만 그저 지나치는 발걸음을 붙잡아 두기 충분한 낯선 제목의 그림들과 새로운 작가들의 발견은 프티 팔레의 강점이라 할 수 있다. 프티 팔레에서 특히 주목해야 할 것은 건물 그 자체다. 입구부터 화려한 연철 장식, 세련된 벽장식과 천장의 벽화들, 모자이크 바닥을 비롯해 주랑이 있는 정원, 카페 레스토랑까지. 프티 팔레는 꼭 무언가를 봐야만 한다는 강박관념보다 가벼운 마음으로 예술의 세계 속을 거닐어볼 수 있는, 지극히 예술적인 고급 휴식공간이다.

Data **Map** 299p-L
Access 메트로 1, 13호선 샹젤리제-클레망소Champs-Elysées-Clemenceau역 하차, 도보 2분
Add Avenue Winston Churchill 75008 Paris
Tel (01) 53 43 40 00
Open 10:00~18:00(월요일, 1월 1일, 5월 1일, 7월 14일, 12월 25일 휴관) **Cost** 상설전 무료
Web www.petitpalais.paris.fr/en

여성이라면 특히 주목!
파리 시립 의상박물관－팔레 갈리에라
Musée de la Mode de la Ville de Paris-Palais Galliera 뮈제 드 라모드 드 라빌 드 빠히-빨레 갈리에하

18세기부터 오늘날에 이르기까지 프랑스 복식의 변천사와 패션 트렌드를 반영한 박물관으로, 한 해 방문객이 32만 명을 넘을 만큼 인기가 좋다. 18세기 드레스, 19세기 의상, 20세기 초반의 패션, 현대 패션, 속옷, 액세서리, 의상 스케치와 사진 등 10만여 점의 소장품을 보유하고 있다. 하지만 빛에 약한 소재 특성상 상설전은 없고 매년 2~3회 기획전만 개최하므로 홈페이지에서 미리 전시 일정을 확인해야 한다. 참고로, 박물관은 원래 1894년 건축된 갈리에라 공작부인의 대저택이었다. 외관도 아름답고 저택 앞의 드넓은 정원마저 공공녹지대로 조성돼 누구나 부담 없이 쉬어 가기 좋다.

Data Map 298p-J **Access** 메트로 9호선 알마-마르소Alma-Marceau역 하차, 도보 3분
Add 10 avenue Pierre 1er de Serbie, 75116 Paris **Tel** (01) 56 52 86 00 **Open** 기획전 화~일 10:00~18:00, 금 ~21:00(월요일, 1월 1일, 5월 1일, 12월 25일 휴관) **Cost** 전시에 따라 다름. 18세 미만 무료
Web www.palaisgalliera.paris.fr/en

현대 예술 기획전이 강한
팔레 드 도쿄 Palais de Tokyo 빨레 드 토꾜

1937년 파리 세계 박람회를 위해 건축된 곳으로, 2012년 대대적인 정비를 거쳐 프랑스에서 가장 큰 현대 예술센터로 재탄생했다. 1년 내내 미술, 디자인, 패션 등의 다양한 전시회와 문화 공연이 개최되고 있으며, 에펠탑 뷰가 훌륭한 레스토랑 '무시외 블루Mousieur Bleu(테라스 자리는 예약 필수)'와 서점, 영화관도 들어서 있다. 처음 베를린에서 등장해 2007년 파리에도 소개된 포토마통(4컷짜리 빈티지 즉석 사진 촬영기) 역시 이곳의 명물 중 하나. 각종 전시 및 공연 프로그램은 홈페이지에서 확인할 수 있다.

Data Map 298p-J **Access** 메트로 9호선 알마-마르소Alma-Marceau역 하차, 도보 3분
Add 13 Avenue du Président Wilson 75116 Paris **Tel** (01) 81 97 35 88
Open 12:00~21:00(화요일, 1월 1일, 5월 1일, 12월 25일 휴관)
Cost 13유로, 26세 미만 9유로, 18세 미만 무료(신분증 소지) **Web** www.palaisdetokyo.com/en

작은 고추가 맵다

세르누치 박물관 Musée Cernusch 뮈제 쎄흐뉘치

주택가에 자리 잡은 이 작은 아시아 예술 박물관은 '요런 것도 있었어?'라는 말이 절로 날 만큼 흥미로운 소장품들이 많다. 작품들은 대부분 중국 신석기 시대부터 13세기 말 송 왕조 때까지 것으로 청동상과 테라코타, 목각, 대리석상 등 작은 장식예술품들이다. 화려하기보다 섬세하고 소박한 동양의 미가 잘 나타나 있으며, 특히 테라코타 인형들이 시선을 끈다. 세르누치 박물관은 앙리 세르누치(1821~1896)라는 은행가가 중국과 일본 여행에서 5천 점의 작품을 구입하고, 이들을 전시하기 위해 지금의 이 저택을 건축하여 파리시에 기증한 것이다. 현재 파리 시립미술관으로 운영 중이며 입장은 무료다.

Data **Map** 299p-C **Access** 메트로 2호선 몽소Monceau 역 하차, 도보 3분
Add 7 Avenue Velasquez 75008 Paris **Tel** (01) 53 96 21 50 **Open** 10:00~18:00(월·공휴일 휴관)
Cost 상설전 무료 **Web** www.cernuschi.paris.fr

프랑스 대통령의 관저
엘리제 궁 Palais de l'Élysée 🔊 빨레 드 렐리제

1722년에 건축된 것으로, '당시' 파리에서 가장 아름다운 저택으로 알려져 있다. 이후 루이 15세가 사들여 자신의 정부인 퐁파르두 후작부인에게 선물했고, 루이 16세 때는 대사관저로 사용되었다. 1797년, 지척에 있는 거리 '샹젤리제'에서 이름을 따와 '엘리제Élysée('낙원'이라는 뜻)'라 불렸고, 1848년 이후 대통령궁이 되었다. 1년 중 단 하루 문화유산의 날(매년 9월 셋째 주 주말)에 일반 대중에게 공개되고 있다.

Data Map 299p-H
Access 메트로 1, 13호선 샹젤리제 클레망소Champs-Elysées-Clémenceau역 하차
Add 55 Rue du Faubourg Saint-Honoré 75008 Paris
Open 매년 9월 셋째 주 주말
Web www.elysee.fr

에펠탑이 아름답게 보이는
알마 광장 Place de l'Alma 🔊 쁠라쓰 드 랄마

에펠탑과 센강, 유람선을 사진 한 장에 다 담을 수 있는 알마 다리 끝에 위치해 있다. 이곳에는 뉴욕 자유의 여신상이 들고 있는 불꽃과 정확히 같은 모양, 같은 크기의 '자유의 불꽃 상Flamme de la Liberté'이 세워져 있다. 이는 1987년 인터내셔널 해럴드 트리뷴사가 파리에 영자 일간지를 발간한 지 100주년을 맞아 양국의 우호관계를 돈독히 하는 뜻에서 선물한 것이다. 하지만 정작 알마 광장이 전 세계적으로 주목을 끈 것은 1997년 8월 31일 이곳 뒤편 지하도에서 다이애나 영국 왕세자비의 자동차 사고가 발생했기 때문이다. 지금도 그녀를 기억하는 사람들의 낙서와 꽃다발이 알마 광장 주변에서 발견되곤 한다.

Data Map 298p-J
Access 메트로 9호선 알마 마르소Alma-Marceau역 하차, 도보 1분 Add 7 Place de l'Alma 75008 Paris

예술가들이 사랑한
몽소 공원 Parc Monceau 빠흐끄 몽쏘

18세기 후반 조성되었으며, 파리에서 가장 아름다운 영국식 정원으로 파리지앵들의 큰 사랑을 받고 있다. 이를 반영이라도 하듯, 모네는 이곳에서 많은 작품을 그렸고, 1980년대 가수 이브 뒤테이Yves Duteil는 〈몽소 공원에서 Au Parc Monceau〉라는 샹송을 불러 큰 인기를 얻었다. 공원 곳곳에는 쇼팽이나 모파상, 뮈세 같은 유명 인사들의 조각상과 르네상스식 아케이드가 있는 작은 연못, 회전목마, 화려한 철제문 등 소소한 볼거리들이 많다. 니생 드 카몽도 박물관이나 세르누치 박물관을 갈 때 메트로에 내려 몽소 공원을 가로질러 가면 좋다.

Data **Map** 299p-C
Access 메트로 2호선 몽소Monceau 역 하차, 도보 1분
Add Boulevard de Courcelles 75008 Paris

아름다운 대저택과 미술관이 하나로
자크마르 앙드레 박물관 Musée Jacquemart-André 뮈제 자끄마흐 앙드헤

이곳은 본래 미술 애호가이자 수집가인 에두아르 앙드레와 초상화가이자 그의 부인인 넬리 자크마르가 거주했던 대저택이다. 당대의 내부 모습을 그대로 재현한 생활공간 곳곳은 이들이 평생 동안 수집한 수많은 소장품들로 장식돼 있다. 이태리 르네상스와 17세기 플랑드르화파, 18세기 프랑스 화가의 작품 등은 물론 카이로, 룩소르, 인도 등 비유럽 국가를 여행하면서 수집한 예술품들에 이르기까지 그 장르가 다양하다. 특히 프라고나르와 보티첼리, 반다이크, 렘브란트, 비제 르브랭, 파울로 우첼로, 자크루이 다비드의 작품들과 루이 15~16세 시대의 가구, 공예품들은 높은 평가를 받고 있다.

Data **Map** 299p-G **Access** 메트로 9, 13호선 미로메닐Miromesnil역 하차, 도보 5분
Add 158, Boulevard Haussmann 75008 Paris **Tel** (01) 45 62 11 59 **Open** 10:00~18:00, 기획전이 있는 경우 금 ~22:00, 토·일 ~20:00 **Cost** 상설전 18유로(오디오가이드 무료), 7~25세 9.50유로
Web www.musee-jacquemart-andre.com

EAT

에릭 프레송의 명성을 이어가는
114 포부르 114 Faubourg 🔊 쌍꺄또흐즈 포부호

전 세계 정상급 인사들이 많이 찾는 특급 호텔 브리스톨에 위치한 럭셔리 브라스리다. 세계적인 스타 셰프 에릭 프레송의 팀이 주방을 맡기 시작한 뒤 미슐랭 1스타에 올랐고 2022년까지 연속 10년째 그 자리를 놓치지 않고 있다. 이를 기념해 2022년에는 지난 10년간 가장 사랑받았던 요리들로 구성한 특별 메뉴를 내놓기도 하였다. 푸아그라, 스테이크, 치즈버거, 피시&칩스같이 캐주얼한 메뉴 리스트에 검증받은 셰프들이 선사하는 고급스러운 맛, 훌륭한 식사 분위기, 합리적인 가격을 원한다면 좋은 선택이 될 수 있다.

Data Map 299p-H Access 메트로 9, 13호선 미로메닐Miromesnil 하차, 도보 3분 Add 114, Rue du Faubourg Saint-Honoré 75008 Paris Tel (01) 53 43 44 44
Open 월~금 12:00~14:00, 19:00~22:00, 토·일 19:00~
Cost 단품 39유로~ Web www.lebristolparis.com

Writer's Pick! 웨이팅이 있는 한식당
순 Soon 🔊 쑨

여행 프로그램 〈꽃보다 할배〉에 나온 한식당이다. 하지만 현지인들에게도 좋은 평가를 받아 프랑스인 손님들도 많다. 한국에서의 가격을 생각하면 비싸게도 느껴지지만, 현지 레스토랑과 비교해 볼 때 무료 밑반찬의 풍성한 한상 차림은 꽤 매력적이다. 한식당에서 주문할 수 있는 대부분의 메뉴는 물론 점심 백반과 세트메뉴, 양념치킨 등도 준비돼 있다.

Data Map 299p-G Access 메트로 1, 9호선 프랑클랭 루즈벨Franklin D. Roosevelt 하차, 도보 5분 Add 20, Rue Jean Mermoz 75008 Paris
Tel (01) 42 25 04 72
Open 12:00~15:00, 19:00~22:30 Cost 양념치킨 21유로, 된장찌개 17유로 Web www.restaurantsoon.com

미슐랭 3스타 중에서도 넘버원
에피큐어 Epicure 에삐퀴흐
Writer's Pick!

미슐랭 3스타 중 하나로, 명실상부한 파리 최고의 레스토랑이다. 〈사뵈르〉 매거진과 푸드 전문 웹사이트 〈더데일리 밀〉에서도 세계 최고의 호텔-레스토랑으로 선정한 바 있다. 세련되면서도 친밀하고 경쾌한 서비스가 편안한 식사 분위기를 만들어내는 것도 에피큐어만의 장점 중 하나. 영화 〈미드나잇 인 파리〉의 촬영지로도 유명하다.

Data **Map** 299p-H **Access** 메트로 9, 13호선 미로메닐Miromesnil 하차, 도보 3분. 호텔 브리스톨 내 위치 **Add** 114, Rue du Faubourg Saint-Honoré 75008 Paris **Tel** (01) 53 43 43 40 **Open** 일~월 07:00~10:30, 화~토 07:00~10:30, 12:00~14:00, 19:30~21:30 **Cost** 전채 요리 79유로~, 본식 98유로~, 후식 39유로~ **Web** www.lebristolparis.com

시립 현대미술관 옆 프렌치 정통 레스토랑
레마르슈 Les Marches 레 마흐슈

프랑스인 가족이 운영하는 전형적인 프렌치 비스트로다. 캐주얼한 분위기에서 부담스럽지 않은 가격으로 스테이크, 피시앤칩스 등을 맛볼 수 있다. 파리 시립 현대미술관 바로 옆에 위치해, 케브랑리 박물관, 바토무슈, 샤요 궁 일대를 방문하는 사람들도 가볼 만하다.

Data **Map** 298p-J **Access** 메트로 9호선 이에나Iéna역 하차, 도보 4분 **Add** 5 Rue de la Manutention, 75116 Paris **Tel** (01) 47 23 52 80 **Open** 12:00~14:30, 19:30~22:30 **Cost** 스테이크 25유로, 피시앤칩스 15유로 **Web** www.lesmarches-restaurant.com/en

쉑쉑버거의 라이벌, 파리에서 맛보자
파이브 가이즈 Five Guys 파이브 가이즈

미국 3대 버거 중 하나로, 오바마 전 미국 대통령이 좋아한다는 기사가 난 후 인기가 더 높아졌다. 파이브 가이즈 버거의 가장 큰 특징은 야채와 소스를 선택할 수 있다는 점이다. 무료로 제공되는 땅콩은 원하는 만큼 가져다 먹을 수 있다. 파리에는 샹젤리제 외 베르시 빌라주, 오페라 근처, 북역 등에 위치해 있는데, 샹젤리제점이 특히 규모가 크고 접근성도 좋다.

Data **Map** 299p-G
Access 메트로 1, 9호선 프랑클랭 루즈벨 Franklin D. Roosevelt 역 하차, 도보 1분
Add 49-51 Av. des Champs-Élysées, 75008 Paris **Open** 11:00~01:00
Cost 햄버거 6.95유로~, 감자튀김 4.25유로~

Paris By Area

05

에펠탑 & 앵발리드

Tour Eiffel & Invalides

에펠탑 없는 파리는 자유의 여신상 없는 뉴욕과 같다. 봐도 봐도 질리지 않는 에펠탑을 이곳저곳 거닐며 감상해보자. 로댕의 조각들과 아름다운 정원, 숨 막힐 듯 웅장한 나폴레옹의 묘, 흥미진진한 원시예술의 세계 케 브랑리 박물관까지 볼거리는 무궁무진하다.

Tour Eiffel & Invalides
PREVIEW

에펠탑을 빼고는 파리 관광을 논할 수 없지만, 에펠탑의 명성에 밀려나기에는 아까운 관광지가 이 지역에 다수 위치해 있다. 뮤지엄 패스 소지자라면 로댕 미술관, 앵발리드, 케 브랑리 박물관, 건축 문화재 단지는 시간을 쪼개서라도 꼭 둘러보는 것이 좋다. 앵발리드에서 알마 다리까지는 산책하기 그만이다.

SEE

뭐니 뭐니 해도 파리 여행의 하이라이트는 에펠탑이다. 에펠탑은 어디서 봐도 멋지지만, 역시 최고의 뷰포인트는 샤요 궁. 가장 크고 또렷하게 보여 야간 조명쇼 때 더욱 인기가 좋다. 그 외 나폴레옹의 유해가 안장돼 있는 앵발리드와 정원이 특히 아름다운 로댕 미술관, 파리 4대 박물관 중 하나인 케 브랑리 박물관도 큰 볼거리다.

EAT

에펠탑에서 낭만적인 식사를 원한다면 르쥘베른, 미슐랭 3스타 레스토랑을 원한다면 아르페주, 제대로 된 뉴욕 스타일의 수제버거를 맛보고 싶다면 슈왈츠 델리에 주목! 파리 최고의 쇼콜라티에 미셸 쇼댕의 파베 초콜릿은 디저트로 딱이다. 커피 한잔이 그립다면 쿠팀 카페에 가보자.

BUY

상권이 발달하지 않은 곳이다. 특별히 살거리도 없고 살 만한 곳도 없다. 단, 에펠탑 열쇠고리만은 예외! 샤요 궁 일대에 보따리 상인들이 에펠탑 기념품을 판매한다. 부담 없는 선물용으로 인기 있는 열쇠고리가 3~4개에 1유로 정도. 잘 깎으면 5개까지 얻을 수 있다. 가끔 파손된 제품도 눈에 띄므로 꼼꼼히 살펴볼 것.

어떻게 갈까?

에펠탑 중심으로 움직이려면 6호선을 타고 트로카데로Trocadéro나 비르아켐Bir-Hakeim역에서 하차하면 된다. RER C선이 에펠탑, 알마 다리, 앵발리드, 오르세 미술관을 연결하지만 배차 간격이 20분 정도로 길다. 앵발리드 인근에는 메트로 역이 여러 개 있는데, 나폴레옹의 묘지 가까운 곳에 정차하려면 13호선 바렌Varenne이나 생프랑수아 자비에Saint-François-Xavier역에 하차하면 된다.

어떻게 다닐까?

도보로도 충분하다. 앵발리드에서 케 브랑리 박물관까지 거리가 먼 편이지만, 센 강을 끼고 있어 산책하듯 걸을 만하다. 특히 앵발리드 앞 알렉상드르 3세 다리는 파리에서 가장 아름다운 다리다. 꼭 앵발리드 광장을 걸어 나와, 알렉상드르 3세 다리 쪽을 지나가보자.

Tour Eiffel & Invalides
ONE FINE DAY

이 코스의 주제는 '에펠탑과 박물관 관람'이다. 여기서 가장 주목을 끄는 것은 역시 에펠탑이다. 하지만 케 브랑리를 비롯한 4개의 박물관 모두 흥미도 면에서는 결코 뒤처지지 않는다. 박물관 특성상 시간 배분이 중요하며, 뮤지엄 패스 사용을 추천한다.

로댕 미술관,
아름다운 조각 정원
관람하기

도보 3분 →

웅장한 나폴레옹의 묘가
안치되어 있는
앵발리드 둘러보기

도보 10분 →

흥미진진 원시
예술의 세계, 케 브랑리
박물관 관람하기

도보 3분 ↓

프랑스 유명 관광지의
건축물이 한곳에!
건축 문화재 단지 관람

← 도보 30초

에펠탑 베스트 뷰 포인트
샤요 궁에서
인증샷 남기기

← 도보 4분

파리의 상징 에펠탑에
올라 파리 여행 기분
만끽하기

SEE

파리의 상징
에펠탑 Tour Eiffel 뚜흐 에펠

어떠한 수식어도 필요 없는 파리 최고의 관광지. 에펠탑은 1889년 세계 만국 박람회를 기념해 건축가 귀스타브 에펠이 디자인한 것이다. 당시 철골 구조를 그대로 드러낸 파격적인 외관은 파리의 예술가들 사이에 엄청난 논란을 불러일으켰다. 19세기 소설가 모파상은 이 흉측한 모습에 반감을 갖고 파리에서 에펠탑이 눈에 띄지 않는 단 한 곳, 즉 에펠탑 안에서 식사를 즐겼다는 이야기가 있을 정도. 총 높이 324m에 3층으로 되어 있으며, 1, 2층에는 기념품 숍과 레스토랑, 전망대가, 3층에는 360° 파노라마 뷰를 즐길 수 있는 전망대와 파노라믹 맵, 와인바 등이 위치한다. 에펠탑이 자신의 아름다움을 더욱 뽐내게 된 것은 1985년 야간 조명을 시작한 뒤다.

그 후 1999년 12월 31일 21세기를 맞이하는 새해 카운트다운 기념으로 2만 개의 전구에 반짝반짝 불을 밝히면서 '파리=에펠탑'이라는 공식을 확립시켰다. 에펠탑의 황금빛 조명은 센서에 따라 해 질 녘 자동적으로 켜진다. 그런 다음 매시 정각 5분 동안 2만 개의 하얀 전구가 반짝반짝 빛나는 조명쇼가 펼쳐진다. 에펠탑의 황금색 조명은 밤 11시 45분에 완전히 소등되고 12시 자정에 마지막 조명쇼가 펼쳐진다. 여름철에는 새벽 1시가 마지막이다. 에펠탑이 가장 아름답게 보이는 곳은 샤요 궁과 마르스 공원Champ-de-Mars이다.

Data **Map** 316p-B **Access** RER C선 샹 드 마르스-투르 에펠Champ de Mars-Tour Eiffel역 하차, 도보 3분 **Add** 5 Avenue Anatole France Champ de Mars 75007 Paris **Tel** 08 92 70 23 33
Open 09:00~24:00 **Cost** 2층 엘리베이터 이용 시 성인 23.10유로, 12~24세 11.60유로, 4~11세 5.90유로 / 2층 계단 이용 시 성인 14.50유로, 12~24세 7.30유로, 4~11세 3.70유로 / 꼭대기 성인 36.10유로, 12~24세 18.10유로, 4~11세 9.10유로 **Web** www.toureiffel.paris

TIP 에펠탑 아래는 시즌에 관계없이 전망대에 오르려는 사람들로 인산인해를 이룬다. 최악의 경우에는, 2시간 이상 줄을 서기도 한다. 시간을 아끼고 불편을 최소화하려면 홈페이지에서 미리 입장권을 구매(방문 2달 전부터 가능)하고 방문 날짜와 시간을 예약해놓는 것이 좋다. 온라인 예약 시, 전자티켓은 반드시 스마트폰에 저장해 두고 입장 시간 20분 전에는 도착해야 한다. 참고로, 주중 가장 방문객이 적은 요일은 화~목요일이며, 하루 중 가장 붐비는 시간은 오전 9시~오후 5시다.

Writer's Pick! 흥미진진한 원시예술의 세계
케 브랑리 박물관 Musée du Quai Branly 뮈제 뒤 께 브항리

한국인들에게는 잘 알려져 있지 않지만 어린아이부터 박물관 초보자 혹은 마니아들에 이르기까지 누구나 쉽고 흥미롭게 관람할 수 있는 파리 4대 박물관 중 하나다. 자크 시라크 전 프랑스 대통령이 문화 프로젝트의 일환으로 기존에 있던 아프리카-오세아니아 국립박물관과 인류 박물관 일부를 통합하면서, 비유럽 문명의 토착 문화를 살펴볼 수 있는 생활예술품 총 3,500여 점을 이곳에 전시해 놓았다. 박물관은 크게 오세아니아, 아시아, 아프리카, 아메리카 지역으로 나뉜다.

때로는 익살스럽고 때로는 신기하며 높은 예술성에 감탄스럽기까지 한 생활용품, 주술도구, 의상, 장식용품, 전통악기, 각종 원시 예술품 등으로 구성돼 있다. 케 브랑리 박물관에는 전시 외에도 주목할 것이 있다. 바로 전 세계적인 프랑스 건축가 장 누벨이 설계한 건물 그 자체다. 150여 종의 꽃과 식물들이 자라고 있는 800㎡의 유리벽과 이집트의 갈대, 일본의 대나무 등 각종 식물들이 자연의 모습 그대로를 연출하고 있는 야생 정원은 그냥 지나치기 아까운 포토 존이다. 어둠이 내리면 1,200개의 조명이 켜지면서 낮과는 또 다른 분위기를 자아낸다.

Data **Map** 316p-B **Access** RER C선 퐁 드 랄마Pont de l'Alma역 하차, 도보 3분
Add 222 Rue de l'Université 75007 Paris **Tel** (01) 56 61 70 00
Open 화~일 10:30~19:00, 목 ~22:00(월요일, 5월 1일, 12월 25일 휴관)
Cost 상설전 14유로 18세 미만, 매달 첫 번째 일요일 무료. 뮤지엄 패스 사용 가능
Web www.quaibranly.fr/en

Writer's Pick! 웅장한 황금 돔 아래 나폴레옹 1세가!
앵발리드 Hôtel National des Invalides 오뗄 나씨오날 데 쟁발리드

화려한 황금 돔에 우뚝 솟은 십자가가 단번에 시선을 사로잡는 앵발리드는 유럽을 호령하던 황제 나폴레옹 1세가 잠들어 있어 더욱 흥미로운 곳이다. 이곳은 본래 루이 14세가 1676년 프랑스 상이용사들을 위해 세운 요양소였다. 오늘날에는 군사박물관으로 용도를 변경하였다. 중세에서 17세기 중반에 이르기까지 왕과 귀족들이 착용했던 갑옷과 각종 무기, 루이 14세에서 나폴레옹 3세에 이르기까지, 제1, 2차 세계대전을 거치며 프랑스군이 사용했던 무기들과 전투복, 군인용품, 전리품, 훈장 등은 물론 각종 사진 및 영상자료들을 전시해 놓고 있다.

가장 여행객들의 주목을 끄는 곳은 나폴레옹의 관이 놓인 돔 성당! 입이 딱 벌어질 만큼 거대하고 웅장함이 느껴지는 내부는 프랑스 역사에서 나폴레옹이 차지하는 위상을 짐작케 한다. 그 외 제1, 2차 세계대전에서 사망한 장군들이 잠들어 있는 생루이 성당과 18대 프랑스 대통령인 샤를 드골 장군의 업적들을 정리한 미디어 전시관, 군사 목적으로 특정 지역을 최대한 축소시켜 입체 모형으로 제작한 입체 지도 전시관도 들어서 있다.

Data Map 316p-F **Access** 메트로 8, 13호선, RER C선 앵발리드Invalides역 하차, 도보 1분
Add 129 Rue de Grenelle 75007 Paris **Tel** (01) 44 42 38 77
Open 10:00~18:00, 1월 1일, 5월 1일, 12월 25일 휴관 **Cost** 성인 17유로(매달 첫 번째 금 18:00~22:00 입장 시 10유로), 18세 미만 무료, 뮤지엄 패스 사용 가능 **Web** www.musee-armee.fr

PARIS BY AREA 05
에펠탑&앵발리드

Writer's Pick! 아름다운 정원으로 더 유명한
로댕 미술관 Musée Rodin 뮈제 호댕

로댕의 〈생각하는 사람〉 원본을 보러 가자. 로댕 미술관은 〈지옥의 문〉, 〈칼레의 시민들〉 등 조각가 오귀스트 로댕의 세계적인 명작들을 감상할 수 있는 곳이다. 18세기에 지어진 현 건물은 로댕이 사망할 때까지 실제 거주하며 작품 활동을 펼친 곳이다. 특히 꽃과 나무, 조각들로 조성된 아름다운 정원은 한 폭의 그림 같은 장면을 연출해 내 일반 관광객들의 필수 코스로도 사랑을 받고 있다. 파리에서 RER C선을 타고 30분 정도 가면 로댕 미술관-뫼동 Musée Rodin Meudon 분관이 있다(입장 무료). 로댕이 죽기 전까지 살았던 저택으로, 〈생각하는 사람〉으로 꾸민 그의 묘도 볼 수 있다.

Data Map 316p-F
Access 메트로 13호선 바렌Varenne역 하차, 도보 2분
Add 79 Rue de Varenne, 75007 Paris
Tel (01) 44 18 61 10
Open 화~일 10:00~18:30(17:45 입장 마감, 매주 월, 1월 1일, 5월 1일, 12월 25일 휴관)
Cost 성인 14유로, 오르세-로댕 미술관 통합권 25유로 18세 이하 및 10~3월 첫 번째 일요일 무료, 뮤지엄 패스 사용 가능 **Web** www.musee-rodin.fr/en

배도 예술품이 될 수 있다
국립 해양 박물관 Musée national de la Marine de Paris 뮈제 나씨오날 드 라마힌느 드 빠히

어떤 주제를 가지고도 대단한 박물관으로 만들어 내는 프랑스의 저력은 '배 그까짓것~' 하는 선입견을 한번에 날려버린다. 초반부터 엄청난 크기와 화려함을 자랑하는 나폴레옹의 황제선이 모습을 드러내고, 17세기 범선부터 해적선, 증기선, 대형 여객선과 상선, 샤를 드골 장군의 항공모함을 비롯한 각종 군함에 이르기까지 수세기에 걸친 다양한 종류의 선박 모형들이 전시돼 있다. 또한 항법계기 장치나 선수상(뱃머리에 장식으로 붙이는 상), 선 내 생활용품과 각종 해양 그림도 볼 수 있다. 소장품 하나하나가 상당히 정교한 데다 예술품 못지않아 보는 재미가 쏠쏠하다.

Data Map 316p-A
Access 메트로 6, 9호선 트로카데로Trocadéro역 하차, 도보 1분
Add 17 Place du Trocadéro 75116 Paris
Tel (01) 53 65 69 48
Open 수~월 11:00~19:00 (목요일 ~22:00), 매주 화, 1월 1일, 5월 1일, 7월 14일, 12월 25일 휴관
Cost 일반 11~15유로, 18세 미만 무료
Web www.musee-marine.fr/nos-musees/paris

Writer's Pick! 에펠탑이 가장 아름답게 보여요!
샤요 궁 Palais de Chaillot 빨레 드 샤요

1937년 세계 박람회 개최를 맞아 구 트로카데로 궁전 자리에 신고전주의 양식으로 재건축된 대형 전시장이다. 에펠탑이 가장 아름답게 보이는 트로카데로 광장을 중심으로 서쪽 건물에는 국립 해양 박물관과 인류 박물관이, 동쪽 건물에는 건축 문화재 단지와 샤요 국립극장이 들어서 있다. 이곳에서 바라보는 에펠탑의 야경은 파리 야경의 베스트 오브 베스트다. 특히 해진 후 매시 정각부터 약 5분간 진행되는 조명쇼는 파리의 진가를 여실히 드러내는 만큼 절대 놓치지 말자!

Data Map 316p-A Access 메트로 6, 9호선 트로카데로Trocadéro역 하차, 도보 1분
Add 1 Place du Trocadéro et du 11 Novembre 75116 Paris

장발장 덕분에 유명해진
파리 하수도 박물관 Musée des Égouts de Paris 뮈제 데 제구 드 빠히

하수구를 주제로 한 이색 박물관이다. 1370년부터 하수구 시설을 갖춘 파리는 현재 2,400km 길이의 하수 시설을 보유하고 있으며, 이중 약 500m가량을 관광객들에게 공개해 파리 하수구의 역사와 구조, 하수처리 시설 등을 소개하고 있다. 빅토르 위고의 소설 〈레미제라블〉에서 장발장이 파리 하수구를 헤매는 장면 때문에 이곳은 매년 9만 명 이상이 찾는 인기 관광지가 되었다. 입장권에는 가이드 투어가 포함돼 있으며, 데스크에서 오디오가이드(프랑스어, 영어)를 대여할 수 있다.

Data Map 316p-B Access RER C선 퐁 드 랄마Pont de l'Alma역 하차, 도보 1분
Add Pont de l'Alma, Rive Gauche, Face au 93 Quai d' Orsay, 75007 Paris Tel (01) 53 68 27 84
Open 화~일 10:00~17:00 Cost 일반 9유로, 18세 미만 무료 Web musee-egouts.paris.fr

프랑스의 국회의사당
부르봉 궁전 Palais Bourbon 빨레 부흐봉

1728년 건축된 루이 14세의 딸 부르봉 공작부인의 저택이며, 현재 국회의사당으로 사용 중이다. 그리스 신전 모습의 파사드는 여러 차례 개보수 작업을 거쳤다. 유럽 문화유산의 날(매년 9월 세 번째 주말)에 내부를 공개하고 있어 연회실과 정원, 부르봉 궁전의 초기 모습을 간직한 명예의 뜰, 의원실, 본회의장, 국회 도서관 등을 둘러볼 수 있다. 내부는 피에르 알레신스키, 올리비에 드브레 등 현대 작가의 작품들과 들라크루아를 대표로 한 19세기 회화, 조각 등 화려한 예술품으로 장식돼 있다.

Data Map 316p-C
Access 메트로 12호선 아상블레 나시오날Assemblée Nationale역 하차, 도보 3분
Add 126 Rue de l'Université 75007 Paris
Tel (01) 40 63 60 00
Web www.assemblee-nationale.fr

대작가의 작품 세계를 보다
발자크 기념관 Maison de Balzac 메종 드 발자끄

프랑스를 대표하는 소설가 오노레 드 발자크가 채권자들의 빚 독촉을 피해 숨어 살았던 집이다. 작가가 사용했던 가구와 개인 소지품들을 비롯해 작가의 습작 원고, 초판본, 〈인간 희극〉에 등장하는 인물들의 일러스트 등 문학사적으로 소중한 자료들이 전시돼 있다. 기념관이 위치한 16구는 아르누보 양식의 아름다운 건축물들이 많아 동네 구경하는 재미도 쏠쏠하다.

Data Map 316p-D
Access RER C선 아브뉘 뒤 프레지당 케네디Avenue du Président Kennedy역 하차, 도보 5분
Add 47 Rue Raynouard 75016 Paris **Tel** (01) 55 74 41 80
Open 화~일 10:00~18:00 (월요일, 법정 공휴일 휴관)
Cost 무료(기획전 유료)
Web maisondebalzac.paris.fr

건축 문화재 단지 Cité de l'Architecture et du Patrimoine 씨떼 드 라흐시떽뛰흐 에 뒤 빠트히무안느

Writer's Pick! 프랑스 유명 건축물은 다 있네?

아름다운 유럽식 건축물을 즐겨보는 사람들에게 무한한 즐거움이 될 박물관이다. 0층의 모형 갤러리에는 랭스나 아미앵 대성당, 아를의 생트로핌 대성당 등 프랑스에서 가장 유명한 건축물의 파사드와 디종 샹몰 수도원의 '모세의 우물', 랭스 대성당의 '웃는 천사상' 등 유명 조각품을 실제 크기 그대로 재현해 놓아, 두 눈이 휘둥그레질 정도. 거짓말 조금 보태, 이곳만 둘러보면 프랑스의 유명 관광지는 웬만큼 돌아본 셈이다. 1층에는 건축 관련 도서관이 있다. 2층에는 근현대 건축을 주제로 각종 모형과 설계도, 조감도, 사진 등이 전시돼 있으며, 르 코르뷔지에의 유니테 다비타시옹 모델하우스와 카오르 성당의 돔은 특히 주목할 가치가 있다. 참고로 창문 너머 보이는 에펠탑이 매우 아름답다. 잊지 말고 챙겨보자.

TIP 박물관 관람법
전시관이 넓고 소장품이 방대해 인포메이션 데스크에 있는 박물관 지도를 참고하여 번호 순서대로 이동하면 동선의 겹침 없이 효율적인 관람이 가능하다. 2층으로 올라가려면 0층 모형 갤러리 중간쯤에 있는 엘리베이터를 이용한다.

Data Map 316p-A Access 메트로 6, 9호선 트로카데로Trocadéro역 하차, 도보 1분 Add 1 Place du Trocadéro et du 11 Novembre 75116 Paris Tel (01) 58 51 52 00 Open 수~월 11:00~19:00 (목요일 ~21:00), 매주 화요일, 1월 1일, 5월 1일, 7월 14일, 12월 25일 휴관 Cost 일반 9유로, 18세 미만·매달 첫 번째 일요일 무료. 뮤지엄 패스 사용 가능(예약 필수) Web www.citedelarchitecture.fr

자유의 여신상, 에펠탑과 함께 산책을 하다
시뉴섬 Île aux Cygnes 일 오 씨뉴

비라켐 다리와 그르넬 다리 사이, 센강 위에 떠 있는 좁고 기다란 섬(폭 10여m에 길이 1km가 조금 넘는다)이 바로 시뉴섬('백조의 섬'이라고도 알려져 있다)이다. 1825년 조성된 인공섬으로, 푸른 녹음 아래 산책로가 잘 발달돼 있고 강과 다리가 어우러진 아름다운 에펠탑 전망을 감상할 수 있어 방문 가치가 충분한 곳이다. 미국이 프랑스 혁명 100주년을 맞아 4분의 1로 축소 복사해 선물한 '자유의 여신상'이 그르넬 다리 쪽 섬 끝에 세워져 있다.

Data Map 316p-D Access 메트로 6호선 비라켐Bir-Hakeim역 하차, 도보 4분 Add Allée des Cygnes, 75015 Paris Open 24시간

EAT

초콜릿 장인의 진한 맛
미셸 쇼댕 Michel Chaudun 🔊 미셸 쇼댕

세계 3대 초콜릿 장인 중 하나인 미셸 쇼댕의 초콜릿 전문점이다. 2022년에는 한국에도 2개의 매장(세종, 평택)을 오픈하였다. 파리의 유명한 쇼콜라티에들이 파리 곳곳에 다수의 체인점을 내며 양적으로 확장해 가는 데 반해 미셸 쇼댕은 장인 정신 하나로 본점 하나만을 정성스레 운영하고 있다. 이곳을 대표하는 것은 큐브 모양의 생 초콜릿 파베 68 Pave 68로, 한번 맛보면 그 맛을 잊지 못할 정도다. 매장을 장식하고 있는 초콜릿 조각들은 예술품 못지않다.

Data Map 316p-B
Access RER C선 퐁 드 랄마 Pont de l'Alma역 하차, 도보 3분
Add 149 Rue de l'Université 75007 Paris **Tel** (01) 47 53 74 40
Open 10:00~19:00
Cost 파베 1상자(25조각) 23유로

에펠탑 위의 미슐랭 1스타 레스토랑
르쥘베른 Le Jules Verne 🔊 르쥘베흔느

에펠탑 2층(125m 상공)에 위치한 미슐랭 1스타 프렌치 레스토랑이다. 주방을 맡고 있는 프레데릭 앙통 Frédéric Anton은 '프랑스 최고의 장인 셰프'라는 타이틀을 보유하고 있으며, 2007년에는 미슐랭 가이드 3스타를 받은 바 있다. 프레데릭 앙통은 모든 재료의 향과 풍미를 최대한 끌어올려 맛의 조화를 이루고 화려하지만 과시적이지 않은 프레젠테이션으로 찬사를 받고 있다. 르쥘베른은 에펠탑의 철골 구조물 사이로 파리 시내가 내려다보이는, 파리에서 가장 상징적이고도 낭만적인 장소다.

Data Map 316p-B
Access RER C선 샹드메트로 토르에펠 Champ de Metro - Tour Eiffel역 하차, 도보 2분
Add Tour Eiffel, Champ de Mars, 75007 Paris
Tel (01) 83 77 34 34
Open 12:00~13:30, 19:00~21:00
Cost 런치 단품 140유로~, 5코스 메뉴 215유로
Web www.restaurants-toureiffel.com

미슐랭 빕구르망에 선정된
20 에펠 20 Eiffel 벵 에펠

에펠탑에서 도보 5분 거리에 있는 프렌치 레스토랑이다. 특히 미슐랭 가이드 빕구르망(별을 받을 정도는 아니지만 가격 대비 훌륭한 요리)에 선정돼 찾는 사람들이 많다. 이곳에서 가장 주목을 끄는 것은 3코스 메뉴. 런치와 디너 어느 때나 주문 가능하기 때문에, 특히 저녁 시간대에 방문자들이 많이 찾는다. 런치에는 좀더 가벼운 2코스 메뉴도 준비돼 있다. 테라스석에서는 에펠탑이 보여 자리 경쟁이 치열하며, 실내 역시 좌석이 많지 않아 저녁 시간대는 예약하는 것이 좋다. 음식이 늦게 나오는 편이다.

Data **Map** 316p-B **Access** RER C선 퐁 드 랄마Pont de l'Alma역 하차, 도보 7분 **Add** 20 Rue de Monttessuy, 75007 Paris **Tel** (01) 47 05 14 20 **Open** 화~토 12:00~14:00, 19:00~22:00 **Cost** 런치 메뉴 24유로, 디너 메뉴 35유로, 메인 요리 21유로 **Web** www.restaurant20eiffel.fr

신선한 해산물로 유명한
르쉬프랑 Le Suffren 르 쉬프항

에펠탑이 있는 마르스 공원 남서쪽 끝에 위치한 브라스리다. 현지인들에게는 파리에서 가장 신선한 굴과 각종 해산물을 맛볼 수 있는 시푸드 레스토랑으로 유명하다. 하지만 에스카르고나 푸아그라, 오리 콩피, 스테이크, 양파수프 등 여느 브라스리들과 다름없이 프랑스의 대표적인 음식들도 준비돼 있다. 에펠탑 근처임을 감안할 때 가격은 매우 합리적이다. 캐주얼한 실내 분위기와 친절한 서비스도 좋은 평을 받는다.

Data **Map** 316p-E **Access** 메트로 6, 8, 10호선 라모트-피케 그르넬La Motte- Picquet Grenelle역 하차, 도보 3분 **Add** 84 Av. de Suffren, 75015 Paris **Tel** (01) 45 66 97 86 **Open** 07:00~24:00 **Cost** 시푸드 플래터 34유로~, 메인요리 19유로~

신선하고 맛있는 커피
쿠튐 카페 Coutume Café 🔊 꾸뜀 꺄페

프랑스 최고의 로스팅 전문가로 선정된 앙투안 네티앙 씨가 2010년 처음 문을 연 카페로, 파리지앵들 사이에서 꽤 유명한 곳이다. 브라질이나 에디오피아, 브룬디 등의 검증된 커피 농장에서 공정무역을 통해 커피빈을 들여와 직접 로스팅을 하는 것이 이 집의 비법. 또한 최고의 바리스타들이 팀을 이뤄 최상의 조합을 찾아낸 플랫화이트는 입맛 까다로운 한국인들 사이에서도 인정을 받고 있다. 커피만큼 극찬을 받는 각종 케이크류나, 팬케이크, 샐러드 같은 간단한 식사도 즐길 수 있다.

Data Map 316p-F
Access 메트로 13호선 생프랑수아자비에Saint-François-Xavier역 하차, 도보 3분
Add 47 Rue de Babylone 75007 Paris
Tel 09 88 40 47 99
Open 월~금 08:30~17:30, 토~일 09:00~18:00
Cost 커피 3.50유로~, 팬케이크 12.50유로~

세계 최고의 레스토랑 중 하나
아르페주 Arpege 🔊 아흐뻬쥬

미슐랭 3스타 레스토랑 중 하나. 영국 잡지 〈레스토랑〉이 선정한 2021년 세계 최고의 레스토랑 50 중 프랑스에서 3번째로 높은 31위를 차지했다. 셰프 알랭 파사르는 채식 요리의 대가로 알려져 있으며, 매일 아침 자신이 운영하는 농장에서 신선한 채소들을 수확해 사용하고 있다. 채식 외 닭고기, 생선 요리 등도 준비돼 있어 '오직 채소'라는 선입견은 금물. 식사가 끝날 때쯤 알랭 파사르가 테이블을 돌며 친근하게 인사를 건네 오는 것도 이곳만의 특징이다.

Data Map 316p-F
Access 메트로 13호선 바렌 Varenne역 하차, 도보 3분
Add 84 Rue de Varenne 75007 Paris
Tel (01) 47 05 09 06
Open 월~금 12:00~14:30, 19:30~22:30
Cost 런치 185유로, 테스팅 메뉴 490유로, 단품 메인 90 유로~
Web www.alain-passard.com

제대로 먹는 뉴욕스타일 버거
슈왈츠 델리 Schwartz's Deli 🔊 슈와흐츠 델리

에펠탑을 보러 샤요 궁을 찾는 사람들에게 추천할 만한 수제버거 집이다. '델리'라는 이름에서 알 수 있듯, 뉴욕 스타일의 립아이 스테이크나 풍미 좋은 훈제고기 샌드위치 등을 판매하지만, 이곳의 대표 메뉴는 역시 햄버거. 한 손으로 잡기 버거울 만큼 두둠한 패티는 굽기 정도를 선택할 수 있으며, 콜슬로우와 사이드메뉴(감자튀김, 해시브라운, 샐러드 중 택 1)가 함께 제공돼 양이 상당하다. 피크시간대에는 줄서서 먹는 만큼 매장이 혼잡하고 포장해 가는 사람도 많다. 마레 지구와 테른광장 근처에도 지점이 있다.

Data Map 316p-A
Access 메트로 6, 9호선 트로카데로Trocadéro역 하차, 도보 1분
Add 7 Av. d'Eylau, 75016 Paris
Tel (01) 47 04 73 61
Open 월~금 12:00~15:00, 19:30~23:00, 토~일 12:00~17:00, 19:00~23:00
Cost 버거 15.50유로~
Web www.schwartzsdeli.fr/en

맛 평가단이 인정한
르프티 트로케 Le P'tit Troquet 🔊 르쁘띠 트호께

트립 어드바이저와 고에미오가 선정한 우수 업소이자 미슐랭 가이드가 포크 하나를 준 레스트랑. 뵈프 브르기뇽이나 돼지고기 필레미뇽, 오리콩피 등 전통 프랑스 요리들을 제대로 즐길 수 있다. 물가 비싼 에펠탑 인근에서 상대적으로 저렴한 가격에 디너 3코스를 선택할 수 있다는 것도 큰 장점이다.

Data Map 316p-E
Access 메트로 8호선 에콜 밀리테르Ecole Militaire역 하차, 도보 3분 **Add** 28 Rue De l'exposition 75007 Paris
Tel (01) 47 05 80 39
Open 화~토 12:00~14:00, 월~토 19:00~22:00(일요일 휴무)
Cost 디너 3코스 39유로, 메인 요리 23유로~

Paris By Area

06

생제르맹데프레
Saint-Germain-des-Prés

생제르맹데프레는 예부터 센강 좌안에서 가장 번화한 구역이었다. 두 개의 유서 깊은 성당과 최초의 문학카페들, 최초의 백화점 봉마르셰, 못 쓰게 된 기차역을 개조해 최고의 미술관으로 탄생한 오르세, 그리고 파리에서 가장 아름답다는 뤽상부르 정원까지! 옛것과 새것이 뒤섞여 고풍스럽지만 고루하지 않고 활기차나 번잡하지 않은 곳이 바로 생제르맹데프레다.

Saint-Germain-des-Prés
PREVIEW

한국인 가장 좋아하는 화가, 고흐의 주옥같은 작품들이 전시돼 있는 오르세. 영화 <다빈치 코드>의 촬영지 생쉴피스 성당. 파리에서 가장 아름다운 정원으로 손꼽히는 뤽상부르 정원은 생제르맹데프레를 대표하는 삼총사다. 봉마르셰를 필두로 웬만한 프랑스 브랜드 숍은 다 만날 수 있으며, 유명 맛집 지점까지 들어와 있어 볼거리, 먹거리, 살거리 뭐 하나 빠짐이 없다.

SEE

"루브르보다 더 좋았다"는 말을 심심찮게 듣는 오르세는 고흐나 모네, 르누아르처럼 편안하게 볼 수 있는 그림들이 대부분이다. 아무리 미술관과 상관없는 사람도 오르세만큼은 정말 가볼 만하다. 생쉴피스 성당은 외관도 멋지지만 소설가의 상상력을 자극시킬 만큼 볼거리도 풍성하다. 뤽상부르 정원은 커다란 연못과 100여 개의 조각상, 뤽상부르 궁전이 조화를 이뤄 이름 난 궁전 정원 부럽지 않다.

EAT

파리 최초의 문학카페 레되마고는 생제르맹데프레 성당 앞에 위치해 차 한잔하기 그만이다. 파리 최고의 전통 빵을 맛보고 싶다면 푸왈란, 이탈리아 전통 젤라토가 생각나면 그롬으로 가보자. 샐러드가 맛있는 라자코빈도 한국인들에게 잘 알려진 곳이다. 에릭 케제르, 라뒤레, 피에르 에르메, 르를레 드 랑트르코트, 폴 등등 유명 맛집(지점)들은 모두 다 있다.

BUY

생제르맹 대로와 렌 거리를 중심으로 거리 곳곳마다 파리에서 주목해야 할 모든 브랜드들이 빠짐없이 들어서 있다. 봉마르셰는 우안의 백화점들보다 규모는 작지만 한적한 맛(?)이 있다. 일반 마트보다 고급스럽고 믿을 만한 식재료를 찾는다면 라그랑드 에피스리로 가면 된다. 기적의 메달 소성당에는 평안과 행운을 가져다준다는 기적의 메달을 사기 위해 신자 비신자 가리지 않고 인산인해를 이룬다.

어떻게 갈까?

오르세는 배차시간이 긴 RER C선보다 메트로 12호선이 더 나을 수도 있다. 뤽상부르 정원은 남쪽으로 몽파르나스와, 동쪽으로는 팡테옹과 연결돼 있다(각각 도보 7분 정도).

어떻게 다닐까?

모든 구간은 도보로 가능하다. 단, 오르세에서 생제르맹데프레 성당까지 도보 15분. 걷기에는 조금 부담될 수도 있다. 이것저것 구경하며 걷다 보면 어느새 목적지에 도달하지만, 그래도 탈것이 필요하다면 버스 63번을 이용하자.

Saint-Germain-des-Prés
ONE FINE DAY

뭐니 뭐니 해도 핵심은 오르세 미술관이다. 최소 2시간 이상 필요하다. 이후 방문지는 고만고만한 거리에 몰려 있다. 특히 생쉴피스 성당은 다빈치 코드 덕에, 알고 보면 더 흥미롭다. 생제르맹데프레 성당과 뤽상부르 정원은 센강 좌안의 랜드마크로, 가볍게 둘러보기 좋다.

교과서속 작품이 한곳에,
오르세 미술관 관람하기
(뮤지엄 패스)

도보 15분 또는
버스 63번

파리에서 가장 오래된
생제르맹데프레 성당
관람하기

도보 3분

파리지앵들이 사랑하는
뤽상부르 정원
산책하기

도보 3분

다빈치 코드의 촬영지,
생쉴피스 성당
구경하기

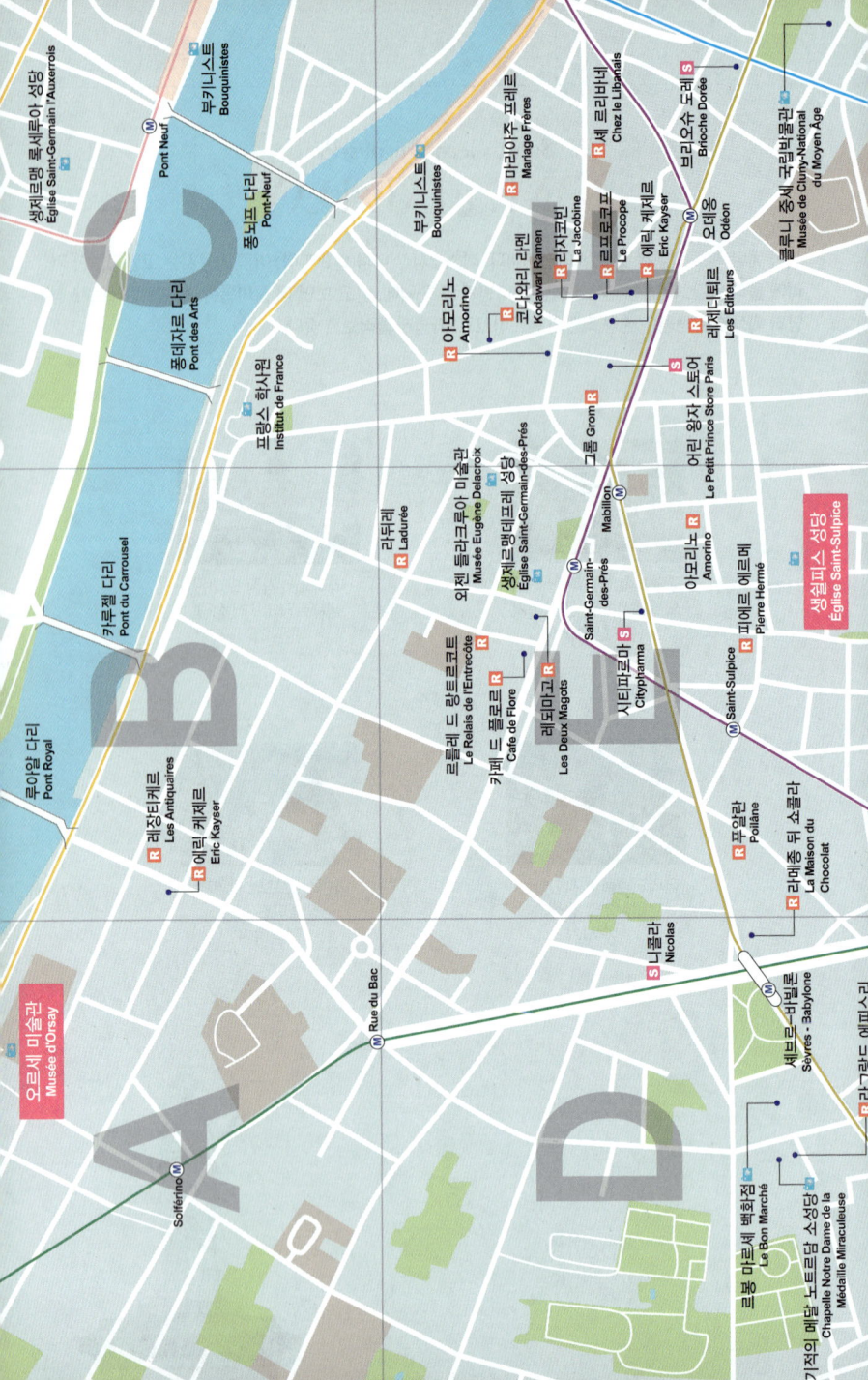

SEE

Writer's Pick! 감동의 쓰나미가 몰려 온다
오르세 미술관 Musée d'Orsay 뮈제 도흐세

한국인들 사이에서 "루브르보다 더 좋았어!"라는 말을 심심찮게 듣는 오르세. 그것은 아마 우리가 초등학교 때부터 봐왔던 그림들과 고흐, 모네, 르누아르같이 익숙한 이름의 화가들 작품이 대거 포진해 있기 때문일 것이다. 1848년부터 1914년까지의 작품들만 모아놓은 오르세 미술관은 루브르 박물관, 퐁피두센터 현대 미술관과 함께 파리 3대 미술관으로 큰 사랑을 받고 있다.

특히 한국인들이 좋아하는 반 고흐의 작품 18점을 비롯해 대중적으로도 잘 알려져 있는 후기 인상주의 작품들이 많아 그림에 문외한인 사람도 편안한 마음으로 가볼 만한 곳이다. 오르세 미술관은 건물 그 자체로도 유명하다. 이곳은 본래 1900년 파리 세계 박람회를 기념하여 건설된 기차역이었는데, 긴 홀과 아치형 천장, 커다란 중앙 시계 등 유럽의 기차역들과 비슷한 구조가 그 역사를 말해준다. 하지만 기차 시스템의 발전으로 더 이상 기차역으로 사용될 수 없게 되자 1986년 프랑스 정부가 미술관으로 개조하여 지금에 이르고 있다.

Data **Map** 332p-A
Access RER C 뮈제 도르세 Musée d'Orsay역 하차, 도보 1분
Add 1, Rue de la Légion d'Honneur, 75007 Paris
Tel (01) 40 49 48 14
Open 09:30~18:00, 목 ~21:45 (월요일, 5월 1일, 12월 25일 휴관)
Cost 일반 14~16유로, 목 18:00 이후 입장 시 10유로 / 18세 미만 무료, 매달 첫번째 일요일 무료(홈페이지 온라인 예약 필수), 뮤지엄 패스 사용 가능 **Web** www.musee-orsay.fr/en

TIP 오르세 미술관 입구는 4개 안내줄로 나뉘어 있다. A1은 임산부 등 우선 입장 대상자, A2는 홈페이지에서 특정 시간대 예약을 한 사람, C1은 파리 뮤지엄 패스나 파리 패스 이용자, C2는 현장에서 티켓을 구입한 사람이나 무료 입장 대상자(18세 미만, 예술계 종사자, 미술교사 등)를 위한 것이다.

오르세 주요 작품 소개

루브르에 비해 작지만, 꼼꼼히 관람하려면 꼬박 하루가 필요하다. 주요 작품들만 뽑아 관람하면 2~3시간가량 소요된다. 특히 5층의 인상주의 전시실은 아무리 많은 시간을 들여도 아깝지 않다. 다음은 오르세에서 꼭 봐야 할 대표 작품들을 모으고 해설을 덧붙인 것이다.

꼭 둘러봐야 할 전시실

0층 4번 방(밀레), 6~7번 방(귀스타브 쿠르베), 14번 방(마네)
2층 68번 방(툴루즈-로트렉), 로댕 테라스(로댕)
5층 29~37번 방(고흐, 모네, 마네, 르누아르, 드가, 피사로 등 인상주의 작품들), 38번 방(쇠라 등 후기 인상주의 작품)

1-3 전통주의-앵그르, 샤세리오, 들라크루아 **4** 밀레, 도미에 **5** 바르비종파 **6-7** 쿠르베
8 에르네스트 에베르와 이탈리아의 경관 **9** 초상화의 전통 **10a** 역사 및 현대 풍속화
10b 어린이 초상화 **11** 세잔의 초기 작품 **12-13** 드가 **14** 마네 **18** 바지유, 모네, 르누아르
24 역사화와 대형작품 **중앙복도** 1850~1880년대 조각품

오르세 미술관 2층

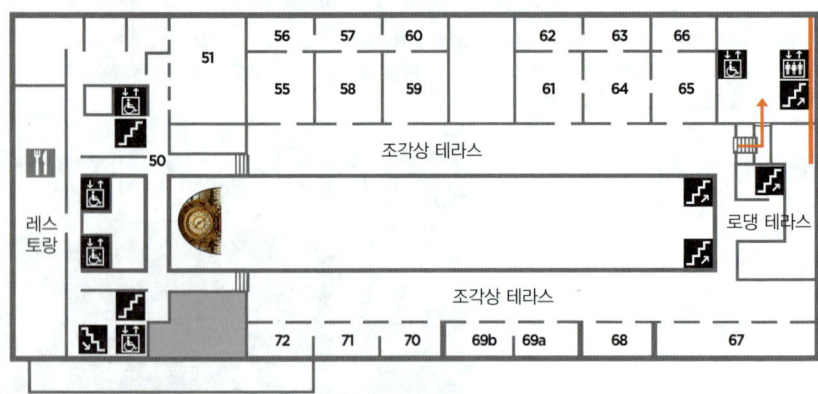

50 메달 갤러리 **55** 역사화 **56** 그림 속 노동자 **57** 상징주의 풍경화 **58** 자연주의 **60** 동양적, 상징적 풍경 **61-66** 아르누보 **68** 툴루즈-로트렉 **70-72** 나비파. 보나르, 드니, 뷔야르 **조각상 테라스** 1880~1900년 조각품

오르세 미술관 5층

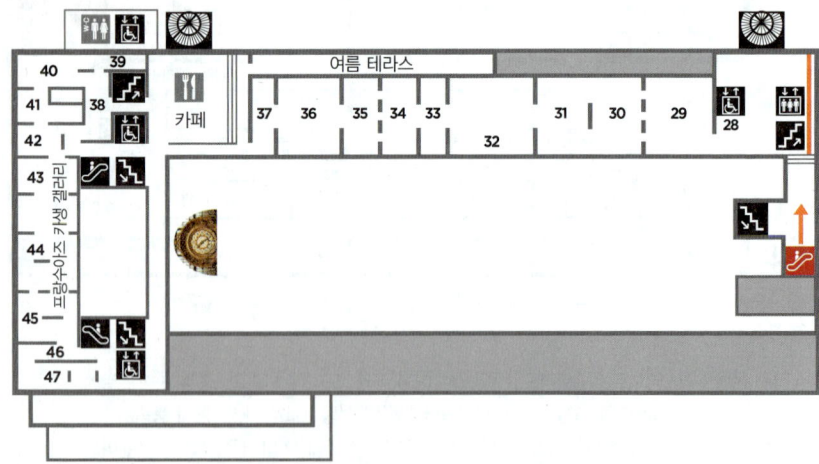

29-35 인상주의 **36-37** 반 고흐, 폴 가셰 컬렉션 **38-40** 후기 인상주의 쇠라, 시냑 **41** 그래픽 아트 캐비넷 **43** 베르나르, 고갱, 세뤼지에 **45** 르동과 나비파 **46** 검은 고양이의 카바레 **47** 영화(1895~1914년)

0층

1번 방

① 샘 La Source | 장 오귀스트 도미니크 앵그르 Jean Auguste Dominique Ingres

앵그르는 여인의 나체를 비현실적으로 아름답게 표현한 신고전주의 화가다. 그는 피렌체에 머물며 이 작품을 약 36년에 걸쳐 완성했다. 부동의 자세와 유려한 곡선, 붓터치 하나 느껴지지 않는 매끈한 피부가 마치 이탈리아의 대리석 조각상을 연상시키는 작품이다.

② 테피다리움 Le Tepidarium | 테오도르 샤세리오 Théodore Chassériau

'테피다리움'은 폼페이 여성들이 목욕 후 몸을 말리며 휴식을 취하던 방을 말한다. 테피다리움은 터키탕이나 하렘과는 다르지만, 이 작품 속에는 동양의 향기, 낭만적 이국 취향, 다채로운 관능미와 에로틱한 분위기가 고전미와 어우러져 있다.

3번 방

③ 비너스의 탄생 Naissance de Venus | 알렉상드르 카바넬 Alexandre Cabanel

관능미가 물씬 풍기는 육감적인 여인은 단지 외설로 치부하기에는 너무도 아름답게 표현되었고, 아기천사들이 더해져 신화 속 미의 여신 비너스를 재현하고 있다. 이 작품은 1863년 살롱전에서 우승한 작품으로, 1862년 여성 누드로 큰 논란이 됐던 에두아르 마네의 〈올랭피아〉와 종종 비교된다.

4번 방

④ 이삭 줍는 사람들 Des Glaneuses | 장 프랑수아 밀레 Jean-François Millet

밀레는 노동자 계급, 가난한 사람들을 많이 다뤘다. 들판에서 일하는 농부의 휘어진 등 위로 빛이 환히 비추는 것은 노동에 대한 신의 축복, 노동의 신성함을 상징한다.

⑤ 만종 L'Angélus | 장 프랑수아 밀레 Jean-François Millet

해 질 녘 들판 위에 한 쌍의 농부가 삼종기도를 올리고 있다. 풍요롭지 않은 농촌 생활 가운데도 신께 감사를 드리는 농부들의 소박한 마음과 경건한 태도가 잔잔한 울림을 준다.

6번 방

⑥ 세상의 근원 L'Origine du Monde | 귀스타브 쿠르베 Gustave Courbet

사실주의의 기수 쿠르베는 감정을 극도로 배제하고 현실을 있는 그대로 묘사하고자 했는데, 그 소재는 마침내 여성의 음부까지 이르렀다. 관음증을 자극하면서도 표현의 자유를 외치며 보수 화단에 도전하고 있다.

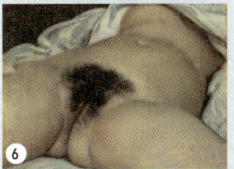

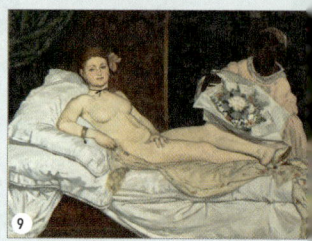

7번 방

⑦ **폭풍 후의 에트르타 절벽** La Falaise d'Etretat après l'orage | 귀스타브 쿠르베 Gustave Courbet

14번 방

⑧ **피리부는 소년** Le Fifre |
에두아르 마네 Edouard Manet

1865년 스페인 프라도 미술관에서 벨라스케스의 작품에 큰 감명을 받은 마네는 궁정 초상화 기법을 모방해 이 작품을 탄생시켰다. 무채색의 배경은 단순화된 반면, 의복의 선명한 단색, 하얀 직물의 주름을 살린 임파스토, 강조된 윤곽 등으로 인물은 더욱 두드러지고 중요성을 띄게 된다.

⑨ **올랭피아** Olympia | 에두아르 마네 Edouard Manet

여성의 몸을 이상화시켰던 기존의 누드화들과 달리, 이 작품은 너무도 현실적이다. 모델은 창녀이며 아름답지도 않고 당당한 자세로 관람객을 바라본다. 남성의 부재, 섹스를 의미하는 검은 고양이와 음부를 지그시 누르고 있는 창녀. 여인은 더 이상 욕망의 대상이 아닌 욕망의 주체로 그려져 있다.

중앙복도

⑩ **우골리노** Ugolin |
장밥티스트 카르포 Jean-Baptiste Carpeaux

굶주림에 죽은 아이와 그런 아이를 잡아먹는 아버지 우골리노. 죽어가는 또 다른 아들의 절망적인 얼굴과 필사적인 매달림, 아버지의 고뇌가 잘 표현된 작품이다.

⑪ **춤** La Danse |
장밥티스트 카르포 Jean-Baptiste Carpeaux

중앙의 인물을 중심으로 5명의 님프들이 원무를 추고 있다. 높이 든 탬버린과 흥겨운 표정, 경쾌한 몸동작에서 역동적인 리듬감이 전해지고, 음악 소리와 웃음소리마저 들려오는 듯한 느낌이 든다.

⑫ **타락한 로마인들** Romains de la Décadence |
토마스 쿠튀르 Tomas Couture

정확하게 대칭을 이루는 이 작품은 구성적인 면에서 아카데믹한 화풍을 그대로 따랐다. 하지만 그것이 담고 있는 내용은 퇴폐적이고 타락해 있다. 이는 겉으로는 완벽해 보이지만 실제로는 도덕적으로 타락해 있는 당시 사회에 일침을 가하는 것이다.

2층

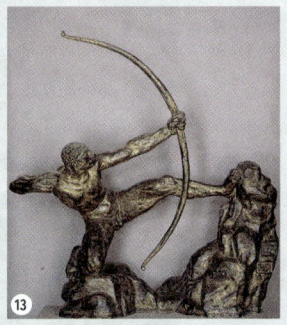

조각상 테라스

⑬ **헤라클레스** Héraklès Tue les Oiseaux du Lac Stymphale | 앙투안 부르델 Antoine Bourdelle
한 발을 돌에 댄 채 시위를 당기고 있는 헤라클레스의 균형 잡힌 자세가 돋보인다. 경직된 근육에서 집약된 남성적 힘, 목표물을 향한 고도의 집중과 팽팽한 긴장이 생생하게 전해지는 작품이다.

⑭ **걷고 있는 남자** L'homme qui Marche | 오귀스트 로댕 Auguste Rodin
일반적으로 고전적인 조각상들은 매끈하고 완벽한 비율의 이상적인 신체를 재현하지만 이 작품은 신체의 일부만 형상화한데다 실제의 모습 그대로 거칠게 표현돼 마치 곧 걸어갈 것 같은 생생한 느낌을 준다. 생각하는 사람과 달리 '행동하는 인간'을 보여준다.

로댕 테라스

⑮ **지옥의 문** Porte de l'Enfer | 오귀스트 로댕 Auguste Rodin
단테의 신곡 지옥편을 주제로 한 작품이다. 문 맨 위에는 지옥을 지키는 영혼들이 있고 그 아래 로댕의 대표작 생각하는 사람이 지옥에 빠진 사람들을 바라보고 있다. 문 중간에는 배고픔에 죽은 아들을 먹어 지옥으로 떨어진 우골리노가 보인다.

67번 방

⑯ **브르타뉴의 여인들** Paysannes Bretonnes | 폴 고갱 Paul Gauguin
타히티에서 돌아온 후 고갱은 농촌과 자연의 순수함을 즐겨 그렸다. 이 작품의 여인들은 브르타뉴 지방 사람들이지만 프랑스인이라기보다 타히티의 여인처럼 묘사돼 있다. 또한 선명한 색의 사용 역시 이 시기 고갱 작품의 경향이라 할 수 있다.

⑰ **카린의 초상화** Portrait de Karin | 오통 프리에스 Othon Friesz

68번 방 Amont

⑱ **치장** Rousse(La toilette) | 앙리 드 툴루즈-로트렉 Henri de Toulouse-Lautrec
툴루즈-로트렉은 귀족 가문 출신이었지만, 싸구려 댄스홀이나 카페 등을 드나들며 여자 무용수나 가수들에 주목했다. 바닥에 주저앉아 무대를 준비하는 댄서의 뒷모습은 애잔한 마음이 들게 한다.

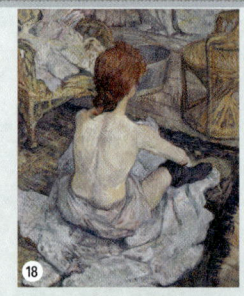

아몽관 Amont

⑲ **뱀을 부리는 주술사** La Charmeuse de Serpents | 앙리 루소 Henri Rousseau
루소는 정식으로 그림을 배운 적이 없기 때문에 화풍에 얽매이지 않고 자신의 생각을 표현하는 데 자유로웠다. 그는 거의 여행을 하지 않았기 때문에, 파리 식물원에서 본 것들을 바탕으로 이 그림 속 상상의 정글을 완성하였다. 전라의 검은 여인은 피리를 불어 뱀이 꼼짝 못할 만큼 자연을 매혹시키며 환상이 가득한 초현실적 세계로 만들어 놓는다.

5층

29번 방

⑳ **풀밭 위의 점심식사, 샤이에서**
Le Déjeuner sur l'Herbe, à Chailly |
클로드 모네 Claude Monet
마네의 작품이 당시 화단을 발칵 뒤집어 놓자, 모네는 마네에 대한 경의를 표하는 동시에 도전의 뜻으로 같은 제목의 대형 그림을 완성한다. 하지만 잘못된 보관으로 곰팡이가 슬어버려 3부분으로 나누게 되었는데, 지금은 그중 2조각만 남아 있다.

㉑ **풀밭 위의 점심식사** Le Déjeuner sur l'Herbe |
에두아르 마네 Edouard Manet
당시 이 작품은 내용적으로나 형식적으로 큰 논란을 불러일으켰다. 신화 속 인물도 아닌 실제 여성(마네의 모델)이 누드 차림으로 두 남성 사이에 앉아 있는 것만으로도 충분히 외설적이었던 것. 원근법도 무시하고 있다. 목욕하는 여인의 경우, 거리에 비해 지나치게 크게 그려져 있다. 윤곽선을 강조하고 명암 대비를 최소화해 입체성을 파괴한 것도 파격이었다.

㉒ **개양귀비** Coquelicots | 클로드 모네 Claude Monet

이 작품은 제1회 인상주의전에 출품된 작품으로, 기존 화풍에 익숙한 사람들에게 큰 인상을 주지 못했다. 스튜디오가 아닌 야외에서 데생 없이 직접 그린 작품이라는 점, 사람이 아닌 풍경이 주가 되었다는 점, 그리다 만 듯한 붓 터치 또한 그들에게는 낯선 것이었다. 하지만 밝은 빛에 부드러운 색조, 평화로운 자연 풍경이 목가적이고 서정적인 모네의 화풍을 그대로 드러내고 있다.

㉓ **들라크루아에 대한 오마주** Hommage a Delacroix | 앙리 팡탱 라투르 Henri Fantin-Latour

자유로운 주제에 거침없는 색채 선택, 과감한 표현력을 보인 낭만주의 대표 화가 들라크루아에 대한 경의를 표한 작품이다. 들라크루아의 초상화를 중심으로, 화가 자신(흰 셔츠를 입은)과 마네(초상화 오른쪽에 서 있는), 낭만주의 시인 보들레르(맨 오른쪽 앞), 아카데미의 틀을 벗고 개성적인 화풍을 지향한 제임스 휘슬러(초상화 왼쪽에 서 있는) 등의 예술계 인사들이 보인다. 이후 에두아르 마네에게 바쳐진 〈바티뇰의 아틀리에〉를 탄생시키는 데 큰 역할을 했다.

30번 방

㉔ **그네** La Balançoire | 오귀스트 르누아르 Auguste Renoir

빛의 효과를 탁월하게 표현해 낸 작품이다. 나뭇잎 사이로 강하게 떨어지는 햇빛은 여인의 하얀 드레스 위에 푸른 그늘을, 남자의 푸른 양복 위엔 하얀 빛을 남기고 있다. 훗날 에밀 졸라는 이 작품에서 영감을 얻어 소설 사랑의 한 페이지의 한 구절을 완성했다.

㉕ **홍수난 마를리 항의 작은 배** La Barque pendant l'inondation, Port-Marly | 알프레드 시슬리 Alfred Sisley

영국인 화가 시슬리는 평생 프랑스에 머물며 인상주의 그림들을 많이 남겼다. 친분을 나눴던 모네나 르누아르처럼 유명한 화가는 아니었지만, 파리와 일드프랑스의 아름다운 풍경들을 화폭에 담은 인상주의 풍경화가로 인정을 받고 있다. 그는 특히 '물의 화가'라고 불릴 만큼 물이 있는 풍경들을 많이 그렸다.

㉖ **물랭 드 라갈레트의 무도회** Bal du Moulin de la Galette | 오귀스트 르누아르 Auguste Renoir

르누아르는 인상파를 대표하는 화가들 중 하나로, 빛을 받는 부분과 그렇지 않은 부분의 선명한 대조를 통해 눈부시게 빛나는 색채를 표현해냈다. 이 작품은 몽마르트르 언덕에 위치한 무도회장의 한 장면을 그린 것이다. 뒤편에서 춤을 추는 사람들과, 환하게 웃으며 대화를 나누는 남녀 주인공들, 그들에게 드리워진 나무 그늘과 그 사이사이 쏟아지는 햇빛이 보는 사람들까지 경쾌하고 행복하게 만든다.

31번 방

㉗ **발레수업** La Classe de Danse | 에드가 드가 Edgar Degas

드가는 발레리나들의 우아한 동작과 균형미에 사로잡혀 발레리나를 주제로 많은 작품을 남겼다. 이 작품은 노년의 발레 강사와 딴 짓 하기 바쁜 학생들의 발레 수업을 재치 있게 그려냈다. 이 작품을 위해 드가는 인물 하나하나의 동작까지 세심하게 관찰하고 수많은 드로잉과 습작을 그렸다고 한다.

㉘ **푸른 옷을 입은 발레리나들** Danseuses bleues | 에드가 드가 Edgar Degas

㉙ **발코니** Le Balcon | 에두아르 마네 Edouard Manet

고야의 〈발코니의 마야들〉에서 영감을 얻은 작품이다. 세 인물은 모두 마네의 지인들로서, 남자는 풍경화가 앙투안 기메, 왼쪽의 여자는 여성 화가 베르트 모리조(훗날 마네의 동생과 결혼한다), 오른쪽의 여인은 바이올리니스트 파니 클라우스다. 서로 다른 곳을 바라보는 세 인물은 소통의 단절, 거리감이라는 현대 생활의 특징을 잘 표현해 내고 있다.

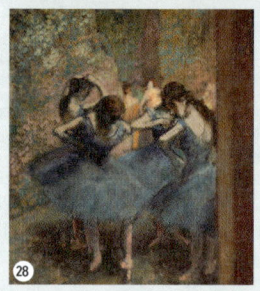

32번 방

㉚ **야외에서 인물 그리기 습작 : 양산을 쓰고 왼쪽으로 몸을 돌린 여인**
Essai de Figure en Plein-Air : Femme à l'Ombrelle Tournée vers la Gauche |
클로드 모네 Claude Monet

모네의 그림에는 양산을 쓴 여인이 많이 등장하는데, 이 작품은 이런 장면들을 위한 습작 중 하나다. 하지만 빛의 처리와 그에 따른 색의 표현, 미풍의 흔들림이 느껴지는 붓 터치 등이 단순한 습작 이상의 수준을 보여준다.

㉛ **정원의 소녀** Jeune Fille au Jardin | 마리 카사트 Mary Cassatt

19세기 말부터 20세기 초까지 활동했던 미국의 여류화가다. 일상생활의 모습들을 서정적으로 그려내 잔잔한 울림을 주는 작품들을 그렸다.

㉜ **양치는 소녀** La Bergere | **카미유 피사로** Camille Pissarro

본인 자신이 인상주의 화가였지만, 인상주의 발전에 큰 공헌을 한 인물이다. 그는 쇠라처럼 점묘법을 사용한 작품을 시도하거나 모네와 같은 밝고 서정적인 작품들을 많이 남겼다. 모네나 고흐, 르누아르 같은 인상주의 화가들에 비해 인지도는 떨어지지만, 인상주의 작품을 좋아하는 사람들이라면 누구나 좋아할 만한 수준 높은 그림들을 많이 남겼다.

34번 방

㉝ **수련 연못, 녹색의 조화** Le Bassin aux Nymphéas, Harmonie Verte | **클로드 모네** Claude Monet

모네는 지베르니에 저택을 구입하고 큰 정원을 가꿨는데, 거기에는 일본식 다리를 놓은 연못도 있었다. 몇 년이 지나자 연못 주변에는 수풀이 우거지고 수련이 가득 피어 아름다운 경치를 자랑하게 되었다. 모네는 이곳에서 많은 작품들을 남겼는데, 이 작품은 특히 녹음이 우거진 여름의 연못가를 그린 것이다.

㉞ **루앙 대성당, 성당 정문과 생로맹 탑, 햇빛 가득한 날**
La Cathédrale de Rouen. Le Portail et la Tour Saint-Romain, Plein Soleil | **클로드 모네** Claude Monet

모네는 빛에 따라 사물이 얼마나 다르게 보일 수 있는지를 잘 알고 있었다. 그리고 그것을 '보이는 대로' 그려야 한다고 생각했다. 그는 같은 자리에서 시간과 날씨, 계절을 달리하며 루앙 대성당을 여러 차례 그렸다. 동일한 빛과 날씨 조건 등을 유지해야 했기 때문에, 시간을 들여 세밀하게 표현할 수도, 색을 섞고 덧칠할 수도 없었다. 때로는 거친 붓 터치로 완성작이 아니라는 오해도 받았지만, 오히려 보이는 것 그대로 순색의 맑고 투명한 표현이 가능했다.

35번 방

㉟ **카드 놀이하는 사람들** Les Joueurs de Cartes | 폴 세잔 Paul Cezanne

㊱ **커피포트와 여인** La Femme à la cafetière | 폴 세잔 Paul Cézanne

세잔은 사물은 물론 사람까지 구, 원추, 원뿔의 기하학적 형태로 그릴 수 있다고 믿었다. 이 그림에서 문과 테이블은 네모, 찻잔, 커피포트는 원통으로 그려져 있고, 여인의 얼굴은 구, 몸통은 원추, 치마는 원뿔 모양을 하고 있다. 이는 인물의 주관적 감성보다 사물의 본질적 구조와 형상에 주목한 세잔의 화풍을 정확히 보여준다.

㊲ **피아노 치는 소녀들** Jeunes filles au piano | 오귀스트 르누아르 Auguste Renoir

36번 방

㊳ **자화상** Portrait de l'Artiste | 빈센트 반 고흐 Vincent van Gogh

이 초상화는 고흐가 오베르쉬르우아즈의 밀밭에서 자살하기 1년 전에 그린 것이다. 이때 이미 고흐는 신경증과 발작적 폭력성에 시달리고 있었다. 불안한 배경, 긴장감과 비장함이 느껴지는 표정은 이러한 내적 혼란을 반영하고 있다.

㊴ **오베르쉬르우아즈 교회** L'Église d'Auvers-sur-Oise, Vue du Chevet | 빈센트 반 고흐 Vincent van Gogh

생레미의 정신병원에서 나온 후, 고흐는 동생 테오의 권유로 정신과 의사 가셰 박사가 살고 있던 오베르로 거처를 옮긴다. 그곳에서 자살을 하기까지 약 두 달간 그는 70여 점의 회화를 그렸다. 그중 하나가 바로 이 작품이다. 이 성당은 실재보다 훨씬 아름답게 그려졌지만, 곧 무너져 내릴 듯 불안한 모습이다. 푸른 하늘 역시 어둠이 느껴져 당시 고흐의 정신 상태를 반영한 듯하다.

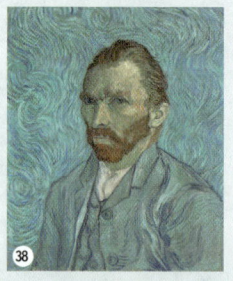

㊵ 두 소녀 Deux fillettes | 빈센트 반 고흐 Vincent van Gogh
㊶ 가셰 박사의 집 정원에서 Dans le Jardin du Docteur Paul Gachet | 빈센트 반 고흐 Vincent van Gogh
㊷ 폴 가셰 박사 Le Docteur Paul Gachet | 빈센트 반 고흐 Vincent van Gogh

38번 방

㊸ 서커스 Le Cirque | 조르주 쇠라 Georges Seurat

두 가지 색이 병치되면 멀리서 볼 때 다른 색깔로 보인다는 점을 이용해, 쇠라는 작은 점들을 찍어 다양한 색을 표현하였다(점묘법). 또한 상승하는 선을 통해 활기와 즐거움, 하강하는 선을 통해 어두운 감정을 전달했다. 평행선에 어두운 색이 사용된 관객들과 달리, 노란빛에 상승하는 선을 이용해 밝고 활기찬 느낌을 주는 곡예사는 관람객의 시선을 끌며 작품 전체의 분위기를 주도하고 있다.

㊹ '아스니에르에서의 물놀이' 습작 Etude pour "Une Baignade a Asnieres" | 조르주 쇠라 Georges Surat

PARIS BY AREA 06
생제르맹데프레

Writer's Pick! 소설과 영화의 무대가 된
생쉴피스 성당 Église Saint-Sulpice
 에글리즈 쌩쉴뻬쓰

세계적인 베스트셀러이자 영화로도 제작된 다빈치 코드의 배경이 된 이곳은 호기심을 자극하는 볼거리가 많다. 다빈치 코드에 등장한 황동색 선 로즈라인(옛 본초자오선)과 해시계의 일종인 그노몬 오벨리스크, 스테인드글라스에 새겨진 알파벳 PS와 SS가 그 대표적인 예다. 파리에서 2번째로 큰 성당 생쉴피스는 12세기에 처음 세워졌으며 17세기에 재건축돼 지금에 이르고 있다. 본당에는 들라크루아의 벽화 천사와 싸우는 야곱과 성전에서 쫓겨나는 헬리오도로스, 장밥티스트 피갈의 성모자상, 6천588개의 파이프가 달린 오르간, 토리노의 수의(예수로 추정되는 사내의 형상이 새겨진 세마포) 사진 등이 곳곳에 자리해 있다. 성당 앞에는 1847년 비스콘티가 제작한 카트로 포앵 카르디노 분수대가 있다. 성당의 사면 각각에는 루이 14세 때의 가톨릭 주교들이 조각돼 있는데, 이들은 모두 훌륭한 설교로 큰 명성을 얻은 인물들이다.

Data **Map** 332p-E **Access** 메트로 4호선 생쉴피스Saint-Sulpice역 하차, 도보 3분 **Add** 2 Rue Palatine 75006 Paris **Tel** (01) 46 33 21 78 **Open** 08:00~18:00 **Web** www.paroissesaintsulpice.paris

생쉴피스 내부 관람도

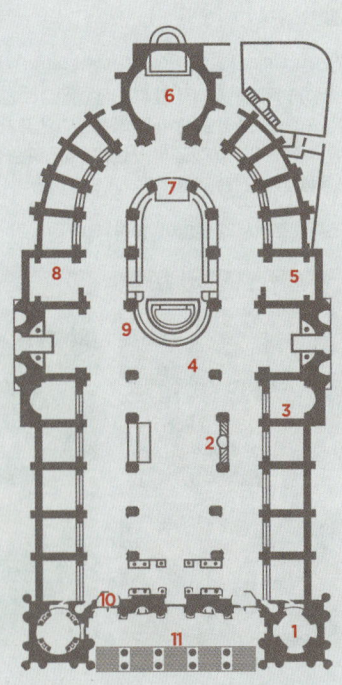

1. 들라크루아의 〈천사와 싸우는 야곱〉 벽화 외
2. 대리석에 금으로 장식된 섬세하고 화려한 설교단 (1788)
3. 세례 요한 예배실
4. 제단 감상
5. 의식 용구실: 1780년 루이 15세 스타일(곡선과 꽃 모양 조각이 조화를 이룬 화려하고 장식)의 참나무 내장제
6. 성모 마리아 예배실: 장밥티스트 피갈의 성모자상
7. 가운데 부활한 예수가 있는 17세기 스테인드글라스
8. 그노몬 오벨리스크
9. 스테인드글라스의 영문 찾아보기
10. 토리노의 수의
11. 파이프오르간

들라크루아의 마니아라면
외젠 들라크루아 미술관 Musée Eugène Delacroix
🔊 뮈제 외젠 들라크후아

외젠 들라크루아가 죽을 때까지 살았던 2층 아파트와 아틀리에, 개인 정원으로 구성된 미술관이다. 이곳에는 들라크루아의 유화와 수채화, 파스텔화, 스케치, 습작들은 물론 들라크루아가 사용했던 가구들과 화구들, 보들레르, 조르주 상드, 테오필 고티에 등 지인들과 주고받은 편지, 그들의 사진 등이 전시돼 있다.

Data **Map** 332p-E **Access** 메트로 4호선 생제르맹 데프레Saint-Germain-des-Prés 하차, 도보 4분 **Add** 6 Rue de Furstenberg 75006 Paris **Tel** (01) 44 41 86 50 **Open** 수~월 09:30~17:30, 화요일, 1월 1일, 5월 1일, 12월 25일 휴관 **Cost** 상설전 9유로, 루브르 & 들라크루아 통합권 22유로. 18세 미만 무료. 매달 첫 번째 일요일과 7월 14일 무료. 뮤지엄 패스 사용 가능 **Web** www.musee-delacroix.fr/en

치유와 회복의 기적이 일어나는
기적의 메달 노트르담 소성당 Chapelle Notre Dame de la Médaille Miraculeuse
🔊 샤뻴 노트흐담 드 라메다이유 미하뀔뢰즈

한 해만도 200만 명의 관광객이 이곳을 방문해 파리에서 가장 인기 있는 관광지 8위에 오른 곳이다. 기적의 메달 노트르담 소성당은 1813년 국왕의 명령으로 건축돼, 17세기 창설된 자선 수녀회에 귀속되었다. 1830년에는 이곳의 수녀 카트린 라부레에게 성모마리아가 발현하는 역사적 사건이 있었다. 성모는 곧 닥쳐올 정치적 혼란과 곤란을 예언하며 은혜와 평안을 내려줄 타원형의 메달 제작을 요청했다. 이후 이 메달을 지닌 사람들에게 치유와 회복의 기적이 일어나 '기적의 메달'로 불리며 그 명성이 전 세계로 퍼져나갔다. 현재 이 성당에는 카트린 라부레의 성골함이 안치돼 있다.

Data **Map** 332p-D **Access** 메트로 10, 12호선 세브르-바빌론Sèvres-Babylone역 하차, 도보 3분 **Add** 140 Rue du Bac 75007 Paris **Tel** (01) 49 54 78 88 **Open** 화 07:45~19:00, 수~월 07:45~13:00, 14:30~19:00 **Web** www.chapellenotredamedelamedaillemiraculeuse.com

파리에서 가장 오래된

생제르맹데프레 성당 Église Saint-Germain-des-Prés 🔊 에글리즈 쌩제흐맹데프헤

Data **Map** 332p-E **Access** 메트로 4호선 생제르맹데프레Saint-Germain-des-Prés역 하차, 도보 1분 **Add** 3 Place Saint-Germain-des-Prés 75006 Paris **Tel** (01) 55 42 81 10 **Open** 화~토 08:30~20:00, 일~월 09:30~20:00 일요 미사 11:00, 19:00, 17:00(스페인어) **Web** www.eglise-saintgermaindespres.fr

558년에 세워진 파리에서 가장 오래된 성당이자, 파리에 현존하는 유일한 로마네스크 양식의 건축물이라는 점에서 의미가 깊다. 하지만 성당 내진은 고딕 양식을 띠고 있다는 점이 특이하다. 이곳에서 주목할 것은 내벽과 천장 곳곳에서 보이는 프레스코화와 종교화, 성상 등이다.

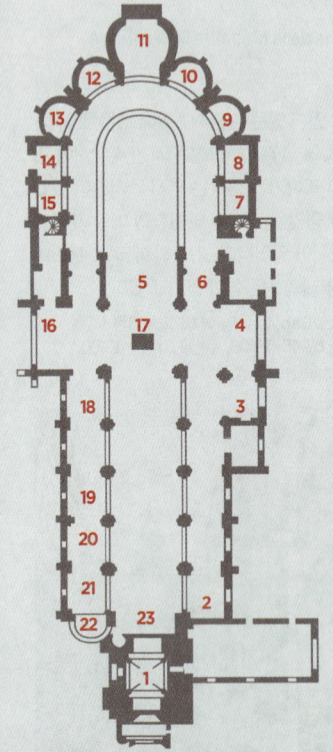

생제르맹데프레 내부 관람도

1. **종탑**: 12세기에 세워진 파리에서 가장 오래된 종탑
2. **위로의 성모상**(14세기)
3. **성 마우르 소예배실**: 〈신격화되는 성 마우르〉(1756)
4. **성 마르가리타 소예배실**: 조각들은 지라르동의 조각 〈신의〉와 〈독실함〉.
5. **성소**: 플랑드랭의 벽화 〈예루살렘에 입성〉과 〈갈보리에 오름〉(1846)
6. 〈퀘벡 최초의 주교, 몽모랑시 라발의 주교 서품식〉(1980)
7. **성 테레사 소예배실**
8. **성 베네딕트 소예배실**: 데카르트, 몽포송, 마비옹의 장례 명판
9. **성 안나 소예배실**: 아케이드 장식이 새겨진 벽과 천사의 머리가 조각된 기둥머리
10. **성 주느비에브 소예배실**: 18세기 스테인드글라스
11. **성모 마리아 소예배실**: 성모상(1822)과 2편의 단색화 〈동방박사의 경배〉, 〈성전에 봉헌되는 그리스도〉(1828)
12. **생제르맹 소예배실**: 생제르맹의 목상
13. **성심 소예배실**
14. **성 베드로와 바울의 소예배실**: 니콜라 브왈로 장례 명판
15. **성 요셉 소예배실**: 스코틀랜드의 왕자, 기욤 더글라스의 묘(1611)
16. **성 프란시스 자비에 소예배실**: 폴란드 왕자이자 생제르맹의 임시 수도원장을 맡았던 존 카시미르의 심장이 모셔진 묘
17. 제단, 그리스도 목상
18. 〈삽비라의 죽음〉, 〈시바의 여왕 시종의 세례〉(1718)
19. 〈예수의 예루살렘 입성〉(17세기)
20. 〈라자로의 부활〉(1677)
21. 18세기 성수통
22. 1813년에 설치된 오르간
23. **성 생포리맹 소예배실**: 파리의 종교 건축물 중 가장 오래된 것(11세기)

파리의 정원 중 가장 아름다운
뤽상부르 정원 Jardin du Luxembourg 🔊 쟈흐댕 뒤 뤽쌍부흐

Data **Map** 333p-I **Access** RER B선 뤽상부르Luxembourg역 하차, 도보 1분
Add 19 Rue de Vaugirard Jardin du Luxembourg 75006 Paris
Open 연중무휴. 하절기 07:30~21:30, 동절기 08:15~16:30

앙리 4세의 왕비 마리 드 메디치가 1612년 피렌체에 있는 메디치가의 대정원 보볼리에 착안해 건축한 것이다. 25헥타르의 대규모 부지에는 피렌체의 피티 궁전에서 영감을 얻은 뤽상부르 궁전(현재는 프랑스 상원 의사당으로 사용)과 대형 연못이 위치해 있고, 그 양 옆으로 프랑스식 정원과 영국식 정원이 조성돼 있다. 이 정원들은 다시 난초와 장미, 과일과 야채 등을 테마로 한 작은 정원들로 나뉘며, 공원 곳곳에는 자유의 여신상을 비롯해 조르주 상드, 스탕달, 보들레르 등 106개의 조각상들이 자리해 운치를 더하고 있다. 파리에서 가장 아름다운 정원으로 손꼽히는 만큼 늘 북적거린다.

야경이 아름다운
프랑스 학사원 Institut de France 🔊 앵스띠뛰 드 프항쓰

1795년 설립된 프랑스 최고의 학술 기관으로, 프랑스어, 문학, 과학, 예술, 도덕 및 정치과학 5개의 아카데미로 구성돼 있으며, 다양한 학술 기관과 문화유산, 박물관들을 관리하고 있다. 화려한 외관은 야경이 아름다운 것으로도 유명하다. 내부는 대중에게 공개되지 않는다.

Data **Map** 332p-C **Access** 메트로 1호선 루브르-리볼리Louvre-Rivoli역 하차, 도보 8분. 루브르 박물관와 퐁데자르 다리 건너 바로 **Add** 23 Quai Conti 75006 Paris **Tel** (01) 44 41 44 41 **Web** www.institutdefrance.fr

프랑스 최초의 미술관
뤽상부르 미술관 Musée du Luxembourg
🔊 뮈제 뒤 뤽쌍부흐

뤽상부르 궁전 한 편에 위치한 미술관으로 1750년 일반 대중에게 개방된 프랑스 최초의 미술관이자, 1818년 최초의 프랑스 현대 미술관으로 거듭나 독보적인 위상을 자랑하는 곳이다. 실질적인 운영 및 전시 기획은 그랑 팔레가 맡고 있으며, 현대 예술과 사진, 여성 예술가에 초점을 맞춰 매년 2회 수준 높은 기획전을 선보이고 있다.

Data **Map** 333p-H **Access** 메트로 4호선 생플라시드Saint-Placide역 하차, 도보 2분 **Add** 19 Rue de Vaugirard 75006 Paris **Tel** (01) 40 13 62 00 **Open** 10:30~19:00, 월요일 ~22:00(기획전에 따라 운영시간 변경, 5월 1일 휴관) **Cost** 성인 14유로 **Web** www.museedulxembourg.fr

PARIS BY AREA 06
생제르맹데프레

 EAT

Writer's Pick! 파리의 대표적인 문학 카페
레되마고 Les Deux Magots 🔊 꺄페되마고

1884년 문을 연 카페레스토랑으로 앙드레 지드, 피카소, 헤밍웨이 등 당대 유명 인사들이 찾아와 문학과 예술을 논하면서 '문학 카페'의 발상지가 되었다. '레되마고'는 프랑스어로 '2개의 괴상한 인형'을 말하는데, 카페가 들어서기 전부터 그 자리를 지키고 있던 2개의 중국 인형을 가리킨다. 100년이 훌쩍 넘은 이곳은 흑백의 복장을 한 웨이터들과 마호가니 테이블 등 당시의 모습을 최대한 간직하고 있다. 매년 1월에는 되마고 문학상Prix des Deux Magots을 발표할 만큼 문학인들에게 특히 의미 깊은 곳이다.

Data Map 332p-E
Access 메트로 4호선 생제르맹데프레Saint-Germain-des-Prés역 하차, 도보 1분
Add 6 Place Saint-Germain-des-Prés 75006 Paris **Tel** (01) 45 48 55 25
Open 07:30~24:30 **Cost** 메인 요리 28유로~, 커피 4.90유로~ **Web** www.lesdeuxmagots.fr

사르트르와 시몬 드 보부아르가 사랑한 카페
카페 드 플로르 Cafe de Flore 🔊 꺄페 드 플로흐

레되마고와 함께 파리에서 가장 유명한 문학 카페 중 하나로 1887년 문을 열었다. 1913년경부터 시인 기욤 아폴리네르가 이곳에 거주하며 작품 활동을 했고, 세기의 철학자 장폴 사르트르와 시몬 드 보부아르가 마치 자신들의 집처럼 하루 종일 이곳에 앉아 책을 읽고 글을 쓰며 사람들과 이야기를 나눈 것으로 유명하다. 이후에도 많은 유명 인사들의 방문이 이어졌고, 프랑스 상송과 영화 속에도 종종 소개될 만큼 유명한 곳이 되었다. 이곳 역시 매년 잠재력 있는 젊은 작가에게 프리 드 플로르Prix de Flore라는 문학상을 수여하며, 프랑스 문학 발전에 기여하고 있다. 참고로 이곳은 핫초콜릿(쇼콜라쇼)이 유명하다.

Data Map 332p-E
Access 메트로 4호선 생제르맹데프레Saint-Germain-des-Prés역 하차, 도보 1분
Add 26 Rue Saint-Benoît 75006 Paris
Tel (01) 45 48 55 26 **Open** 07:30~01:30
Cost 쇼콜라쇼 7.80유로, 디저트 14.50유로
Web www.cafedeflore.fr

파리 최고의 건강빵
푸알란 Boulangerie Poilâne 뿌알란

프랑스 최고의 전통 발효 빵을 맛볼 수 있는 베이커리다. 1932년 노르망디에서 올라온 피에르 푸알란은 맷돌로 밀을 갈아 천연소금과 효모를 넣어 화덕에서 구운 투박하고 건강한 전통빵을 선보이기 시작했는데, 그것이 푸알란의 시작이었다. 이후 리오넬 푸알란이 기술을 전수받아 지금에 이르고 있으며, 파리 내 3개의 매장과 런던에 2개의 매장을 운영 중이다. 푸알란 발효빵 외에도 팽 오 쇼콜라(초콜릿 크루아상류), 타르토폼므(애플 파이)가 유명하다.

Data Map 332p-E **Access** 메트로 4호선 생쉴피스 Saint-Sulpice역 하차, 도보 3분 **Add** 8 Rue du Cherche-Midi, Paris 75006 **Tel** (01) 45 48 42 59 **Open** 월~토 07:15~20:00 **Cost** 발효빵 2.50유로~, **Web** www.poilane.com

이탈리아 전통 젤라토
그롬 Grom 그홈

이탈리아 여행에서 반드시 먹어야 할 음식 중 하나로 한국인들에게 사랑받는 유명 젤라토 그롬이 파리에도 체인을 냈다. 천연 재료의 진한 맛과 쫀쫀하고 부드러운 식감의 이태리 전통 젤라토를 제대로 대중화시켜 좋은 평가를 받는다. 우유를 줄이고 유기농 과일을 50%까지 함유한 소르베 역시 인기다.

Data Map 332p-F **Access** 메트로 10호선 마비옹 Mabillon역 하차, 도보 2분 **Add** 81 Rue de Seine, 75006 Paris **Tel** (01) 40 46 92 60 **Open** 월~금 12:00~23:30, 토~일 11:00~ **Cost** 3.90유로(1스쿱) **Web** www.grom.it

Writer's Pick! 싱싱한 샐러드와 차가 있는
라자코빈 La Jacobine 라쟈꼬빈느

싱싱한 샐러드와 홈메이드 디저트들을 중심으로 브런치나 차를 마시기에 좋은 곳이다. 앙젤리나에 결코 뒤지지 않을 만큼 맛있다는 핫초코(쇼콜라쇼), 키슈가 더해진 자코빈 샐러드, 배와 바나나, 초콜릿 맛 3가지를 한꺼번에 즐길 수 있는 크럼블은 이곳의 베스트 메뉴. 그 외 다양한 프랑스 요리도 준비돼 있다.

Data Map 332p-F **Access** 메트로 4, 10호선 오데옹Odéon역 하차, 도보 5분 **Add** 59, Rue Saint-André des Arts 75006 Paris **Tel** (01) 46 34 15 95 **Open** 화~일 12:00~23:00 **Cost** 자코빈 샐러드 16유로, 메인 요리 19유로~ 디저트 8.50유로

80년대 일본 라멘집의 부활
코다와리 라멘 Kodawari Ramen 🔊 꼬다와히 하멩

일본의 80년대 서민 식당을 재현한 듯한 내부 인테리어가 특히 인상적이다. 이곳의 라멘은 닭육수를 베이스로 한 쇼유라멘과 시오라멘이다. 특히 라멘에 얹는 차슈는 이베리코 돼지로 만들어 보들보들하고 풍미가 좋다. 이곳만의 특별 메뉴는 검은깨와 특제 소스로 만든 쿠로고마 라멘. 몇몇 라멘들은 조개 및 정어리 다시까지 곁들였기 때문에 해산물 육수의 비린 맛에 민감하다면 메뉴 선택에 신중을 기해야 한다. 라멘은 전반적으로 짠맛이 강하기 때문에, 싱겁게 먹는 사람들에게는 추천하지 않는다. 참고로, 오페라 근처 일본인 거리에도 코다와리 라멘 지점이 있으며, 내부는 일본 수산시장 콘셉트로 꾸며져 있다.

Data **Map** 332p-F **Access** 메트로 4, 10호선 오데옹Odéon역 하차, 도보 4분 **Add** 29 Rue Mazarine, 75006 Paris **Tel** (01) 43 29 37 67 **Open** 11:45~23:00 **Cost** 라멘 11.50유료~ **Web** www.kodawari-ramen.com

---

Writer's Pick! 오르세 미술관 옆 맛집
레장티케르 Les Antiquaires
 레장띠께흐

현지인들도 인정한 전통 프렌치 레스토랑이자, 한국 네티즌 사이에서 '오르세 미술관 맛집'으로 알려진 곳이다. 성수기나 주말에는 웨이팅이 기본. 부드러운 육즙의 럼스테이크나 통통한 새우를 통째 올린 크림 새우 리소토, 수제 햄버거 등 무엇을 선택해도 만족도가 높다.

Data **Map** 332p-B **Access** RER C선 뮈제 도르세 Musée d'Orsay 역 하차, 도보 3분 **Add** 13 Rue du Bac, 75007 Paris, France **Tel** (01) 42 61 08 36 **Open** 07:00~02:00 **Cost** 메인 요리 19유로~, 디저트 11유로~

파리의 북카페로 가보자
레제디퇴르 Les Editeurs 🔊 레제디뙤흐

프랑스의 북카페가 궁금하다면, 이곳만큼 제격인 곳이 없다. '출판사 Les Editeurs'라는 이름의 이 프렌치 레스토랑은 책장마다 빼곡히 자리 잡은 500여 권의 책이 눈길을 끈다. 클래식하면서도 지적인 분위기에 전통 프렌치 식사도 좋지만, 차 한 잔의 여유를 느껴보기 좋은 곳. 토, 일요일에는 브런치 서비스도 제공한다.

Data **Map** 332p-F **Access** 메트로 4, 10호선 오데옹 Odéon 역 하차, 도보 3분 **Add** 4, carrefour de l'Odéon, Paris, France **Tel** (01) 43 26 67 76 **Open** 08:00~02:00 **Cost** 브런치 29.50유로, 메인 요리 20유로~ **Web** www.lesediteurs.fr

© Daniel Mirea

현지인이 좋아하는 레바논식 케밥집
셰 르리바네 Chez le Libanais 셰 르리바네

현지인들이 줄서서 먹는 레바논 레스토랑이다. '레바논' 하면 왠지 우리에게 낯선 음식을 판매할 것 같지만, 어떤 사람의 입맛에도 잘 맞고 전 세계 어디서든 흔히 볼 수 있는 샤와르마(케밥이라고도 불린다)가 바로 대표 음식이다. 싱싱한 재료에 맛도 좋고 가격도 저렴하다. 그 외 중동식 피자나 중동의 전통 디저트들도 맛볼 수 있다.

Data Map 332p-F Access 메트로 4호선 생미셸-노트르담Saint-Michel-Notre-Dame역 하차, 도보 4분 Add 35 Rue Saint-André des Arts, 75006 Paris Tel (01) 40 46 07 39 Open 11:00~23:30 Cost 샤와르마 7유로, 전통 디저트 2유로~ Web www.chezlelibanais.com

파리에서 가장 오래된 카페
르프로코프 Le Procope 르프호꼬쁘

1686년에 문을 연 파리에서 가장 오래된 카페다. 당시 볼테르나 디드로, 루소 등과 같이 정치 사회 문화 예술계 저명인사들이 자주 모임을 갖던 곳이다. 현재는 프랑스 전통 파인 다이닝을 즐길 수 있는 고급 레스토랑으로 운영되고 있다. 천장에는 크리스털 샹들리에가 달려 있고 벽에는 18세기 인물들의 초상화가 걸려 있어 분위기가 고급스럽다.

Data Map 332p-F Access 메트로 4, 10호선 오데옹Odéon역 하차, 도보 3분 Add 13 Rue de l'Ancienne Comédie 75006 Paris Tel (01) 40 46 79 00 Open 12:00~24:00 Cost 메인 요리 23유로~, 세트 메뉴 23.50~39.50유로 Web www.procope.com

Paris By Area

07

라틴 구역
Quartier Latin

라틴 구역은 오래전 성직자와 학자들이 거주하면서 라틴어가 통용돼 붙여진 이름으로, 프랑스 최초의 대학 소르본을 위시해 최고의 교육기관들이 들어서 있다. 또한 그리스 신전 같은 팡테옹, 중세 국립박물관, 파리에서 가장 오래된 거리 무프타르도 라틴 구역의 유구한 역사를 말해준다.

라틴 구역
Quartier Latin
PREVIEW

'라틴 구역'은 그 이름에서 짐작되는 것처럼, 위엄 있는 대학 건물들과 그 사이를 누비는 학생들, 교수들, 파리지앵들로 대학가의 분위기를 느낄 수 있다. 이름난 관광지는 적지만, 국립 자연사 박물관, 이슬람 대사원처럼 가본 사람들은 강력 추천하는 장소들이 곳곳에 숨어 있다.

SEE
라틴 구역에서 가장 잘 알려진 곳은 로마 판테온의 파리판 팡테옹이다. 하지만 생테티엔뒤몽 성당과 파리 이슬람 대사원도 종교와 상관없이 볼거리가 쏠쏠하다. 국립 자연사 박물관은 가족여행객들에게 디즈니랜드 다음으로 최고의 인기 장소다. 과장 조금 섞어 <박물관이 살아있다>의 파리 실사판으로 보면 된다.

EAT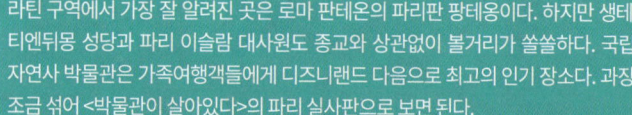
주머니가 가벼운 여행객들에게 라틴 구역은 참으로 고마운 곳이다. 생미셀의 먹자골목과 무프타르 거리에는 10유로대 중반에 런치 메뉴를 내놓는 곳이 많다. 메뉴 또한 케밥, 크레이프, 아시아식, 프랑스식, 아메리칸식 등 선택의 폭이 넓다.

BUY
말이 필요 없는 몽주 약국. 약국 손님의 90퍼센트가 한국 사람이다. 한국말이 다 통한다. 어떤 증상에 어떤 화장품을 써야 할지 한국말로 상담해 준다. 현장에서 바로 세금환급금을 받을 수 있다는 것도 인기 요인 중 하나. 다만 계획 없이 갔다간 충동구매로 후회할 수도 있다!

어떻게 갈까?
생미셸 먹자골목은 메트로 4호선 생미셸Saint-Michel역에서, 무프타르 거리는 7호선 플라스 몽주Place Monge역에서 내린다. 팡테옹을 갈 때, 메트로 10호선 카르디날-르무안Cardinal-Lemoine역에서 하차하면 생테티엔뒤몽 성당을 지나가고, 10호선 클루니-라소르본Cluny-La Sorbonne역에서 하차하면 소르본 대학을 지나가게 된다. 국립 자연사 박물관의 대진화관은 7호선 상시에-도방통Censier-Daubenton역에서 하차한다.

어떻게 다닐까?
도보가 답이다. 골목을 많이 지나가기 때문에 버스조차 닿지 않는 곳이 많다. 거리 간 간격도 그리 멀지 않다. 메트로는 4호선과 7호선, 10호선을 이용한다.

Quartier Latin
ONE FINE DAY

똑같이 파리를 다녀와도 늘 가는 곳만 가는 여행객들과는 전혀 다른 경험이 될 코스. 특히 생테티엔뒤몽 성당과 파리 이슬람 대사원, 국립 자연사 박물관이 그렇다. 이 일정에는 무프타르 거리와 먹자골목이 포함돼 저렴하게 식사를 해결할 수 있다. 약국 화장품 쇼핑은 선택 아닌 필수!

국립 자연사 박물관에서 진화의 세계 빠져보기

→ 도보 1분

식물원 산책하며 힐링하기

→ 도보 2분

파리 이슬람 대사원, 알함브라 궁전 등사원 돌아보기

↓ 도보 5분

생테티엔뒤몽 성당, 아름다운 성당 둘러보기

← 도보 5분

무프타르 거리, 시끌벅적 거리 구경하고 점심 먹기

← 도보 3분

몽주 약국에서 화장품 쇼핑하기

↓ 도보 2분

팡테옹, 거대한 벽화에 감탄하기

→ 도보 5분

프랑스 최고의 대학, 소르본 배경으로 사진 찍기

→ 도보 3분

클루니 중세 국립박물관, 〈여인과 일각수〉 감상하기

↓ 도보 3분

생미셸 먹자골목에서 저녁 먹기

SEE

수준 높은 중세 예술품의 세계
클루니 중세 국립박물관 Musée de Cluny-National du Moyen Âge
🔊 뮈제 드 클루니-나씨오날 뒤 무아얜 나쥬

〈여인과 일각수〉라는 태피스트리 연작 하나만으로도 클루니 박물관은 방문할 가치가 충분하다. 클루니 박물관은 1세기 말 갈로로마의 목욕탕으로 건축돼, 15세기에는 클루니 수도원장의 파리 저택으로 사용되다 1844년 중세 예술품들을 소개하는 국립 미술관이 되었다. 〈귀부인과 일각수〉를 비롯해, 노트르담 대성당의 파사드를 장식했던 유대왕 27명의 머리 조각과 아담의 조각상, 생트 샤펠의 스테인드글라스, 14세기 교황이 루돌프 3세에게 하사한 황금장미와 12세기의 금 세공품 등 보물과도 같은 소장품들이 전시돼 있다.

Data Map 358p-C
Access 메트로 10호선 클루니-라소르본Cluny-La Sorbonne역 하차, 도보 3분
Add 28 Rue du Sommerard, 75005 Paris
Tel (01) 53 73 78 00 **Open** 화~일 09:30~18:15, 매달 첫째, 셋째 목요일 ~20:30(월, 1월 1일, 5월 1일, 12월 25일 휴관)
Cost 상설전 12유로, 목요일 밤 10유로, 18세 미만 무료, 매달 첫 번째 일요일 무료, 뮤지엄 패스 사용 가능 **Web** www.musee-moyenage.fr

TIP 〈여인과 일각수〉 감상하기

〈여인과 일각수〉는 총 6편으로 구성돼 있다. 붉은 바탕에 아름답고 화려한 꽃과 나무가 있고, 주인공으로 보이는 귀부인이 한쪽에는 사자, 한쪽에는 일각수를 거느리고 있다. 먼저 5개의 태피스트리는 인간의 오감을 상징하는 것으로, 악기를 연주하는 것은 청각, 일각수의 뿔을 어루만지는 것은 촉각을 나타낸다. 또한 거울을 보는 것은 시각, 꽃을 매만지는 것은 후각, 그릇 안의 음식에 손대는 것은 미각을 뜻한다. 마지막 6번째 작품은 푸른 천막에 쓰인 글귀 '나의 유일한 소망A Mon Seul Désir'이 명시하는 것처럼 인간의 욕망을 상징한다.

라틴 구역

Writer's Pick! 로마 판테온의 쌍둥이판
팡테옹 Panthéon 빵떼옹

로마에 있는 아그리파의 판테온에서 영감을 얻은 것으로, 그리스 양식과 고딕 양식이 혼합된 18세기 건축물이다. 초기에는 바실리카로 사용되었으나, 1885년 빅토르 위고의 장례식이 거행되면서 장자크 루소, 볼테르, 에밀 졸라, 알렉상드르 뒤마, 앙드레 말로 등 이름만 들어도 알 만한 저명인사들의 납골당(지하층)이 되었다. 이를 증명이라도 하는 듯 파사드에는 '위대한 이들에게 조국은 감사의 마음을 표합니다 Aux Grands Hommes, la Patrie Reconnaissante'라는 글귀가 새겨져 있다. 그 외 웅장한 실내를 가득 채운 대형 벽화들(파리의 수호 성녀 주느비에브와 성인들, 프랑스 군주들의 일화를 담고 있다)과 프랑스 대혁명 등을 소재로 한 거대한 조각상들, 지구의 자전을 증명하기 위해 프랑스의 과학자 레옹 푸코가 설치한 푸코의 추가 유명하다. 파리 시내가 한눈에 내려다보이는 돔 주랑은 4~10월에만 개방된다.

Data Map 358p-C
Access 메트로 10호선 카르디날-르무안Cardinal-Lemoine역 하차, 도보 7분
Add Place du Panthéon 75005 Paris
Tel (01) 44 32 18 00
Open 4~9월 10:00~18:30, 10~3월 10:00~18:00 (1월 1일, 5월 1일, 12월 25일 휴관)
Cost 13유로. 18세 미만 무료, 11~3월 첫 번째 일요일 무료. 뮤지엄 패스 사용 가능
Web www.paris-pantheon.fr

팡테옹 0층

1. 파리의 수호 성 주느비에브의 어린 시절
2. 푸코의 추
3. 수도원 학교의 창시자 샤를마뉴 대제
4. 성 주느비에브의 기적(1496년 주느비에브의 성골함 행렬로 3달 동안 계속된 비를 그치게 한 것과 1130년 그녀의 성골함으로 전염병을 치유한 기적)
5. 기독교로 개종한 초대 왕 클로비스의 세례식
6. 프랑스 혁명을 비롯한 20세기 초반의 사건을 소재로 한 조각상들
7. 왕정이 폐지되고 제1공화국이 들어서게 된 프랑스의 국민공회
8. 성 주느비에브의 죽음
9. 잔 다르크와 생루이 왕
10. 훈족의 왕 아틸라 군의 행진과 파리 시민들을 위로하는 주느비에브
11. 파리 최초의 주교 생드니의 생애

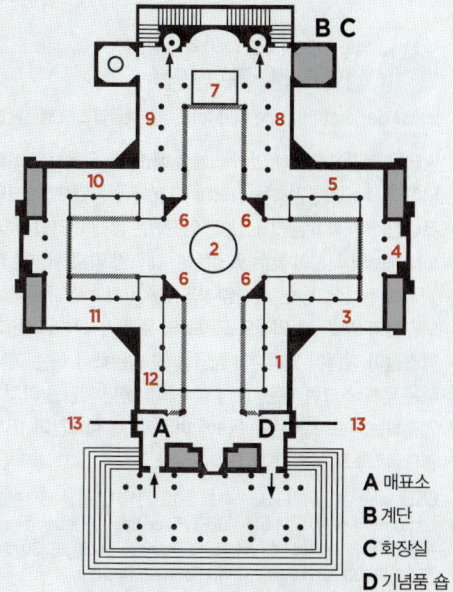

A 매표소
B 계단
C 화장실
D 기념품 숍

팡테옹 지하층

14. 프랑스의 진보세력을 이끈 정치인 레옹 강베타의 심장
15. 볼테르와 루소의 묘
16. 빅토르 위고, 에밀 졸라, 알렉상드르 뒤마
17. 앙드레 말로, 르네 카생(세계인권선언문 작성자), 피에르 & 마리 퀴리 부부

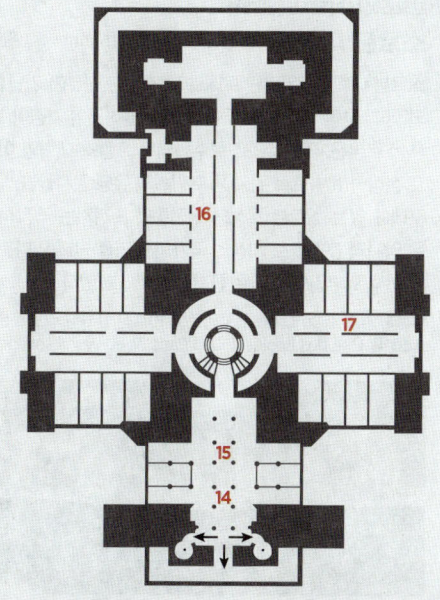

PARIS BY AREA 07
라틴 구역

영화 〈미드나잇 인 파리〉의 그 장소!
생테티엔뒤몽 성당
Eglise de Saint-Étienne-du-Mont 에글리즈 드 쌩떼띠엔뒤몽

팡테옹 뒤편에 위치해 있어 쉽게 눈에 띄며, 독특하고 아름다운 성당이다. 1492년 건축을 시작해 1626년 완공됐으며, 고딕 양식과 르네상스 양식이 혼합돼 있다. 이곳에는 본래 파리의 수호 성녀 주느비에브의 시신이 놓여 있었는데, 대혁명 당시 시신은 재가 되어 센강에 뿌려졌고, 현재는 성녀의 관을 바치고 있던 돌과 유물만을 보관하고 있다. 그 외에도 프랑스의 유명 비극작가 라신과 블레즈 파스칼이 잠들어 있다. 이 성당을 꼭 방문해야 하는 이유는 아름다운 루드 스크린 때문. 본당 양측의 나선형 계단을 마치 다리처럼 연결하는 루드 스크린은 독보적이다. 목재 설교단과 16세기 스테인드글라스도 유명하다.

Data **Map** 358p-C **Access** 메트로 10호선 카르디날-르무안Cardinal-Lemoine역 하차, 도보 5분 **Add** 1 Place Sainte-Geneviève, 75005 Paris **Tel** (01) 43 54 11 79 **Open** 월 14:30~19:30, 화~일 08:00~19:30 **Web** www.saintetiennedumont.fr

프랑스에서 가장 오래된 대학
소르본 대학교 Université Paris-Sorbonne 위니베흐씨떼 빠히 쏘흐본

소르본 대학은 1253년 로베르 드 소르본 신부가 가난한 학생 16명을 위해 신학교를 연 것에서 비롯되었다. 루이 15세의 비호를 받고 리슐리외 추기경이 교장을 맡으면서 그 위상은 더욱 높아졌다. 이후 소르본은 극단적으로 보수화되어 프랑스 대혁명 이후 폐교되었지만, 1885년 이래 주요 대학으로 성장하며 빅토르 위고 등 프랑스의 유명 인사들을 배출해 냈다.
구내에 있는 소르본 소성당과 전통이 느껴지는 극장식 대강당, 대학 건물의 파사드와 지붕 장식 등은 역사적 건축물로 지정돼 국가의 관리를 받고 있다. 아쉽게도 2015년 1월 샤를리 에브도 테러 사건 이후 외부인의 출입은 철저히 통제되고 있다.

Data **Map** 358p-C **Access** 메트로 10호선 클루니-라소르본Cluny La Sorbonne역 하차, 도보 2분 **Add** 47 Rue des Écoles 75005 Paris **Web** www.sorbonne.fr/en

 알함브라 궁전에서 영감을 받은
파리 이슬람 대사원 Grande Mosquée de Paris 그항 모스께 드 빠히

기하학 무늬의 아름다운 정원과 분수에서 떨어지는 물방울 소리가 마음의 평화를 불러오는 곳. 1926년 스페인 무어 양식으로 설계된 이곳은 번잡하고 정신없는 파리 여행에 쉼표를 찍어주는 장소다. 30여 미터 높이에 마그레브 양식의 미너렛을 지나면, 700장의 새하얀 대리석 타일을 깔고 화려한 도자기 조각들로 꽃 모양을 모자이크한 파티오로 이어진다. 이슬람 문화의 정수라 일컬어지는 화려한 아라베스크 문양들과 쿠파 문자로 새겨진 코란의 구절들 역시 감탄스럽기는 마찬가지. 하지만 이곳의 백미는 건물 중앙에 위치한 대정원이다.

그라나다의 알함브라 궁전에서 영감을 얻은 이 안뜰은 하얀 대리석 타일의 테라스와 기하학 모양의 화단, 파란 타일의 투명한 물길과 분수대, 저 멀리 보이는 미너렛이 어우러져 환상의 경치를 선사한다. 대사원 한쪽에는 전통 이슬람식 카페레스토랑이 위치해 있는데, 평화로운 분위기에서 타진이나 쿠스쿠스, 이슬람 전통차 등을 즐길 수 있다.

Data **Map** 358p-F **Access** 메트로 7호선 플라스 몽주Place Monge역 하차, 도보 4분
Add 2 bis Place du Puits de l'Ermite 75005 Paris **Tel** (01) 45 35 78 17
Open 09:00~18:00(금요일 휴관) **Cost** 일반 3유로 **Web** www.grandemosqueedeparis.fr

아름다운 이슬람 문화와 예술의 전당

아랍 세계 연구소 L'Institut du Monde Arabe 랭스띠뛰 뒤 몽드 아합

이슬람을 정치나 종교가 아닌 또 하나의 문화와 예술로 보고, 그 화려함과 아름다움을 마음껏 느껴보는 건 어떨까. 이곳은 아랍 세계와 이슬람 문명을 연구하고 널리 알리는 데 목적을 둔 연구소로, 일반인들을 위한 IMA 박물관을 운영 중이다. 소장품 대부분 이슬람의 종교와 생활 문화, 예술과 관련된 것들이다. 아랍문자와 코란, 의복과 텍스타일, 생활용품, 도자기를 비롯한 각종 공예품, 시청각 자료 등이 간단한 설명과 함께 키워드별로 전시돼 있어 이슬람을 이해하는 데 도움이 된다. 이 외에도 이슬람 문화와 관련된 전시회 및 콘서트, 영화 상영 등 다양한 문화 행사도 즐길 수 있다. 건물 꼭대기 층에는 아랍 요리들을 맛볼 수 있는 레스토랑과 노트르담 성당이 아름답게 보이는 테라스(무료)도 마련돼 있다. 아랍 세계 연구소는 세계적인 건축가 장 누벨이 디자인한 것으로, 건물 자체의 아름다움으로도 명성이 자자하다.

Data Map 358p-D Access 메트로 10호선 카르디날 르무안Cardinal Lemoine역 하차, 도보 6분
Add 1, Rue des Fossés-Saint-Bernard 75005 Paris Tel (01) 40 51 38 38
Open 박물관 화~금요일 10:00~18:00, 주말 10:00~19:00 / 테라스 화~일 10:00~18:00(월 ,5월 1일 휴관)
Cost 박물관 10유로, 26세 미만 무료. 뮤지엄 패스 사용 가능. 테라스 무료 Web www.imarabe.org

영화 〈비포 선셋〉으로 더 유명한 서점
셰익스피어 & 컴퍼니 Shakespeare and Company
🔊 셰익스피어 앤 컴퍼니

파리에 위치한 영어권 전문 서점으로 100여 년의 역사를 자랑하는 곳이다. 제임스 조이스와 헤밍웨이 등 유명 인사들도 다녀간 곳으로 책 구매와 상관없이 찾는 사람들이 많다. 하지만 정작 이곳이 파리 관광의 필수 코스로 등극한 것은 영화 〈비포 선셋〉 덕분이다. 두 주인공이 9년 만에 재회한 낭만적인 장소로 이 서점이 선정되었기 때문. 그러나 서점 자체로도 소소한 볼거리가 많다. 가난한 문인들을 위해 내주었던 침대나 타이프라이터, 오래된 테이블과 피아노까지 옛 서점의 친근함이 고스란히 묻어난다. 서점 한 편에는 이곳에 다녀간 관광객들의 메모가 붙어 있는데, 한국어도 쉽게 눈에 띈다. 책과 서점을 사랑하는 사람이라면 꼭 한번 방문해 보자. 바로 옆에는 서점에서 운영하는 카페도 있다.

Data **Map** 358p-C
Access RER B, C선 생미셸노트르담Saint-Michel-Notre-Dame역 하차, 도보 3분
Add 37 Rue de la Bûcherie 75005 Paris
Tel (01) 43 25 40 93
Open 월~토 10:00~20:00, 일 12:00~19:00
Web www.shakespeareandcompany.com

가족 모두에게 신나는 동물 세계
Writer's Pick! 국립 자연사 박물관 Muséum National d'Histoire Naturelle

 뮈제옴 나씨오날 디스뚜아흐 나뛰헬

영화 〈박물관이 살아 있다〉를 재밌게 본 사람들이라면 마치 이 영화의 스튜디오를 방문한 듯한 느낌을 받는 곳, 바로 대진화관 Grande Galerie de l'Evolution이다. 국립 자연사 박물관은 진화관과 고생물 및 해부학관, 각종 광물들이 전시된 광물관, 동물원으로 구성돼 있다. 그중에서도 특히 많은 인기를 얻고 있는 곳은 대진화관. 공룡과 고래, 대왕 오징어 등 7천 종의 동물 화석과 동물 박제들이 전시돼 있다. 금방이라도 살아 움직일 듯 생생한 모습과 성인마저 압도할 만큼 거대한 실물 크기는 입을 다물 수 없을 정도다. 동물원 Ménagerie과 진화관은 완전히 분리돼 있어 입장료를 따로 지불해야 한다.

Data **Map** 358p-F **Access** 메트로 7, 10호선 쥐시외 Jussieu역 하차 도보 3분
Add 36 Rue Geoffroy Saint-Hilaire 75005 Paris **Tel** (01) 40 79 54 79
Open 10:00~18:00(화요일, 1월 1일, 5월 1일, 12월 25일 휴관) **Cost** 동물원 3세이상 17~22유로, 대진화관 10~16유로, 26세 미만 유럽 거주자 무료 **Web** www.mnhn.fr

꽃놀이하기 더없이 좋은
식물원 Jardin des Plantes 🔊 쟈흐댕 데 쁠랑뜨

1626년 왕실 정원으로 출발해 1640년 대중에게 공개되면서 3헥타르에 이르는 파리의 대표 식물원이 되었다. 170여 종의 유럽산 장미들로 꾸며진 장미 정원, 알프스와 같은 고산지대 식물들로 조성된 알프스 정원, 과실수 정원 등 다양한 테마의 정원들로 구성돼 있다. 정원 특성상 겨울의 썰렁함은 극복하기 힘들지만, 꽃 피는 봄부터 낙엽 지는 가을까지 아름다운 전경은 굳이 시간을 내 다녀올 만하다.

Data **Map** 358p-F **Access** 메트로 7, 10호선 주시외Jussieu역 하차 도보 3분
Add 36 Rue Geoffroy Saint Hilaire 75005 Paris **Tel** (01) 40 79 56 01
Open 식물원 여름 07:30~20:00, 겨울 08:00~17:30. 알프스 정원 3~10월 식물원과 동일
Cost 식물원 무료, 온실 7~9유로 **Web** www.jardindesplantesdeparis.fr

재래시장과 레스토랑으로 왁자지껄
무프타르 거리 Rue Mouffetard 🔊 휘 무프따흐

파리에서 가장 오래된 거리 중 하나다. 완만하게 언덕을 이루는 650m 길이의 이 길은 수많은 종류의 상점들과 카페, 레스토랑들이 들어서 있어 밤늦게까지 활기로 가득 차 있다. 무프타르 거리 끝 장칼뱅 거리Rue Jean-Calvin 일대에는 매일 지역 주민들을 위한 재래시장이 서는데, 정육, 생선, 치즈, 빵, 야채, 포도주, 조리식품 등을 사고파는 파리지앵들의 일상생활을 엿볼 수 있어 관광객들도 많이 찾는다. 한편 무프타르 거리는 한국인들의 쇼핑 1번지 몽주 약국에서 150m정도 떨어져 있는 데다, 10유로 중반으로 런치 메뉴를 즐길 수 있는 저렴한 레스토랑도 많아 몽주 약국 방문 전후 식사 장소로 고려해 볼 만하다.

Data **Map** 358p-E **Access** 메트로 7호선 상시에-도방통Censier-Daubenton역 하차, 도보 2분
Add Rue Mouffetard, 75005 Paris

EAT

라틴 구역의 넘버원 케밥 맛집
카스 크루트 그렉 Casse Croute Grec 꺄스 크후뜨 그헥

주머니 사정이 넉넉치 않거나, 간단하지만 배 부르고 영양가 있게 한 끼를 해결하고 싶은 여행객들에게 인기 있는 메뉴는 바로 케밥 샌드위치다. 큰 꼬챙이에 꽂아 빙글빙글 돌리며 구워내는 고깃덩어리를 그 자리에서 슥슥 썰어내 야채와 함께 페타 빵에 넣고 화이트소스를 뿌려주는 케밥은 누린내 하나 없이 우리 입맛에도 딱이다. 관광객들이 많이 가는 생미셸 먹자골목에도 매종 드 기로스La Maison de Gyros를 비롯해 많은 케밥집이 있지만 맛은 살짝 아쉬운 편. 매년 파리 최고의 케밥으로 선정될 만큼 검증된 곳.

Data Map 358p-C **Access** 메트로 10호선 카르디날 르무안Cardinal Lemoine역 하차, 도보 4분 **Add** 4 Rue de l'École Polytechnique, 75005 Paris **Open** 12:00~01:30 **Cost** 케밥+감자튀김+음료 7유로

먹자골목의 가성비 좋은 집
르샬레 생미셸 Le Chalet Saint-Michel 르샬레 쌩미셸

생미셸 먹자골목은 본래 라틴 구역의 대학생들을 대상으로 한 저렴한 식당가였는데, 어느 순간부터 주머니 가벼운 여행객들이 이곳의 주고객이 되었다. 이 골목에는 3코스 메뉴를 런치, 디너 할 것 없이 10유로대 중후반에 판매하는 집들이 많다. 그중 가성비가 좋은 곳으로 알려진 곳이 바로 이 집이다. 크레이프, 와인찜 홍합, 뷔프부르기뇽, 오리고기, 송아지고기, 에스카르고, 프렌치 어니언수프, 크렘브륄레 등 웬만한 프랑스의 대표 음식은 전부 준비돼 있다.

Data Map 358p-C **Access** 메트로 4호선, RER B, C선 생미셸 노트르담Saint-Michel Notre-Dame역 하차, 도보 4분 **Add** 43 Rue de la Harpe, 75005 Paris **Tel** (01) 44 07 07 28 **Open** 12:00~22:30 **Cost** 3코스 15.90~23.90유로

느끼함을 잡아줄 매운맛이 필요할 때
트랑 트랑 짜이 Tran Tran Zai 뜨항 뜨항 짜이

사천식 면요리를 주메뉴로 하는 레스토랑이다. 대표 메뉴는 국물이 있는 우육면과 탄탄면, 의빈(사천성의 한 도시)냉면, 수제 만두인데 모든 면요리는 맵기 정도를 선택할 수 있다. 매운맛에 익숙한 한국인들에게는 6단계 중 4단계 이상은 되어야 맵게 느껴진다.

Data Map 358p-C **Access** 메트로 10호선 카르디날 르무안 Cardinal Lemoine역 하차, 도보 4분 **Add** 3 Rue de l'École Polytechnique, 75005 Paris **Open** 12:00~15:00, 19:00~22:30 **Cost** 면류 11.80유로~ **Web** www.trantranzai.fr

무프타르 거리

Writer's Pick! 푸짐하고 맛좋은 크레이프가 생각날 때
오프티그렉
Au P'tit Grec 오쁘띠그헥

파리에서 가장 오래된 거리, 무프타르에 위치한 35년 전통 테이크아웃 크레이프 전문점이다. 이곳이 인기를 끄는 이유는 아낌없이 넣어주는 햄, 치즈, 토마토, 야채 등의 푸짐한 재료들 때문. 식사 후 배부른 사람들에겐 누텔라 같은 잼 등을 조합한 디저트용 크레이프가 제격이다.

Data **Map** 358p-E **Access** 무프타르 거리 내 위치, 몽주약국에서 도보 7분 **Add** 68 Rue Mouffetard, 75005 Paris **Tel** (01) 43 36 45 06 **Open** 11:30~24:30 **Cost** 크레이프 6유로~, 디저트용 2유로~ **Web** www.auptitgrec.com

노트르담 대성당이 보이는
콤므차이투아
Comme Chai Toi 꼼 셰 뜨와

파리의 명물 부키니스트를 마주한 프렌치 레스토랑으로, 테라스에서 노트르담 대성당이 보인다. 방문객들에게 맛, 서비스, 분위기 모든 면에서 훌륭한 평가를 받으며 2024년 더포크TheFork가 선정한 우수 레스토랑이 되었다. 신선한 제철 농산물을 생산자에게 직접 공급받아 조리한다.

Data **Map** 358p-C **Access** 메트로 4호선 생미셸 노트르담Saint-Michel Notre-Dame역 하차, 도보 4분 **Add** 13 Quai Montebello 75005 Paris **Tel** (01) 46 34 66 12 **Open** 18:30~23:00, 토·일 12:00~14:30 **Cost** 메인 요리 23유로~

TIP 무프타르 거리 맛집들
가성비 좋은 맛집 천국, 무프타르 거리에서 주목해 볼 만한 맛집들을 소개한다.

반미 데카르트 리틀 뱀부
Banh Mi Descartes Little Bamboo
저렴하고 맛있는 베트남식 샌드위치.

오 스시 Oi Sushi
밥이 먹고 싶다면! 가성비 좋은 스시 맛집.

르비외 비스트로 Le Vieux Bistrot
퐁듀, 라클레트 같은 론알프스 전통 치즈요리.

알베르토의 젤라띠 Gelati d'Alberto
이탈리아 정통 아이스크림집.

K 치킨 K-CHICKEN
후라이드 반, 양념 반. 리얼 한국 치킨 맛집.

라크레트 La Crète
그리스 샐러드와 닭고기 꼬치 요리가 Good!

오 프티 비스트로 Au Petit Bistrot
가성비 좋은 프랑스 음식점.

르푸르니 Le Fournil de Mouffetard
바게트, 크루아상 추천이요.

Paris By Area

08

몽파르나스
Montparnasse

관광객들에게 몽파르나스는 곧 몽파르나스 타워와 동일시된다. 파리의 하늘과 가장 가까운 곳, 몽파르나스 타워에서 내려다본 전망은 곧게 뻗은 마르스 공원의 푸른 녹지대와 우뚝 선 에펠탑, 그 너머로 보이는 라데팡스의 스카이라인이 어우러져 그야말로 장관을 이룬다.

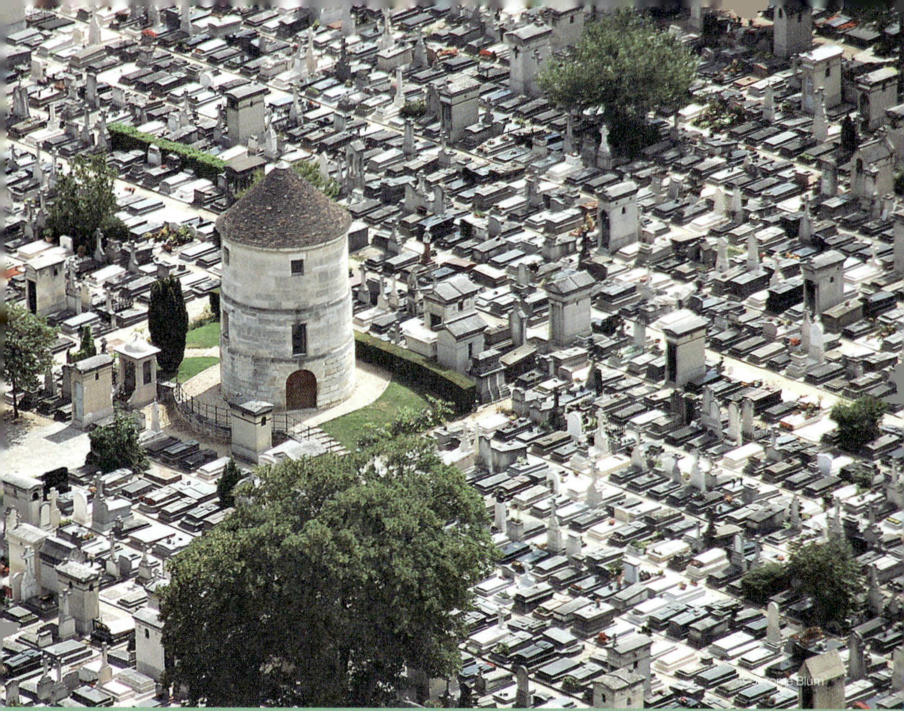
Blum

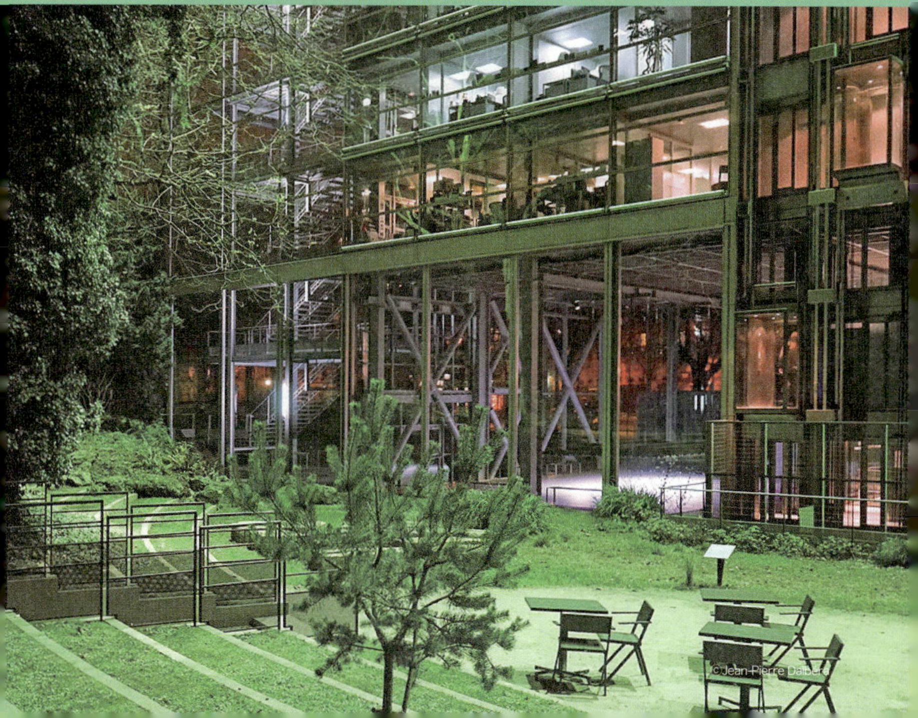
© Jean-Pierre Dalbera

PARIS BY AREA 08
몽파르나스

Montparnasse
PREVIEW

파리에서 가장 높은 오피스 빌딩 몽파르나스 타워와 몽파르나스 기차역이 있는 곳. 최고의 파리 전경을 자랑하는 몽파르나스 타워를 제외하면 볼거리도 많지 않다. 단, 호텔이 여타 지역에 비해 저렴하고 교통이 편리하며 시내 접근성이 좋다는 점에서 이곳에 숙소를 잡는 사람들이 많다.

SEE

무조건 몽파르나스 타워다. 낮보다는 해 지기 바로 전에 올라가 해진 뒤 에펠탑 조명 쇼까지 보고 내려오는 것을 추천한다. 박물관 마니아라면 시립 부르델 미술관이, 귀신의 집 같은 걸 좋아하는 사람이라면 카타콤이 꽤 흥미로울 것이다. 사르트르와 시몬 드 보부아르가 잠들어 있는 몽파르나스 묘지도 찾는 사람이 적지 않다.

EAT

맛도 분위기도 중요하다면 몽파르나스 타워에 있는 르시엘 드 파리가 제격이다. 크레이프리 드 조슬랭은 파리에서 가장 유명한 크레이프 집 중 하나다. 맛있는 스테이크와 치즈가 잔뜩 들어간 감자 요리를 먹고 싶다면 르플롱 뒤 캉탈을 추천한다. 메트로 바뱅Vavin역 주위에 위치한 유명한 문학카페에서 차 한 잔도 좋다.

BUY

여느 지역들과 달리 쇼핑에 특화된 곳이 없다. 기존의 쇼핑몰들이 하나둘씩 문을 닫기 시작해, 그나마 몽파르나스 기차역 중심으로 프낙(서점 및 전자제품 매장)이나 브랜드 매장들이 영업을 하고 있다. 수많은 호텔과 사무실 덕에 프랑프리, 모노프리, 까르푸 등 소형 슈퍼마켓들은 발달해 있다.

 어떻게 갈까?

몽파르나스 타워의 경우 메트로 4, 6, 12, 13호선을 타고 몽파르나스 비앵브뉘Montparnasse-Bienvenüe역에서 하차한다. 다른 관광지들은 대부분 메트로 4, 6호선을 이용하면 된다. 몽파르나스 타워는 북동쪽 렌 거리Rue de Rennes를 통해 생쉴피스 성당과 이어지고, 몽파르나스 대로Boulevard du Montparnasse의 문학카페들은 바뱅 거리Rue Vavin를 통해 뤽상부르 정원과 연결된다.

 어떻게 다닐까?

몽파르나스 타워를 제외한 기타 관광지들은 개인적 관심도에 따라 호불호가 갈린다. 하지만 이 지역의 모든 관광지를 모두 돌아볼 계획이라면, 파리 카타콤부터 시작해 카르티에 현대예술재단, 몽파르나스 묘지, 부르델 미술관, 몽파르나스 타워 순으로 루트를 잡는다. 파리 카타콤에서 몽파르나스 묘지 입구까지 20분 정도 소요되지만 걸을 만하다. 몽파르나스 묘지에서 부르델 미술관, 몽파르나스 타워는 가볍게 도보로 이동한다.

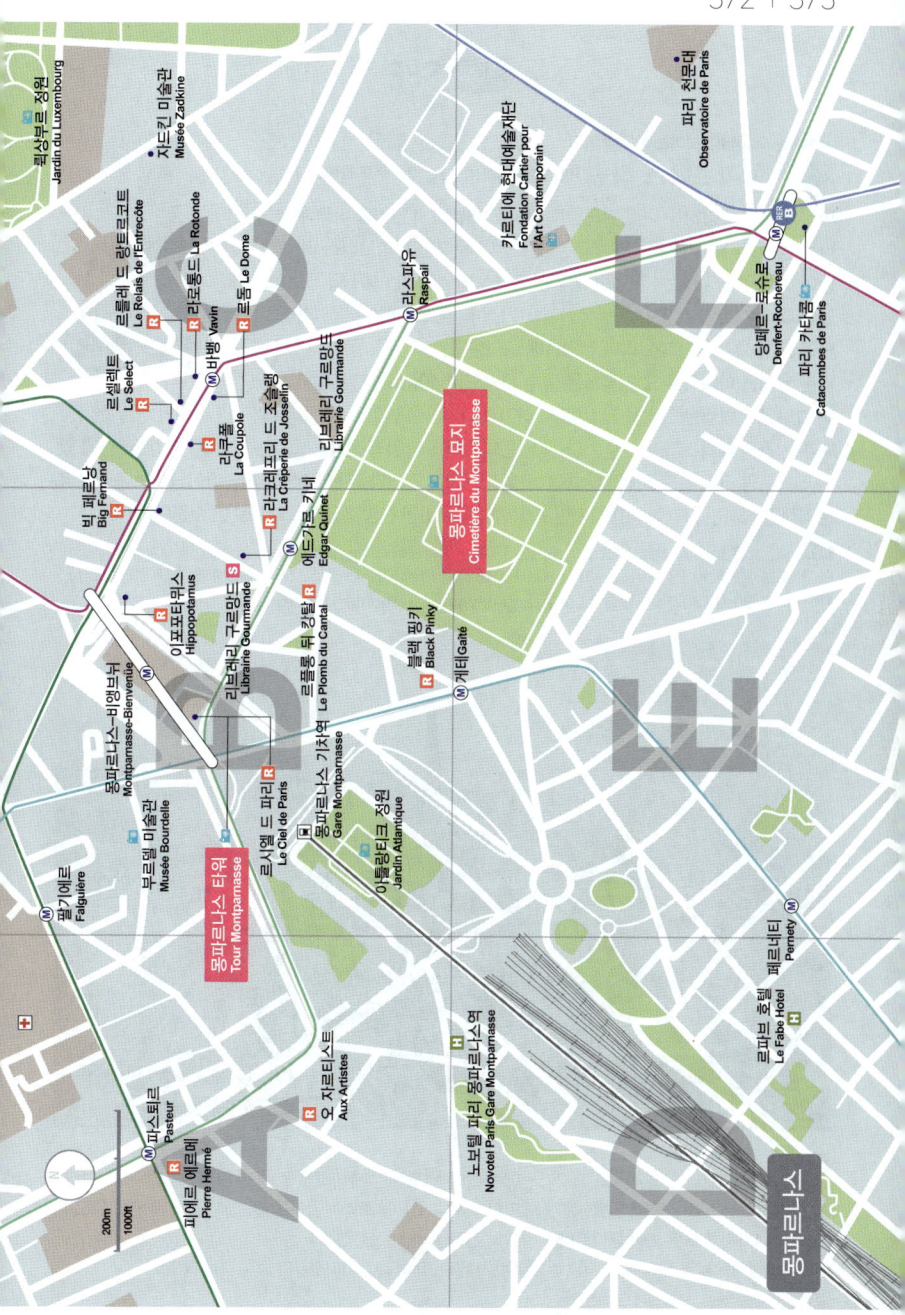

SEE

Writer's Pick! 에펠탑이 보이는 최고의 야경
몽파르나스 타워 Tour Montparnasse 🔊 뚜흐 몽빠흐나쓰

파리 시내를 조망하는 여러 뷰포인트 가운데 에펠탑의 인기를 바짝 뒤쫓는 곳이 바로 몽파르나스 타워다. 특히 야경에 초점을 둔다면 몽파르나스 타워의 판정승이 예상된다. 이유는 간단하다. 몽파르나스 타워에서는 에펠탑이 보이고 에펠탑에서는 그렇지 않으니까! 유럽에서 가장 빠른 엘리베이터를 타면 38초 만에 56층에 위치한 파노라마 전망층에 도착한다.

맑은 날이면 파리의 주요 건물들은 물론 사방으로 40km까지 조망할 수 있어 그야말로 탁월한 전망을 자랑한다. 여기서 다시 3층 높이로 계단을 올라가면 파리의 하늘과 가장 가까운 공중 테라스가 당신을 기다린다. 몽파르나스 타워의 전망을 즐기는 또 다른 방법! 56층에 있는 레스토랑 르시엘 드 파리Le Ciel de Paris를 이용하는 것이다. 이곳은 원래 파인다이닝 레스토랑으로 본격적인 식사는 가격이 상당하지만 조식이나 음료라면 전망대 입장료와 비슷한 수준이다.

Data **Map** 373p-B **Access** 메트로 4, 6, 12, 13호선 몽파르나스-비앵브뉘Montparnasse-Bienvenüe역 하차, 도보 1분 **Add** 33 Avenue du Maine 75015 Paris **Tel** (01) 45 38 52 56 **Open** 4~9월 09:30~23:30 / 10~3월 09:30~22:30 **Cost** 일반 22.50유로 **Web** www.tourmontparnasse56.com

TIP ① 몽파르나스 타워는 꼭 해지기 전에 올라야 한다. 계절에 따라 일몰 시간이 다르므로 미리 체크하자. 환할 때의 파리 전경과 일몰, 해가 지고 파리 시내 곳곳에 조명이 들어올 때, 매시 정각 에펠탑의 조명쇼까지 4가지를 모두 봐야 몽파르나스 타워의 진가를 제대로 본 것이다.
② 여름철에도 낮과 달리 해가 지면 쌀쌀할 때가 많다. 머플러나 카디건같이 걸칠 것을 꼭 챙기자.

Data Map 373p-C
Access 메트로 6호선 에드가르 키네Edgar Quinet역 하차, 도보 3분 **Add** 3 Boulevard Edgar Quinet 75014 Paris
Open 09:00~17:30 **Cost** 무료

사르트르와 시몬 드 보부아르가 잠들어 있는

몽파르나스 묘지 Cimetière du Montparnasse 씨메띠에흐 위 몽빠흐나쓰

사르트르, 시몬 드 보부아르, 기 드 모파상, 샤를 보들레르, 외젠 이오네스코, 만 레이, 카임 수틴, 모리스 르블랑, 사무엘 베케트, 브랑쿠시, 세르주 갱스부르의 공통점은? 모두 몽파르나스 묘지에 안장돼 있다는 것이다. 파리의 묘지는 조경이 잘 돼 있고 예술품을 능가하리만큼 독특하고 화려한 묘비들이 흥미를 끄는 장소다. 우리와 다른 프랑스의 장례 문화를 경험해 보고 싶다면 한번쯤 방문해보자. 부지는 넓고 묘비도 많아 지도가 꼭 필요하다. 아무리 유명한 사람이라도 묘비명 외엔 특별한 표시가 없어 찾는 것이 쉽지 않다. 사르트르와 시몬 드 보부아르의 커플 묘는 입구에 들어서자마자 오른쪽 근방에 위치해 있다.

❶ 세르주 갱스부르 (샹송 가수, 배우)
❷ 장 앙투안 우동(조각가)
❸ 외젠 이오네스코(작가)
❹ 샤를 보들레르(시인)
❺ 만레이(화가, 사진가)
❻ 트리스탄 차라(작가)
❼ 자드킨(조각가)
❽ 모리스 르블랑(작가)
❾ 사무엘 베케트(작가)
❿ 카임 수틴(화가)
⓫ 앙투안 부르델(조각가)
⓬ 콘스탄틴 브랑쿠시(조각가)
⓭ 시몬 드 보부아르(작가) 장폴 사르트르(철학가)
⓮ 마르그리트 뒤라스(작가)
⓯ 기 드 모파상(작가)
⓰ 클로드 모리악(작가)

로댕의 제자, 부르델의 조각 세계
부르델 미술관 Musée Bourdelle 뮈제 부흐델

몽파르나스의 주택가에 위치한 부르델 미술관은 로댕의 제자이자 19세기 왕성한 활동을 펼쳤던 조각가 앙투안 부르델의 아틀리에-집이었다. 대형 청동상과 대리석상이 정원과 아틀리에, 복도 곳곳에 자리해 풍성한 예술 작품들로 꽉 채워진 느낌이 든다. 주목해야 할 작품으로는 〈활을 쏘는 헤라클레스〉, 〈태양을 향해 달려가는 여신들〉, 〈몽토방의 위대한 전사〉, 〈과일〉, 〈베토벤〉, 〈이사도라〉, 〈죽어가는 켄다우로스〉, 〈사포〉, 〈페넬로페〉 등이 있다.

Data Map 373p-B Access 메트로 4, 6, 12, 13호선 몽파르나스-비앵브뉘Montparnasse-Bienvenüe역 하차, 도보 5분
Add 18, Rue Antoine Bourdelle 75015 Paris
Tel (01) 49 54 73 73 Open 화~일 10:00~18:00 (월·공휴일 휴관)
Cost 무료 Web www.bourdelle.paris.fr

죽은 자들의 섬뜩한 지하 세계
파리 카타콤 Catacombes de Paris 꺄따꽁브 드 빠히

'멈추시오, 이곳은 죽은 자들의 지옥이오.'라는 입구의 문구가 이곳을 잘 설명하고 있다. 18세기 후반에 접어들면서 파리의 묘지들은 포화상태에 이르렀고, 파리시는 로마의 카타콤에 착안하여 1777년 지하묘지 조성 계획을 수립하였다. 이후 19세기 중반까지 지하 20m 아래 1만 1천㎡의 부지를 마련하고, 총 길이 1.7km의 미로식 터널을 만들었다. 그리고 여기저기서 옮겨온 약 600만 위의 유골을 차곡차곡 쌓아놓았는데, 이중에는 프랑수아 라블레와 라퐁텐, 몽테스키외, 조르주 당통과 같은 유명 인사도 포함돼 있다. 내부는 14° 정도의 서늘한 온도가 유지되는 데다 인골을 사용한 각종 장식들도 볼 수 있어 중간 중간 섬뜩함이 피부로 느껴진다.

Data Map 373p-F Access 메트로 4, 6호선, RER B선 당페르-로슈로Denfert-Rochereau역 하차, 도보 1분
Add 1 Avenue du Colonel Rol-Tanguy 75014 Paris Open 화~일 09:45~20:30 (월요일, 1월 1일, 5월 1일, 12월 25일 휴관) Cost 일반 25유로, 18세 미만 무료 Web www.catacombes.paris.fr/en

오늘의 예술 트랜드를 캐치하는
카르티에 현대예술재단 Fondation Cartier pour l'Art Contemporain
퐁다씨옹 꺄흐띠에 뿌흐 라흐 꽁땅뽀행

세계적인 보석, 시계 브랜드 카르티에가 현대예술을 후원하기 위해 세운 재단이다. 이곳에서는 디자인과 사진, 비디오아트, 패션, 행위예술 등 폭넓은 예술 영역의 발전에 일조하고 보다 많은 대중들이 현대 예술을 향유할 수 있도록 창의적인 전시회와 공연들을 기획해 선보이고 있다. 아름다운 건물은 프랑스의 유명 건축가 장 누벨이 디자인했다.

Data **Map** 373p-F **Access** 메트로 4, 6호선 라스파유Raspail역 하차, 도보 3분 **Add** 261 Boulevard Raspail 75014 Paris **Tel** (01) 42 18 56 50 **Open** 화~일 11:00~20:00(화 ~22:00) 월요일, 1월 1일, 12월 25일 휴관 **Cost** 일반 11유로, 13세 미만 무료, 화 20:00 이후 26세 미만 무료 **Web** www.fondationcartier.com/en

EAT

12년 전통 크레이프 전문점
라크레프리 드 조슬랭
La Crêperie de Josselin 라크헤쁘히 드 죠슬랭

15년 전통 크레이프 전문점으로 이 일대를 크레이프 골목으로 만드는 데 절대적인 역할을 담당했다. 크레이프의 본고장 브르타뉴주의 분위기를 살린 실내 인테리어도 인상적이지만 이곳은 맛으로 승부한다. 이 집에서 가장 인기 있는 메뉴는 베이컨, 계란, 시금치, 치즈와 크림을 넣은 크레이프 마레셰르Crêpe Maraichère와 달걀, 햄, 버섯, 치즈를 넣은 크레이프 조슬랭Crêpe Josselin이다. 사과주 시드르Cidre는 크레이프와 단짝이다.

Data **Map** 373p-B
Access 메트로 6호선 에드가르 키네Edgar Quinet역 하차, 도보 3분
Add 67, Rue du Montparnasse 75014 Paris
Tel (01) 43 20 93 50 **Open** 수~일 11:30~23:00, 화 17:30~ **Cost** 크레이프 9유로~

캉탈 치즈와 감자 요리로 유명한
르플롱 뒤 캉탈 Le Plomb du Cantal 르쁠롱 뒤 깡딸

치즈와 감자를 이용한 오베르뉴 지역 전통 음식을 맛볼 수 있는 곳으로 현지인들이 즐겨 찾는다. 이곳의 인기 메뉴는 등심 스테이크에 캉탈 치즈 매쉬드 포테이토를 곁들인 앙트르코트 트뤼파드 Entrecôte Truffade. 매쉬드 포테이토 대신 감자 퓌레, 크림, 톰 치즈로 만든 알리고 Aligot를 곁들이거나, 치즈의 느끼함이 싫다면 일반 감자튀김을 선택할 수도 있다.

Data **Map** 373p-B **Access** 메트로 6호선에드가르 키네 Edgar Quinet 역 하차, 도보 2분
Add 3, Rue de la Gaîté 75014 Paris **Tel** (01) 43 35 16 92 **Open** 수~월 07:00 ~00:00(화 휴무)
Cost 앙트르코트 트뤼파드 25유로, 앙트르코트 알리고 27.50유로
Web www.leplombducantal.com

맛있는 동남아 음식이 한자리에
블랙 핑키 Black Pinky 블락 뼁끼

몽파르나스역 지척에 위치한 아시아 음식 전문점으로, 블랙을 테마로 한 실내 인테리어가 고급스럽다. 아시아 중에서도 특히 인도차이나 지역(태국, 베트남, 캄보디아, 말레이시아)의 음식들을 선보이는데, 우리 입맛에도 잘 맞는 사테(고기 고치구이), 커리, 프라이드 스프링롤, 쏨땀(파파야 샐러드), 보분(베트남 비빔쌀국수), 소고기 스튜 등이 대표적이다. 쌀밥을 곁들일 수 있어 밥심으로 사는 사람들에게 특히 반갑다.

Data **Map** 373p-B **Access** 메트로 13호선 게떼 Gaîté역 하차, 도보 2분 **Add** 30 bis rue de la Gaîté 75014 Paris **Tel** (01) 43 21 69 68 **Open** 화~일 12:00~14:30, 18:00~23:30 **Cost** 메인요리 15유로~
Web www.blackpinky.fr

 65년간 사랑받아온 비스트로
오 자르티스트 Aux Artistes 오자흐띠스뜨

1959년 처음 문을 연 이래 대를 물려가며 지금의 자리를 지키고 있는 비스트로다. 메뉴는 스테이크처럼 가장 대중적인 프랑스 음식들로 구성돼 있으며, 전채, 메인, 디저트를 18유로라는 저렴한 가격에 판매하면서도 맛 역시 나쁘지 않아 좋은 평을 받고 있다. '예술가들'이라는 가게 이름처럼 실내에는 포스터와 사진, 그림들, 오래된 번호판들이 잔뜩 붙어 있어 마치 작은 갤러리에 와 있는 듯하다. 트립어드바이저 선정 우수 업소.

Data **Map** 373p-A **Access** 메트로 6, 12호선 파스퇴르 Pasteur역 하차, 도보 3분
Add 63 Rue Falguière 75015 Paris **Tel** (01) 43 22 05 39 **Open** 월~금 12:00~14:30, 19:30~23:30, 토 19:30~00:00(일 휴무) **Cost** 세트 메뉴 15~18유로

파리 최고의 전망을 자랑하는
르시엘 드 파리 Le Ciel de Paris 르씨엘 드 빠히
Writer's Pick!

몽파르나스 타워 56층에 위치한 레스토랑. '파리의 하늘'이라는 이름처럼 210m 상공 위에서 내려 다보는 파리의 전경은 장관을 이룬다. 조식부터 시작해 점심식사, 에프터눈 티, 저녁식사 등 원하는 시간대에 원하는 식음료를 즐길 수 있다. 디너 코스는 79유로부터, 단품 메인 요리는 43유로부터 시작된다. 본격적인 식사가 부담된다면 18유로의 콘티넨털 브렉퍼스트나 에프터눈 티, 음료 등을 가볍게 즐기며 파리 최고의 전망을 즐겨보자.

Data **Map** 373p-B **Access** 메트로 4, 6, 12, 13호선 몽파르나스 비앵브뉘Montparnasse-Bienvenüe역 하차, 도보 1분. 몽파르나스 타워에서 르시엘 드 파리라고 표기된 엘리베이터를 이용할 것
Add 33, Avenue du Maine 75015 Paris **Tel** (01) 40 64 77 64 **Open** 아침 식사 08:00~10:45, 런치 12:00~14:30, 티 12:00~17:30, 디너 19:00~23:00 **Cost** 런치 메뉴 35유로~, 디너 메뉴 79~145유로, 음료 5.50유로~, 디저트 14유로 **Web** www.cieldeparis.com

PLUS

피카소, 샤갈 등이 드나든 몽파르나스의 문학 카페들

몽파르나스 대로와 라스파유 거리가 교차하는 지점 인근에 몽파르나스의 유명한 문학 카페 4곳이 몰려 있다. 바로 르셀렉트Le Select와 라쿠폴La Coupole, 르돔Le Dome, 라로통드La Rotonde다. 1920년 대 문을 연 이들 카페는 기욤 아폴리네르, 장 콕토, 스트라빈스키, 트로츠키(라로통드), 아메데오 모딜리아니, 조르주 브라크, 파블로 피카소, 레닌(라돔), 어니스트 헤밍웨이, 헨리 밀러(르셀렉트), 마르크 샤갈(라쿠폴) 등이 드나들며 문학과 철학, 예술 및 당대 이슈들을 논했다. 역사적인 장소인 만큼 이들의 발자취를 쫓는 사람이나 여행객들이 많이 찾는다. 대체로 이들 문학카페들은 식사보다 조식이나 커피 한잔 마시며 옛 파리의 카페 분위기를 느껴보는 것을 추천한다.

Data **Map** 371C **Access** 메트로 4호선 바뱅Vavin역 하차, 도보 1분
Add 99~108 Boulevard du Montparnasse 75006 Paris **Open** 07:00~00:00(카페에 따라 다름)
Cost 커피 3.50유로~, 단품 메인 요리 20유로~(카페에 따라 다름)

Paris By Area

09

몽마르트르
Montmartre

몽마르트르는 본래 풍차가 돌아가고 포도밭이 있던 소박한 시골 동네였다. 하지만 19세기 후반, 가난한 화가들과 작가들이 이곳으로 몰려들면서 몽마르트르는 예술가들의 아지트가 되었고, 카페와 카바레, 각종 극장까지 등장하면서 음악과 춤은 생활이 되었다.

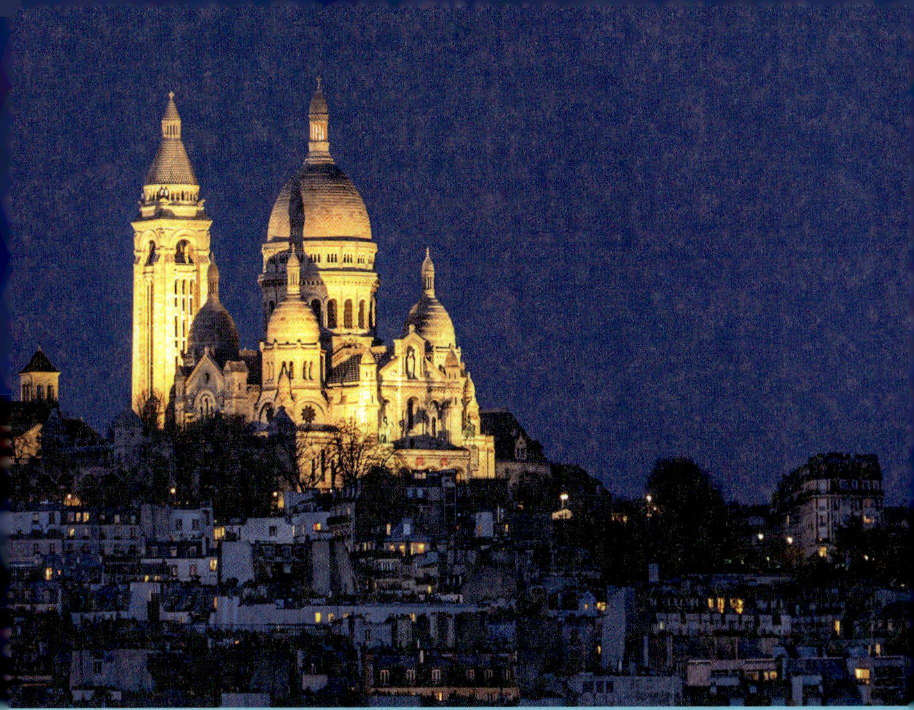

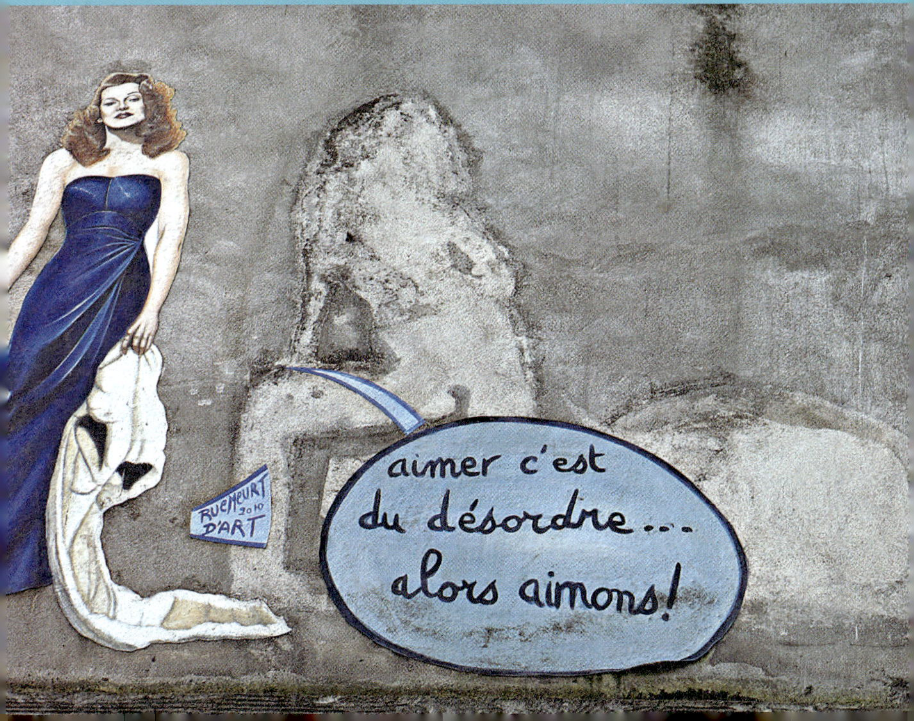
RUEHEURT 2010 D'ART
aimer c'est du désordre... alors aimons!

Montmartre
PREVIEW

몽마르트르를 대표하는 관광지는 사크레쾨르 성당과 테르트르 광장이지만, 정작 몽마르트르의 진가는 골목길 끝에 나타나는 소소한 볼거리들이다. 100년도 더 전에 몽마르트르 언덕에 살았던 예술가들의 흔적들을 찾아나서는 것, 그 쏠쏠한 재미가 이곳을 더 특별하게 만든다.

SEE

최대의 볼거리는 역시 사크레쾨르 성당이다. 언덕 아래에서 보는 정면과 측면과 후면, 실내까지 전부 빠짐없이 봐줘야 한다. 테르트르 광장은 몽마르트르에서 가장 활기찬 곳이자, 19세기 말 이곳에서 활동하던 예술가들의 모습을 짐작게 하는 장소다. 몽마르트르 포도원과 사랑해 벽, 물랭 루주 등은 몽마르트르를 특별하게 만들어준다.

EAT

몽마르트르는 맛집도 많고 가격도 저렴한 편이다. 몽마르트르의 분위기를 즐기려면 테르트르 광장 주변이 낫고, 맛과 가격을 생각하면 언덕 아래 레스토랑들에 주목하는 것이 좋다. 특히 르그르니에 아팽은 최고의 바게트와 크루아상을 뽑는 대회에서 각각 1, 3위를 수상한 곳이다.

BUY

앙베르스역에서 사크레쾨르 성당 올라가는 길 초입에 기념품 가게들이 줄지어 있다. 기념품 가게는 테르트르 광장 일대에서도 볼 수 있다. 작은 갤러리에서 파는 옛날 광고 포스터도 인기 있는 기념품 중 하나. 테르트르 광장에서는 초상화가들에게 자신의 초상화를 부탁하거나 그들이 직접 그린 파리 풍경화를 살 수 있다.

어떻게 갈까?

메트로 2호선 앙베르스Anvers역이나 12호선 아베스Abbesses역에서 내리자. 동선의 편의를 생각한다면 앙베르스역이 더 낫다.

어떻게 다닐까?

모든 관광지는 도보로도 충분하다. 단, 몽마르트르는 언덕이기 때문에 경사진 길을 오르내려야 한다. 루이미셸 광장에서 사크레쾨르 성당까지는 계단 대신 푸니쿨라를 이용할 수 있다. 몽마르트르에서는 40번 버스가 효자 노릇을 한다. 언덕 위아래를 지나며 몽마르트르의 관광지를 대부분 지나치기 때문에 나비고 같은 무제한 교통카드가 있다면 부담 없이 마음껏 이용해보자. 정류장마다 노선도가 있고, 현재 역 표시(Vous êtes ICI)나 운행 방향 표시(검정 화살표)가 잘 돼 있으므로 다음 정차역 정보를 얻는 데 어렵지 않다.

Montmartre
ONE FINE DAY

몽마르트르는 언덕을 오르락내리락하는 수고에도 불구하고 산책하기 가장 좋은 지역이다. 유명한 관광지보다 소소한 볼거리가 몽마르트르 여기저기 산재해 있어, 골목골목을 돌 때마다 20세기 유명 예술가들의 흔적을 발견할 수 있다. 파리의 낭만을 물씬 느낄 수 있는 반나절 코스, 무조건 따라 가기만 하면 된다!

사크레쾨르 성당, 몽마르트르의 중심에서 여행 시작하기

→ 도보 5분

테르트르 광장에서 초상화 구경하기

→ 도보 7분

몽마르트르 포도원, 오 라팽아질, 생뱅상 묘지 둘러보기

↓ 도보 3분

몽마르트르의 생장 성당, 아르누보 예술에 심취하기

← 도보 1분

"사랑해" 벽에서 한국말 사랑고백 찾기

← 도보 5분

달리다 동상에서 세탁선까지 소소한 볼거리 & 산책 즐기기

↓ 도보 2분

르가르니에 아팽, 파리 최고의 바게트 & 크루아상 먹기

→ 도보 7분

물랭 루주, 붉은 풍차를 배경으로 기념사진 남기기

→ 도보 7분

낭만주의 박물관, 쇼팽의 연인 상드의 방 구경하기

SEE

몽마르트르의 중심
사크레쾨르 성당 Basilique du Sacré-Cœur 바질리끄 뒤 싸크헤꾀흐

Writer's Pick!

몽마르트르 언덕 위에 우뚝 솟은 새하얀 비잔틴 양식의 사크레쾨르 성당에는 몽마르트를 더욱 특별하게 만드는 마력(?)이 있다. 파리 최초의 주교 생드니가 순교한 몽마르트르 언덕 위에 성당 건축이 결정된 것은 1870년, 프랑스가 프로이센(독일)과의 전쟁에서 패한 직후의 일이다. 신의 사랑과 자비를 구하고 파리 시민들의 마음을 위로한다는 뜻에서였다. 하지만 정작 성당이 완공된 것은 1914년. '사크레쾨르'란 이름은 '신성한 마음'이라는 뜻으로, 5개의 둥근 돔을 지닌 새하얀 로마 비잔틴 양식의 독특한 외관과도 잘 어울린다.

본당 제단 위 둥근 천정에는 예수와 성경 속 인물들을 그린 모자이크가 있는데, 그 크기가 무려 475m나 돼 프랑스에서 가장 큰 것으로 알려져 있다. 지하 납골당에는 웅장하고도 엄숙한 추기경들의 묘와 소예배실이 있으며, 80m 높이의 돔 꼭대기에는 지름 3m에 7천kg짜리 종이 매달려 있고, 300여 개의 계단을 오르면 360° 파노라믹 뷰도 감상할 수 있다(유료). 성당 입구 바로 위쪽에는 잔 다르크와 생루이 9세의 기마상이 서 있는 것도 독특하다. 맑은 날 성당 앞에 서면 저 멀리 에펠탑과 몽파르나스 타워까지 한눈에 들어오고 종일 다양한 퍼포먼스가 이어져 오래도록 이곳에서 여유를 즐기는 여행객들이 많다.

Data Map 384p-C
Access 메트로 2호선 앙베르스 Anvers역 하차, 도보 5분 혹은 케이블카 탑승 **Add** Parvis du Sacré Coeur 75018 Paris
Tel (01) 53 41 89 09
Open 성당 06:30~22:30 돔 5~9월 10:00~19:00, 10~4월 10:00~17:30 **Cost** 성인 돔 8유로
Web www.sacre-coeur-montmartre.fr

TIP 사크레쾨르 성당 관람법

① 사크레쾨르 성당의 아름다움은 측면에서 볼 때 더 두드러진다. 성당을 바라보고 왼쪽으로 돌아가면, 50m 끝 왼쪽에 기념품 거리가 있다. 이쯤에서 바라보는 성당 후면과 측면은 정면과 전혀 다른 모습을 하고 있다. 이제 이 기념품 거리를 따라가다 2/3 지점에서 다시 사크레쾨르 성당을 돌아보자. 이 거리 끝 왼쪽에 테르트르 광장이 있다.
② 어두운 밤, 환하게 불 밝힌 새하얀 사크레쾨르 성당은 파리에서 놓치지 말아야 할 야경 중 하나! 성당 앞 계단에서는 에펠탑의 화려한 조명쇼도 감상할 수 있다.

파리에서 유일하게 남아 있는 포도밭
몽마르트르 포도원 Clos Montmartre 🔊 끌로 몽마흐트호

파리에서 유일하게 남아 있는 포도원이다. 약 1,500㎡의 작은 규모이지만 가메와 피노, 화이트 소비뇽 등 27개 품종을 재배하고 있으며, 매년 1천kg가량 포도주를 생산해 내고 있다. 포도원 아래 있는 생뱅상 묘지Cimetière Saint-Vincent에는 몽마르트르에서 활동했던 모리스 위트릴로와 외젠 부댕, 마르셀 에메 등이 잠들어 있다.

Data **Map** 384p-B **Access** 메트로 12호선 라마르크-콜랭쿠르Lamarck-Caulaincourt역 하차, 도보 3분. 또는 테르트르 광장에서 도보 7분 **Add** 14-18 Rue des Saules 75018 Paris

기발하고 유쾌한 영감의 세계
달리 파리 Dalí Paris 🔊 달리 빠히

프랑스에서 달리의 작품을 가장 많이 소장하고 있는 달리 전용 미술관이다. 달리는 20세기를 대표하는 초현실주의 화가로, 이곳에 전시된 300여 점의 작품들은 천재 화가 달리의 초자연적 영감의 결실이다. 때로는 과장되고 때로는 에로틱한 꿈의 조각들, 유머러스한 석판 인쇄물들, 성적인 오브제와 가구들까지 꿈과 신화, 관능 3개의 테마를 중심으로 작품들이 전시돼 있다.

Data **Map** 384p-B **Access** 테르트르 광장에서 도보 1분 **Add** 11 Rue Poulbot 75018 Paris **Tel** (01) 42 64 40 10 **Open** 10:00~18:00, 7~8월 ~20:00 **Cost** 일반 16유로, 8~25세 12유로 **Web** www.daliparis.com

프렌치캉캉의 메카
물랭 루주 Moulin Rouge 🔊 물랭 후쥬

프랑스에서 가장 유명한 카바레 중 하나로 1889년 처음 문을 열었으며, 툴루즈-로트렉의 그림에도 자주 등장할 만큼 당시에도 큰 인기를 끌던 곳이다. 이름처럼 지붕 위에 '붉은 풍차'가 얹어져 있고 밤이 되면 화려한 네온사인으로 파리의 밤을 뜨겁게 만든다. 이곳을 전 세계에 알린 것은 프렌치캉캉이라 불리는 카드리유 춤이지만, 화려한 의상과 스펙터클한 무대도 인기.

Data **Map** 384p-D **Access** 메트로 2호선 블랑슈Blanche역 하차, 도보 1분 **Add** 82 Boulevard de Clichy 75018 Paris **Web** www.moulinrouge.fr

Writer's Pick!
무명 예술가들의 정신이 살아 있는
테르트르 광장 Place du Tertre 🔊 쁠라쓰 뒤 떼흐트흐

몽마르트르에서 가장 활기차고, '몽마르트르' 하면 떠오르는 일련의 이미지와 분위기가 느껴지는 곳, 바로 테르트르 광장이다. "테르트르 광장도 가지 않고 몽마르트르에 다녀왔다고 말하지 말라"는 말은 괜히 생긴 게 아니다. 이곳은 본래 지역 주민들의 공공장소 및 휴식처로 사용돼 왔다. 하지만 19세기 가난한 화가들이 몰려와 그림을 그리고 광장 앞 카페에서 예술을 논하기 시작하면서, 일명 예술인의 광장으로 재탄생했다.

지금은 무명 화가들이 그 자리를 차지하고 관광객들에게 초상화를 그려주고 있다. 목탄화, 펜화, 캐리커처 등 다양한 종류의 초상화를 선택할 수 있으며, 캐리커처의 경우 20~30유로, 초상화의 경우 50~60유로 정도 한다. 낮부터 늦은 밤까지 흥겨운 분위기가 연출되며 파리의 낭만을 제대로 느낄 수 있다.

Data Map 384p-B
Access 사크레쾨르 성당에서 왼쪽 방향으로 도보 3분
Add Place du Tertre 75018 Paris

르누아르, 위트릴로가 실제 거주했던 곳
몽마르트르 박물관 Musée de Montmartre 🔊 뮈제 드 몽마흐트흐

몽마르트르 포도밭과 그 일대가 다 내려다보이는 몽마르트르 박물관은 이 지역에서 가장 오래된 건물 중 하나다. 특히 르누아르와 에밀 베르나르 등 몽마르트르를 중심으로 활동하던 19세기 낭만주의 화가들의 아지트로 유명하다. 이곳에는 툴루즈-로트렉, 모딜리아니 등 몽마르트르를 활동 무대로 삼았던 화가들의 작품이 전시돼 있다. 르누아르는 1875년부터 1877년까지 이곳에 살며 〈물랭 드 라갈레트의 무도회〉 같은 대표작들을 그렸는데, 이를 추억하며 그의 이름을 붙인 아름다운 르누아르 정원과 발라동, 위트릴로가 작품 활동을 했던 아틀리에는 큰 볼거리 중 하나다.

Data Map 384p-B **Access** 사크레쾨르 성당에서 도보 5분 **Add** 12-14 Rue Cortot 75018 Paris
Tel (01) 49 25 89 39 **Open** 10:00~19:00 **Cost** 일반 15유로, 18~25세 10유로, 10~17세 8유로, 10세 미만 무료 **Web** www.museedemontmartre.fr

THEME PAGE

몽마르트르의 소소한 볼거리

몽마르트르의 골목 곳곳에는 19세기 말부터 20세기 초까지 이곳에서 활동하던 예술가들의 흔적이 곳곳에 남아 있다. 다 고만고만한 거리에 위치해 있으므로 산책 삼아 돌아보는 것도 좋다.

"사랑해" 벽 Mur des "Je T'Aime"

I love you, Je t'aime를 비롯해 세계 300여 개국의 언어로 1천여 개의 사랑 고백이 쓰여 있는 벽이다. 한국어로는 어떻게 쓰여 있는지 직접 확인해 보자.

Data Map 384p-E
Access 메트로 아베스역에서 도보 1분
Add Square Jehan Rictus, Place des Abbesses 75018 Paris

반 고흐의 집 Maison de Gogh

1886년부터 1888년까지 고흐와 동생 테오가 함께 거주했던 곳이다. 현재는 일반인 아파트로 사용 중이며 내부 관람은 불가하다.

Data Map 384p-A
Access 물랭 드 라갈레트에서 도보 4분
Add 54 Rue Lepic 75018 Paris

〈벽을 드나드는 남자〉의 벽 Le Passe Muraille

작가 마르셀 에메가 몽마르트르를 배경으로 쓴 단편소설 〈벽을 드나드는 남자〉의 마지막 장면을 재현한 것이다. 어느 날 갑자기 벽을 드나드는 능력을 갖게 된 주인공이 각종 일탈 행동들을 펼치다 결국에는 벽에 갇히고 만다는 이야기. 영화와 뮤지컬로도 제작될 만큼 흥미진진하다.

Data Map 384p-B Access 테르트르 광장에서 도보 3분
Add Place Marcel Aymé 75018 Paris

세탁선 Bateau-Lavoir

피카소와 모딜리아니 등의 작업실이자 폴 고갱, 앙리 마티스 등 유명 예술가들이 만남의 장소로 이용된 곳이다. '세탁선'은 목조 건물이라 삐걱거리고 그 모양 역시 센강에 떠 있는 세탁용 배와 닮았다 하여 붙여진 이름이다. 내부 관람은 불가.

Data Map 384p-B Access 메트로 아베스역에서 도보 4분
Add 11bis Place Émile Goudeau 75018 Paris

물랭 드 라갈레트
Moulin de la Galette

19세기 말에는 야외 무도회장이 있었으며 르누아르의 작품 〈물랭 드 라 갈레트의 무도회〉의 배경이 된 곳이다. 지금은 레스토랑이 들어서 있다.

Data Map 384p-B Access 테르트르 광장에서 도보 4분
Add 83 Rue Lepic 75018 Paris

오 라팽 아질 Au Lapin Agile

피카소를 비롯해 유명 예술가들에게 사랑을 받았던 작은 카바레다. 날쌘 토끼라는 이름의 '라팽 아질'은 당시 풍자 만화가였던 앙드레 질이 이곳 벽에 한 손에는 포도주를 들고 냄비에서 뛰어나오는 토끼 그림을 그린 것으로 더욱 유명하다. 매일 시와 샹송의 밤 개최.

Data Map 384p-B Access 몽마르트르 포도원에서 도보 1분
Add 22, Rue des Saules 75018 Paris

달리다의 동상과 집 Statue & Maison de Dalida

이태리 이민자 가정에서 태어난 달리다는 미스 이집트 미인대회 1등을 차지하며 영화계에 발을 디뎠다. 이후 프랑스로 건너와 1980년대까지 샹송 가수로 왕성한 활동을 펼쳤으나, 1987년 우울증에 시달리다 이 집에서 자살했다. 그녀를 기념하는 동상이 달리다 광장에 서 있고, 시신은 몽마르트르 묘지에 안장돼 있다. 그녀의 대표곡으로는 프랑스 싱글차트 1위 〈파롤 파롤Parole Parole〉이 있다.

Data 동상 Map 384p-B Access 몽마르트르 포도원에서 도보 3분 Add Place Dalida 75018 Paris

집 Map 384p-B Access 물랭 드 라갈레트에서 도보 1분
Add 11 Rue d'Orchampt 75018 Paris

PARIS BY AREA 09
몽마르트르

묘비 장식이 예술품 같아!

몽마르트르 묘지 | Cimetiére du Montmartre 씨메띠에흐 뒤 몽마흐트흐

유럽의 묘지는 건축학적 경지에 다다랐다고 평가될 만큼 예술적인 비석들로 가득하다. 또한 공원 조성도 잘 돼 있어 우리네 공동묘지와는 사뭇 다른 분위기를 자아낸다. 우리와 다른 유럽의 장례문화를 경험해 보려면 파리의 유명 묘지 한 곳쯤은 방문해 보는 것이 좋다. 이곳에 잠들어 있는 유명 인사로는 에밀졸라(묘비만 있고 유해는 팡테옹으로 이장), 스탕달, 에드가 드가 등이 있다. 부지가 워낙 넓어 길마다 주소가 있다. 특정 묘를 찾아갈 때는 지도 참조.

Data Map 384p-A
Access 메트로 2, 13호선 플라스 드 클리시Place de Clichy역 하차. 도보 3분 **Add** 20 Avenue Rachel 75018 Paris **Open** 09:00~18:00

몽마르트르 묘지

❶ 테오필 고티에(작가)
❷ 에드가 드가(화가)
❸ 자크 오펜바흐(작곡가)
❹ 공쿠르 형제(작가)
❺ 달리다(상송가수)
❻ 에밀 졸라(작가)
❼ 헥토르 베를리오즈(작곡가)
❽ 알렉상드르 뒤마(작가)
❾ 프랑수아 트뤼포(감독)
❿ 바슬라브 니진스키(발레리노)
⓫ 귀스타브 모로(화가)
⓬ 스탕달(작가)

예쁜 정원에서 쉬어 가자
낭만주의 박물관 Musée de la Vie Romantique 뮈제 드 라비 호망띠끄

1839년에 건축된 화가 아리 셰퍼의 아틀리에로 들라크루아와 조르주 상드, 쇼팽, 리스트 등 19세기 낭만주의 시대의 대표 예술가들이 모여 친분을 나누던 곳이다. 1층은 낭만주의 여류작가 조르주 상드를 주제로 초상화와 가구들, 장신구들이 전시돼 있다. 특히 왕정복고 시대의 분위기를 그대로 재현한 조르주 상드 갤러리에서는 쇼팽의 아름다운 음악까지 흘러나와 로맨틱함은 최고조에 이른다. 2층에는 여인의 초상화와 역사화, 종교화 등 셰퍼의 작품들이 전시돼 있으며, 온통 푸른색의 아름다운 정원에는 작은 카페도 마련돼 있어 쉬어가기 그만이다. 파리시가 운영하는 시립 박물관으로 입장은 무료다. 내부 보수 공사로 2026년 3월까지 휴관.

Data Map 384p-D **Access** 메트로 2호선 블랑슈Blanche역 하차, 도보 5분
Add Hôtel Scheffer-Renan 16 Rue Chaptal 75009 Paris **Tel** (01) 55 31 95 67
Open 2026년 3월까지 휴관 **Cost** 상설전 무료 **Web** www.museevieromantique.paris.fr

아르누보 양식으로 단박에 눈에 띄는
몽마르트르 생장 성당 Eglise Saint-Jean de Montmartre 에글리즈 쌩장 드 몽마흐트흐

아베스역 바로 앞에 위치한 이 성당은 아르누보 양식의 아름다운 외관으로 누구나 한번쯤 시선을 돌릴 수밖에 없는 곳이다. 교회 건물로는 최초로 철근 콘크리트로 지어져 건축사적으로도 의미가 있다. 하지만 그 위에 붉은 벽돌과 도자기 타일을 덧입히고 커다란 유리창에 아르누보 장식을 더해 기존의 성당들과도 확연한 차이를 갖는다. 실내는 성경 속 에피소드를 모티프로 한 아르누보 양식의 스테인드글라스와 피에르 로슈(페르낭 마시뇽)가 제작한 조각품들로 꾸며져 있다. 이 성당은 1966년 역사적 기념물로 지정돼 국가적으로 보호를 받고 있다.

Data Map 384p-E
Access 메트로 12호선 아베스 Abbesses역 하차, 도보 1분
Add 19 Rue des Abbesses, 75018 Paris
Tel (01) 46 06 43 96
Open 09:00~18:30
Web www.saintjeandemontmartre.com

EAT

구글 평점 4.7점
Writer's Pick!
르포타제 뒤 페르 티에리
Le Potager du Père Thierry 르뽀따제 뒤 뻬흐 띠에히

'아버지 티에리의 채소밭'이라는 동화 제목 같은 이름처럼, 몽마르트르 언덕 아래 가족이 운영하는 아늑한 식당이다. 다닥다닥 붙은 테이블들 때문에 끊임없이 조잘대는 현지인들의 프랑스어를 샹송처럼 들을 수 있다. 푸아그라나 프랑스 최고의 발효빵집으로 유명한 푸알란의 빵도 맛볼 수 있다. 코스 메뉴는 판매하지 않지만 단품 자체가 비싸지 않은 편이라 부담 없이 방문해 볼 만하다.

Data **Map** 384p-E **Access** 메트로 12호선 아베스 Abbesses역 하차, 도보 3분 **Add** 16 Rue des Trois Frères, 75018 Paris **Tel** (01) 53 28 26 20 **Open** 금~일 12:00~15:30, 월~일 18:00~00:00 **Cost** 전채 요리 6유로~, 메인 요리 14유로~, 디저트 6유로~

파리 최고의 바게트
Writer's Pick!
르그르니에 아팽, 아베스
Le Grenier à Pain, Abbesse 르그흐니에 아뺑, 아베쓰

파리 최고의 전통 바게트를 선정하는 대회에서 두 번이나 1위를 차지한 곳이다. 일반 레스토랑에서 곁들여 나오는 흰 밀가루 바게트와 달리 좀 더 묵직하고 깊은 맛이 있다. 이곳에서 바게트만큼 인기 있는 것은 크루아상. 2013년 최고의 크루아상 경연대회에서 3위를 차지했다. 겉은 바사삭하고 속은 보들보들한 것이 먹을수록 끌린다. 그 외 타르틀렛(작은 타르트) 같은 디저트들도 인기다.

Data 아베스점 **Map** 384p-E **Access** 메트로 12호선 아베스 Abbesses역 하차, 도보 3분 **Add** 38 Rue des Abbesses, 75018 Paris **Tel** (01) 46 06 41 81 **Open** 07:00~19:30(화·수 휴무) **Cost** 바게트 1.25유로~, 크루아상 1.15유로

맛있는 라자냐가 기다린다
탕타치오니 Tentazioni 땅따찌오니

시실리 출신의 이탈리안 가족이 운영하는 이태리 전통 레스토랑이다. 인기에 힘입어 몽마르트르에만 3개의 분점이 있는데, 모두 한 가족이 운영한다. 신선한 재료를 사용한 홈메이드 음식만을 제공하며, 포장도 가능하다. 트러플 리소토 같이 트러플을 넣은 특별 메뉴들도 있지만, 라자냐나 일반 피자도 인기.

Data **Map** 384p-B **Access** 메트로 12호선 아베스 Abbesses역 하차, 도보 5분 **Add** 26, Rue Tholoze 75018 Paris **Tel** (01) 53 28 45 20 **Open** 화~금 10:00~22:00 (월 휴무) **Cost** 스파게티 15.50유로~

 몽마르트르 크레이프 넘버원
크레이프리 브로셀리앙드
Crêperie Broceliande 크헤쁘히 브호쎌리앙드

파리에서 가장 맛있는 크레이프 집 중 하나로 신 메뉴가 다수 포진하여 선택의 폭이 넓다. 게랑드 소금으로 맛을 낸 버터 캐러멜 '살리두'에 조린 사과를 넣은 크레이프 살리두는 인기 메뉴 중 하나.

Data **Map** 384p-E **Access** 메트로 12호선 아베스 Abbesses역 하차, 도보 5분 **Add** 15 Rue des Trois Frères 75018 Paris **Tel** (01) 42 23 31 34 **Open** 수~금 12:00~15:00, 19:00~22:30, 토 ~23:00, 일 ~22:00 (월, 화 휴무) **Cost** 런치 세트 15유로~

영화 〈아멜리에〉의 그 카페
카페 데되 물랭 Café des Deux Moulins 꺄페 데되 물랭

영화 〈아멜리에〉의 촬영지로 유명한 카페다. 특별한 음식 맛을 기대하기보다 사랑스러운 영화의 촬영장이라는 데 의미를 둬야 할 듯. 영화 속 식료품점 에피스리 콜리뇽 Épicerie de Collignon도 근처에 있다.

Data **Map** 384p-D **Access** 메트로 2호선 블랑슈 Blanche역 하차, 도보 2분 **Add** 15 Rue Lepic, 75018 Paris **Tel** (01) 42 54 90 50 **Open** 월~금 07:00~02:00, 토~일 09:00~ **Cost** 런치 세트 15유로~, 메인 요리 15유로~, 음료 4유로~

 최고의 감자튀김과 오리요리의 조합
르를레 가스콩
Le Relais Gascon 르흘레 갸스꽁

현지인들에게 인기를 끌고 있는 프랑스 남서부 요리 전문점이다. 이곳의 대표 요리는 가스콩 샐러드와 오리가슴살 요리. 일반 그린 샐러드에 훈제 오리가슴살과 거위 간 등을 곁들인 가스콩 샐러드는 양도 많다. 감자튀김도 매일 생감자를 튀겨 엄지 척이다.

Data **Map** 384p-E **Access** 메트로 12호선 아베세 Abbesses역 하차, 도보 1분 **Add** 6 Rue des Abbesses, 75018 Paris **Tel** (01) 42 58 58 22 **Open** 11:00~24:00 **Cost** 오리가슴살 요리 17.50유로, 가스콩 샐러드 16유로, 평일 런치 메뉴 18.50유로 **Web** www.lerelaisgascon.fr

 파리의 맛집으로 통하는
셰 투아네트
Chez Toinette 셰 뚜아네뜨

몽마르트르에서 가장 맛있는 집 중 하나로, 할머니의 요리법을 살린 프랑스 전통 가정식 요리를 전문으로 한다. 개점 이래 오늘까지도 월~토요일 저녁 영업만 고수하고 있으며, 메뉴의 가짓수를 늘리는 대신 육·해·공 요리에 채식 식단까지 고루 준비하는 고집을 보여준다. 예약 필수.

Data **Map** 384p-E **Access** 메트로 12호선 아베스 Abbesses역 하차, 도보 2분 **Add** 20 Rue Germain Pilon, 75018 Paris **Tel** (01) 42 54 44 36 **Open** 월~토 19:00~22:30(일 휴무) **Cost** 전채 요리 9유로~, 메인 요리 22유로~

Paris By Area

10

베르시
Bercy

파리 중심에서 메트로 타고 15분만 나오면 고요하고 평화롭고 산뜻한 파리의 신시가지가 펼쳐진다. 아이들의 웃음이 떠나지 않는 베르시 공원과 전 세계에서 가장 큰 영화 자료 보관소 시네마테크 프랑세즈, 옛 포도주 저장고에서 복합문화공간으로 변신한 베르시 빌라주, 강변 옆에 위치한 경치 좋은 국립도서관까지, 파리의 여유를 느끼고 싶다면 베르시로 가자.

PARIS BY AREA 10
베르시

Bercy
PREVIEW

베르시는 관광객보다 파리지앵들을 위해 조성된 신도시라 할 수 있다. 흥미위주의 거대한 볼거리보다 생활 편의시설이 예술적으로 잘 구현된 문화휴식 공간이다. 유명한 걸 꼭 봐야 한다는 강박관념에서 벗어나 풀밭 위를 걷거나 옛 포도주 창고에서 식사를 즐기거나 도서관 계단에 앉아 강변을 바라보고 도란도란 이야기를 나누는 그런 여유. 베르시가 줄 수 있는 작은 즐거움이다.

SEE
영화광들에게 시네마테크 프랑세즈는 성지와도 같은 곳이지만 일반인들에게도 충분히 매력적이다. 베르시 공원은 산책하기 좋고, 베르시 빌라주는 식사하기 좋으며, 프랑수아 미테랑 국립도서관은 나무 데크 계단에 앉아 강변을 바라보는 낭만이 있다.

EAT
맛과 가격, 분위기 등을 모두 고려할 때 베르시 빌라주의 레스토랑은 좋은 선택이 될 것이다. 간단한 샌드위치류는 에릭 케제르, 버거를 비롯한 아메리칸식은 파이브 가이즈나 팩토리 & 코, 우리나라의 아웃백 스테이크처럼 패밀리 레스토랑의 무난한 음식을 찾는다면 이포포타뮈스가 있다.

BUY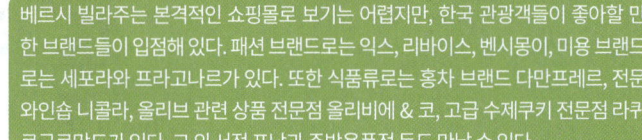
베르시 빌라주는 본격적인 쇼핑몰로 보기는 어렵지만, 한국 관광객들이 좋아할 만한 브랜드들이 입점해있다. 패션 브랜드로는 익스, 리바이스, 벤시몽이, 미용 브랜드로는 세포라와 프라고나르가 있다. 또한 식품류로는 홍차 브랜드 다만프레르, 전문 와인숍 니콜라, 올리브 관련 상품 전문점 올리비에 & 코, 고급 수제쿠키 전문점 라퀴르구르망드가 있다. 그 외 서점 프낙과 주방용품점 등도 만날 수 있다.

 어떻게 갈까?
메트로 6, 14호선을 타고 베르시Bercy역에서 하차한다.

 어떻게 다닐까?
무조건 도보다. 끝에서 끝까지 1km도 되지 않는 데다 공원을 걷고 강을 가로지르기 때문에 도심의 도로를 걷는 것보다 훨씬 쾌적하고 피로도 없다.

Bercy
ONE FINE DAY

파리지앵들을 위한 신시가지다. 가능하면 일요일 오전 중에 일정을 잡아 베르시 빌라주에서 브런치를 즐기고, 국립도서관에서 시원한 강 전경을 감상하는 것으로 일정을 마무리하자.

영화의 전당, 시네마테크 프랑세즈 둘러보기

→ 도보 1분

베르시 공원 여유롭게 산책하기

→ 도보 3분

포도주 창고의 무한변신, 베르시 빌라주 둘러보기

프랑수아 미테랑 국립도서관 관람하기

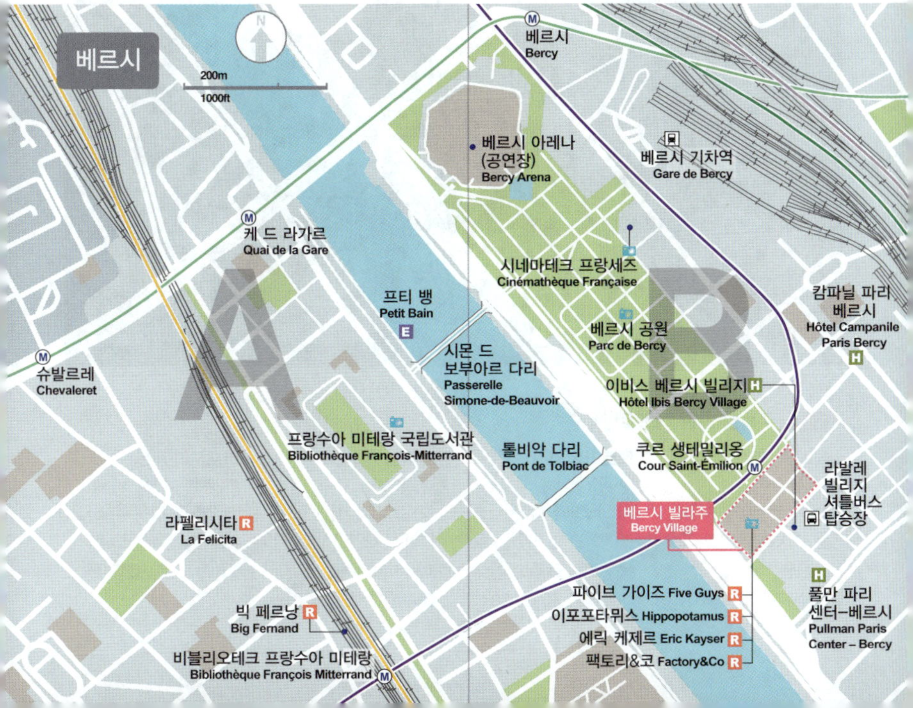

← 도보 3분

시몬 드 보부아르 다리 거닐기

← 도보 5분

SEE

옛 와인창고에 들어선 문화쇼핑몰

Writer's Pick! **베르시 빌라주** Bercy Village 베흐씨 빌라쥬

예로부터 센강을 따라 부르고뉴에서 올라오던 와인을 보관하기 위해 베르시 지구에는 많은 와인 창고들이 있었다. 점차 도로 수송이 늘어나자 와인 창고는 비어버렸고, 각종 숍과 레스토랑, 레저, 엔터테인먼트를 포괄하는 복합 문화쇼핑몰이 그 자리에 들어섰다. 하얀 벽돌 건물들과 포석을 깐 보행자전용 도로, 당시 와인을 운반했던 기차 레일 등이 그대로 보존돼 남다른 분위기를 자랑한다. 길가에는 아기자기한 카페들과 레스토랑, 숍들이 늘어서 있어 아침부터 저녁까지 사람들로 북적인다. 쇼핑보다 빈티지한 분위기를 만끽하고 싶어 하는 여행객들에게 더 흥미로울 수 있다.

Data **Map** 397p-B
Access 메트로 14호선 쿠르 생테밀리옹 Cour Saint-Émilion역 하차, 도보 1분
Add 28 Rue François-Truffaut 75012 Paris **Tel** 08 25 16 60 75
Open 10:00~02:00(매장에 따라 다름)
Web www.bercyvillage.com

TIP 주목할 만한 레스토랑

에릭 케제르
Eric Kayser
전 세계 80개 매장을 둔 프랑스 유명 베이커리 체인.
Open 07:00~20:00

팩토리 & 코
Factory & Co
치즈버거와 베이글, 치즈케이크가 맛있는 뉴욕풍 패스트푸드점.
Open 08:30~22:00

파이브 가이즈
Five Guys
쉑쉑버거와 함께 뉴욕 햄버거, 체인의 양대 산맥을 이루는 곳.
Open 11:00~24:00

이포포타뮈스
Hippopotamus
프랑스판 아웃백 스테이크. 가격마저 착하다.
Open 11:00~23:30

Data Map 397p-A
Access 메트로 14호선 비블리오테크 프랑수아 미테랑Bibliothèque François Mitterrand역 하차, 도보 2분
Add 13 Quai François-Mauriac 75013 Paris
Tel (01) 53 79 59 59
Open 월 14:00~20:00, 화~토 09:00~20:00, 일 13:00~19:00 (공휴일 휴관) **Cost** 열람실 1일 이용권 5유로, 17시 이후 무료
Web www.bnf.fr

죽기 전에 꼭 봐야 할 건축물
프랑수아 미테랑 국립도서관 Bibliothèque François-Mitterrand

🔊 비블리오떼끄 프항수아 미떼항

여행객이 무슨 도서관이야 하겠지만 '죽기 전에 꼭 봐야 할 세계 건축 1001' 중 하나라면 이야기는 달라진다. 프랑수아 미테랑 국립도서관은 프랑스혁명 200주년을 기념하여 프랑수아 미테랑 대통령이 기획한 문화 프로젝트로, 1996년 완공된 세계에서 가장 큰 현대 도서관 중 하나다. 공모전에서 당선된 건축가 도미니크 페로는 직사각형의 나무 데크 위에 유리와 강철을 사용한 건물 4개를 각 모서리에 배치했는데, 마치 책을 반쯤 펴놓은 듯한 형상을 띠어 주목할 만한 현대 건축물로 손꼽힌다. 도서관은 과학 기술, 문학, 예술, 정치경제학, 인문사회과학, 시청각 5개의 섹션으로 나눠져 총 30만 권의 장서를 보유하고 있으며, 2개의 전시관과 2개의 강연홀이 마련돼 다양한 문화 프로그램을 상시 선보이고 있다. 도서관 내부(홀과 복도)는 무료로 입장할 수 있지만 열람실은 이용권을 따로 구입해야 한다. 단, 오후 5시 이후는 무료! 도서관은 시몬 드 보부아르 다리를 통해 베르시 공원과 연결돼 있는데, 도서관 데크에서 바라보는 베르시 공원 뷰가 매우 아름답다.

TIP 도서관에서 전시회, 공연을 보자!

프랑수아 미테랑 국립도서관에서는 다양한 전시회와 문화 행사들이 개최되고 있다. 전시회, 콘서트, 강연 등은 입장료가 있다. 프로그램 및 스케줄은 홈페이지에서 확인 가능하다.

아기자기하고 볼 것 많은

베르시 공원 Parc de Bercy 🔊 빠흐끄 드 베흐씨

화려하진 않지만 아기자기한 매력이 있다. 특히, 편안함이 느껴져 가족 단위로 오면 좋은 공원이다. 손을 맞잡고 데이트하는 젊은 연인들, 뛰어노는 아이들, 출사를 나온 사람들 등으로 늘 활기가 넘친다. 볼 것 많고 편안하게 휴식을 취할 수 있어 현지인에게 사랑받는 곳이다. 드넓은 잔디밭과 장미 정원, 미로 정원, 향기 정원, 아이들을 위한 채소 정원, 호수와 섬으로 둘러싸여 한적하게 명상을 즐길 수 있는 철학자의 정원 등 크고 작은 테마 정원들이 오밀조밀하게 조성돼 있다. 그 외 작은 포도밭과 호수, 그 위에 놓인 보행자 전용다리, 호수의 집 등 파리의 유명 공원들과 관광지 못지않게 볼거리가 많다.

Data Map 397p-B
Access 메트로 6, 14호선 베르시Bercy역 하차, 도보 1분
Add 128 Quai de Bercy 75012 Paris
Open 동절기 08:00~17:45. 하절기 08:00~21:30 (주말 및 공휴일 09:00~)
Cost 무료

영화광들을 위한 시네마 천국
시네마테크 프랑세즈 Cinémathèque Française 🔊 씨네마떼끄 프항쎄즈

프랑스 영화는 물론 영화 전반의 역사를 살펴볼 수 있는 영화인들의 성지라 할 수 있다. 이곳 영화 박물관에는 뤼미에르 형제가 실제 사용했던 카메라를 비롯해 각종 광학 기계들과 매직랜턴, 영화 의상, 포스터, 촬영 기록과 소품이 전시돼 있다. 또한 찰리 채플린부터 알프레드 히치콕, 프란츠 랑에서 루이스 부뉴엘에 이르기까지 영화사를 대표하는 감독과 배우들의 작품 일부를 살펴볼 수 있다. 영화 도서관에는 2만 3천여 권의 도서와 460종의 전문지, 1만 점의 영화 DVD, 50만 점의 사진자료 등이 소장돼 있으며, 영화 관계자 및 연구자들을 위한 전문 서비스를 제공하기도 한다. 입장료에는 오디오 가이드(영어, 프랑스어, 일본어 등)가 포함돼 있으며, 매달 첫 번째 일요일은 입장이 무료다.

Data **Map** 397p-B
Access 메트로 6, 14호선 베르시Bercy역 하차, 도보 3분 **Add** 51 Rue de Bercy 75012 Paris
Tel (01) 71 19 33 33 **Open** 영화 박물관 월·수~금 12:00~19:00, 토~일 11:00~20:00(화요일, 1월 1일,
5월 1일, 8월 1달, 12월 25일 휴관) **Cost** 영화 박물관 10유로, 매달 첫 번째 일요일 무료,
뮤지엄 패스 사용 가능 **Web** www.cinematheque.fr

Paris By Area

11

기타 지역
Others Places

파리 중심에서 살짝 벗어나 있지만, 그냥 묻어두기에는 너무나 아까운 곳들이다. 특히 다녀온 사람마다 "정말 좋아"를 외치는 생마르탱 운하는 절대 놓치지 말자. 신기한 악기들의 소리까지 들을 수 있는 음악 박물관과 유럽의 미래형 도시 라데팡스도 추천! 그 외 지역들도 매력 넘치는 곳임에는 틀림이 없다.

SEE

Writer's Pick! 영화 속에 들어온 듯
생마르탱 운하 Canal Saint-Martin 🔊 꺄날 쌩마흐땡

좀 더 평화롭고 아름다운 파리지앵들의 일상 공간, 생마르탱 운하는 아무리 바쁜 일정 중에도 꼭 시간을 내 들러볼 가치가 있는 곳이다. 아스날 항구에서 라빌레트에 이르기까지 4~5km에 달하는 생마르탱 운하는 1825년 완공되어 식수 공급 및 포도주 운송에 사용되었다. 오늘날에는 밤나무가 늘어선 산책로와 20m가량의 수위 차를 조절해 주는 9개의 수문, 베니스 스타일의 보행자 다리, 낚싯배나 유람선이 지나다닐 수 있도록 설치된 선개교(다리 일부가 수평으로 회전하여 열렸다 닫혔다 하여 배가 지나다닐 수 있게 한 다리) 등 파리 시내와는 또 다른 분위기를 자아내며 새로운 관광지로 부상하고 있다. 이곳은 특히 영화 〈아멜리에〉에서 주인공이 물수제비를 뜬 곳으로도 유명하다.

Data **Map** 074p **Add** Quai de Jemmapes 75010 Paris **Access** 산책로 메트로 3, 5, 8, 9, 11호선 레퓌블리크République역 하차, 도보 2분. 아스날 항구 메트로 1, 5, 8호선 바스티유Bastille역 하차, 도보 2분. 라빌레트 연못 항구 메트로 2, 5, 7bis호선 조레스Jaurès역 하차, 도보 2분

TIP 생마르탱 운하 유람선 카노라마 Canauxrama

아스날 항구 Port de l'Arsenal(바스티유 역 근처)에서 라빌레트 연못 항구 Port du Bassin de la Villette(스탈린그라드 광장 근처)까지 운행하며, 2시간 30분 소요된다. 유람선 스케줄은 홈페이지에서 확인(요일 및 시즌에 따라 다름).

Data Cost 성인 23유로, 4~12세 아동 13유로, 4세 미만 무료 **Web** www.canauxrama.com

미래 도시는 이런 모습일까
라데팡스 & 신 개선문 La Défense & Grande Arche 라데빵쓰 & 그항 다흐슈

Writer's Pick!

19세기 클래식한 건물들에 살짝 싫증났다면, 미래형 도시로 떠나보는 건 어떨까? 유명 건축가들의 현대식 고층 건물들로 파리의 아름다운 마천루를 느낄 수 있는 라데팡스가 바로 그곳이다. 라데팡스의 상징과도 같은 건축물은 신 개선문으로, 카루젤 개선문과 샤를 드골 에투알의 개선문에서 일직선상에 놓여 있는 3번째 아치형 기념물이다. 앞의 두 개선문과는 달리 승전과 직접적인 관련은 없지만, 1789년 프랑스 대혁명 200주년을 기념하는 것으로, 높이 110m에 총 35층의 거대한 아치문은 앞의 두 개선문을 다 품을 수 있을 정도로 거대하다. 또한 유리와 대리석을 이용한 격자무늬 패턴과 6.33도가량 기울어진 건물 축으로 미니멀리즘에 입체감을 더해 미래 도시의 입구 역할을 톡톡히 하고 있다.

신 개선문 일대와 서쪽대로는 보행자 전용도로로 분수대와 가로수가 잘 조성돼 있어 산책하기 그만이다. 또한 건물 사이사이 눈을 돌리는 곳마다 알렉산더 칼더나 호안 미로, 타키스, 레이몬드 모레티, 세자르 발다치니 등 전 세계 유명 예술가들의 작품들이 전시돼 있어 거대한 야외 조각관을 연상케 한다. 참고로 라데팡스에는 대형복합문화 쇼핑몰 레카트르탕 Les Quatre Temps이 있다. 프랑스 젊은 층이 좋아하는 브랜드들이 대거 입점해 있어 쇼핑족들에게도 흥미로운 곳이다. 쇼핑몰에 대한 정보는 183p 참고.

Data Access 메트로 1호선 라데팡스La Défense역 하차, 도보 1분
Add 1 Parvis de la Défense 92044 Puteaux Web www.parisladefense.com

180도 화면의 아이맥스로 유명한
라빌레트 과학 산업단지 La Cité des Sciences et de l'Industrie de la Villette
🔊 라씨떼 데 씨앙쓰 에 드 랭뒤스트히 드 라빌레뜨

라빌레트 공원 내 위치한 과학관이다. 보고 만지고 직접 체험해 보며 놀이처럼 과학의 원리를 깨닫게 한 과학 탐험관과 과학을 주제로 한 각종 전시회Explora, 2~12세 어린이들의 눈높이에 딱 맞춘 과학 놀이공원 시테 데 장팡Cité des Enfants, 우주 쇼가 펼쳐지는 플라네타륨planétarium, 180도의 화면에 3D영상을 감상할 수 있는 거대한 아이맥스 영화관 제오드La Géode까지, 과학을 좋아하는 사람들에게 흥미로운 곳이 틀림없다. 하지만 모든 설명이 프랑스어 중심으로 되어 있어, 기본적인 과학 지식이 많지 않다면 이해도가 떨어질 수 있다. 과학 산업단지가 위치한 라빌레트 과학 공원은 과거 도축장이 있던 지역을 개발해 새롭게 조성한 곳이다. 드넓은 잔디밭과 공원을 가로지르는 우르크 운하Canal de l'Ourq는 아름다운 경치를 제공하며 이 지역 주민들의 사랑받는 피크닉 장소가 되고 있다.

Data Access 메트로 7호선 포르트 드 라빌레트 Porte de la Villette역 하차, 도보 1분
Add 30, Avenue Corentin-Cariou 75019 Paris
Tel (01) 40 05 80 00 **Open** 화~토 09:15~18:00, 일 09:15~19:00(월요일, 1월 1일, 5월 1일, 12월 25일 휴관) **Web** www.cite-sciences.fr/en, www.lageode.fr

이용시설	일반	어린이
과학관 & 특별전 & 플라네타륨	15유로	2유로
시테 데 장팡	13유로	10유로
제오드	13유로	10유로

모네와 인상주의 작품들로 가득
모네 마르모탕 미술관
Musée Marmottan Monet 뮈제 마흐모땅 모네

클로드 모네의 〈해돋이 인상〉, 〈수련〉 연작 등을 비롯해 100여 점의 작품이 전시된 곳. 모네의 작품 외에도 화가가 소장하고 있던 고갱, 르누아르, 시슬리, 드가의 작품들과 여성 인상주의 화가 베르트 모리소의 작품들을 함께 감상해 볼 수 있다. 미술관은 왕의 사냥터로 이용됐던 불로뉴 숲 근처에 위치해 있어 18세기 귀족의 사냥 별장으로 사용되었으며, 19세기에 마르모탕 가문이 인수하여 사용하다가 20세기 미술관으로 대중들에게 공개되었다. 당시의 저택 모습과 정원이 잘 보존돼 있어 미술관과 옛 저택을 둘러보는 즐거움을 동시에 느낄 수 있다. 인근의 불로뉴 숲도 함께 둘러보면 좋다.

Data **Access** 메트로 9호선 라뮈에트La Muette역 하차, 도보 5분 **Add** 2, Rue Louis-Boilly 75016 Paris **Tel** (01) 44 96 50 33 **Open** 화·수·금~일10:00~18:00, 목 ~21:00 (월, 1월 1일, 5월 1일, 12월 25일 휴관) **Cost** 일반 14유로, 25세 미만 학생이나 18세 미만 9유로, 7세 미만 무료 / 마르모탕 미술관 & 지베르니 모네의 집 통합권 25유로, 25세 미만 학생 15.50유로, 7세 미만 무료 **Web** www.marmottan.fr

진기한 악기의 연주까지 듣는다
음악 박물관 Musée de la Musique 뮈제 드 라뮈지끄

그냥 보기만 하는 박물관은 가라! 보고 듣고 느끼는 진짜 '음악'의 세계를 구연해 놓은 이곳은 파리 필하모니 콘서트홀 내 위치한 음악 박물관이다. 이곳에 전시된 악기들은 약 1천여 개. 17세기부터 현재에 이르기까지 진기한 악기들을 볼 수 있는데, 그중에는 피아노의 시인 쇼팽이나 재즈 기타의 전설 장고 라인하르트, 괴짜 음악가로 불리는 프랭크 자파의 개인 악기들도 전시돼 있다.

하지만 하이라이트는 바로 오디오 가이드! 악기의 상세 설명보다 그 악기로 연주된 곡들을 들려주며 악기에 대한 이해를 돕고 있다. 따라서 입장 시 제공하는 오디오 가이드는 반드시 받아둬야 한다. 비록 한국어 오디오는 아니지만, 만국 공통어인 음악을 듣는 데는 전혀 문제가 없다. 설명은 어린이용과 성인용으로 나눠져 있는데 어린이용은 동화 구연 같은 내레이션과 쉬운 설명으로 어린이 눈높이에 맞췄다. 음악을 사랑하는 사람과 어린이를 동반한 가족여행객들에게 강력히 추천한다.

Data **Access** 메트로 5호선 포르트 드 파탱Porte de Pantin역 하차, 도보 2분 **Add** 221 Avenue Jean Jaurès, 75019 Paris **Tel** (01) 44 84 44 84 **Open** 화~금 12:00~18:00, 토·일 10:00~18:00 (월요일, 1월 1일, 5월 1일, 12월 25일 휴관) **Cost** 성인 9유로, 26세 미만 무료, 뮤지엄 패스 사용 가능 **Web** www.philharmoniedeparis.fr

메트로 타고 중세 성 보러 가자
뱅센성 Château de Vincennes 🔊 샤또 드 뱅쎈느

파리에서 메트로 한 번이면 중세 성을 볼 수 있다! 뱅센성은 14세기부터 왕들의 사냥터로 이용돼 왔던 뱅센 숲에 사냥 별장으로 처음 건축된 것이다. 이후 16~17세기 정치적 혼란기에는 군주들의 피난처로 사용되었고, 1682년 베르사유가 완공되기 전까지는 루이 14세가 거주한 적도 있다. 하지만 혁명기에는 무기고로 사용되었고, 나폴레옹 집권 후 군사적 기능은 더욱 강화되었다.

뱅센성 정면에는 파리의 생트 샤펠을 모델로 한 같은 이름의 성당이 자리해 있다. 14세기에 처음 주춧돌을 놓은 이 성당은 긴 시간을 거쳐 완성되었으며, 특히 뱅센성과 마주보는 서쪽 입구 조각들은 15세기 초 석조 예술의 걸작으로 알려져 있다. 성 구역 내 가장 안쪽에는 고전주의 스타일의 저택 2개가 완벽한 대칭을 이루고 있는데, 오른쪽 것이 왕의 저택, 왼쪽 것이 왕비의 저택이다.

Data **Access** 메트로 1호선 샤토 드 뱅쎈Château de Vincennes역 하차, 도보 1분
Add Bois de Vincennes 75012 Paris **Tel** (01) 41 74 19 12
Open 성 10:00~17:00, 하절기 ~18:00 / 생트 샤펠 10:00~12:00, 14:00~16:30, 1월 1일, 5월 1일, 12월 25일 휴관)
Cost 13유로, 18세 미만 무료, 뮤지엄 패스 사용 가능
Web www.chateau-de-vincennes.fr

파리지앵들의 가족 놀이 공원
불로뉴 숲 Bois de Boulogne 🔊 부아 드 불로뉴

파리 동쪽의 뱅센 숲과 마찬가지로 왕의 사냥터로 사용되었으나, 이후 시민 공원으로 조성되었다. 6월이면 흐드러진 장미들로 유명한 바가텔 공원과 다양한 테마 정원들(서울 정원이라는 이름의 한국 정원도 있다!), 1857년 처음 문을 연 롱샹 경마장, 28킬로미터에 달하는 보행자 전용도로, 15킬로미터의 자전거 도로 등이 완비돼 있다.

특히 아클리마타시옹 놀이공원 Jardin d'Acclimatation에서는 물놀이를 비롯해 낙타타기, 꼬마배 타기, 놀이기구 등 각종 액티비티를 즐길 수 있고, 동물들과 기뇰(손가락 인형) 인형극도 관람할 수 있다. 루이비통 재단 현대미술관 Fondation Louis Vuitton 역시 불로뉴 숲에서 빼놓을 수 없는 명소다. 스페인 빌바오 구겐하임 미술관을 설계한 건축가 프랭크 게리의 작품으로, 건물 자체가 예술작품이다.

Data 아클리마타시옹 놀이공원
Access 메트로 1호선 레사블롱 Les Sablons역 하차, 도보 3분
Add Rue du Bois de Boulogne 75116 Paris
Open 월~금 11:00~18:00 (수 10:00~), 토·일·공휴일 10:00~19:00
Cost 입장료 7유로(놀이기구 추가 요금), 자유이용권 15~38유로
Web www.jardindacclimatation.fr

Data 루이비통 재단 현대미술관
Access 메트로 1호선 레사블롱 Les Sablons역 하차, 도보 10분
Add 8 Avenue du Mahatma Gandhi, 75116 Paris
Tel (01) 40 69 96 00
Open 10:00~20:00
Cost 성인 16유로, 26세 미만 학생(학생증 필수) 10유로
Web www.fondationlouisvuitton.fr

놀이공원

ⓒ루이비통 재단 현대미술관

나의 영원한 영웅들을 찾아서
페르라셰즈 묘지 Cimetière du Père-Lachaise
🔊 씨메띠에흐 뒤 뻬흐라셰즈

페르라셰즈는 파리 묘지 가운데 규모도 가장 크고 국내외 유명 인사들도 가장 많이 안장된 곳이다. 따라서 파리 관광객들이 가장 많이 찾는 관광지 10위 안에 종종 랭크되기도 한다. 아직까지 많은 팬들의 발길이 이어지는 곳은 쇼팽, 에디트 피아프(묘비명 Famille Cassion-Piaf), 발자크, 라퐁텐, 몰리에르, 이브 몽탕, 짐 모리슨, 알프레드 뮈세, 오스카 와일드, 카미유 피사로 등의 묘다. 또한 로미오와 줄리엣의 사랑 이야기를 능가하는 12세기 비극적인 사랑의 주인공 피에르 아벨라르와 엘로이즈의 무덤도 자리해 있다.

그 외 묘지 한쪽에는 1871년 파리 코뮌(민중의 힘으로 보수 정권을 무너뜨리고 혁명파 정부를 구성한 사건) 당시 총살당한 병사들을 기념한 파리 코뮌의 벽Mur des Fédérés, 프랑스에서 추방돼 죽음을 맞이한 유대인 추모 묘비 등도 있다. 유럽의 모든 묘들이 그렇듯, 어떤 묘비들은 예술품 못지않게 아름다워 볼거리가 쏠쏠하고 사진 찍기 좋다.

Data Map 411p
Access 메트로 2, 3호선 페르라셰즈Père-Lachaise역 하차, 도보 1분 **Add** 16 Rue du Repos 75020 Paris
Tel (01) 55 25 82 10 **Open** 3월 16일~11월 5일 월~금 08:00~18:00, 토 08:30~18:00,
일 09:00~18:00 / 11월 6일~03월 15일 월~금 08:00~17:30, 토 08:30~17:30, 일 09:00~17:30

페르라셰즈 묘지

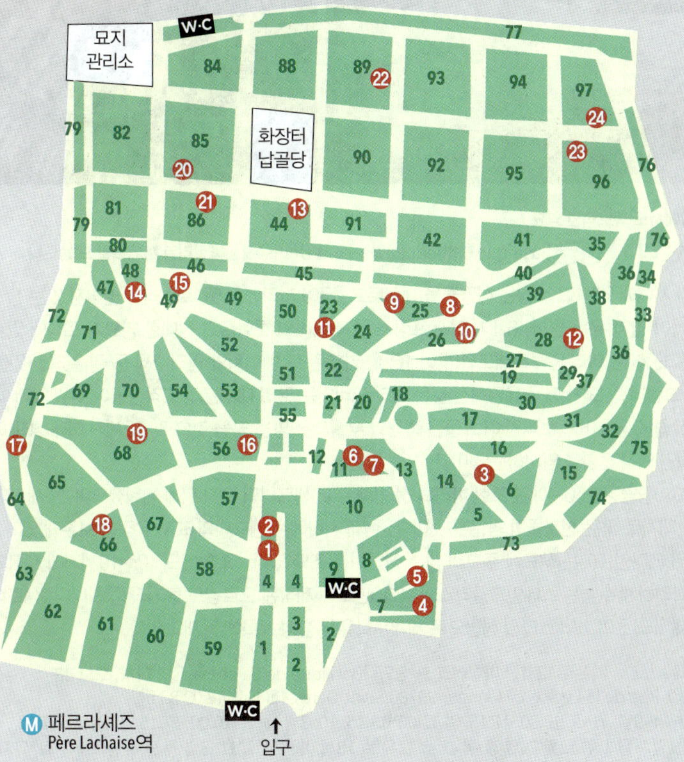

- ❶ 로시니(〈세빌리야의 이발사〉 작곡가)
- ❷ 알프레드 뮈세(작가)
- ❸ 짐 모리슨(가수)
- ❹ 카미유 피사로(화가)
- ❺ 아벨라르 & 엘리오즈(전설적인 사랑의 연인)
- ❻ 빈센초 벨리니(오페라 작곡가)
- ❼ 프레드릭 쇼팽(작곡가)
- ❽ 몰리에르(희극작가)
- ❾ 장 라퐁텐(작가)
- ❿ 알퐁스 도데(〈마지막 수업〉 작가)
- ⓫ 도미니크 앵그르(화가)
- ⓬ 피에르 보마르셰(극작가)
- ⓭ 이브 몽탕(샹송 가수)
- ⓮ 오노레 드 발자크(작가)
- ⓯ 외젠 들라크루아(화가)
- ⓰ 자크루이 다비드(화가)
- ⓱ 조르주 멜리에스(영화감독)
- ⓲ 조르주 쇠라(화가)
- ⓳ 조르주 비제(〈카르멘〉 작곡가)
- ⓴ 마르셀 프루스트(작가)
- ㉑ 기욤 아폴리네르(시인)
- ㉒ 오스카 와일드(작가)
- ㉓ 모딜리아니(화가)
- ㉔ 에디트 피아프(샹송 가수)

유럽에서도 독보적인 영묘

생드니 대성당 Basilique Cathédrale de Saint-Denis 🔊 바질리끄 까떼드할 드 쌩드니

파리 시내에 있는 그 수많은 성당들을 제쳐두고, 굳이 파리에서 5킬로미터나 떨어져 있는 생드니 성당을 가야 할 이유는 뭘까. 6세기 이래 프랑스 왕과 왕비의 호화롭고 장대한 영묘가 조성돼 있기 때문이다. 그중에는 마리 앙투아네트와 루이 16세, 카트린 드 메디치와 앙리 2세 등 잘 알려진 인물들도 많다. 그런데 이 묘가 더욱 유명해진 것은 여타 묘비와는 달리 대부분의 조각상들이 누워 있기 때문이다. 전 유럽을 통틀어 독보적인 이 묘들은 죽음과 부활의 소망을 담을 것으로, 12세기 이래 장례 예술의 획기적인 의식 전환을 암시하는 것이다.

생드니 성당은 250년에 순교한 파리의 첫 번째 주교 생드니의 묘지 위에 세워졌으며, 중세시대 이래 성지순례지로 많은 신자들이 방문한 곳이다. 현재 지하에는 생드니의 묘지 유적이 보존돼 있고, 성당 북문 위 페디먼트에는 생드니 주교의 참수 장면이 부조돼 있다. 그 외에도 12~19세기에 제작돼 예배당을 화려하게 수놓는 스테인드글라스와 1840년도에 제작된 오르간도 볼거리 중 하나다. 생드니 대성당은 세계 최초의 고딕 스타일 성당으로 세계문화유산 잠정 목록에 등재돼 있다.

Data Access 메트로 13호선 바질리크 드 생드니Basilique de Saint-Denis역 하차, 도보 2분
Add 1 Rue de la Legion d'Honneur 93200 Saint-Denis **Tel** (01) 48 09 83 54
Open 4~9월 월~토 10:00~18:15, 일 12:00~18:15. 10~3월 월~토 10:00~17:15, 일 12:00~17:15
(1월 1일, 5월 1일, 12월 25일 휴관) **Cost** 11유로, 18세 미만 무료, 11~3월 첫 번째 일요일 무료, 뮤지엄 패스 사용 가능 **Web** saint-denis-basilique.fr

생드니 대성당 내부 관람도

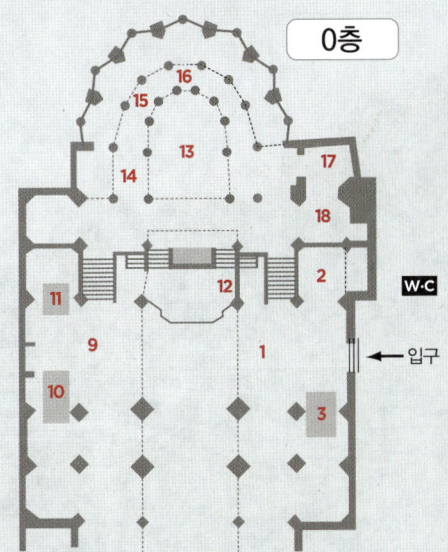

1. 생루이 왕의 누워 있는 묘비상(1261년작)
2. 14세기 샤를 5세의 누워 있는 묘비상(중세 조각상의 걸작)
3. 16세기 프랑수아 1세와 그의 3자녀 묘비
4. 부르봉 왕조 추모 소예배당 루이 17세의 심장 보관
5. 생드니 수도원 원장 쉬제르의 지하묘실 베네딕트 성인의 생애를 새긴 기둥 장식
6. 순교한 생드니 주교의 묘가 있던 자리
7. 루이 16세와 마리 앙투아네트를 비롯한 부르봉 왕가의 묘
8. 루이 18세를 비롯해 프랑스대혁명 때 파헤쳐진 왕족의 유골들을 모신 납골당
9. 스테인드글라스 위쪽 부분 대혁명 때 파손된 중세 스테인드글라스를 19세기에 복원한 것
10. 루이 12세와 안 드 브르타뉴 왕비의 묘. 흰 대리석 묘 안에는 해골에 가까운 조각상이 누워 있고 묘 위에는 영생을 기원하며 기도하는 상이 놓여 있다
11. 앙리 2세와 카트린 드 메디치 르네상스 시대 대표적인 조각가 제르맹 필롱의 작품 특히 4모서리에 세워진 역품천사(지옥의 재앙으로부터 보호해 주는 중급 천사)상이 유명
12. 7세기 다고베르 왕의 묘
13. 성인들의 유골함을 모셔 놓은 쉬제르 수도원장의 후진(제단 뒤 반월형 부분)
14. 5세기 프랑크왕국의 초대 왕으로 처음 로마 가톨릭의 세례를 받은 클로비스(510년)의 묘비 상
15. 아기 때 사망한, 생루이 왕의 아이들 묘. 얼마 남아 있지 않은 금속 묘들 가운데 하나
16. 쉬제르 수도원장이 새겨진 스테인드글라스 대혁명 때 파손돼 19세기에 복원
17. 전쟁 중 왕의 군사들이 들었던 깃발
18. 루이 16세와 마리 앙투아네트의 기도하는 상

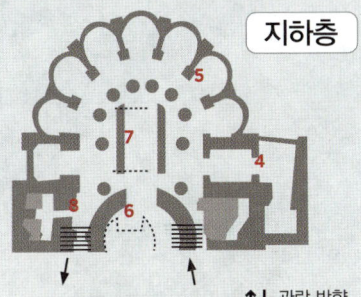

↑↓ 관람 방향

01 베르사유 궁전
02 퐁텐블로 일대
03 지베르니 & 루앙
04 오베르쉬르우아즈
05 디즈니랜드 파리 & 아스테릭스 파크

Paris
Special
1 Day Tour

파리
당일 여행

06 샹티이
07 샤르트르 & 랑부예
08 프로뱅
09 몽생미셸
10 루아르 고성들

Special 1 Day Tour
01

베르사유 궁전
Château de Versailles

매년 6백만 명 이상이 찾는 베르사유. 유럽을 호령하던 태양왕 루이 14세의 절대 권력은 800헥타르 위에 펼쳐진 베르사유 궁전에서 그 진가를 발휘한다. 극도로 아름답고 화려하며 사치스러운 18세기 유럽 궁정 문화의 한가운데로 두근두근 시간 여행을 떠나보자.

Château de Versailles
PREVIEW

베르사유는 최고의 건축가와 조경사가 탄생시킨 궁전으로 정원, 운하, 공원, 각종 별궁들과 정자 등 볼거리가 산재해 있다. 특히 건축과 예술에 관심 있는 사람이라면 하루를 투자해도 아깝지 않다. 파리 도심의 번잡함을 벗어나 하루쯤 여유를 찾고 싶은 여행객이라면 이보다 더 좋은 자연의 휴식처는 없을 것이다. 날씨 좋은 날에는 피크닉을 준비하자. 베르사유에서만큼은 느리게 사는 즐거움을 맛보도록 하자.

SEE
베르사유는 크게 '베르사유 궁전과 정원', 그랑 트리아농과 프티 트리아농, 왕비의 촌락이 포함돼 있는 '트리아농 구역'으로 나뉜다. 베르사유 궁전과 정원만 보고 부랴부랴 떠나는 사람들이 많지만, 다녀온 사람마다 트리아농 구역이 훨씬 인상적이라고 말한다. 특히 왕비의 촌락은 파리 농촌의 모습을 잘 재현해놓은 만큼 평화롭고 아름답다. 가능하면 두 구역 모두 돌아보며 하루를 모두 베르사유에 투자할 것을 추천한다.

EAT
베르사유 궁전과 정원에는 카페와 레스토랑들이 위치해 있다. 그중에서 주목을 끄는 것은 앙젤리나와 라뒤레, 미슐랭 1스타 레스토랑 고든 램지다. 그 외 대부분의 레스토랑들이 비싸고 맛은 떨어지는 편. 따라서 간단한 도시락을 준비하거나 (추천) 베르사유 궁전 정문 밖의 레스토랑들을 이용하는 것도 좋은 생각이다.

PLAN

하루에 베르사유 전역을 돌아볼 수 있는 가장 효율적인 동선이다. 걷기가 부담스런 사람이라면 꼬마기차나 자전거를 적극 이용하자.
베르사유 궁전 입구 → 베르사유 궁전 0,1층 관람 → 정원 산책 → 대운하 근처 휴식 → 그랑 트리아농 내부 관람 → 그랑 트리아농 정원 산책 → 프티 트리아농 정원 산책 → 프티 트리아농 내부 관람 → 사랑의 사원 사진 찍기 → 왕비의 촌락 산책 → 넵튠 분수 감상 → 북쪽 화단에서 일정 종료.
* 베르사유 궁전에서 대운하까지 도보 15분
* 베르사유 궁전에서 트리아농 궁전들 혹은 마리 앙투아네트의 영지까지 도보 25분
* 베르사유 궁전부터 대운하 끝까지 도보 60분

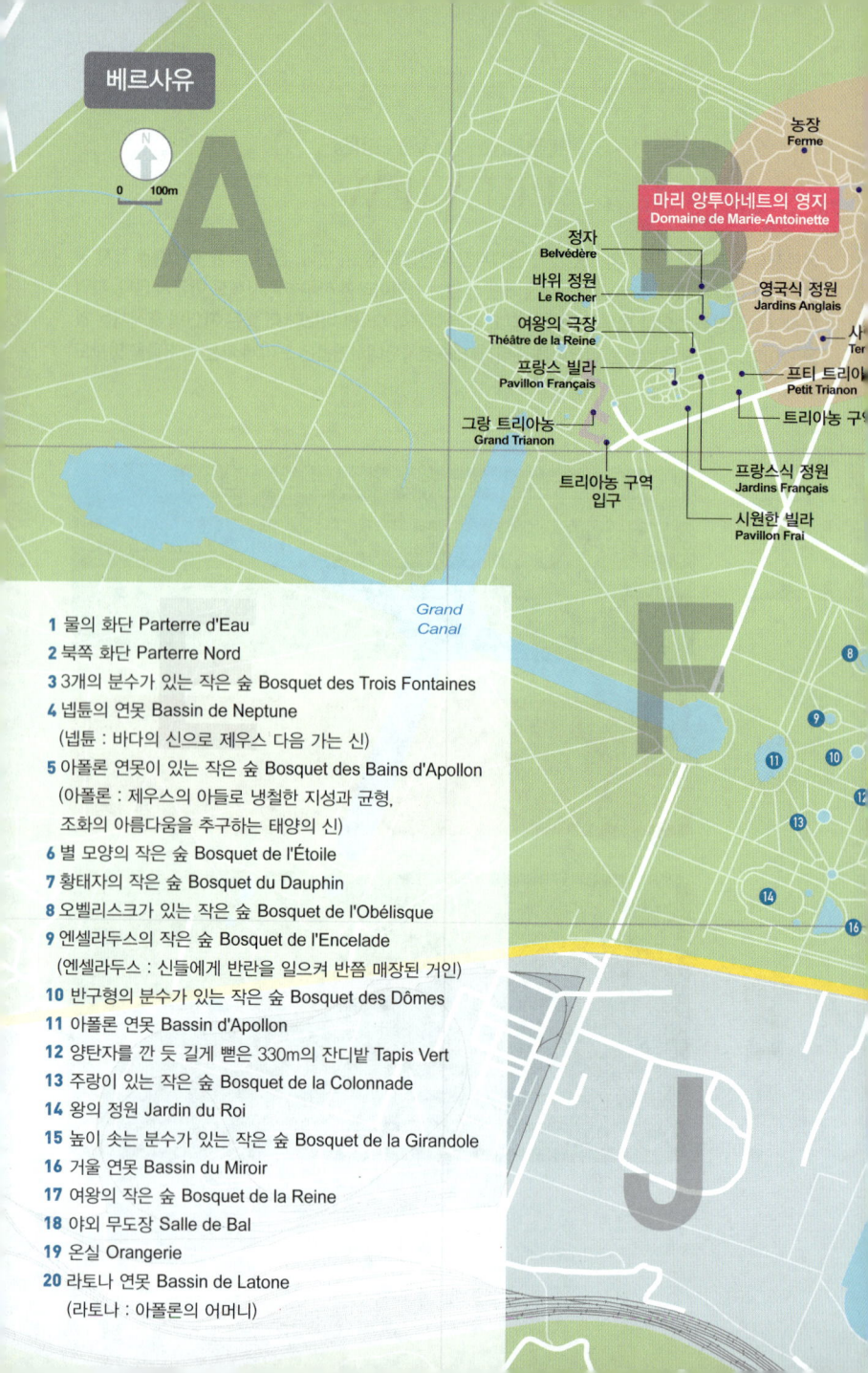

SPECIAL 1 DAY TOUR 01
베르사유 궁전

Château de Versailles
GET AROUND

🚗 어떻게 갈까?

1. RER C선을 타고 베르사유 샤토 리브 고슈 Versailles Château Rive Gauche역에서 내려 궁전까지 도보 10분이다. 궁전과 역 간 거리가 가장 가까워 많은 사람들이 이용하는 방법이다. 메트로-기차-RER 티켓Metro-Train-RER tickets 사용 가능(편도 2.50유로).

2. 메트로 9호선 타고 퐁 드 셰브르Pont de Sèvres역 2번 출구로 나와 171번 버스로 환승한다. 버스 종점인 샤토 드 베르사유Château de Versailles에서 내리면 된다. 버스-트램 티켓Bus-Tram Ticket 사용 가능(편도 2유로).

3. 몽파르나스 기차역Gare Montparnasse에서 기차를 타고 베르사유 샹티에르Versailles Chantiers역에서 내려 도보 25분. 메트로-기차-RER 티켓 Metro-Train-RER tickets 사용 가능(편도 2.50유로).

4. 생라자르Gare Saint-Lazare역에서 기차를 타고 베르사유 리브 드루아트Versailles Rive Droite역에서 내려 도보 15분. 메트로-기차-RER 티켓Metro-Train-RER tickets 사용 가능(편도 2.50유로).

어떻게 다닐까?

1. 도보
시간도 넉넉하고 건강에도 자신 있다면 도보가 최고다. 베르사유 곳곳을 돌아보며 아름다움을 만끽할 수 있다.

2. 꼬마 기차 Petit Train
궁전 앞에서 출발하여 운하, 그랑 트리아농, 프티 트리아농까지 연결하는 관람 열차. 왕복 9유로.

3. 자전거 Bicyclettes
1시간 10유로, 4시간 21유로. 여권 필수.

4. 버기카 Véhicules Electriques
정원, 그랑 트리아농, 왕비의 촌락, 대운하 등 베르사유 전 영역을 자유롭게 돌 수 있다. 운전면허증 필수. 4인용 1시간 42유로.

5. 보트 Boats
30분 16유로, 1시간 20유로. 겨울철 미운행.

*자전거, 버기카, 보트 관련 자세한 정보는 다음 사이트 참고.
www.astel-versailles.com

베르사유 입장객 대기 현황

성수기

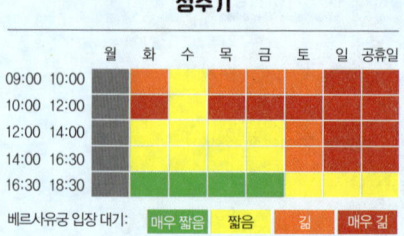

비수기

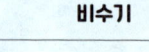
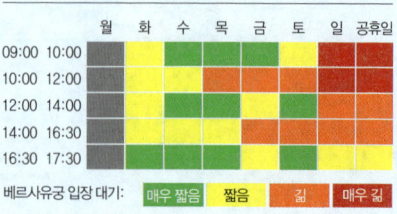

Enquête J'aime Attendre auprès du Château de Versailles

전 세계에서 가장 크고 화려한
베르사유 궁전 Château de Versailles 샤또 드 베흐싸이유

일찍이 세계문화유산에 등재된 베르사유 궁전은 17세기 프랑스 예술의 결정체라 할 수 있다. 1624년 루이 13세의 일개 사냥 별장에서 시작해 그의 아들 루이 14세 때 처음 증축이 시작되고 점차 그 규모를 키워나갔다. 당대 최고의 건축가 루이 르보와 조경가 앙드레 르노트르가 참여한 1차 증축은 1678년에 마무리되었다. 하지만 베르사유를 단순한 별궁으로 사용하기보다 공식 업무를 처리할 수 있는 정전으로 삼고자 루이 14세는 건축가 쥘 아르두앙 망사르와 왕실 화가 샤를 르브룅을 필두로 2차 증축 작업을 시작하였다. 절대 권력의 위엄을 과시라도 하듯 거울의 방이 탄생한 것도 바로 이때다. 루이 15세 때에도 증개축은 계속되어 프티 트리아농과 오페라 극장, 각종 정원 등이 들어섰다. 루이 16세 때에는 재정 악화 및 불안한 정국으로 증개축의 거의 이뤄지지 않았다. 오늘날 베르사유 궁전의 총 부지는 약 6만 3천㎢에 이르며, 총 2천 3백 개의 방으로 이뤄져 있다.

Data **Map** 419p-G **Add** Château de Versailles Place d'Armes 78000 **Tel** (01) 30 83 75 05
Open 베르사유 궁전 4~10월 09:00~18:30, 11~3월 09:00~17:30 / 트리아농 구역 4~10월 12:00~18:30, 11~3월 12:00~17:30 / 정원 및 공원 4~10월 08:00~20:30, 11~3월 08:00~18:00
(궁전과 트리아농 구역은 매주 월, 1/1, 5/1, 12/25 휴관) **Web** www.chateauversailles.fr

구분	요금
베르사유 궁전*	21유로 (뮤지엄 패스 가능, 18세 미만 무료)
트리아농 구역*	12유로 (뮤지엄 패스 가능, 18세 미만 무료)
음악 정원	4, 7~10월 화~금, 5~6월 수~금 10유로
음악 분수쇼	4, 7~10월 토~일, 5~6월 화 11유로
야간 분수쇼	(6월 중순~9월 중순 토) 33유로
정원	무료 (음악 정원 혹은 음악 분수쇼 없는 날)
패스포트 (전 구역 통합권)	11~3월 비수기 24유로 4~10월 성수기 32유로

* 11~3월 첫 번째 일요일 무료 (홈페이지에서 방문 시간 예약 필수)

TIP 베르사유 궁전 관람 팁

① 베르사유 입구는 개별 여행객용(입구 A)과 그룹 관람객용(입구 B)으로 나뉘어져 있다.

② 매표소의 줄이 상당히 길다. 입장권은 미리 예약하거나 뮤지엄 패스(방문 날짜와 시간 예약 필수)를 이용하면 시간을 줄일 수 있다. 4~10월 성수기에는 선택 아닌 필수다.

③ 입구를 통과하기까지 대기 줄도 상당하다. 되도록이면 평일에 다녀온다. 그중에서도 수요일이 가장 낫다. 이른 시간보다 오후 2시 이후가 더 여유롭다.

④ 앱 스토어에서 베르사유 오디오 가이드(한국어 포함, 무료)를 미리 다운받아 두면, 오프라인에서 자유롭게 사용할 수 있다.

THEME PAGE

베르사유 속속들이 둘러보기

궁전 Château

1. 왕의 아파트 Grand Appartement du Roi

베르사유 궁전의 핵심 공간이다. 총 7개의 방으로 구성되었으며, 각 방마다 그리스 신화에 나오는 신들의 이름을 붙였다. 루이 14세의 개인적 취향이 많이 반영되었지만, 사저로 쓰이기보다 공식 알현을 받거나 주3회 연회를 여는 데 이용됐다. 실내 디자인은 르브룅이 맡았다.

헤라클레스의 방 Salon d'Hercule
프랑수아 르무안의 천장화 〈헤라클레스의 예찬〉로 유명하다. 한쪽에는 베로네제의 작품 〈시몬 집에서의 식사〉도 걸려 있다.

아폴론의 방 Salon d'Apollon
태양의 신이자 예술의 신인 아폴론을 모티프로 했다. 아폴론은 루이 태양왕을 상징하는 것으로, 그랑 아파르트망에서 가장 화려하고 위엄 있는 방이다. 이곳에서 왕은 공식 접견을 받았다.

풍요의 방 Salon de l'Abondance
차와 포도주, 각종 주류들이 차려졌던 곳. 왕가의 초상화가 걸려 있다.

머큐어의 방 Salon de Mercure
카드 게임을 즐기던 방. 머큐어는 상업과 무역, 교양의 신으로 알려져 있다.

헤라클레스의 방

아폴론의 방

풍요의 방

머큐어의 방

비너스의 방

비너스의 방 Salon de Vénus
사랑과 미의 여신 비너스를 모티프로 한 방. 초대 손님들을 위해 테이블에 꽃과 과일이 가득 차려졌다.

다이아나의 방

다이아나의 방 Salon de Diane
당구대가 놓여 있으며, 사냥의 여신 다이아나를 모티프로 했다.

마르스의 방 Salon de Mars
무도회장으로 사용했던 방. 전쟁의 신 마르스를 모티프로 했다.

마르스의 방

㉔ 베르사유에서 루이 15세의 하루
07:30 기상 예식
10:00 소예배실에서 미사
11:00 국정 자문회의
13:00 식사, 정원 산책, 사냥(주 2~3회)
18:00 다양한 파티
22:00 만찬
23:00 취침 예식

---

0 왕의 예배당
1 헤라클레스의 방
2 풍요의 방
3 비너스의 방
4 다이아나의 방
5 마르스의 방
6 머큐어의 방
7 아폴론의 방
8 전쟁의 방
9 거울의 방
10 중앙 방
11 왕의 방
12 회의실
13 평화의 방
14 여왕의 침실
15 귀족들의 방
16 여왕의 방 대기실
17 여왕 위병소

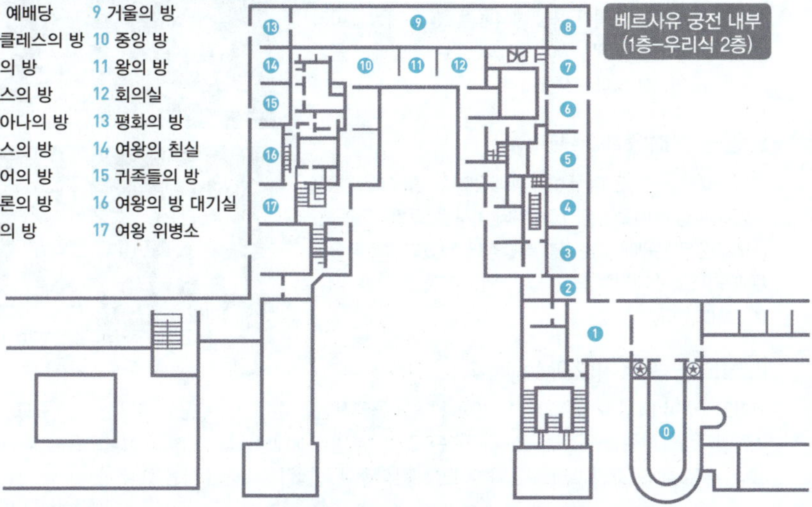

베르사유 궁전 내부
(1층-우리식 2층)

거울의 방

2. 거울의 방 Galerie des Glaces

대사들의 접견장이자 대연회장으로 베르사유 궁전의 하이라이트. 망사르가 설계하고 르브룅이 천장화를 맡았다. 정원으로 난 17개의 창을 통해 햇빛이 들어오면 반대쪽 벽을 장식한 357개의 거울이 이를 반사해 가장 화려한 공간을 연출했다. 밤에는 샹들리에와 촛대로 불을 밝혀 황홀함을 더했다. 1919년 제1차 세계대전의 끝을 알린 베르사유 조약이 체결된 곳.

3. 왕의 방 Chambre du Roi

왕의 침실로 해가 뜨는 쪽을 향하고 있다. 루이 14세는 이곳에서 기상 예식과 취침 예식을 올렸고, 개별 식사를 하기도 했다. 1715년 죽음을 맞은 곳도 바로 이 방이다. 옆에 국정 집무실 Cabinet du Conseil과 궁정 신하들의 대기실 Salon de l'OEil-de-Bœuf 이 있다.

왕의 방

4. 왕비의 아파트 Grand Appartement de la Reine

왕의 아파트처럼 여러 개의 방으로 구성돼 있다. 중심이 되는 것은 왕비의 침실 Chambre de la Reine이며, 왕과 마찬가지로 이곳에서 기상 예식과 취침 예식을 올렸다. 계절에 따라 1년에 두 번 가구와 침구들이 교체되었다. 이 방에서 왕가의 아이들 열아홉 명이 탄생했다.

왕비의 아파트

5. 왕의 예배당 Chapelle Royale

루이 14세 때 완공된 다섯 번째 예배당이다. 왕은 매일 궁정 대신들과 함께 이곳에 와 10시부터 미사를 드렸다. 왕족은 대오르간 맞은편에 있는 2층 특별석에 앉았고, 그 옆으로 주요 인사들이 자리를 잡았다. 그 외 신하들은 1층에 서서 예배를 드렸다.

왕의 예배당

6. 왕의 오페라 극장 Opéra Royale

1682년 루이 14세 때 계획되어 1770년 완공된 공연장이다. 1천 명을 수용할 수 있는 거대 규모로, 이탈리아풍의 타원형 구조에 곡선이 강조된 로카이유 양식과 네오클래식 양식의 장식으로 품격을 더했다. 공연 시에는 3천 개의 초를 밝혀야만 했기 때문에 특별한 경우에만 사용했다.

정원 Les jardins

1661년 루이 14세는 앙드레 르노트르에게 베르사유의 정원 조성을 맡겼다. 그리고 약 40년간에 걸쳐, 질서 정연하고 좌우 대칭되는 인공미를 살린 프랑스식 정원이 탄생하였다. 베르사유의 총 부지는 830헥타르에 이르며, 그중 정원은 77헥타르나 된다. 정원에는 연못과 분수, 각종 테마의 작은 숲들이 있고, 300여 개의 조각상들이 곳곳을 장식하고 있다. 정원은 절대 권력의 상징이다. 그는 절도 있는 프랑스식 정원 양식을 통해 자신의 통치력을 과시하고자 했다. 대표적인 예가 태양의 신, 전쟁의 신인 아폴론을 자신의 상징으로 삼고 '아폴론 연못'을 조성한 것이다.

운하 Canal

정원 끝으로 24헥타르에 이르는 대운하Grand Canal와 소운하Petit Canal, 431헥타르의 공원이 형성돼 있다. 센강의 물을 끌어들이기 위해 마를리의 기계(양수기의 일종)가 고안되었고, 약 3만 명의 인력이 동원되었으나 그중 6천 명이 사망했다는 기록이 있다. 가장 높이 솟는 분수는 수압이 가장 센 정원 아래쪽에 위치해 있다. 물은 분수들을 돌며 흐르다 대운하에 집결하고, 이는 다시 저수탱크에 저장되었다. 왕족들은 대운하에서는 뱃놀이를 즐겼다.

TIP 분수쇼

매년 4~10월에는 정원에서 다양한 이벤트가 열린다. 화, 목, 금요일에는 음악을 들으며 정원을 산책할 수 있으며(음악 정원 티켓 구입 필요), 토, 일요일 및 특정일에는 넵튠의 연못에서 음악이 더해진 분수쇼를 볼 수 있다(음악 분수쇼 티켓 구입 필요). 또한, 6월 중순~9월 중순 매주 토요일 밤에는 폭죽까지 어우러진 분수쇼도 열린다(야간 분수쇼 티켓 구입 필요). 정확한 날짜와 시간은 변동이 잦으므로 홈페이지(en.chateauversailles.fr) 참고.

그랑 트리아농 Grand Trianon

1688년 루이 14세의 명에 따라 망사르가 설계하였다. 이탈리아 건축 양식에 큰 영향을 받아 주랑을 세우고 지붕을 평평하게 만든 단층 건물로, 장밋빛 대리석의 화려함이 돋보인다. 각종 꽃과 나무들로 가득한 프랑스식 정원이 조성돼 있다. 루이 14세를 비롯해 루이 15세의 왕비인 마리 레슈친스카가 특히 좋아했던 곳이다. 혁명 후에는 나폴레옹 1세가, 20세기에는 샤를 드골 대통령이 이곳에서 머물렀고, 오늘날에는 해외 국가 원수들의 국빈 방문 시 영빈관으로 사용되고 있다.

마리 앙투아네트의 영지 Domaine de Marie-Antoinette

마리 앙투아네트는 사치스러운 베르사유에서 벗어나 프티 트리아농과 정원, 촌락에서 목가적인 삶의 즐거움을 누렸다. 실제 파리 근교의 어느 농촌에 와 있는 듯한 느낌이 들 정도로 평화롭고 아름답다.

1. 프티 트리아농 Petit Trianon

1768년 루이 15세는 자신의 애첩 퐁파두르 부인을 위해 프티 트라이농을 건축하였다. 하지만 1774년 루이 16세가 이곳을 자신의 아내 마리 앙투아네트에게 선사하였고, 그녀는 프티 트리아농을 자신의 취향에 따라 꾸미며 자신만의 세계로 만들었다. 정원 한가운데 위치한 '프랑스 빌라Pavillon Français'에서 마리 앙투아네트는 트리트랙(주사위 놀이의 일종)을 즐겼다. '작은 극장'도 세웠는데, 자신이 직접 배우가 되어 현실 속 왕비의 역할에서 잠시 벗어나는 기쁨을 누렸다.

2. 왕비의 촌락 Hameau de la Reine

당시 '자연으로 돌아가라'는 루소의 철학이 크게 유행을 하면서 마리 앙투아네트 역시 목가적인 삶을 동경하게 되었다. 그녀는 영국식 정원 한 쪽에 작은 농촌 마을을 꾸미고, 농부 부부를 살게 해 직접 가축들을 기르고 농장 일을 보게 했다. 대혁명 이후에는 나폴레옹 1세의 아내 마리 루이즈가, 20세기 초에는 재건 사업에 엄청난 기부를 한 록펠러 가족이 이곳에 머무르기도 했다. 실제로도 양과 거위 등 농가에서 기르는 동물들이 넓은 들판에서 사육되고 있다.

3. 사랑의 사원 Temple de l'Amour

사랑의 상징 큐피드상이 서 있는 이곳은 마리 앙투아네트가 젊은 애인과 사랑을 속삭인 곳으로 알려져 있다.

EAT

베르사유 피자 맛집
오보테가 O'bottega
🔊 오보떼가

작지만 피자 하나만으로 승부하는 곳이다. 피자 메뉴만 15개가 넘는다. 얇은 도우 위에 신선한 재료들을 얹고 화덕에 구워 바삭한 것이 특징. 테이크아웃 가능. 티라미수와 같은 디저트도 좋은 평을 받고 있다.

Data **Map** 419p-K **Access** 베르사유 궁전 입구 루이 14세 기마상에서 도보 5분 **Add** 11 Rue du Général Leclerc 78000 Versailles **Tel** (01) 30 24 30 30 **Open** 12:00~14:15, 18:00~22:30 **Cost** 피자 12유로~

베르사유 최고의 빵 집
오팽 드 라페름 Aux Pains de la Ferme
🔊 오뺑 드 라페홈므

베르사유 궁전 대운하를 바라보며 간단하게 점심식사를 계획했다면 방문하기 좋은 빵집이다. 바게트 샌드위치는 물론 팽오쇼콜라, 크루아상, 애플파이, 에클레르 등 웬만한 빵은 다 있다. 파리보다 착한 가격에 맛도 훌륭하고 점원들도 매우 친절하다.

Data **Map** 419p-K **Access** 베르사유 궁전 입구 루이 14세 기마상에서 도보 9분 **Add** 9 Rue Royale, 78000 Versailles **Tel** 01 39 53 52 40 **Cost** 팽오쇼콜라 2.40유로, 애플파이 2.90유로

한국인 입맛에도 딱!
셰 티위슈 Chez Tiouiche 🔊 셰띠위슈

서양요리에 질렸다면, 북아프리카 음식에 도전해 보자. 모로코 전통음식 타진Tagine(뚝배기찜 요리)과 프랑스에서도 널리 대중화된 쿠스쿠스Couscous가 맛있기로 유명한 집이다. 두 요리 다 한국인의 입맛에 잘 맞는 편이다.

Data **Map** 419p-K **Access** 베르사유 궁전 입구 루이 14세 기마상에서 도보 3분 **Add** 4 Rue Saint Julien 78000 Versailles **Tel** (01) 39 50 10 89 **Open** 화~일 12:00~14:30, 19:00~22:00, 월 19:00~22:00 **Cost** 타진 20유로~, 쿠스쿠스 14유로~ **Web** www.chez-tiouiche.com

프렌치 요리 같은 버거 납시오
빅 페르낭 Big Fernand 빅 페흐낭

베르사유에서 유명한 수제 버거 전문점이다. 패티는 소고기 외 송아지고기, 닭고기 중에서, 치즈는 톰드사부아, 라클렛, 모르비에 중에서 선택할 수 있다. 자체 개발한 소스를 더해 일반 버거와는 맛의 깊이가 다르다.

Data **Map** 419p-H **Access** 베르사유 리브드루아트 Versailles - Rive Droite역에서 도보 7분
Add 20 Rue au Pain, 78000 Versailles
Tel (01) 85 15 23 83 **Open** 11:30~22:30
Cost 버거 14유로~, 감자튀김 2유로
Web www.bigfernand.com

베르사유에서 크레이프를 맛보고 싶다면
블레 누아르 Blé Noir 블레 누아흐

편안한 분위기에 깔끔한 크레이프 전문점이다. 가격도 무난하고 맛도 좋은 평가를 받고 있다.

Data **Map** 419p-K **Access** 베르사유 궁전 입구 루이 14세 기마상에서 도보 3분 **Add** 9 Rue de Satory 78000 Versailles **Tel** (01) 39 53 39 09
Open 월~금 12:00~14:15, 19:00~22:00, 토·일 12:00~ **Cost** 디저트용 크레이프 4.50유로~, 식사용 갈레트 8유로~
Web www.blenoirgroup.com

프랑스 최초의 고든 램지 레스토랑
고든 램지 Gordon Ramsay 고흐든 함제

영국의 유명 요리사 고든 램지가 프랑스에서 처음 낸 레스토랑. 베르사유와 어울리는 럭셔리한 분위기와 수준급 서비스, 고품질의 식재료로 준비된 미식의 향연. 미슐랭 가이드 1스타의 진가를 만끽할 수 있다.

Data **Map** 419p-G
Access 베르사유 트리아농 호텔 내
Add 1, Boulevard de la Reine 78000 Versailles
Tel (01) 30 84 50 18
Open 화~토 19:30~21:30
Cost 데쿠베르트 메뉴 169유로~
Web www.waldorfastoriaversailles.fr

Special 1 Day Tour

02

퐁텐블로 일대
Around Fontainebleau

퐁텐블로성 | 모레쉬르루앵 | 보르비콩트성 | 바르비종

그림처럼 아름다운 프랑스의 작은 마을과 한적하면서도 멋진 성을 방문하고 싶은 사람들에게 최고의 하루를 선사할 수 있는 곳이다. 인상주의 화가들이 머물며 많은 작품을 남겼던 모레쉬르루앵과 바르비종, 세계문화유산에 등재된 퐁텐블로성과 전 유럽 성들의 모델이 되었던 곳 보르비콩트는 결코 후회 없는 선택이 될 것이다.

Around Fontainebleau
PREVIEW

파리에서 1시간 못미처 교외선을 타고 가면 아름다운 자연 경치와 문화 예술적 의미가 큰 퐁텐블로성과 보르비콩트 성을 만날 수 있다. 퐁텐블로에서 기차 혹은 택시로 10여 분 거리에는 화가의 마을로 이름난 모레쉬르루앵과 바르비종이 있다. 특히 모네와 같은 감성의 작품들을 많이 남긴 시슬리의 마을 모레쉬르루앵은 중세 때 형성된 작은 성곽 마을로, 마치 동화 속에 들어온 듯한 느낌을 준다.

SEE

네 곳 중 하루에 돌아볼 수 있는 곳은 두 곳이다. 볼거리와 교통편 등을 모두 고려할 때 퐁텐블로와 모레쉬르루앵을 추천한다. 하지만 밀레의 그림을 좋아한다면 바르비종에 한 표! 단, 버스 시간이 매해 조정되고 운행 횟수도 적기 때문에 사전 체크가 꼭 필요하다. 성 두 곳 중 우선순위는 당연 퐁텐블로로. 단 보르비콩트는 캔들라이트 비지트나 크리스마스 야간 개장이 유명하니 방문하려면 이때를 공략하자.

PLAN

하루에 모레쉬르루앵과 퐁텐블로를 다녀오려면 모레쉬르루앵은 오전, 퐁텐블로는 오후로 잡는다(아래 코스 참조). 모레쉬르루앵 대신 바르비종을 다녀올 수도 있다. 기차 시간은 시즌과 요일에 따라 변경될 수 있으므로, 출발 전 반드시 확인한다.

10:19 파리 리옹역Paris Gare de Lyon에서 몽타르기스Montargis 행 트랑질리앙 탑승
11:05 모레브뇌레사블롱Moret-Veneux-les-Sablons역 하차 ≫ 도보 30분
11:35 모레쉬르루앵 마을 산책
12:30 점심식사
13:30 루앵 강가에서 풍경 감상 및 휴식 ≫ 도보 30분
14:23 모레브뇌레사블롱역에서 파리 행 열차 탑승
14:29 퐁텐블로 아봉Fontainebleau Avon역 하차 후 퐁텐블로성 행 버스 탑승
14:50 퐁텐블로 정원과 공원 산책
16:00 퐁텐블로성 관람
18:00 퐁텐블로성 인근에서 저녁식사

 어떻게 갈까?

이 지역은 파리 5존에 해당하며, 파리 리옹역에서 트랑질리앙 R선을 타고 이동해야 한다(약 30~45분 소요). 어느 곳을 가든 기차역에서 버스나 택시 등으로 갈아타야 한다. 단, 보르비콩트는 주말에 셔틀버스(유료)를 운행한다. 좀 더 상세한 정보는 각 지역 Access 참고.

 SEE

퐁텐블로성

프랑스의 모든 왕들이 생활했던 성

퐁텐블로성 Château de Fontainebleau 샤또 드 퐁뗀블로

베르사유와 마찬가지로 세계문화유산에 등재돼 있을 만큼 문화적인 가치 또한 높고 자연 경치도 훌륭하다. 12세기에서 19세기에 이르기까지 프랑스를 통치했던 모든 왕들이 기거했던 유일한 성으로, 유구한 역사를 자랑하고 있다. 1528년까지 퐁텐블로 일대는 그저 하나의 작은 촌락에 불과했지만 프랑수아 1세가 이탈리아 궁전에서 영감을 얻어 퐁텐블로성을 처음 건축하고, 앙리 4세 때 대대적인 증개축을 거치면서, 17세기에는 7천 명의 인구가 사는 마을로 발전했다. 퐁텐블로성은 역대 왕들이 생활했던 공간 그랑 아파르트망과 교황 피오가 감금돼 생활했던 교황의 아파르트망, 나폴레옹 1세와 황후 조세핀이 사용했던 프티 아파르트망, 나폴레옹 시대의 예술들을 모아 놓은 나폴레옹 1세 박물관, 나폴레옹 3세의 황후 외제니의 살롱과 아시아 장식품들이 가득한 황후 박물관이 대중에게 공개되고 있다.

Data Map 432p
Access 파리 리옹Paris Gare de Lyon역에서 몽타르기스Montargis 혹은 몽트로Montereau행 열차를 타고 퐁텐블로-아봉Fontainebleau-Avon역 하차(약 45분 소요. 메트로-기차-RER 티켓Metro-Train-RER tickets 사용 가능. 편도 2.50유로. 역 앞에서 1번 버스 탑승 후 포스트-샤토Poste-Château 정류장에서 하차(약 10분 소요) **Add** Château de Fontainebleau 77300 Fontainebleau **Tel** (01) 60 71 50 70
Open 10~3월 09:30~17:00(입장 ~16:15), 4~9월 09:30~18:00(입장 ~17:15), 화요일, 1월 1일, 5월 1일, 12월 25일 휴관 **Cost** 그랑 아파르트망과 나폴레옹 1세 박물관 14유로, 정원과 공원은 무료입장, 뮤지엄 패스 사용 가능, 9~6월 매달 첫 번째 일요일 그랑 아파르트망 무료 **Web** www.chateaudefontainebleau.fr/en

---

TIP 퐁텐블로성 인근 레스토랑 추천

퐁텐블로성 인근에는 괜찮은 가격의 프렌치 레스토랑이 몇 곳 있다.

퐁텐블로성 완전 정복

명예의 뜰 Cour d'Honneur

1814년 나폴레옹 1세가 폐위되고 자신의 근위병들에게 마지막 인사를 나눴던 곳으로 '고별의 뜰'이라고도 불린다. 이곳에서 가장 유명한 것은 말발굽 모양의 계단. 관광객들에게는 퐁텐블로성의 상징처럼 여겨져 사진 찍는 사람들로 늘 북적인다.

그랑 아파르트망 Grands Appartements

16세기 이래 모든 왕들이 기거했던 곳. 왕가의 품위가 느껴지는 내부 인테리어는 타의 추종을 불허한다. 문화 예술에 심취해 있던 프랑수아 1세는 이탈리아에서 예술가들을 데려와 르네상스 양식의 방을 구현해 냈다. 우아하고 세련된 내부 인테리어로, 여기에 참여했던 화가들과 그들의 작업 양식은 '퐁텐블로파'라는 하나의 화파를 형성할 정도였다. 베르사유에 '거울의 방'이 있다면, 퐁텐블로에 '프랑수아 1세 갤러리'가 있다. 전자의 '화려함'에 후자는 '예술의 품격'으로 맞서고 있다. 그 외 태피스트리로 장식된 응접실, 연회장, 공식 접견실, 각료 회의실, 1804년부터 나폴레옹 1세가 사용했던 황제의 내실 및 황후의 내실, 19세기 초반 교황 피오 7세가 사용했고 나폴레옹 3세 때 황후 외제니의 취향으로 새롭게 단장된 교황의 방, 바로크 스타일의 화려한 성삼위 소예배실, 나폴레옹 시대 사용하던 가구들과 각종 예술품, 각종 서류같이 왕가가 소유하고 있던 소장품들을 전시한 나폴레옹 박물관 등 볼거리는 무궁무진하다.

공원 Le Parc
앙리 4세 때 조성된 것으로 1,200m에 달하는 대운하가 있고, 그 양옆에 녹지대가 형성돼 있다. 각종 수상 경기장과 야외 연회장으로 사용되었으며, 현재는 현지인들의 휴식장소다.

영국식 정원 Jardin Anglais
프랑수아 1세 때 처음 조성되었으나 아름다운 정원으로 재탄생한 것은 나폴레옹 1세 때의 일이다. 영국식 정원과 잉어 연못이 맞닿는 부근에 서 있는 정자는 루브르 궁전을 디자인한 루이 르보가 1662년 건축한 것이다.

다이아나의 정원 Jardin de Diane
프랑수아 1세 때 조성된 왕들의 개인 정원이다. 앙리 4세 때 제작된 분수에는 사냥의 여신 다이아나와 암사슴, 사냥개 네 마리와 사슴 머리 네 개가 섬세하게 조각돼 있다.

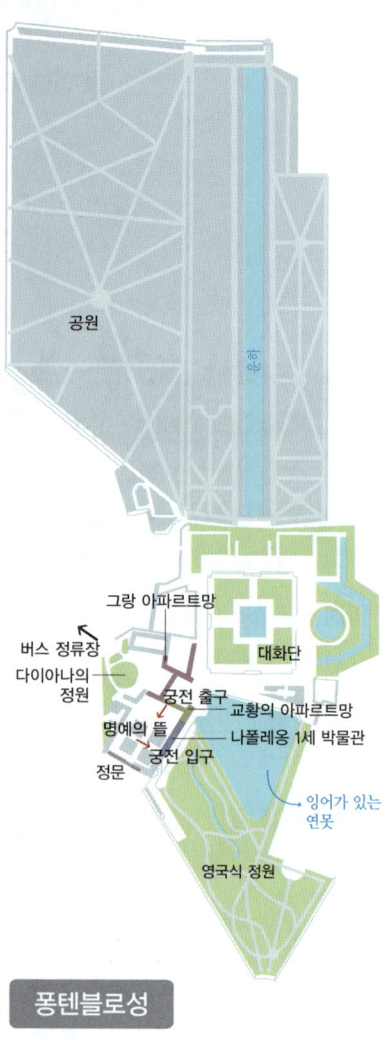

퐁텐블로성

대화단 Grand Parterre
루이 14세 때의 유명한 정원사 르노트르가 디자인하였고, 유럽에서 가장 커다란 화단으로 알려져 있다. 매년 4만 5천 종의 식물들이 피고 분수와 연못, 조각상들이 함께 어우러져 아름다운 경치를 선사한다.

> 모레쉬르루앙

시슬리의 그림 속 작은 중세 마을
모레쉬르루앙 Moret-sur-Loing 🔊 모헤쉬흐루앙

모네의 지베르니, 고흐의 오베르쉬르우아즈처럼 모레쉬르루앙은 인상파 화가 시슬리의 숨결이 살아 있는 '그림 같은 곳'이다. 시슬리는 이곳에서 죽음을 맞을 때까지 약 3년간 마을 곳곳을 돌아다니며 500여 점의 그림들을 그렸다. 특히 모네가 시간과 빛의 변화에 따라 달리보이는 루앙 대성당을 30여 편의 작품에 담아냈던 것처럼, 시슬리는 모레 성당으로 14점의 그림을 남겼다.

13세기 초에 형성된 성곽 마을 모레쉬르루앙은 필립 오귀스트 왕이 높은 망루를 세워 국경을 감시했던 곳이다. 또한 당시 주요 무역로였던 센강으로 가기 위한 관문이기도 했다. 왕은 이곳에 자신이 머물 성을 세웠고, 모레쉬르루앙이 군사적으로나 경제적으로 그 중요성이 잃게 된 후에도 앙리 4세 같은 왕들은 이곳에 와 아름다운 전경을 즐겼다. 모레쉬르루앙의 여행은 중세의 성곽과 콜롱바주 기법의 목조 건물, 아름다운 루앙 강변의 전경을 감상하며 시슬리의 흔적을 따라가는 여정이 된다. 부지런히 걷는다면 마을을 다 도는 데는 1시간 정도 걸린다. 하지만 이토록 평화롭고 아름다운 곳에서는 반나절쯤 여유롭게 산책을 즐길 것을 추천한다.

Data Map 435p
Access 파리 리옹Paris Gare de Lyon역에서 몽타르기스Montargis 혹은 몽트로Montereau행 트랑질리앙 열차를 타고 모레브뇌레사블롱Moret-Veneux-les-Sablons역 하차(약 1시간 소요, 퐁텐블로 아봉역에서는 8분 소요. 메트로-기차-RER 티켓Metro-Train-RER tickets 사용 가능. 편도 2.50유로. 역을 나와 철길을 왼쪽으로 두고 1.5km가량 걸어가면 성곽 문이 보인다.

모레쉬르루앙의 볼거리

사모아(성곽) 문 Porte de Samoi
퐁텐블로, 파리로 향하는 길의 통행을 감독하던 문이다.

시슬리 포인트 Point Sisley
알프레드 시슬리의 친구들 Les Amis d'Alfred Sisley 이라는 협회가 운영하는 곳으로, 시슬리의 삶과 작품 세계 등 화가에 대한 각종 정보를 얻을 수 있다.

라콜레의 집 Maison Raccolet
피에르 라콜레가 루앙 구시가를 여행한 후 영감을 얻어 건축한 것이다. 15세기 고딕 스타일을 띠지만 실제로는 1925년 세워졌다.

시청 Mairie
1914년 네오고딕 스타일로 재건된 이 건물은 1953년부터 시청사로 사용되었다. 1815년 3월 19일에는 나폴레옹이 이곳에서 밤을 보내기도 했다.

프랑수아 1세 파사드 Façade François 1er
시청 안뜰에 위치한 이 파사드는 프랑수아 1세의 재정담당관이었던 니콜라스 샤부이에의 집 일부였다. 르네상스 양식이 집약된 벽의 부조들이 매우 아름답다.

노트르담 성당 Église Notre-Dame
13~15세기에 세워진 고딕 양식의 성당으로 시슬리가 14점의 그림을 그린 곳으로 유명하다.

생자크의 집 Logis du Bon St. Jacques
중세와 네오고딕 양식이 조화를 이루는 건물로 현재는 요양소로 사용되고 있다.

성의 큰 탑 Donjon de Moret-sur-Loing
12세기 루이 6세 때 노르망디 스타일로 건축돼 약 3세기 동안 왕이 머물렀던 성의 일부다.

부르고뉴(성곽) 문 Porte de Bourgogne
부르고뉴에서 루앙으로 올 때 거쳐야 하는 문이다.

퐁루 수도원 Prieuré Pont-Loup
12세기 수도원의 흔적이 남아 있는 로마네스크 양식의 성당이다. 100년 전쟁과 대혁명 때 크게 훼손되었다.

시슬리의 뷰포인트
모레 다리와 성당 탑 등 마을 전경이 한눈에 들어오는 최고의 뷰포인트다.

> 보르비콩트성

루이 14세의 질투심을 불러일으킨

보르비콩트성 Château de Vaux le Vicomte 🔊 샤또 드 보르비꽁뜨

태양왕 루이 14세는 푸케의 저택인 이 성을 보고 질투를 느껴 베르사유 궁전을 지었다고 한다. 유럽 전역에서 성을 건축할 때 모범이 된 곳. 이 한 줄의 소개만으로도 보르비콩트의 진가는 100% 발휘된 셈이다. 당시 재무부 장관을 지냈던 니콜라스 푸케는 누구나 감탄하는 최고의 성을 가졌지만 결국 왕의 미움을 사고 국가 재정을 낭비한다는 루머에 휩쓸려 감옥살이까지 하고 말았다.

보르비콩트의 정원은 베르사유에 비해 작지만 완벽한 대칭과 정교한 기하학 설계가 돋보여 훨씬 아름답다는 평을 받고 있다. 정원 중간중간에는 다양한 분수와 운하가 놓여 있고, 그 너머로는 언덕이 형성돼 이곳에서 바라보는 성과 정원이 상당히 아름답다. 성 내부에는 17세기의 가구들과 태피스트리, 브론즈상과 조각상, 각종 예술품들로 화려하게 장식된 바로크 스타일의 방들이 있다. 한편 보르비콩트는 다양한 이벤트로도 유명하다. 부활절 전후로 열리는 부활절 달걀 찾기 대회, 보물 찾기 등을 비롯해 17세기 궁정 재현의 날 등이 열린다. 하지만 가장 주목을 끄는 것은 역시 6월부터 9월까지 열리는 캔들 라이트 비지트다. 성과 정원에 2천 개의 촛불을 밝히고 17세기 성의 야경을 재현한다. 11월 말부터 1월 초까지 펼쳐지는 연말 조명 축제 역시 놓치기 아까운 이벤트다. 성 개관일과 행사 기간 및 시간은 매년 바뀌며 홈페이지에서 확인할 수 있다.

Data **Access** 리옹 기차역 Gare de Lyon에서 트랑질리앙 R선을 타고 믈랭 Melun역에서 하차 후 성까지 우버나 택시를 탄다. 일요일이나 공휴일, 캔들 라이트 비지트 기간에는 믈랭에서 성까지 셔틀버스를 운행한다(홈페이지 사전 예약 필수) **Add** Vaux-le-Vicomte 77950 Maincy **Tel** (01) 64 14 41 98 **Web** www.vaux-le-vicomte.com

구분	개관일	요금
데이 비지트	3월 중~10월 말 10:00~17:30 11월 초~3월 중순 휴관(크리스마스, 신년 전후 특별 개관)	성인 18유로, 학생 14.90유로, 정원만 13.50유로, 6세 미만 무료
캔들 라이트 비지트	5월 말~9월 말 11:00~21:30(마지막 입장)	성인 21유로, 학생 17.90유로, 6세 미만 무료
크리스마스 & 연말 축제	11월 15~1월 4일	성인 21유로, 학생 17.90유로, 6세 미만 무료

장프랑수아 밀레의 아틀리에-집
Maison Atelier de JF Millet

Data **Map** 439
Add 27 Grand Rue 77630 Barbizon
Open 10:00~12:30, 14:00~18:00,
(4~10월 화요일, 11~2월 화, 수요일 휴관)
Cost 6유로, 12세 미만 무료
Web www.musee-millet.com

간의 여관–바르비종파 미술관
Auberge Ganne - Musée Départemental de l'École de Barbizon

Data **Map** 439
Add 92 Grand Rue 77630 Barbizon **Open** 수~월 10:00~12:30, 14:00~17:30
(화요일, 1월 1일, 5월 1일, 12월 24일 휴관)
Cost 8유로, 18세 미만 무료
Web www.musee-peintres-barbizon.fr

테오도르 루소의 아틀리에-집
Maison-Atelier Théodore Rousseau

Data **Map** 439
Add 55 Grand Rue 77630 Barbizon
Open 10:00~12:30, 14:00~17:30
(화요일, 1월 1일, 5월 1일, 12월 24일 휴관)
Cost 3유로

> 바르비종

밀레의 〈만종〉이 탄생한 마을
바르비종 Barbizon 🔊 바흐비종

바르비종은 밀레, 루소, 코로 등이 작품 활동을 펼친 곳이다. 이들은 이곳에 근거를 두고 순수하고 아름다운 자연 풍경을 화폭에 담아 바르비종파라고도 불렸다. 아직도 이곳에는 많은 화가들의 아틀리에가 들어서 있으며, 바르비종파를 사랑하는 관광객들의 발길이 끝없이 이어지고 있다. 이곳에서 가장 유명한 곳은 '밀레의 아틀리에-집'과 '간의 여관-바르비종파 미술관'이다. 간의 여관은 간 Ganne이라는 노인이 운영하던 여관으로, 화가들이 주로 머물러 이들의 회합 장소로도 쓰였다. 그 외 '테오도르 루소의 아틀리에-집'과 밀레의 대표작 〈만종〉의 배경이 되었던 들판, 밀레와 루소의 기념비, 성당 등을 비롯한 아기자기한 마을 곳곳을 산책하며 돌아보면 된다. 식사할 만한 레스토랑으로는 레르미타주 생탕투안L'Ermitage Saint Antoine(메인 23유로~)이 있다.

Data Map 439p
Access 퐁텐블로성에서 택시 이용, 3421번 일반 버스의 경우 매년 노선 번호와 운행일, 운행 시간이 변경된다. 자세한 정보는 이 지역 대중교통 정보 홈페이지(me-deplacer.iledefrance-mobilites.fr)에서 확인 가능하다.

🌼 바르비종화파와 퐁텐블로

19세기 초반, 프랑스의 화풍은 보수적이고 아카데믹한 경향을 띠고 있었다. 이들은 풍경을 그릴 때에도 있는 그대로의 모습이 아니라, 이상화된 장면을 화폭에 담았다. 하지만 점차 이러한 성향에 반기를 들고 자연 그대로의 모습을 담기 위해 야외로 나서는 무리들이 생겼다. 그들이 찾아낸 곳 중 하나가 퐁텐블로였다. 4만 2천 에이커의 빽빽한 숲과 초원, 폭포, 동굴 같은 야생의 풍경은 자연을 찾아 헤매던 젊은 화가들을 매료시켰다. 그리고 그 중심에 바르비종 마을이 있었다. 이곳에 모인 화가들은 낮에는 퐁텐블로 숲 여기저기를 돌아다니며 그림을 그리고 저녁에는 간의 여관에 모여 그날의 에피소드와 그림에 관한 아이디어를 나눴다. 이것이 바로 바르비종화파의 시작이었다.

EAT

퐁텐블로성

정육점을 겸한 스테이크 하우스
르바백 Le Bar'Back 🔊 르바백

고기에 진심을 다한 사람들이 모여 식당과 정육점을 열었더니 2022년에는 트립어드바이저 트래블러스 초이스에까지 선정되었다. 훌륭한 고기맛에 가격도 합리적이라서 만족도가 높다. 정육점은 한 블럭 위에 위치해 있다.

Data **Map** 432p **Access** 퐁텐블로성 다이아나의 정원에서 도보 5분 **Add** 18 Rue de la Corne, 77300 Fontainebleau **Tel** 09 53 70 69 64 **Open** 화 19:00~22:00, 수~토 12:00~14:30, 일 12:00~15:00 **Cost** 메인 요리 15유로~ **Web** www.leviandart.fr

밥이 먹고 싶다면!
마수 MA.SU 🔊 마수

퐁텐블로 같은 시골 마을에서도 번듯한 밥을 먹을 수 있다. '마수Ma.Su'라는 이름은 '매직 같은 스시Magic Sushi'의 줄임말로, 스시는 물론 장어덮밥, 우동, 캘리포니아롤, 타코야키, 교자 등 우리 입맛에 딱 맞는 메뉴들이 준비돼 있다.

Data **Map** 432p **Access** 퐁텐블로성 다이아나의 정원에서 도보 2분 **Add** 7 Rue Dénecourt, 77300 Fontainebleau **Tel** (01) 64 69 28 76 **Open** 화~토 12:00~14:00, 19:00~21:30, 일 12:00~14:00 **Cost** 메인 요리 18유로~ **Web** www.ma-su.fr

모레쉬르루앵

루앵 강을 보며 근사한 점심 식사를 하자
라포테른 La Poterne 🔊 라뽀떼흔느

다리가 시작되는 곳에 있는 크레페 전문점. 맛도 맛이지만 전망이 환상적이다. 루앵강이 내려다보이는 테라스에서의 점심은 무얼 먹어도 즐겁기만 하다. 근처 라가보트La Gavotte도 추천. 크레이프 맛으로는 라포테른보다 낫다는 평도 많다.

Data **Map** 435p **Access** 부르고뉴 성곽 문에서 도보 1분 **Add** Rue du Pont 77250 Moret-sur-Loing **Tel** (01) 60 96 91 50 **Open** 목~월 12:00~14:00, 19:00~21:00 **Cost** 갈레트 6.30유로~

가벼운 식사를 원할 때
르프티 모레 Le P'tit Moret 🔊 르쁘띠 모헤

얇은 도우 위에 크림, 양파, 베이컨 등의 토핑을 얹은 알자스 지역 전통 피자, 타르트 플랑베(혹은 '플람Flam'이라 부른다)를 전문으로 하는 곳이다. 버거나 핫도그 등 가볍게 먹을 수 있는 메뉴들도 준비돼 있다.

Data **Map** 435p **Access** 관광 안내소에서 도보 1분 **Add** 5 Rue des Granges, 77250 Moret-Loing-et-Orvanne **Tel** (01) 60 74 27 92 **Open** 목~화 12:00~14:00, 19:00~21:00 **Cost** 타르트 플랑베 7.50유로~ **Web** www.leptitmoret.com

Special 1 Day Tour

03

지베르니&루앙
Giverny & Rouen

파리 테마 여행 중 강력하게 추천하는 것은 모네의 흔적 따라가기다. <수련> 연작이 탄생한 모네의 집과 <루앙 대성당>의 실물을 감상할 수 있는 지베르니&루앙. 모네의 그림을 좋아하는 사람, 모네는 모르지만 '그림 같은 풍경'을 좋아하는 사람, 프랑스 소도시의 진면목을 알고 싶은 사람이라면 절대 놓치지 말자.

Giverny & Rouen
PREVIEW

파리에서 기차로 30분 거리에 있는 지베르니는 모네의 집과 정원은 물론 동네 자체가 모네의 그림 같은 분위기를 풍긴다. 이곳에서 다시 1시간 정도 기차를 타면 루앙에 닿는데, '잔 다르크의 도시'로도 유명한 루앙은 중세 목조건물들과 루앙 대성당, 잔 다르크 성당 등 볼거리가 무궁무진하다.

SEE

지베르니는 마을 자체가 모네의 세상 같다. 모네의 집을 나와 모네의 묘까지 마을 산책을 즐겨보자. 루앙은 루앙 대성당을 비롯해 프랑스에서 가장 큰 대시계 등 흥미진진한 볼거리가 많다. 특히 콜롱바주 양식(목재 골조가 겉으로 드러나는 전통 가옥)의 아름다운 목조 건물들도 볼 수 있다는 사실! 부지런한 여행자에겐 지베르니와 루앙 모두를, 무리가 된다면 두 곳 중 한 곳만이라도 꼭 돌아볼 것.

SLEEP

지베르니와 루앙을 좀 더 여유롭게 돌아보고 싶다면 루앙에서 1박을 계획하는 것도 좋다. 특히 루앙 대성당의 레이저쇼를 보고 싶다면 루앙 1박은 선택 아닌 필수다. 다행히 파리보다 숙박비도 저렴한 편. 루앙 대성당에서 1분 거리에 있는 머큐어 루앙 상트르 카테드랄은 이용자들의 만족도가 높은 4성급 호텔로 1박에 100유로대다. 중심에서 살짝 벗어나 있지만 가격도 저렴하고 객실도 깔끔한 이비스 루앙 샹드마르스는 80유로대 정도.

PLAN

마을도 작고 볼거리도 정해져 있는 지베르니는 1~2시간 간격으로 운행되는 셔틀버스(편도 6유로)에 일정을 맞추는 것이 좋다. 오전에는 지베르니, 오후에는 루앙을 돌아보고 저녁 식사까지 마친 후 파리로 돌아오면 된다.

- **08:19** 파리 생라자르역에서 기차 탑승
- **09:45** 지베르니 도착. 모네의 집과 지베르니 마을 돌아보기
- **12:10** 지베르니에서 셔틀버스 탑승. 20분 후 베르농 기차역 하차
- **12:49** 루앙행 열차 탑승. 47분 후 루앙 도착
- **13:40** 루앙 관광(루앙역 출발 → 잔 다르크 성당 → 대시계 → 대성당 → 생마클루 성당 → 생마클루 성당 묘지 → 루앙 순수미술관)
- **18:30** 저녁 식사
- **20:12** 루앙역에서 파리행 기차 탑승
- **21:41** 파리 생라자르역 도착

- 기차 및 지베르니 셔틀 버스 시간은 시즌에 따라 변경되므로, 모네의 집 홈페이지에서 출발 전 확인 필수
- 베르농 기차역과 모네의 집을 이어주는 관광용 꼬마기차도 운행 중이다.

Giverny & Rouen
GET AROUND

 어떻게 갈까?

1. 지베르니

파리 생라자르역Gare Saint Lazare에서 기차를 타고 베르농역Gare de Vernon에서 하차한다(소요시간 50분, 나비고 사용 불가). 베르농역 앞에서 지베르니까지 가는 셔틀버스나 꼬마열차를 탄다. 셔틀버스는 파리에서 출발하는 기차 시간에 맞춰 운행되며, 편도 6유로, 운행 시간은 모네의 집 홈페이지를 참고하자. 꼬마열차는 베르농의 주요 관광지를 지나가기 때문에 볼거리가 쏠쏠하다. 편도 12유로. 20분 소요. 참고로 교통비를 아끼고 싶다면 생라자르역에서 일반 기차가 아닌 트랑질리앙 J선을 타고 망트라졸리Mantes la Jolie까지 간 후, 이곳에서 베르농까지 기차표를 사서 일반기차로 갈아타는 방법도 있다. 단, 시간은 많이 걸린다.

2. 루앙

파리 생라자르역이나 베르농(지베르니)역에서 루앙 행 열차를 타고 루앙 리브 드루아트Rouen Rive Droite에서 하차한다. 베르농에서는 40분 소요, 파리에서는 1시간 30분가량 소요된다.

TIP 기차표 구입법

기차표는 프랑스 철도청 영문 홈페이지(www.sncf-connect.com/en-en)에서 실시간으로 구입할 수 있다. 이때 주목해야 할 것은 출발일 3개월 전에 오픈되는 최저가 프로모션 티켓이다. 파리에서 주요 도시를 잇는 노선(즉, 베르농 같은 소도시는 해당 안 됨)을 최대 70%까지 할인해 주는데, 파리-루앙 노선의 경우 10유로에도 구입 가능하다. 최저가 티켓이 다 팔리면 가격은 조금씩 올라가게 되므로, 여행 일정이 확정됐다면 무엇보다 기차 티켓부터 확보해놓자. 참고로 프로모션 티켓은 환불이 불가하다.

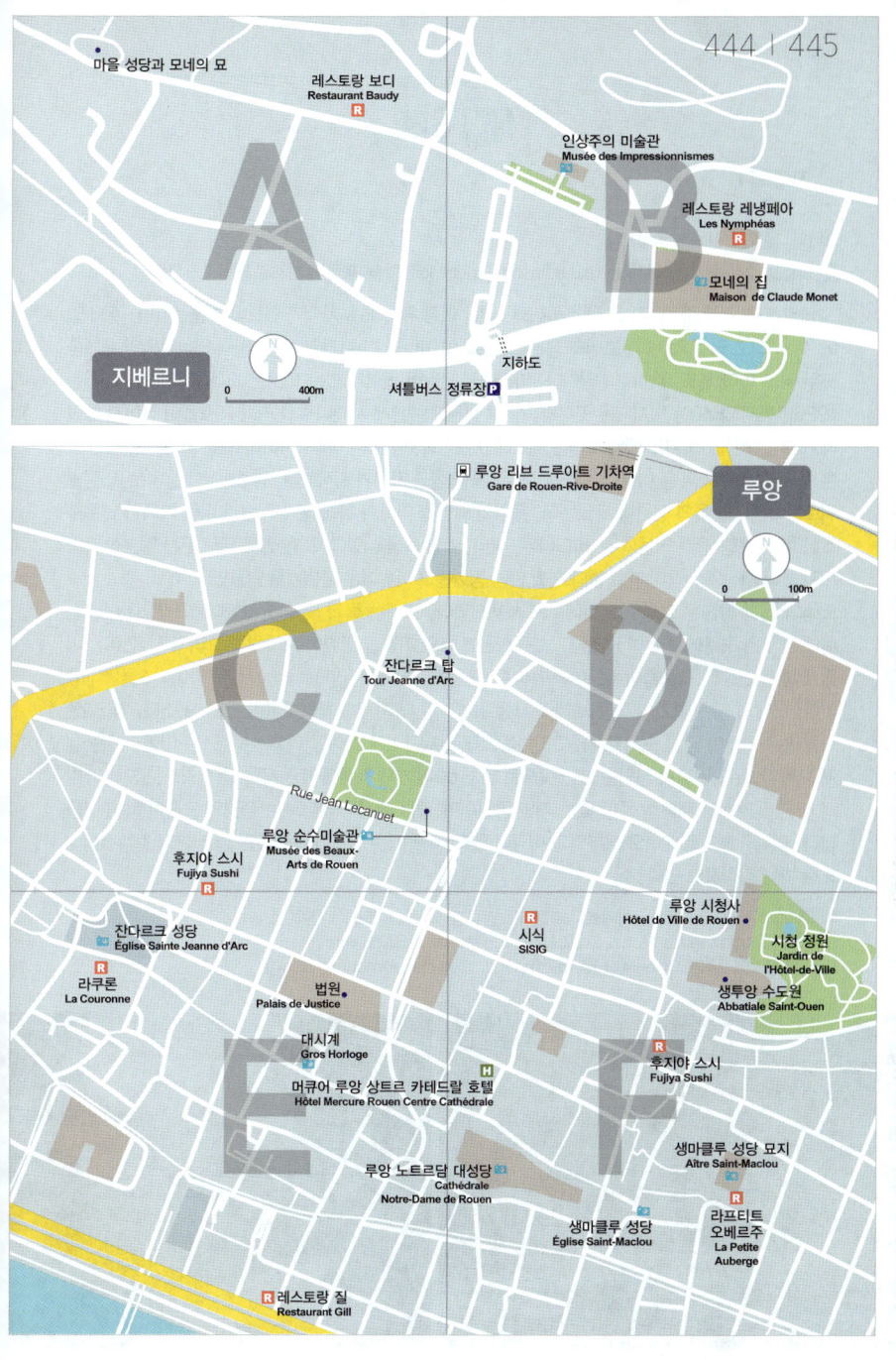

SPECIAL 1 DAY TOUR 03
지베르니 & 루앙

 SEE

지베르니

모네의 그림이 현실 속에 펼쳐진다
모네의 집과 정원 Maison et Jardins de Claude Monet 메종 에 쟈흐댕 드 끌로드 모네

그 바쁜 파리 여행 중, 오직 이 집만을 위해 1시간 이상 투자해 올 가치가 있느냐고 묻는다면, 주저 없이 "예스"라고 답할 것이다. 모네의 집은 그냥 '집'이 아니라 한 화가의 세계, 아니 인상주의의 세계를 모두 담고 있다 해도 무방하니 말이다. 파리에서 75km 떨어져 있는 이곳은 모네가 죽음을 맞게 된 1926년까지 약 40년간 지내온 곳이다. 집 앞 정원에는 본래 사과나무와 각종 채소들이 심어져 있었다. 하지만 원예가이기도 했던 모네는 채소대신 수선화, 양귀비, 작약, 아이리스를, 사과나무 대신 일본 벚나무, 살구나무 등 아름다운 꽃과 꽃나무들을 심고 가꾸기 시작했다. 약 8천㎡에 달하는 꽃 정원 뒤로는 6천㎡의 물의 정원을 두었는데, 동양의 느낌을 더하기 위해 대나무 숲과 수련 가득한 연못을 조성하고, 은행나무, 단풍나무, 버드나무, 작약, 백합 등을 심었다. 또한 연못 위로 푸른 일본식 다리까지 놓아 지상의 천국이 따로 없다고 할 만큼 평화롭고 아름다운 분위기를 만들었다.

모네의 집과 정원은 그의 아틀리에로도 사용되었다. 모네는 물과 꽃을 좋아했다. 그리고 늘 빛과, 물에 반사된 구름에 관심이 많았다. 그는 정원에 나와 이들을 관찰하며 그림을 그리기 시작했다. 이렇게 해서 탄생한 작품들이 〈수련Les Nympheas〉 연작, 〈일본 다리Pont Japonais〉, 〈아이리스들Les Iris〉이다. 모네의 집은 화가의 작품 세계와 사생활까지 좀 더 자세히 들여다볼 수 있는 곳이다. 약 80% 가량의 가구들이 당시 모네가 사용하던 것 그대로 제자리에 놓여 있다고 한다. 1층 아틀리에는 실제 모네가 1899년까지 작업을 했던 곳으로 현재 60여 개의 작품들이 전시돼 있다. 2층은 모네의 방과 부인 앨리스의 재봉실 등이 있는 개인 공간이며, 이곳에서 내려다보는 정원의 모습이 특히 아름답다. 다시 1층으로 내려오면 부엌과 식당이 있다. 이곳에는 모네가 수집했던 일본 판화 컬렉션들이 노란 벽을 장식하고 있다.

Data Map 445p-B Access 지베르니 셔틀버스 정류장에서 도보 7분
Add Fondation Claude Monet 84, Rue Claude Monet 27620 Giverny
Tel (02) 32 51 28 21 Open 4~10월 09:30~17:30 Web claudemonetgiverny.fr

모네의 집 & 정원 티켓 정보

구분		성인	학생(25세 미만)	7세 미만
싱글 티켓	모네의 집 & 정원	12유로	6.50유로	무료
콤보 티켓 모네의 집&정원	마르모탕 미술관	26유로	15.50유로	무료
	인상주의 미술관	24유로	6.50유로	무료
	오랑주리 미술관	24.50유로	—	—

산책하기 딱 좋은
지베르니 마을 Village de Giverny 빌라쥬 드 지베흐니

모네의 집이 위치한 지베르니 마을은 인상주의 그림 속에 나올 법한 경치들로 주목을 끈다. 모네의 집과 경쟁하듯 아름답게 꾸며진 갤러리와 레스토랑, 일반 가정집에 이르기까지 산책하듯 둘러보는 재미가 있다. 모네의 집을 등지고 왼쪽으로 큰 길을 따라가면 마을 성당이 보이는데, 성당 뒤쪽 묘지에 모네가 잠들어 있다.

Data Map 445p-A, B Access 모네의 집에서 성당까지 도보 10분

기획전이 내실 있는
인상주의 미술관 Musée des Impressionnismes 뮈제 앵프레시오니즘

클로드 모네의 영향을 받은 인상주의 화가들의 작품들을 전시해 놓았다. 하지만 유명 작가의 작품을 기대했다면 실망할 수 있다. 반면 클로드 모네나 인상주의를 테마로 한 기획전은 반응이 좋다. 인상주의 미술관 정원은 모네의 집만큼 아름다운 꽃들로 꾸며져 있으며, 정원 입장권만 따로 판매하기도 한다.

Data **Map** 445p-B **Access** 모네의 집에서 도보 2분 **Add** 99 Rue Claude Monet 27620 Giverny
Tel (02) 32 51 94 65 **Open** 4~10월 10:00~18:00(매년 기획전에 따라 운영일 변경, 홈페이지 확인 필수),
1월 1일, 12월 25일 휴관 **Cost** 전시회 13유로~(기획전에 따라 다름), 18세 미만 무료 **Web** www.mdig.fr

---

(루앙)

모던한 디자인과 스테인드글라스가 압권
잔다르크 성당 Église Sainte-Jeanne-d'Arc 에글리즈 쌩잔다흐끄

1431년 잔 다르크가 처형당했던 자리에 500여 년이 지나 세워진 성당이다. 곡선을 살린 모던한 외부 디자인은 불꽃과 바이킹 배 모양을 띠고 있어 자연스레 잔 다르크를 연상시킨다. 이 성당을 더욱 유명하게 만든 건 16세기에 제작된 스테인드글라스. 본래는 생뱅상 성당에 있던 것으로, 제2차 세계대전 때 안전한 곳에 옮겨져 보관돼 오다 이곳에 설치되었다. 근대식 성당 인테리어와 조화를 이뤄 지금까지 봐왔던 스테인드글라스와 또 다른 느낌을 전해 준다. 절대 놓치지 말 것!

Data **Map** 445p-E **Access** 기차역에서 도보 15분 **Add** Place du Vieux Marché 76000 Rouen
Open 월~일 10:00~12:00, 14:00~17:00(1월 1일, 12월 25일 휴관)

모네가 30점의 그림을 그린 그곳!
루앙 노트르담 대성당 Cathédrale Notre-Dame de Rouen 꺄떼드할 노트흐담 드 후앙

12세기 처음 건축돼 화재로 소실되고 15~16세기에 재건축되어 오늘에 이르고 있다. 독일의 쾰른 대성당이 건축되기 전까지 유럽에서 가장 높은 고딕 성당이었으며, 아직까지도 프랑스에서는 가장 높은 성당으로 기록돼 있다. 루앙 노트르담 대성당이 더욱 유명세를 타게 된 것은 모네가 30여 점의 대성당 연작을 그리고 나서부터다. 기후 상태와 시간에 따라 빛이 사물의 모습을 어떻게 변화시켜 보이는지 실험한 작품으로, 파리 오르세 미술관과 루앙 순수미술관을 비롯해 전 세계 유명 미술관에 전시돼 있다. 특히 6월 중순부터 9월 말까지 루앙을 방문하는 여행객들은 매일 밤 대성당 정면을 화려하게 수놓는 레이저 쇼를 놓치지 말 것. 매년 날짜와 공연 시간이 달라지므로, 관광 안내소 및 홈페이지에서 확인해야 한다. 대체로 밤 9시부터 11시 사이에 시작된다.

Data Map 445p-F Access 대시계에서 도보 2분 Add Place de la Cathédrale 76000 Rouen
Open 월 14:00~18:00, 화~토 09:00~12:00, 14:00~18:00, 일 08:00~18:00
Web www.cathedrale-rouen.net

프랑스에서 가장 오래된
대시계 Gros-Horloge 그호오흘로쥬

루앙의 상징과도 같은 것으로 1389년 제작된, 프랑스에서 가장 오래된 기계다. 여기에는 바늘이 하나밖에 없는데, 1회전은 24시간이 된다. 이는 곧, 이 기계가 일반 시계가 아닌 천문계로 사용됐음을 알려준다. 대시계의 푸른색 눈금판에는 24개의 광선을 가진 금색 태양이 형상화돼 있는데, 이는 태양왕 루이 14세를 상징한다. 이 천문계는 현존하는 것 중 가장 큰 것으로 알려져 있으며, 이것이 달려 있는 파사드는 1527년 건축된 것으로, 르네상스 양식의 화려한 외관이 시선을 끈다.

Data Map 445p-E Access 잔 다르크 성당에서 도보 7분 Add Rue du Gros Horloge 76000 Rouen

SPECIAL 1 DAY TOUR 03
지베르니 & 루앙

중세 페스트 공포의 흔적
생마클루 성당 묘지 Aître Saint-Maclou
🔊 에트흐 쌩끌루

언뜻 보면 중세시대 건물로 둘러싸인 평화로운 중정으로 느껴지지만, 실제는 성당 묘지로 사용되었다. 1348년 유럽에 불어 닥친 페스트로 이 지역 인구의 4분의 3이 사망하여 이곳에 묻혔다. 여기에 들어선 건물들은 16세기 초에 지어진 것으로, 나무 프리즈(띠 모양의 장식물)에 해골이나 다리뼈들이 새겨져 있어 오싹한 느낌을 전해 준다. 방문은 가이드 투어로만 가능.

Data Map 445p-F
Access 생마클루 성당 입구에서 도보 2분 **Add** 184 Rue Martainville 76000 Rouen **Open** 셀프 오디오가이드 토, 일요일(방학 중에는 화~일요일) 12:00~17:00, 일반 프랑스어 가이드 매주 일요일 15:00 **Cost** 셀프 오디오가이드 투어 5유로, 일반 가이드 투어 7.50유로, 12세 미만 무료

아름다운 목조 건물들로 둘러싸인
생마클루 성당 Église Saint-Maclou 🔊 에글리즈 쌩끌루

1437~1517년에 세워진 성당으로, 플랑부아양 고딕 양식의 걸작으로 알려져 있다. 특히 성당 모퉁이 분수대에 있는 오줌 싸는 동상이 관광객들에게 큰 인기다. 하지만 생마클루 성당을 꼭 찾아가야 하는 데는 다른 이유가 있다. 성당을 둘러싼 거리에 15~16세기에 지어진 프랑스 전통 목조건물들이 빼곡하게 들어서 있기 때문이다. 이곳을 걷다 보면 마치 중세시대로 돌아간 듯한 느낌이 든다.

Data Map 445p-F
Access 노트르담 대성당에서 왼쪽 생로맹 거리Rue St-Romain를 따라 도보 3분 **Add** Place Barthélémy, 76000 Rouen **Tel** (02) 35 08 69 00 **Open** 4~9월 월·토·일 10:00~12:00, 14:00~18:00 / 11~3월 월·토·일 10:00~12:00, 14:00~17:30(매주 화~금, 1월 1일, 12월 25일 휴관)

루앙 대성당을 그림으로 보다
루앙 순수미술관 Musée des Beaux-Arts de Rouen
🔊 뮈제 데 보자흐 드 후앙

15~20세기 작품들이 주를 이룬다. 그중에서도 특히 17~19세기 프랑스 회화(푸생, 프라고나르, 앵그르, 제리코 등)와 인상주의(모네의 〈루앙 대성당〉 연작을 비롯해 피사로, 카이유보트의 작품들), 큐비즘(레이몽 뒤샹비용, 자크 비용, 마르셀 뒤샹), 17세기 이태리 화가(카라바치오)의 작품들이 주목을 받고 있다.

Data **Map** 445p-C **Access** 기차역에서 도보 10분 **Add** 1 Espl. Marcel-Duchamp F 76000 Rouen **Tel** (02) 35 71 28 40 **Open** 수~월 10:00~18:00 (매주 화요일 1월 1일, 5월 1일, 11월 1일, 11월 11일, 12월 25일 휴관) **Cost** 상설전 무료 **Web** www.mbarouen.fr/en

EAT

〔 지베르니 〕

르누아르, 로댕 등 인상주의 화가가 사랑한
레스토랑 보디 Restaurant Baudy
🔊 헤스또랑 보디

옛 호텔 자리에 들어선 레스토랑이다. 모네 시대 때에는 르누아르, 시슬리, 로댕, 마리 카사트 등 많은 인상주의 화가들이 방문했다. 아름답게 조성된 정원에서 식사도 즐기고 작은 박물관처럼 꾸민 화가들의 아틀리에에도 구경할 수 있다.

Data **Map** 445p-A **Access** 모네의 집에서 성당 방향으로 큰길 따라 도보 5분 **Add** 81 Rue Claude Monet, 27620 Giverny **Tel** (02) 32 21 10 03 **Open** 화~토 11:30~23:30, 토 ~18:00, 월요일 휴무 **Cost** 세트 메뉴 35유로~, 단품 22유로~ **Web** www.restaurantbaudy.com

모네의 집을 재현한 레스토랑
레스토랑 레냉페아 Restaurant Les Nympheas
🔊 헤스또랑 레냉페아

모네의 집과 정원 분위기를 그대로 가져온 레스토랑이다. 노르망디식 프렌치 레스토랑이지만, 미식가이기도 했던 모네가 직접 기록한 조리법의 요리들도 맛볼 수 있다.

Data **Map** 445p-B **Access** 모네의 집 맞은편 **Add** 109 Rue Claude Monet, 27620 Giverny **Tel** (02) 32 21 20 31 **Open** 4~10월 09:00~18:00 **Cost** 모네 세트 32유로~ **Web** www.giverny-restaurant-nympheas.fr

루앙

Data Map 445p-F
Access 노트르담 대성당에서 도보 4분 **Add** 8 Rue Beauvoisine, 76000 Rouen **Tel** (02) 35 03 36 44
Open 월~목, 토 11:30~15:00, 18:30~21:00(목·토 ~22:00), 금 11:30~22:00 **Cost** 비빔밥 세트 12.50유로~, 떡볶이 8.80유로, 불고기 11유로

떡볶이부터 불고기까지
시식 SISIG 🔊 시시그

루앙에도 한식을 파는 식당이 여럿 있지만, 이곳이야말로 한국인이 운영하는 진짜 한식집이다. 가격도 착하고, 비빔밥 세트메뉴부터 떡볶이, 만두 같은 가벼운 간식까지 준비돼 있다.

밥이 먹고 싶을 때
후지야 스시 Fujiya Sushi 🔊 푸지야 스시

노르망디 지역 곳곳에 지점을 갖고 있는 스시 전문점이다. 루앙에는 잔다르크 성당과 생마클루 성당 근처 2곳에 지점이 있다. 후지야 스시의 맛의 비결은 매일 아침 배달되는 생선과 신선한 재료들. 주메뉴는 스시와 롤, 사시미, 각종 꼬치구이들이며 세트 메뉴에는 샐러드와 국, 밥(꼬치구이 경우)이 포함된다.

Data Map 445p-E, F
Add 잔다르크 성당 근처_14 Rue Sainte-Croix-des-Pelletiers, 생마클루 성당 근처_94 Rue de la République, 76000 Rouen
Tel 잔다르크 성당 근처_ (02) 35 89 82 00,
생마클루 성당 근처_ (02) 35 07 15 44
Open 화~일 12:00~14:30, 19:00~22:30
Cost 스시 세트 15유로~ (런치는 12유로~), 롤 12.80유로
Web www.fujiyasushi.fr

노르망디 전통 요리를 맛볼 수 있는
라프티트 오베르주 La Petite Auberge
🔊 라쁘띠 또베흐쥬

프랑스 요리 중에서도 특히 노르망디 전통요리를 표방한다. 모둠소스 달팽이 요리가 특히 맛있다. 작은 공간에 늘 손님들로 북적인다.

Data Map 445p-F **Access** 생마클루 성당에서 도보 2분
Add 164 Rue de Martainville 76000 Rouen **Tel** (02) 35 70 80 18
Open 화~토 12:00~13:30, 19:00~21:30, 일 12:00~13:30(월 휴무)
Cost 오늘의 런치 22유로~, 일반 메뉴 18유로~
Web www.restaurant-petite-auberge.fr

루앙에서 가장 오래된 레스토랑
라쿠론 La Couronne 라꾸혼느

1345년에 문을 연, 루앙에서 가장 오래된 여인숙이자 레스토랑이다. 소피아 로렌 등 루앙을 방문한 유명 인사들이 많이 찾았던 곳으로, 외부만큼 실내 역시 옛 모습을 잘 간직하고 있다. 맛보다는 분위기로 승부한다.

Data **Map** 445p-E **Access** 잔 다르크 성당에서 도보 1분 **Add** 31 Place du Vieux Marché, 76000 Rouen **Tel** (02) 35 71 40 90 **Open** 12:00~14:30, 19:00~22:30 **Cost** 이달의 메뉴 29유로, 메인 요리 34유로~ **Web** www.lacouronne-rouen.fr

미슐랭 스타일의 파인 다이닝
레스토랑 질 Restaurant Gill 헤스또항 질

루앙에서 미슐랭 2스타 레스토랑까지 선정된 바 있는 파인 다이닝 스팟이다. 주방을 맡고 있는 질 투르나드르 셰프는 노르망디 출신으로, 해산물이 풍부한 이 지역의 전통음식을 현대에 맞게 재해석했다. 농어와 가자미, 대구와 같은 생선요리는 물론, 루앙 전통 방식으로 구운 비둘기 요리, 송아지 췌장 요리 같은 독특한 메뉴들도 선보이고 있다. 와인 리스트 역시 좋은 평가를 받고 있다.

Data **Map** 445p-E **Access** 루앙 대성당에서 200m(도보 5분). 센강 가루앙 오페라 하우스 뒤편 **Add** 8 et 9, Quai de la Bourse 76000 Rouen **Tel** (02) 35 71 16 14 **Open** 화~토 12:00~13:45, 19:30~21:45 **Cost** 단품 요리 26유로~, 테스팅 메뉴 49~89유로 **Web** www.gill.fr

Special 1 Day Tour

04

오베르쉬르우아즈
Auvers-Sur-Oise

파리 북쪽 30km에 있는 작은 마을 오베르쉬르우아즈는 고흐가 37세의 짧은 삶을 마감한 곳이다. <오베르 교회>와 <까마귀가 나는 밀밭>, <가셰 박사의 초상화> 등 고흐의 대작들이 탄생한 곳에서 고흐의 숨결을 물씬 느껴보자.

Auvers-Sur-Oise
PREVIEW

한국 사람들이 가장 좋아하는 화가 고흐는 권총 자살로 생을 마감하기 전 70일간을 오베르쉬르우아즈에서 보냈다. 이곳에는 고흐의 하숙방부터 고흐가 그림을 그렸던 곳, 고흐의 묘지까지 고흐와 관련된 모든 것이 집약돼 있다.

SEE

이 여행의 테마는 고흐지만, 이곳은 샤를 프랑수아 도비니, 폴 세잔이 작품 활동을 했던 곳으로도 유명하다. 마을 자체가 작기 때문에 라부 여관, 가세 박사의 집, 오베르성당, 고흐 묘지를 돌아다니다 보면 도비니의 아틀리에나 폴 세잔이 그림을 그렸던 곳, 오베르성 등 오베르쉬르우아즈에서 볼거리들을 모두 돌아보게 된다.

PLAN

오베르쉬르우아즈에서는 특별한 목적을 갖고 어딘가를 꼭 방문한다기보다 산책하듯 가벼운 마음으로 돌아보면 된다. 여행 스타일에 따라 다르지만, 2~3시간 정도 소요된다. 효율적인 동선은 다음과 같다.

기차역 → 자드킨의 고흐 동상 → 라부 여관(반 고흐의 다락방) → 도비니 미술관 → 도비니의 아틀리에-집 → 압생트 박물관 → 오베르쉬르우아즈성 → 가셰 박사의 집 → 오베르성당 → 〈까마귀가 나는 밀밭〉의 배경지 → 고흐의 묘 → 도비니 동상

어떻게 갈까?

1. 파리 생라자르 기차역Gare Saint-Lazare에서 퐁투아즈Pontoise행 트랑질리앙 J선 탑승 후 퐁투아즈Pontoise에서 환승 크레일Creil행 기차를 타고 오베르 쉬르 우아즈에서 하차한다. 메트로-기차-RER 티켓Metro-Train-RER tickets 사용 가능(편도 2.50유로).

2. 파리 북역Gare du Nord에서 크레일Creil행 트랑질리앙 H선 탑승 후 발몽두아Valmondois, 혹은 페르장 보몽Persan Beaumont에서 퐁투아즈 Pontoise 행으로 환승한다. 또한 북역에서 퐁투아즈행 트랑질리앙 H선이나 RER C선을 탑승한 경우, 생투앙로몬Saint-Ouen l'Aumône 역에서 하차, 크레일행 열차로 갈아탄다. 메트로-기차-RER 티켓Metro-Train-RER tickets 사용 가능(편도 2.50유로).

열차 시간 및 정확한 환승 방법은 트랑질리앙 홈페이지(www.transilien.com)에서 확인할 수 있다.

SEE

정원이 아름다운
오베르쉬르우아즈성 Château d'Auvers-sur-Oise
🔊 샤또 도베흐쉬흐우아즈

17세기 건축된 성으로, 현재는 '인상주의 화가 시대로의 여행'이라는 제목의 멀티미디어 전시를 열고 있다. 1860~1870년대 생라자르역이나 카바레의 모습, 기차 안 풍경, 압생트 술 등 인상파 화가들과 관련된 당시의 생활상과 그들의 작품을 영상으로 접할 수 있다. 오베르쉬르우아즈성은 기하학적 모양의 아름다운 프랑스식 정원과 그곳에서 바라보는 경치로 더 유명하다. 정원은 무료.

Data **Map** 457p-A **Access** 압생트 박물관에서 도보 5분 **Add** Chemin des Berthelees 95430 Auvers-sur-Oise **Tel** (01) 34 48 48 48 **Open** 화~일 10:00~17:00, 월요일 휴관 **Cost** 12유로, 6~17세 7.50유로 **Web** www.chateau-auvers.fr

오베르 작가들의 작품이 궁금할 땐
도비니 미술관 Musée Daubigny
🔊 뮈제 도비니

샤를 프랑수아 도비니와 그의 아들 칼 도비니, 그리고 오베르에서 작품을 그렸던 화가들의 작품들을 상설 전시해 놓고 있다. 1년에 한 번 인상파 화가와 작품들 위주로 기획전을 갖는데 주목할 만하다.

Data **Map** 457p-B **Access** 라부 여관에서 도보 2분 **Add** Rue de la Sansonne Manoir des Colombieres, 95430 Auvers-sur-Oise **Tel** (01) 30 36 80 20 **Open** 화~금 14:00~17:30, 주말·공휴일 10:30~12:30, 14:00~17:30 / 7, 8월 화~일 10:30~12:30, 14:00~17:30 **Cost** 5유로, 18세 미만 무료 **Web** www.museedaubigny.com

19세기 예술과 압생트의 관계는?
압생트 박물관 Musée de l'Absinthe
🔊 뮈제 드 랍쌩뜨

시인과 예술가들이 가장 사랑하는 음료 압생트를 주제로 한 박물관. 19세기 사회, 문화 속에서 압생트 술의 중요성을 알아볼 수 있는 광고, 벽보, 게시물, 판화, 그림 등을 전시해 놓았다. 참고로 '녹색 요정'이라고도 불리는 압생트 술은 인상주의 화가들에게 영감을 주는 뮤즈와 같았다.

Data **Map** 457p-B **Access** 도비니 아틀리에에서 도보 3분 **Add** 44 Rue Alphonse Callè, 95430 Auvers-sur-Oise **Tel** (01) 30 36 83 26 **Open** 3월 중~10월 중 토~일 13:30~17:30 **Cost** 6유로~ **Web** www.musee-absinthe.com

고흐가 마지막 숨을 거둔
라부 여관 Auberge Ravoux
🔊 오베흐쥬 하부

고흐가 세 들어 살던 곳으로, 생의 마지막을 맞이했던 다락방이 보존돼 있다. 고흐의 기념관으로 대중들에게 공개되고 있으며 그의 생애를 담은 영상도 볼 수 있다.

Data **Map** 457p-B **Access** 기차역에서 도보 4분 **Add** 52 Rue du Général de Gaulle 95430 Auvers-sur-Oise **Tel** (01) 30 36 60 60 **Open** 3월 초~11월 중순, 수~일 12:00~18:00 **Cost** 6유로 **Web** www.maisondevangogh.fr

도비니와 그 친구들의 흔적을 찾아서
도비니의 아틀리에-집
Maison Atelier Daubigny

🔊 메종 아뜰리에 도비니

1861년 샤를 프랑수아 도비니가 지은 집으로 코로, 도미에, 베르트 모리소 등이 찾아와 즐거운 시간을 보내기도 했다. 아틀리에 벽에는 아직까지도 그들이 남겨둔 흔적들을 찾아볼 수 있다.

Data **Map** 457p-B **Access** 도비니 미술관에서 도보 5분 **Add** 61 Rue Daubigny, 95430 Auvers-sur-Oise **Tel** (01) 30 36 60 60 **Open** 3월 중~10월 중 토~일 10:30~12:30, 14:00~18:30 **Cost** 6유로, 12세 미만 무료 **Web** www.atelier-daubigny.com

SPECIAL 1 DAY TOUR 04
오베르쉬르우아즈

고흐의 흔적이 남아 있는
가셰 박사의 집 Maison du Docteur Gachet 🔊 메종 뒤 독뙤흐 갸셰

아마추어 화가들의 모임 회원이었던 가셰 박사는 오베르로 옮겨온 고흐를 마지막까지 보살피며 작품 활동을 후원해 주었다. 그가 살던 2층 집은 당시 모습 그대로 보존되어 있다. 가셰 박사가 직접 수집한 인상파 화가들의 작품들은 물론 고흐와 주고받은 편지, 고흐의 스케치, 가셰 박사의 초상화에 나온 주홍색 테이블 등도 전시돼 있다. 창밖으로 내려다보이는 정원과 오베르의 풍경이 매우 아름답다.

Data Map 457p-A
Access 오베르쉬르우아즈성에서 도보 7분 **Add** 78, Rue Gachet, 95430 Auvers-sur-Oise
Tel (01) 34 25 30 30 **Open** 4~10월 수~일 10:30~18:30 **Cost** 5유로

고흐의 대표작 〈오베르 교회〉의 모델
오베르쉬르우아즈 성모승천 성당 Église Notre-Dame-de-l'Assomption d'Auvers-sur-Oise

🔊 에글리즈 노트흐담 드 라쏭쁘씨옹 도베흐쉬흐우아즈

오르세 미술관에 전시된 반 고흐의 1890년 작품 〈오베르 교회〉의 배경이 된 곳이다. 12세기 성당으로 북쪽의 소후진(후진의 일부가 반원형을 이루는 소성당)은 완전한 로마네스크 스타일을 띠고, 아치형 창문이나 궁륭은 고딕 양식 스타일이다. 전란의 피해 없이 옛 모습을 잘 간직하고 있으며 1856년에 역사적인 기념물로 지정되었다.

Data Map 457p-B
Access 기차역에서 도보 4분
Add Place de l'Église 95430 Auvers-sur-Oise

고흐의 묘가 있는
오베르쉬르우아즈 묘지 Cimetière d'Auvers sur Oise

🔊 씨메띠에흐 도베흐쉬흐우아즈

고흐와 그의 동생 테오가 잠들어 있다. 우애가 깊었던 탓인지 형이 죽자 동생도 1년 후에 죽음을 맞게 된다. 묘지에 닿기 전, 오베르성당 위쪽에 위치한 밀밭은 고흐의 그림 〈까마귀 나는 밀밭〉의 배경이 된 곳이다.

Data **Map** 457p-B
Access 오베르성당에서 도보 5분
Add Rue Emile Bernard 95430 Auvers-sur-Oise

🍽 EAT

가격, 맛, 서비스 삼박자를 갖춘
르슈맹 데 팽트르 Le Chemin des Peintres 🔊 르슈맹 데 뺑트흐

이 지역에서 가장 인기 있는 전통 프렌치 레스토랑이다. 합리적인 가격에 맛과 서비스 모두 좋은 평가를 받는다. 트립어드바이저 선정 우수 업소.

Data **Map** 457p-B **Access** 성모승천 성당에서 도보 2분 **Add** 3 Bis, Rue de Paris, 95430 Auvers-sur-Oise **Tel** (01) 30 36 14 15 **Open** 수~일 12:00~15:30 (월, 화 휴무) **Cost** 메인 요리 18유로~, 런치 세트 23유로~ **Web** www.le-chemin-des-peintres.fr

고흐 팬이라면 한 번쯤 들러볼 만한
라부 여관 레스토랑 Auberge Ravoux Restaurant 🔊 오베흐쥬 하부 헤스또항

고흐의 방이 있는 라부 여관의 부속 레스토랑이다. 고흐와 여러 화가들이 식사를 즐기던 당시의 모습을 최대한 간직하고 있다. 최근에는 본격적인 식사보다 와인과 음료를 중심으로 치즈, 샤퀴트리(프렌치 햄), 디저트를 제공하는 카페 정도로 영업하고 있다.

Data **Map** 457p-B
Access 기차역에서 도보 4분
Add 52 Rue du Général de Gaulle 95430 Auvers-sur-Oise
Tel (01) 30 36 60 60 **Open** 3~11월 수~일 12:00~18:00
Cost 와인(잔) 6유로~, 치즈 3.50유로~, 디저트 3.50유로~
Web www.maisondevangogh.fr/en

Special 1 Day Tour
05
디즈니랜드 파리 & 아스테릭스 파크
Disneyland Paris & Parc Astérix

아이를 동반한 가족 여행객들이나 평소 테마파크를 즐겨 방문하는 사람들에게 희소식! 파리에도 디즈니랜드가 있다. 그 외 프랑스 만화 캐릭터 '아스테릭스'를 테마로 한 아스테릭스 파크 역시 디즈니랜드 못지않은 인기가 있다.

Disneyland Paris & Parc Astérix
PREVIEW

디즈니랜드 파리는 전 세계에 있는 디즈니랜드와 대동소이하다. 아이들에게 친숙한 만화 캐릭터들과 아기자기한 이벤트들로 어린 아이를 동반한 가족 여행객들은 디즈니랜드, 그중에서도 특히 월트 디즈니 스튜디오를 선호한다. 어트랙션을 좋아하는 사람들이라면 디즈니랜드 파크나 아스테릭스 파크에 주목하자.

유럽에서 유일한 디즈니랜드인 만큼 주말과 방학 때는 엄청난 인파를 자랑한다. 이때에는 디즈니랜드 파크와 월트 디즈니 스튜디오 2곳을 하루에 신나게 즐기기란 쉬운 일이 아니다. 평일을 이용하거나 2곳 중 한 곳에만 집중하는 것이 좋다. 디즈니랜드와 달리 프랑스 토종 아스테릭스 파크는 조금 여유 있는 편이다. 프랑스에 온 만큼 프랑스에만 있는 테마파크를 방문해 보는 것도 좋은 생각이다. 우리에게 안 알려져서 그렇지, 어트랙션으로 따지면 방문객들 사이에서는 훨씬 좋은 평을 얻는 테마파크다.

어떻게 갈까?

디즈니랜드

1. 파리 시내에서 출발하는 가장 대중적인 방법은 RER A선을 타고 마른라발레 세시Marne-la-Vallée Chessy역에서 하차하는 것이다. 메트로-기차-RER 티켓Metro-Train-RER tickets 사용 가능(편도 2.50유로). 50분 소요.

2. 일루미네이션이 끝난 후 파리를 돌아올 때, 늦은 밤 안전을 위해 우버를 이용하는 사람들이 많다. 숙소 위치에 따라, 요금은 100유로 이상. 단, 이용자가 몰리기 때문에 오랜 시간 기다려야 한다.

3. 프랑스에 정식 등록된 한인택시(콜밴)를 이용하는 방법도 있다. 요금은 1~2인 100유로부터(예약금 별도) 8인(160유로)까지 가능한데, 유랑 같은 유럽여행 카페에서 동행을 구하면 비용도 절약할 수 있다. 예약제이기 때문에 대기 시간이 없다는 것도 큰 장점이다. 홈페이지 www.pariscallvan.com

4. 디즈니랜드와 파리 간 셔틀버스(Disneyland Paris Express)가 운행된다. 파리에서 오전 8~9시경 출발해 오후 8~9시경 다시 파리로 돌아온다. 자세한 정보는 디즈니랜드 홈페이지 참고.

5. 샤를 드골 공항 및 오를리 공항과 디즈니 랜드 제휴 호텔을 연결해 주는 셔틀버스도 있다. 자세한 정보는 매지컬 셔틀 홈페이지(magicalshuttle.co.uk) 참고.

아스테릭스 파크

RER B선을 타고 샤를 드골 공항Aéroport Charles De Gaulle 터미널 1에서 하차한다. 아스테릭스 파크Parc Astérix 티켓 창구로 가 아스테릭스 셔틀Navettes ASTÉRIX 승차권을 구매한 후 스태프의 안내에 따라 탑승한다. 셔틀은 개장 시간 1시간 전부터 폐장 시간 1시간 후까지 30분마다 운행하며, 왕복 11유로다.

파리에서 만나는 디즈니의 세계

디즈니랜드 파리 Disneyland Paris 디즈네랑드 빠히

우리가 흔히 아는 '꿈과 환상의 나라', 바로 그 디즈니랜드다. 50여 개의 어트랙션들을 즐길 수 있는 디즈니랜드 파크 Parc Disneyland와 할리우드의 디즈니 스튜디오를 재현해 놓은 월트 디즈니 스튜디오 Parc Walt Disney Studios 두 곳으로 나눠져 있다. 디즈니랜드 파크에는 미국의 거리를 재현한 USA 스트리트, 미국 개척기를 테마로 한 프론티어랜드, 캐리비안의 해적들 등 모험을 테마로 한 어드벤처랜드, 잠자는 숲속의 미녀, 미키 마우스, 앨리스, 소인국 등을 테마로 한 판타지랜드, 레이저 블래스트, 스페이스 마운틴 등으로 큰 인기를 끌고 있는 디스커버리랜드 총 5개의 구역으로 나눠져 있다.

디즈니랜드 파크를 찾는 사람들은 미키, 스티치, 니모와 같은 디즈니 캐릭터들과 사진도 찍고 신나는 퍼레이드를 즐길 수 있다. 특히 해가 완전히 진 후(시즌에 따라 시간 변동) 펼쳐지는 일루미네이션은 입장료가 아깝지 않을 만큼 환상적인 볼거리를 제공한다. 절대 놓치지 말자. 참고로 디즈니랜드 파크 어트랙션 톱 5로 꼽힌 것은 판타지랜드의 소인국, 디스커버리랜드의 레이저 블래스터와 스페이스 마운틴 미션 2, 프론티어랜드의 빅 선더 마운틴과 어드벤처랜드의 캐리비안의 해적들이다.

월트 디즈니 스튜디오에서는 영화의 배경이 된 장소와 소품들을 둘러보고 스턴트맨들의 흥미진진한 액션쇼도 관람할 수 있다. 그 외 디즈니 마을 Disney Village에는 디즈니 기념품 숍과 캐릭터 카페, 레스토랑 등이 들어서 있다.

Data Add Disneyland Paris 77777 Marne-la-Vallée
Tel (01) 60 30 60 53
Open 09:00~21:00
(운영 시간은 시즌, 요일에 따라 변동이 큼)
Cost 1일 1파크 일반 79유로~.
1일 2파크 일반 104유로~
(시즌 및 구매 조건에 따라 다름)
Web www.disneylandparis.com

TIP 디즈니랜드에서의 1박

디즈니랜드 내에는 시설과 분위기, 테마파크와의 거리 등을 기준으로 3등급의 호텔 및 코티지가 마련돼 있다. 호텔에 숙박할 예정이라면 호텔 포함 2일간 두 개의 파크를 이용할 수 있는 패키지 상품을 구입하는 것이 훨씬 저렴하다. 비수기에는 1박을 무료로 연장해 주거나 12세 미만 무료, 혹은 30% 할인 등 다양한 혜택이 주어지므로 영문 홈페이지의 스페셜 오퍼를 반드시 체크해 볼 것.

알아두면 유용해요!
① 디즈니랜드는 크리스마스, 할로윈, 12월 31일 등 특별한 날에 다양한 쇼와 프로그램을 마련해 놓고 있다. 입장료도 오르고 사람들도 많지만 볼거리는 배가 된다는 사실!
② 입장권은 당일 현장 구매 불가하며, 파리 디즈니랜드 홈페이지보다 마이리얼트립, 클룩, 와그 등의 여행 플랫폼에서 구입하는 것이 더 저렴하다.
③ 2~4일간 연속 혹은 비연속적으로 2개의 파크를 이용하는 입장권도 있다.
④ 하루 2개의 파크를 이용할 경우, 상대적으로 규모가 작은 월트 디즈니 스튜디오를 오전에, 볼거리가 많고 일루미네이션까지 즐길 수 있는 디즈니랜드 파크는 오후에 방문하는 것이 좋다.

어트랙션에 좀 더 비중을 둔다면

아스테릭스 파크 Parc Astérix 빠흐끄 아스떼힉쓰

디즈니랜드와 함께 프랑스를 대표하는 가족 놀이공원 중 하나로, 프랑스에서 공전의 히트를 기록한 만화 〈아스테릭스와 오벨릭스〉를 테마로 했다. 제라르 드 파르디외 주연의 영화로도 제작된 바 있다. 이 만화는 기원전 50세기경 프랑스의 조상이 된 골족이 고대 로마군을 비롯해 이집트군과 그리스군, 바이킹 등에 대항하여 벌이는 모험을 코믹하게 그린 것이다. 디즈니랜드가 디즈니 고유의 만화 캐릭터를 좋아하는 아이들과 여성들에게 인기가 많은 반면, 아스테릭스 파크는 어트랙션에 좀 더 비중을 둔 사람들에게 사랑을 받고 있다. 아스테릭스 파크 역시 만화 캐릭터들과 사진 찍기나 소소한 거리쇼, 야간 라이트쇼 등을 즐길 수 있다. 모든 프로그램과 스케줄은 홈페이지 참고.

Data Add Astérix Park 60128 Plailly **Tel** 09 86 86 86 89
Open 4~12월 10:00~18:00(여름 성수기에는 ~22:00, 비수기에는 매일 오픈하는 것이 아니므로 홈페이지의 캘린더 확인은 필수), 1~3월 폐장 **Cost** 일반 54유로~, 3~11세 51유로~, 1박 2일 패키지 (성인 2인과 아동 2인 호텔+입장권) 300유로~ **Web** www.parcasterix.fr/en

Special 1 Day Tour

06

샹티이
Chantilly

아름다운 정원으로 작은 베르사유라고도 불리는 성 샹티이와 고미술품 분야에서 최고로 손꼽히는 콩데 박물관, 달콤하고 부드러운 샹티이 크림으로 보고 즐기고 맛보는 알짜 근교 여행!

Chantilly
PREVIEW

샹티이는 파리 북역에서 RER로 45분, 기차로 25분 거리에 위치해 있다. 샹티이성은 왕이 기거했던 베르사유나 퐁텐블로에 비할 수는 없지만, 아름다운 주변 환경과 한적함, 전체적인 분위기가 루아르의 고성들을 떠올리게 한다.

 SEE
샹티이성을 찾는 사람들의 가장 큰 관심사는 역시 콩데 박물관이다. 성 자체의 아름다움 역시 부족할 바 없지만, 베르사유와 퐁텐블로도 갖지 못한 주요 예술품과 희귀 고문서들이 다수 전시돼 있어 박물관 마니아들은 반드시 가볼 것을 추천한다.

 EAT
샹티이성을 논할 때 빼놓을 수 없는 것이 바로 샹티이 크림이다. 우리가 흔히 휘핑크림으로 알고 있는 이 크림은 콩데 공작의 요리장 프랑수아 바텔이 샹티이성에서 생산된 신선한 우유로 처음 만들었는데, 그 맛이 널리 알려져 오늘에 이르렀다.

PLAN
샹티이성의 핵심은 콩데 박물관이다. 무료 오디오가이드와 한국어 안내서가 마련돼 있으므로, 충분한 시간을 들여 여유롭게 관람하자. 콩데 박물관 입장권(통합권)에는 대마구간과 말 박물관 입장권도 포함돼 있는데, 30분의 승마 공연을 무료로 관람할 수 있다. 샹티이를 돌아보는 가장 효율적인 일정은 다음과 같다.

※ 샹티이성(콩데 박물관) 관람 → 레스토랑 '라카피텐느리'에서 샹티이 크림 먹기 → 샹티이 정원 산책 → 레스토랑 '르부숑 구르망'에서 늦은 점심식사 → 대마구간/말 박물관 관람

 어떻게 갈까?

1. 파리 북역에서 기차 TER을 타고 샹티이 구비유에서 하차. 25분 소요, 편도 9.50유로. 하지만 북역 TER 매표소에서 기차 왕복권+입장권 패키지(Pack TER Chantilly)를 27유로로 판매한다. 추천!

2. 샹티이 구비유역은 파리 1-5존 밖에 위치해 있다. 따라서 메트로 - 기차 - RER 티켓은 물론 나비고 패스도 사용 불가하다.

3. 샹티이 구비유역에서 성까지는 무료 셔틀버스를 탑승하거나(운행 시간은 샹티이성 홈페이지에서 확인), 20분 정도 걸어가야 한다. 셔틀버스를 탈 때에는, 기차역 옆에 있는 버스 터미널에서 탑승해 샹티이 노트르담 성당에서 하차한다. 들판을 대각선으로 가로질러 끝까지 가다보면 오른쪽에 말 박물관이 나오고, 박물관을 오른쪽에 두고 직진하면 샹티이성이 보인다.

기념비적인 고미술품이 가득

샹티이성 Château de Chantilly 샤또 드 샹띠이

샹티이성은 프랑스의 골족이 로마 문화의 지배 아래 있을 때 이 지역 연못 한가운데 세워진 칸틸리우스의 성에서 시작되었다. 이후 그 인근 숲이 영주들의 사냥터로 사랑을 받으면서 1531년에는 그랑 샤토(성)가, 1550년에는 프티 샤토(성)가 건축되었다. 샹티이가 지금의 모습을 갖게 된 것은 1632년 콩데 공작이 주인이 되면서였다. 그는 당시 최고의 조경사 르노트르에게 정원 조경을, 망사르에게 부속건물을 맡겼다. 1671년 루이 14세의 방문을 전후하여 당대 유명 인사들이 줄을 이었고, 당시 최고의 희극작가 몰리에르의 작품이 이곳에서 공연되기도 하였다.

샹티이성은 프랑스 대혁명 때 약탈당하고 수용소로 사용되는 시련을 겪기도 했다. 하지만 1876년 콩데 가의 마지막 후손인 오말 공작이 다시 이 성의 소유자가 되면서 대대적인 재건 작업을 거쳤고, 그가 수집해왔던 수많은 예술품들이 갤러리에 전시돼 지금의 콩데 박물관으로 재탄생했다. 샹티이성 1층에는 19세기 가구로 꾸며진 오말 공작과 공작 공작부인의 개인 공간들이 위치해 있다. 반면 2층은 흰색 목재와 금으로 장식된, 로카이유 스타일의 18세기 가구들이 놓여 있다. 오말 공작은 1886년, 모든 것을 당시 상태 그대로 보존한다는 조건하에 샹티이성과 콩데 박물관, 공원과 숲, 대마구간, 경마장 등을 모두 프랑스 학사원에 기증하였다.

Data Map 466p
Add Château de Chantilly 60500 Chantilly
Tel (03) 44 27 31 80
Open 수~월 10:00~17:00 (공원 ~18:00), 화요일 휴관
Cost 샹티이성 & 공원 & 말 박물관 통합권 성인 18유로, 4~17세 14.50유로. 공원 & 정원 성인 9유로, 4~17세 7유로, 뮤지엄 패스 사용 가능
Web chateaudechantilly.fr/en

© tango7174

SPECIAL 1 DAY TOUR 06
샹티이

샹티이에서 꼭 봐야 할 3가지

고문서 희귀본이 유명한
콩데 박물관 Musée Condé 뮈제 꽁데

오말 공작이 자신이 수집한 작품들을 전시하기 위해 성의 일부를 갤러리로 변경한 것이 그 시작이다. 이곳에는 그가 영국에 유배돼 있을 당시부터 수집해온 16~19세기 프랑스 및 이탈리아 회화 800점, 공예품, 태피스트리, 가구류, 식기류, 책 등이 전시돼 있다. 회화들 중에서는 라파엘로의 <삼미신>을 비롯해 레오나르도 다빈치, 푸생, 코로, 앵그르, 들라크루아 등의 작품들을 감상할 수 있다. 하지만 콩데 박물관을 루브르 박물관 이래 고미술 분야에서 프랑스 최고의 박물관으로 만든 것은 채색 필사본이다. 그중에서도 특히 <베리 공작의 아주 호화로운 기도서>는 반드시 주목할 가치가 있다. 그 외에도 오말 공작이 소유하고 있던 3만 권의 희귀본 서적들과 장 푸케의 세밀화 초판본 40여 점도 있다.

베르사유 못지않은
정원 & 공원 Jardins et Parc 쟈흐댕 & 빠흐끄

115헥타르의 공원에는 분수와 조각상이 어우러진 프랑스식 정원들, 2.5킬로미터에 달하는 대운하, 작은 촌락이 있는 영국-중국식 정원, 영국식 정원, 사랑의 섬과 비너스의 사원 등 있는데, 그 아름다움이 빼어나 흔히 '작은 베르사유'라고도 부른다.

말에 관한 모든 것
대마구간 & 말 박물관 Grande Ecuries & Musée du Cheval 그항드 에퀴히 & 뮈제 뒤 슈발

콩테 공작의 7번째 왕자 루이 앙리의 요청으로 건축가 장 오베르가 설계한 것이다. 그는 말로 환생하고 싶어 할 만큼 말을 사랑했고 사냥을 즐겼다. 이곳 대마구간에서는 240마리의 말과 420여 마리의 사냥개가 조련돼 왔다. 대마구간 한쪽에는 말 박물관이 들어서 있고, 말과 마구, 사냥, 경마, 마장마술 등과 관련된 각종 소장품들은 물론 말을 주제로 한 그림들이 전시돼 있다. 말 훈련 과정과 승마 공연도 관람할 수 있다.

Special 1 Day Tour

07

샤르트르 & 랑부예성
Chartres & Château de Rambouillet

유네스코 세계문화유산과 아기자기한 소도시 산책, 도시 전체를 물들이는 화려한 조명쇼를 모두 즐길 수 있는 곳, 바로 샤르트르다. 온통 유리 조각들로 장식된 피카시에트의 집과 프랑스 대통령의 여름별장 랑부예성도 빼놓을 수 없는 볼거리다.

ⓒ Chartres Tourisme

SPECIAL 1 DAY TOUR 07
샤르트르&랑부예 성

Chartres & Château de Rambouillet
PREVIEW

한국인들에게는 잘 알려져 있지 않지만, 다녀온 사람마다 엄지손가락을 치켜드는 곳이다. 작은 외르 강을 따라 걷다보면 소도시 여행의 참맛을 느끼게 된다.

SEE

최대의 볼거리는 역시 샤르트르 대성당이다. '샤르트르 블루'라는 신비한 푸른빛의 스테인드글라스를 비롯해 문의 조각, 미로 바닥 등 성당 하나만으로도 볼거리가 풍성하다. 성당 뒤편에서 내려다보는 아랫마을 전경은 가히 일품이다. 또한 전통 목조건물들과 옛 성당들, 피카시에트의 집 등도 챙겨볼 만하다. 샤르트르의 밤은 낮보다 화려하다. 도시 곳곳 주요 건물들에 조명쇼가 펼쳐지기 때문이다. 4월에서 다음해 1월 초까지 샤르트르를 방문하는 사람은 절대 놓치지 말자.

PLAN

오전 중에 랑부예성을 돌아보고, 샤르트르에서 점심 식사를 한 후 본격적인 샤르트르 관광에 들어간다. 샤르트르에서 파리로 오는 기차는 21시 31분이 막차다(시즌에 따라 시간 변동). 해가 늦게 지는 한여름에는 조명쇼를 보는 게 불가능하지만, 그 외에는 일몰 시간을 참고하여 조명쇼까지 꼭 즐기고 오자. 샤르트르의 볼거리는 다음 루트를 그대로 따라가면 된다.

노트르담 대성당 → 미술관이자 옛 주교관 → 주교관 정원(뷰포인트) → ★산책길 → 연어의 집 → 베르트 여왕의 계단 → 생피에르 성당 → 피카시에트의집 → 생테냥 성당 → 시청사 → 신시가 → 장물랭 기념탑 → 기차역

★ 산책길에서는 계단을 따라 내려가 아랫마을로 들어선다. 작은 외르강을 따라 산책하듯 돌아보면 된다. 특히 에퀴에르 거리Rue des Ecuyers에는 12세기에 지어진 목조건물들이 많이 남아 있다.

 어떻게 갈까?

몽파르나스역에서 기차를 타고 샤르트르에서 하차한다(1시간 15분 소요, 편도 18.40유로). 만일 조금이라도 교통비를 아끼고 싶다면, 파리-랑부예 구간을 메트로-기차-RER 티켓(2.50유로)으로 이동하고, 랑부예-샤르트르 구간만 기차 구간권을 끊으면 된다. 열차 시간은 프랑스 철도청 홈페이지(www.sncf-connect.com/en-en) 참고.

 어떻게 다닐까?

샤르트르의 볼거리는 고만고만한 곳에 위치해 있는 데다 골목길을 따라 움직이기 때문에 도보가 답이다. 단, 피카시에트의 집은 생피에르 성당에서 1.5km 정도 떨어져 있어 도보로 이동하거나 4번 버스를 이용한다.

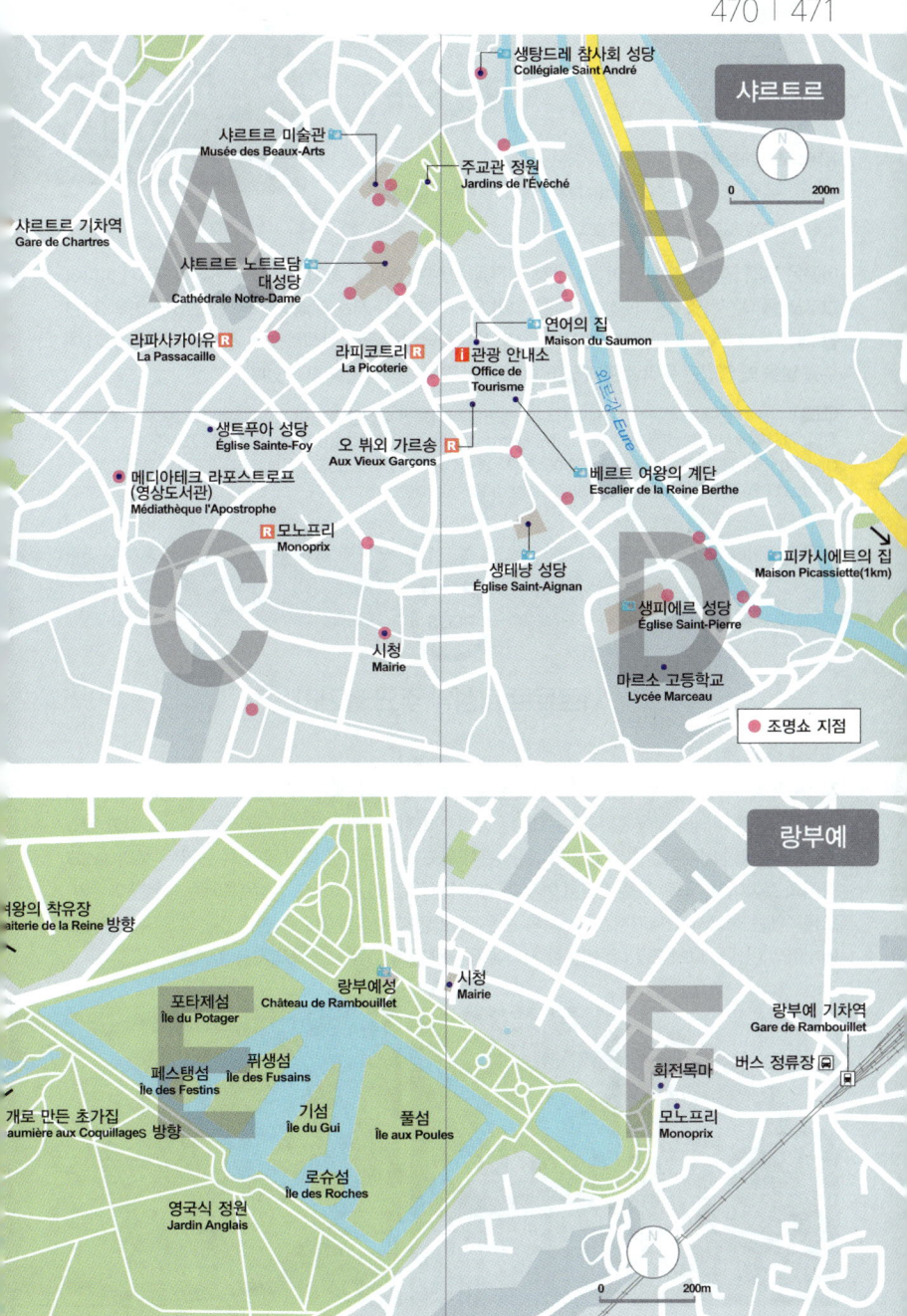

SPECIAL 1 DAY TOUR 07
샤르트르&랑부예 성

SEE

유네스코 세계문화유산
샤르트르 대성당 Cathédrale Notre-Dame de Chartres
까떼드할 노트흐담 드 샤흐트흐

이곳은 본래 골족이 대지의 여신을 위해 신전을 세웠던 곳이다. 하지만 기독교가 유입되면서 성당이 그 자리를 대신하였고, 1194년 화재를 겪어 왕의 문과 탑, 지하 예배당만 남게 되었다. 이후 30년간 재건 공사가 진행되어, 12~13세기 프랑스 대성당의 걸작이 탄생하였다. 성모 마리아가 아기 예수를 낳을 때 입었던 옷이 보관돼 있어, 예로부터 많은 순례자들이 찾고 있다.

Data **Map** 471p-A **Access** 기차역에서 나와 정면을 바라보면 대성당 종탑이 보인다. 언덕을 올라 왼쪽 길로 진입. 기차역에서 도보 5분 **Add** 16 Cloitre Notre-Dame 28000 Chartre **Tel** (02) 37 21 75 02 **Open** 08:30~19:30(7~8월 화~금 ~22:00), 미사 월~금 11:45, 18:15, 19:00, 토 11:45, 일 09:00(그레고리안 미사), 11:00(대미사), 18:00 **Web** www.cathedrale-chartres.org

PLUS

샤르트르 대성당 주요 볼거리

문의 조각들

샤르트르를 이야기할 때 가장 먼저 언급되는 것은 문의 조각들이다. 총 4천 명의 인물들이 새겨져 있고, 장식성뿐 아니라 글을 잘 모르는 대중들에게 이미지로 교리 교육을 시키려는 목적을 갖고 있었던 만큼 다양한 메시지들을 담고 있다. 문 가운데서도 가장 유명한 왕의 문(서쪽 현관)은 로마네스크 양식의 걸작이다. 입구 위쪽 반원형 아치 가운데에는 '영광의 그리스도'가, 왼쪽에는 승천한 예수가, 오른쪽에는 성모자가 새겨져 있다. 북쪽 문은 1230년경 완성된 것으로 신과 인간의 언약을 주제로 메시아의 탄생을 고하고 있다. 비슷한 시기에 제작된 남쪽 문은 교회의 역사를 알려준다.

종루

기차역에 내려서부터 눈에 띄는 두 개의 종탑은 서로 다른 특징을 갖는다. 왼쪽의 신종루는 플랑부아양 양식, 오른쪽의 구종루는 고딕양식을 띠는데, 14세기에 세워진 신종루가 115m로 106m의 구종루보다 조금 더 높다.

중앙 홀 & 소예배실

매년 특정 기간, 그것도 금요일 10시~17시 사이에만 대중에게 공개될 만큼 뜻 깊고 보존 가치가 높은 중앙 홀의 미로 바닥은 1200년대 만들어진 것으로 추정된다. 총 261.5m로, 중세시대의 순례자들이 기도를 하며 예루살렘을 향해 순례의 길을 떠났던 것을 상징화한 것이다. 이 미로를 걸으며 삶에서 죽음, 그리고 영원으로 나가는 일련의 생의 과정을 묵상하게 된다. 그 외 11세기에 지어져 프랑스 최대 규모를 자랑하는 생피아 소예배실, 3개의 로마네스크식 소예배실을 포함해 총 7개의 소예배실을 갖추고 있다.

스테인드글라스

내부에서는 가장 주목해야 할 것은 역시 스테인드글라스다. 12~13세기 유리 수공예장인들의 걸작으로 프랑스에서 가장 오래된 것이다. 2,600㎡ 크기에 172개 문양, 5천 명의 인물이 새겨져 있으며 성경 속 에피소드나 성인들의 삶이 형상화되어 있다. 특히 빛이 잘 드는 날에는 정면 현관의 '성모의 창'이 황홀하리만큼 아름다운 푸른빛을 선보인다. 이는 성모 마리아의 옷 색깔과 같다하여 더욱 신비한 느낌을 자아내는 한편 '샤르트르 블루'라는 고유의 색깔의 이름을 탄생시키기도 하였다.

묘지의 유리 조각으로 만든

피카시에트의 집 Maison Picassiette 🔊 메종 삐 꺄시에뜨

예술과 전혀 관련 없는 사람이 평생 동안 직접 타일 하나하나를 정성스레 붙여 알록달록한 모자이크 집을 완성했다는 사실, 놀랍지 않은가? 이 마을에 살던 묘지 관리자 레이몽 이지도르는 사람들과 잘 어울리지 못하는 성격으로, 자신이 일하는 묘지에서 깨진 화병들과 접시들을 주어와 집 안팎을 꾸미기 시작했다. 그의 이러한 행동은 마을 사람들에게 더욱 이해받지 못하게 되고, 정신착란에 시달리던 이지도르는 폭풍우 치던 밤 망상에 휩싸여 집밖을 뛰쳐나갔다가 얼마 지나지 않아 죽음을 맞게 되었다. 벽, 바닥, 천장은 물론 가구들과 정원에 이르기까지 모두 모자이크로 되어 있는 이 집은 이지도르의 닉네임을 따 '피카시에트의 집'으로 더 잘 알려져 있다. 샤르트르에서 대성당 다음으로 가장 인기 있는 관광지로 1984년 역사 기념물로도 지정되었다.

Data **Map** 471p-D **Access** 샤르트르 기차역에서 4번 버스 (마들렌Madeleine 행)를 타고 피카시에트 Picassiette에서 하차. 편도 1.50유로 (일요일은 운행 안함) **Add** 22 Rue du Repos 28000 Chartres **Tel** (02) 37 34 10 78 **Open** 12·2월 수~토 10:00~18:00, 3~11월 월 12:00~18:00, 화~토 10:00~18:00, 일·공휴일 12:00~18:00(1월 1일, 12월 25일 휴무) **Cost** 성인 9유로, 6~17세 4유로, 18세 미만 무료

꼭 봐야 해!
빛의 샤르트르 Chartres en Lumières
🔊 샤흐트흐 앙 뤼미에흐

매년 4월에서 다음해 1월 초까지 매일 밤 샤르트르 곳곳은 빛의 세계가 된다. 샤르트르 대성당의 파사드를 비롯해 주요 건물들의 벽은 다양한 주제로 화사한 조명쇼를 펼친다. 이 기간 중 파리 여행을 계획 중이라면 절대 놓치지 말 것.

Data **Access** 시내 곳곳 **Open** 일몰 후
Web www.chartresenlumieres.com/en

고딕양식 궁륭과 프레스코화가 유명한
생테냥 성당 Eglise Saint-Aignan
🔊 에글리즈 쌩떼냥

400년경 전기 로마네스크 양식으로 처음 건축되었으나 12, 13세기에 화재로 소실되어 16세기 고딕 양식이 섞인 르네상스식 건축물로 재건되었다. 실내에서 고딕양식의 궁륭과 1866년에 그려진 프레스코화 등이 볼 만하다.

Data **Map** 471p-D **Access** 관광 안내소에서 도보 7분
Add 12 Place de l'Étape au Vin 28000 Chartres

프랑스의 역사적 기념물
생피에르 성당 Eglise Saint-Pierre
🔊 에글리즈 쌩삐에흐

처음 이 자리에 성당이 들어선 것은 7세기 때의 일이다. 하지만 붕괴와 화재를 겪으며 930년과 1320년 두 차례 재건 작업을 거쳤다. 1840년에 역사적 기념물로 지정되었으며, 매년 여름 오르간 페스티벌 때 콘서트를 개최한다.

Data **Map** 471p-D
Access 생테냥 성당에서 도보 3분
Add Rue Pétion 28000 Chartres

가장 아름다운 16세기 목조 건물
연어의 집 Maison du Saumon
🔊 메종 뒤 쏘몽

16세기 목조 건물 중 가장 아름다운 집으로 손꼽힌다. 당시 건축물들의 특징인 콜롱바주 기법(목조골재가 겉으로 드러나는 건축 구조)을 그대로 나타내고 있으며 연어가 부조돼 있어 '연어의 집'으로 불리고 있다.

Data **Map** 471p-B **Access** 샤르트르 대성당에서 도보 4분 **Add** 8-10 Rue de la Poissonnerie, 28000 Chartres

프랑스 대통령의 여름 별장

랑부예성 Château de Rambouillet 샤또 드 항부이예

베르사유와 샤르트르 사이에 위치한 랑부예성은 14세기에 지어진 요새 중 일부였으나, 1783년 루이 16세가 소유하면서 대대적인 증축을 거쳐 오늘에 이르고 있다. 성 내부에는 마리 앙투아네트의 침실이나 나폴레옹 1세의 목욕실, 침실 등이 그대로 보존돼 있으며, 특히 로코코 양식으로 꾸며진 2층 회의실은 화려한 인테리어로 주목을 끌고 있다.

오늘날 랑부예성은 프랑스 대통령의 여름 별장 및 국빈 방문하는 외국 정상들의 숙소로 사용되고 있다. 대부분의 성들이 그렇듯이, 랑부예 역시 아름다운 정원과 부속건물들이 더 큰 주목을 얻고 있다. 특히 루이 16세가 마리 앙투아네트를 위해 조성한 왕비의 농장은 착유장(우유 농장)을 갖추고 평화로운 농가의 분위기를 재현해 놓았다.

또한 조개로 만든 초가집은 작고 소박한 외관과는 달리 내부의 화려한 조개 장식들로 반전의 미(?)를 느낄 수 있다. 그 외에도 650헥타르에 달하는 대부지에는 사냥터, 양, 꿩, 개 사육장, 마구간 등이 곳곳에 자리해, 사륜마차를 타고 이곳을 돌아볼 수도 있다. 랑부예는 6개의 섬과 운하로 이뤄져 있으며, 자연 생태계를 그대로 유지해 강가에 사는 동식물들을 보다 가까이에서 접할 수 있다. 왕비의 농장과 영국식 정원을 지나 운하 중앙 끝에서 바라보는 랑부예성의 전경이 매우 아름다우니 절대 놓치지 말자.

Data Map 471p-E
Access 몽파르나스역Gare de Montparnasse에서 트랑질리앙 탑승, 랑부예Rambouillet에서 하차(35분 소요). 메트로-기차-RER 티켓Metro-Train-RER tickets 사용 가능(편도 2.50유로) **Add** Chateau de Rambouillet 78120 Rambouillet
Tel (01) 34 83 00 25
Open 4~9월 10:00~12:00, 13:30~18:00, 10~3월 10:00~12:00, 13:30~17:00(매주 화요일, 1월 1일, 5월 1일, 12월 25일 휴관)
Cost 입장료 성인 11유로, 18세 미만 무료, 뮤지엄 패스 사용 가능
Web www.chateau-rambouiller.fr

EAT

더포크가 주목한
오 뷔외 가르송 Aux Vieux Garçons 🔊 오 뷔외 갸흐쏭

샤트르트 관광 안내소 지척에 위치한 프렌치 레스토랑이다. 유럽 레스토랑 예약 앱 더포크thefork가 선정한 샤르트르 10대 식당 중 하나로, 메뉴 가짓수를 줄이고 지역 생산자에게 공수받는 신선한 재료들로 정성스레 준비했다.

Data Map 471p-B Access 노트르담 대성당에서 도보 3분
Add 12 Pl. Billard, 28000 Chartres Tel (02) 37 18 74 83
Open 화~토 12:00~14:00, 19:00~21:30 Cost 메인 메뉴 19유로~

편안한 분위기의 크레이프 전문점
라피코트리 La Picoterie 🔊 라삐꼬트히

가족이 운영하는 크레이프 전문점이다. 맛도 좋고 보기에도 좋은 크레이프로 좋은 평가를 받고 있다. 편안한 분위기에 가격도 합리적이다.

Data Map 471p-A
Access 노트르담 대성당 동쪽 문에서 도보 2분
Add 36 Rue des Changes 28000 Chartres
Tel (02) 37 36 14 54 Open 12:00~14:30, 19:00~22:00 Cost 식사용 크레이프 10유로~
Web www.picoterie.com

이탈리아 음식이 땡길 때
라파사카이유 La Passacaille 🔊 라빠사까이유

붉은색 외관이 시선을 사로잡는, 대성당 근처의 피자 전문점이다. 날씨 좋은 날이면 샤를 광장 쪽에 야외 테라스가 마련되는데, 분위기가 좋다. 25종류의 다양한 피자를 즐길 수 있다.

Data Map 471p-A Access 대성당에서 도보 3분
Add 32 Rue Sainte-Même, 28000 Chartres
Tel (02) 37 21 52 10 Open 목~월 11:45~14:00, 18:45~22:30) Cost 피자 13.50유로~, 파스타 14.50유로~ Web www.lapassacaille.fr

Special 1 Day Tour

08

프로뱅
Provins

프랑스에서 가장 보존 잘 된 중세 마을이 파리에서 1시간 30분 거리에 위치해 있다. 드넓은 시골 들판 한복판에 우뚝 선 하얀 성곽 마을. 목조 건물들로 둘러싸인 중앙 광장부터 탑과 성당들을 지나 중세 장터 마당까지 과거로 시간 여행을 떠나보자.

Provins
PREVIEW

프로뱅은 세계문화유산에 등재된 중세 유적으로, 파리에서도 쉽게 다녀올 수 있다. 메트로-기차-RER 티켓Metro-Train-RER tickets을 사용(편도 2.50유로)할 수 있기 때문에 교통비 부담도 없다. 평화로운 시골 마을의 정취 또한 푸근하다.

SEE

프로뱅에서 볼거리는 크게 성곽과 중세 광장, 중세의 성당과 탑, 중세 건물들로 나눌 수 있다. 꼭 입장료를 내고 들어가 관람하지 않아도 마을 전체에서 중세 느낌이 물씬 풍긴다. 시간이 넉넉한 여행자라면 성곽을 따라 산책하며 주이 문Porte de Jouy까지 가보자. 성곽 위에서 바라보는 전경은 상당히 아름답다.

ENJOY

프로뱅에서는 중세를 테마로 한 작은 공연들을 즐길 수 있다. <기사들의 전설 Légende des Chevaliers>이라는 공연에서는 중세 복장을 한 배우들이 나와 기마행렬, 아크로바트, 저글링 등을 선보이며 왁자지껄한 중세의 축제 분위기로 관객들을 인도한다. <성벽의 독수리들Aigles des Remparts>에서는 중세시대 봉건 영주들이 행했던 매사냥을 재현하고, 독수리를 비롯해 말, 늑대, 매, 부엉이 등 기사와 떼려야 뗄 수 없는 동물들이 등장해 기사 복장의 조련사들과 특별한 동물 쇼를 보여준다. 공연이 끝난 후 25종의 새 100여 마리를 볼 수 있는 새장도 방문한다. 각 공연은 3월 말부터 10월까지 열리며, 시즌에 따라 공연 요일과 시간이 매우 유동적이므로, 프로뱅 관광청 홈페이지(www.provins.net) 또는 현지 관광 안내소에서 일정을 확인해야 한다.

어떻게 갈까?

파리 동역에서 프로뱅 행 트랑질리앙을 타고 종점에서 하차. 메트로-기차-RER 티켓 사용 가능(편도 2.50유로). 배차시간은 1시간. 파리로 돌아오는 기차는 9시 46분이 막차다(시간은 변동될 수 있으므로 재확인 필수). 파리 동역에는 일반 기차 타는 곳과 파리 교외 지역을 연결하는 일드프랑스 통근 열차 타는 곳이 따로 있으니, 꼭 일드프랑스 팻말을 따라가 기차를 타도록 한다.

어떻게 다닐까?

프로뱅 기차역에서 프로뱅 성벽 생장 문 앞까지 도보 25분 정도 걸린다. 이곳부터 생에울 성당까지 본문 481~482p에 소개된 순서에 따라 도보 관광을 마친다. 생에울 성당에서 기차역까지는 도보 10분 거리. 프로뱅 관광 안내소와 주요 관광지들을 연결하는 꼬마열차도 있다. 1회 구입으로 하루 종일 자유롭게 타고 내릴 수 있다. 4~8월은 매일 11:00~18:00, 9~12월은 주말과 공휴일, 방학 중에만 운행된다. 성인 7유로, 아동(4~12세) 5유로.

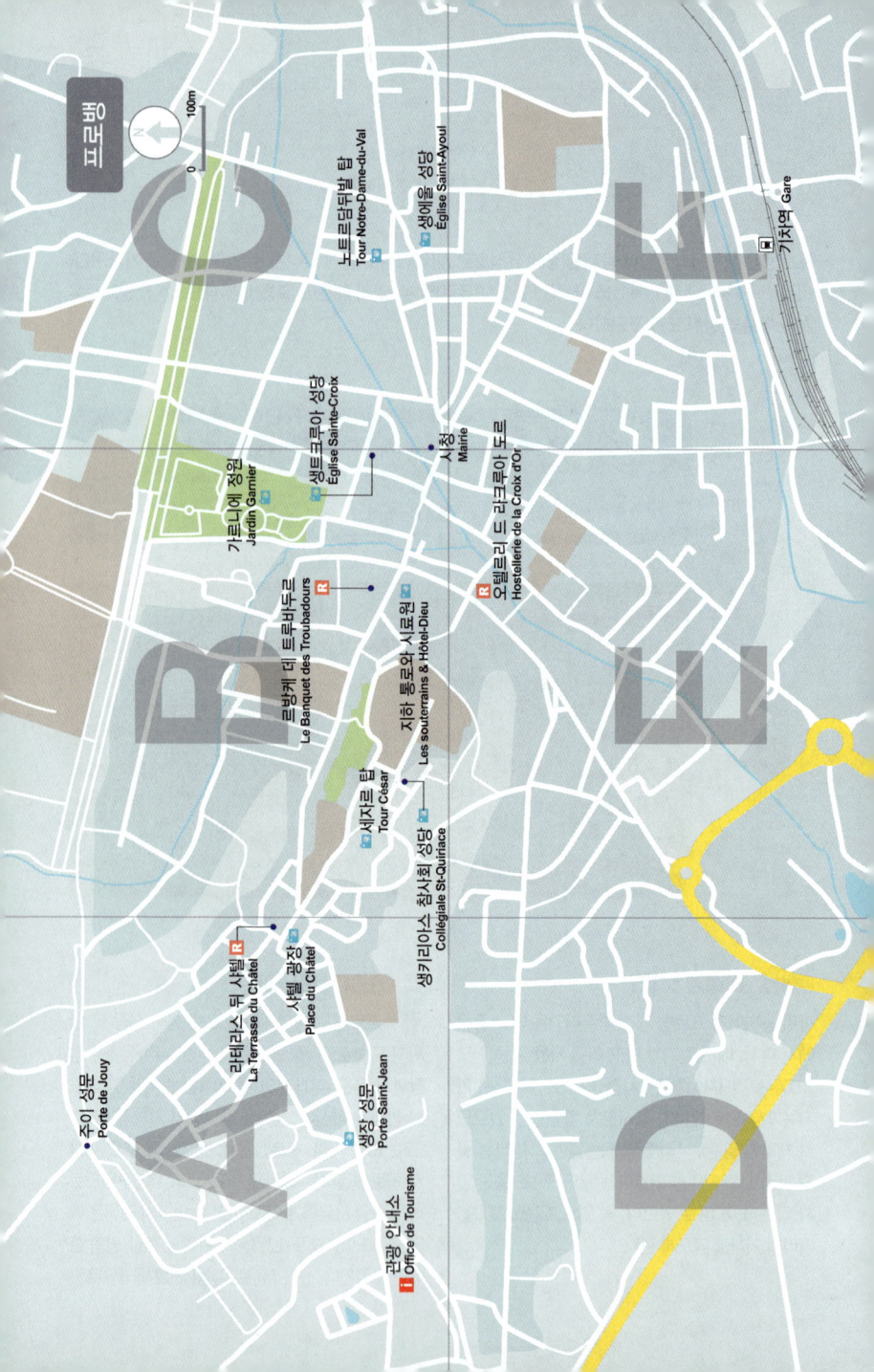

SEE

세계문화유산에 등재된 중세마을
프로뱅 Provins 프호뱅

프로뱅은 프랑스에서 가장 잘 보존된 12~13세기 중세마을이다. 당시 이곳을 다스리던 샹파뉴 대공은 적의 침입에 대비하여 프랑스의 왕도 위협할 만큼 높은 성곽을 쌓았다. 또한 최초로 상인들에게 통행증을 발급하고 병사들의 호위를 받게 함으로써, 프로뱅은 유럽에서 가장 비중 있는 장터 중 하나가 되었다. 이로 인해 마을은 날로 번성하였고, 그 명성은 상인들뿐 아니라 발자크나 쥘 베른 같은 작가, 모로와 같은 화가 및 지식인들을 이곳으로 불러모았다. 19세기 이후에는 점차 그 명성을 잃게 되지만, 오히려 그 덕분에 옛 모습을 최대한 보존할 수 있었다. 현재 58개의 역사적 문화유산들이 남아 있고, 그 대부분이 12~13세기의 것으로 알려져 있다. 2001년에는 세계문화유산에 등재되었다.

Data Map 480p
Access 파리 동역에서 기차로 1시간 30분 소요 **Web** www.provins.net (프로뱅 관광 안내소)

PLUS
프로뱅 주요 볼거리

생장 문 & 성벽
Porte Saint Jean & Remparts

13세기에 건설된 것이다. 양쪽에 두 개의 탑을 거느린 성곽 문은 파리로 가는 옛 길을 감독했다.

샤텔 광장 Place du Chatel

옛 우물과 십자가를 볼 수 있는 중앙 광장. 이 십자가 아래서 영주들의 칙령이 선포되거나 장터 상인들 간의 환전이 이뤄졌다. 광장 주위에는 중세 목조 가옥들이 있다.

세자르 탑 Tour César

샹파뉴 대공의 권력을 상징하는 것으로 12세기 때 건설돼 망루와 감옥, 종탑 등으로 사용되었다. 꼭대기에 오르면 프로뱅 마을과 그 너머까지 아름다운 풍경이 한눈에 들어온다. 입장료는 4.5유로.

생키리아스 참사회 성당 Collégiale Saint-Quiriace

12세기에 처음 건축 공사가 시작되었지만, 재정적 어려움으로 완공되지 못한 미완의 성당이다. 12세기 때의 모습을 간직한 돔이 인상적이다.

지하 통로와 시료원 Les Souterrains & Hôtel Dieu

중세 때 지어진 백작부인의 저택이다. 지하에 생긴 터널은 질 좋은 모직물을 생산하기 위해 표백토를 채굴한 흔적으로 추정된다. 그 외 궁륭이 있는 지하 공간은 장터 상인들의 물건 저장고와 가난한 사람들을 위한 시립병원으로 쓰였다.

가르니에 정원 Jardin Garnier

13세기에는 궁사들의 훈련장이, 17세기에는 여학생들의 교육을 담당했던 종교 기관이 있던 자리다. 정원의 이름은 19세기 프로뱅에 많은 돈을 기부한 자선사업가 빅토르 가르니에의 이름에서 가져왔다.

생트크루아 성당 Église Sainte-Croix

12세기에 세워진 이 성당은 성 루이 왕의 사위, 티보 5세가 예루살렘에서 그리스도의 십자가(생트크루아) 조각을 가져와 지금의 이름이 붙었다. 1305년 화재로 소실되었고, 16~17세기에 재건되어 성당 정문은 르네상스 양식을 띠고 있다.

노트르담뒤발 탑 Tour Notre-Dame-du-Val

16세기에 세워진 것으로, 이 자리에 서 있던 노트르담 교회의 유일한 흔적이다. 탑 꼭대기의 종은 생에울 성당에서 가져온 것이다.

생에울 성당 Église Saint-Ayoul

11세기에 세워진 성당으로, 앞마당에 장이 서 상업적 교류가 활발했던 곳이다. 16세기 이래 여러 차례 보수 공사를 거쳤고, 청동으로 된 정문은 현대 조각가 조르주 장클로의 작품이다.

\| EAT /

프랑스에서 가장 오래된 여관
오스텔르리 드 라크루아 도르
Hostellerie de la Croix d'Or 🔊 오스뗄르히 드 라크후아 도흐

13세기 때 지어진 건물로 프랑스에서 가장 오래된 여관으로 알려져 있다. 필레미뇽, 가리비 구이 등 전통 프랑스 요리들을 맛볼 수 있으며, 맛과 서비스, 중세 같은 분위기 모두 높은 평가를 받고 있다.

Data **Map** 480p-E **Access** 생키리아스 참사회성당 근처
Add 1 Rue des Capucins, 77160 Provins
Tel (01) 64 00 01 96 **Open** 수~일 점심 12:00~14:00,
저녁 19:00~21:00 (일 저녁~화 휴무) **Cost** 3코스 메뉴 38.90유로

샤텔 광장의 맛집
라테라스 뒤 샤텔 La Terrasse du Châtel 🔊 라떼하쓰 뒤 샤뗄

샤텔 광장을 둘러싸고 있는 식당들 가운데 가장 평이 좋은 프렌치 레스토랑이다. 맛도 좋고 가격도 착한데 테라스석의 전망도 굿!

Data **Map** 480p-A **Access** 프로뱅 성벽 생장 문에서 도보 5분
Add 8 Pl. du Châtel, 77160 Provins **Tel** (01) 64 00 01 16
Open 화 11:15~18:00, 수~토 11:00~14:30, 18:00~00:00,
일 11:00~14:30 **Cost** 코스 메뉴 21~28유로, 메인 요리 16유로

중세 시대 콘셉트의 레스토랑
르방케 데 트루바두르 Le Banquet des Troubadours 🔊 르방께 데 트후바두흐

12세기 중세 분위기를 그대로 재현한 엔터테인먼트 레스토랑이다. 중세 복장을 한 스태프들이 당시의 전통 음식들을 서빙하고 중세 무용과 음악, 불쇼 등을 준비했다.

Data **Map** 480p-B **Access** 생키리아스 참사회성당 근처 **Add** 14 Rue saint Thibault 77160 Provins
Tel 06 70 50 08 58 **Open** 4~12월 매주 토 12:00~15:00, 20:00~23:00, 일 12:00~15:00
Cost 성인 45유로, 어린이 25유로 **Web** www.provins-banquet-medieval.com

Special 1 Day Tour

09

몽생미셸
Mont Saint Michel

바다 한가운데 우뚝 선 바위섬과 그 꼭대기에 세워진 수도원 하나. 평소에는 인근 마을과 이어져 있다 급격한 조수간만의 차로 어느 순간 몽생미셸은 고립무원의 상태가 된다.

Mont Saint Michel
PREVIEW

몽생미셸은 파리에서 왕복 10시간가량 걸릴 만큼 멀리 떨어져 있지만, 이곳을 찾는 관광객의 발길은 매년 늘어만 간다. 특히 어둠 속에 빛나는 몽생미셸의 야경은 인구에 회자될 정도. 당일 여행도 괜찮지만, 가능하면 1시간 거리에 있는 성곽 도시 생말로를 포함해 1박 2일 여행을 추천한다.

SEE

몽생미셸섬은 주민들이 거주하는 마을에서 약 2km가량 떨어져 있다. 기차역에서 버스를 타면 몽생미셸 마을의 정류장에서 내려준다. 이곳에서 몽생미셸섬 둑길 중간까지는 무료 셔틀을 이용하고(10분 소요), 여기부터 섬까지 도보로 이동한다(40분 소요). 몽생미셸섬 전경을 감상하는 것이 이 여행의 하이라이트.

EAT

몽생미셸에서 가장 유명한 먹거리는 신선한 노르망디산 생크림을 잔뜩 넣은 오믈렛과 진한 버터 맛의 갈레트Galettes 쿠키다. 갈레트 쿠키는 겉포장에 몽생미셸섬을 새겨 선물용으로도 판매하지만 가격이 비싼 편. 똑같은 맛의 비스킷을 파리 슈퍼마켓에서 반값 이하에 살 수 있다.

SLEEP

몽생미셸 마을과 섬 내에는 많은 숙소들이 있는데, 숙소 상태나 가격, 편의시설, 야경 감상 등 모든 면을 고려해도 섬 안보다 마을에서 숙박하는 것이 훨씬 낫다. 마을과 섬 사이에 무료 셔틀버스가 운행되므로 섬 관광에도 큰 불편은 없다.

PLAN

파리에서 몽생미셸까지 왕복 시간만 10시간 이상 걸린다. 섬도 작고 따로 볼거리가 있는 게 아니라 3~4시간이면 충분히 둘러본다. 파리로 돌아올 때는 약 1시간 거리에 위치한 노르망디 최고의 휴양지 생말로를 들르자. 12세기 바위섬 위에 세워진 요새 도시 생말로는 한쪽에 바다를 끼고 성곽 길을 걷는 낭만이 있다.

어떻게 갈까?

파리에서 기차를 타고 렌Rennes나 퐁토르송Pontorson등에서 하차 후, 기차역 옆에 있는 버스 정류장에서 버스를 타고 몽생미셸에서 내린다. 프랑스 철도청 홈페이지(www.sncf-connect.com/en-en)에서 티켓 구입 시 출발지를 'Paris Montparnasse'로, 목적지를 'Mont Saint Michel'로 설정하면 기차-버스 티켓을 한 번에 해결할 수 있다. 편도 5시간 정도 소요된다.

 SEE

CF 촬영지로 더 유명한

몽생미셸 Mont Saint-Michel 몽쌩미셸

에펠탑, 베르사유 궁전은 전 세계에서 프랑스를 찾는 이유다. 이 두 곳에 이어 프랑스 여행객들이 많이 방문하는 곳이 바로 몽생미셸이다. 한국 여행객들에게는 모 항공사의 CF에 등장해 처음 알려지기 시작했다. 이후 입소문이 나면서 짧은 파리 여행 중에도 시간을 내 몽생미셸을 방문하는 여행객들이 상당히 많다. 몽생미셸Mont Saint-Michel은 프랑스어로 '산'을 뜻하는 몽Mont과 대천사장 생미셸Saint-Michel(흔히 성 미카엘로 알려져 있다)을 합친 것으로, '바위산 위에 세운 성 미카엘 성당'을 뜻한다. 몽생미셸은 둘레 1km에 해발 92m의 바위섬으로, 성당 꼭대기에는 생미셸 상이 서 있다. 성당은 708년에 처음 세워졌다. 당시 주교 생토베르St. Aubert의 꿈에 대천사장 미셸이 세 번이나 나타나 성당 건축을 지시했다고 한다. 주교가 두 번이나 성당 건축을 거부하자 대천사장 미카엘은 손가락으로 두개골을 내려쳐서 주교의 두개골에 구멍을 냈고, 생토베르 주교는 즉시 성당을 건축하라는 지시를 따랐다고 한다. 구멍난 생토베르 주교의 두개골은 현재 인근 아브랑슈에 있는 생제르베 성당에서 볼 수 있다.

처음에는 작은 기도소 정도였던 몽생미셸은 11세기 초기 로마네스크 양식의 대수도원으로 발전, 13세기에는 고딕 양식의 회랑이 더해졌다. 이후, 15세기에는 고딕 양식 중에서도 불꽃을 연상시키는 독특한 플랑부아양 양식의 화려한 성단소가 들어섰다. 몽생미셸의 수도원은 1874년 일반 대중들에게 공개되었고, 1979년에는 유네스코 세계문화유산 리스트에 등재되었다.

하지만 몽생미셸이 인기 있는 진짜 이유는 다른 데 있다. 몽생미셸이 위치한 지역은 본래 조수간만의 차가 상당히 큰 곳이다. 최고 15km의 속도로 물이 빠져나갔다가 급격하게 다시 차오른다. 이때 몽생미셸은 몇 시간 동안 고립된 섬이 된다. 마치 망망대해에 수도원 하나가 우뚝 솟아오른 듯 보이는데, 그 모습이 그야말로 장관이다. 단, 이 기적 같은 장면은 1년에 단 며칠만 볼 수 있다. 매년 몽생미셸 관광청 홈페이지(www.ot-montsaintmichel.com/marees)에 만조 날과 그 시각을 공개한다. 여행 계획을 짜기 전 참고하자. 몽생미셸은 낮의 경치보다 야경이 더 유명하다. 당일 여행보다 1박 2일 일정으로 다녀오거나, 혹은 파리에서 출발하는 몽생미셸 야경 투어를 이용하는 것을 추천한다.

Data **Map** 487, 488p **Access** 파리 몽파르나스역에서 기차 탑승 후 버스 환승, 편도 최소 4시간 이상 소요. 자세한 설명은 485p 참고 **Web** www.ot-montsaintmichel.com (몽생미셸 관광 안내소)

TIP 몽생미셸 수도원 Abbaye du Mont-Saint-Michel
수도원 입장 시, 홈페이지에서 방문 날짜와 시간을 미리 예약해야 한다(무료 입장 대상자 포함). 이때, 버스 주차장에서 수도원 입구까지 45분 정도 소요된다는 것을 감안해야 한다.

Data **Open** 5~8월 09:00~19:00, 9~4월 09:30~18:00 (1시간 전 입장 마감. 1월 1일, 5월 1일, 12월 25일 휴관) **Cost** 13유로, 18세 미만 무료 **Web** www.abbaye-mont-saint-michel.fr/en

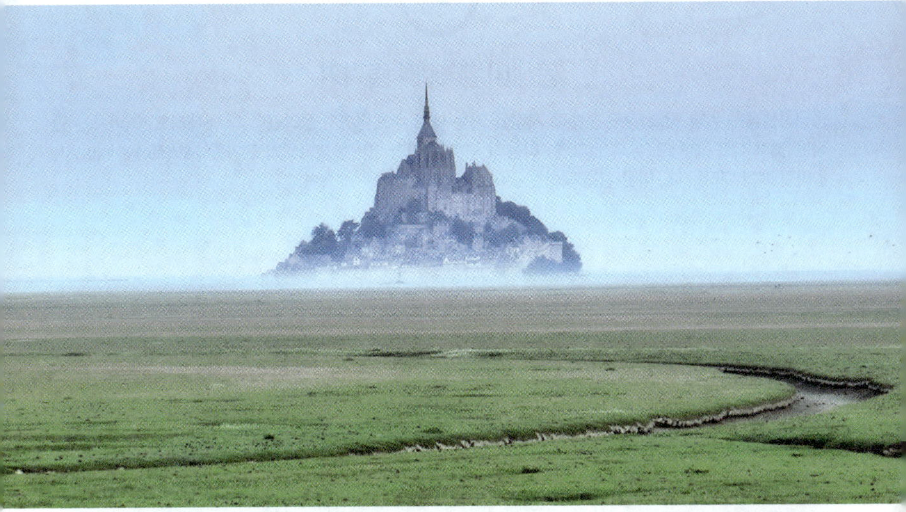

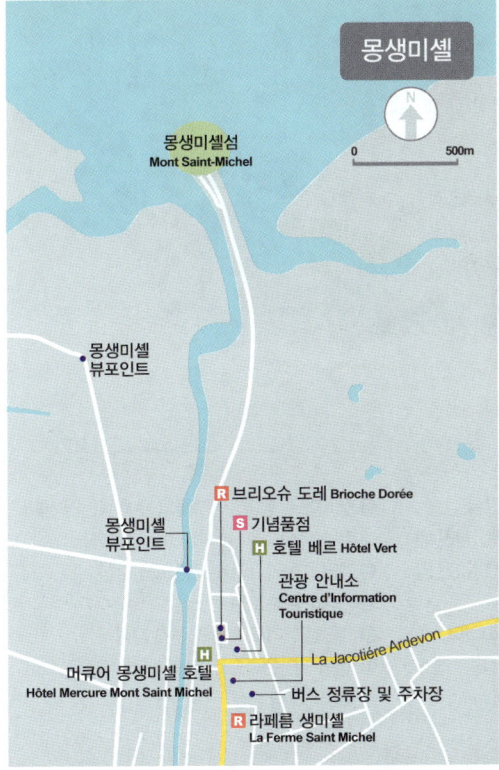

몽생미셸
N
0
500m
몽생미셸섬
Mont Saint-Michel
몽생미셸
뷰포인트
R 브리오슈 도레 Brioche Dorée
S 기념품점
몽생미셸
뷰포인트
H 호텔 베르 Hôtel Vert
관광 안내소
Centre d'Information
Touristique
La Jacotiére Ardevon
H
머큐어 몽생미셸 호텔
Hôtel Mercure Mont Saint Michel
버스 정류장 및 주차장
R 라페름 생미셸
La Ferme Saint Michel

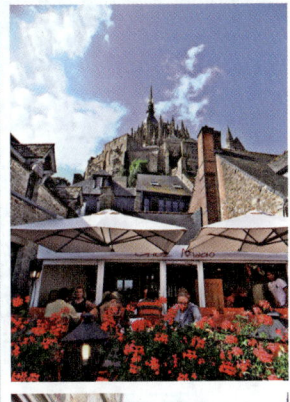

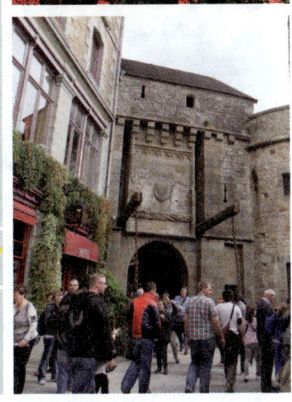

SPECIAL 1 DAY TOUR 09
몽생미셸

몽생미셸 100배 즐기기

몽생미셸섬은 워낙 작고 길도 단순해 사람들 가는 대로 수도원까지 올라갔다 다시 내려오면 끝! 하지만 작은 것 하나도 놓치고 싶지 않다면, 다음의 루트를 따라가며 몽생미셸의 진가를 제대로 음미해보자. 올라갈 때와 내려올 때, 다른 길을 택하는 것이 핵심이다.

몽생미셸섬

❶ 입구. 1590년 가브리엘 뒤 퓌가 건설
❷ 우체국. 16세기에 지어져 당시에는 시민 위병실로 사용. 오른쪽에는 1434년에 발견된 영국 대포가 있다.
❸ 군청. 옛날에는 왕의 거처로 사용되었다.
❹ 그랑 뤼Grande Rue. 15~16세기 집들, 레스토랑, 각종 상점들이 자리한 중앙 길.
❺ 생피에르 성당. 어부들의 수호성인인 생피에르Saint Pierre에게 바쳐진 16세기 성당
❻ 계단을 올라가며 수도원 모습 감상
❼ 몽생미셸 수도원
❽ 계단을 내려오며 만의 전경 감상
❾ 성곽 길. 왼쪽으로 만의 정경, 오른쪽으로 수도원의 모습 감상

EAT

몽생미셸 최고의 레스토랑
라페름 생미셸 La Ferme Saint Michel 라페흠므 쌩미셸

실망스러운 몽생미셸의 레스토랑들 가운데, 맛과 가격, 친절도 모든 면에서 좋은 평가를 얻고 있는 곳이다. 이곳을 대표하는 메뉴는 노르망디 크림이 잔뜩 들어간 채소 수프와 염초를 먹고 자란 양고기 프레살레다. 노르망디 특산 치즈나 아이스크림, 소르베 같은 디저트 역시 만족도가 높다. 버스 정류장 및 주차장과 가깝다.

Data **Map** 487p
Access 몽생미셸 마을 내. 호텔 머큐어에서 도보 3분
Add Le Bas Pays - La Caserne 50170 Le Mont Saint Michel
Tel (02) 33 58 46 79
Open 월~토 12:00~14:00, 19:00~21:00, 일 12:00~14:00
Cost 당근 수프 11유로, 프레살레 27유로, 3코스 메뉴 27유로~

SLEEP

세계적인 체인 호텔
머큐어 몽생미셸 호텔
Hotel Mercure Mont Saint Michel
오뗄 메흐퀴흐 몽생미셸

몽생미셸 여행객들이 섬 밖에서 가장 많이 묵는 곳이다(야경을 보기 위해서는 섬 밖이 낫다). 섬 안보다 저렴하고 세계적인 체인이라 믿을 만하다.

Data **Map** 487p
Access 몽생미셸 마을 내 **Add** Route du Mont Saint Michel 50170 Le Mont Saint Michel **Tel** (02) 33 60 14 18 **Cost** 스탠더드 150유로~ **Web** www.accorhotels.com

위치 좋고 저렴한
호텔 베르 Hotel Vert
오뗄 베흐

몽생미셸에서 저렴함 숙소를 찾는 사람들이 주목할 만하다. 몽생미셸 버스 정류장 앞에 위치해 섬 접근도 편리하다. 특별한 부대시설은 없지만 깔끔하고 친절하다.

Data **Map** 487p
Access 몽생미셸 마을 내 **Add** Route du Mont Saint Michel 50170 Le Mont-Saint-Michel **Tel** (02) 33 60 09 33 **Cost** 스탠더드 80유로~ **Web** www.hotelvert-montsaintmichel.com

SPECIAL 1 DAY TOUR 09
몽생미셸

THEME PAGE

노르망디 최고의 휴양지

생말로 Saint Malo 🔊 쌩말로

오랜 시간 먼 길을 찾아와 몽생미셸만 보고 가기 살짝 아쉬울 때, 생말로를 일정에 넣는 것도 좋다. 몽생미셸에서 버스와 기차를 갈아타야 하는 번거로움은 있지만, 브르타뉴 지역 최대 휴양지 생말로는 그 수고를 감내할 만한 가치가 있다. 생말로는 12세기 바위섬 위에 세워진 요새 도시다. 거친 파도가 몰아치는 드넓은 바다를 한쪽에 두고, 또 다른 한쪽에는 화강암에 아르두아즈 돌편지붕을 한 성곽 건물들을 끼고 잘 조성된 성벽 길을 걸어보자. 가슴이 뻥 뚫리는 듯 상쾌함이 밀려오고 복잡했던 머리는 명쾌해진다. 생말로는 프랑스의 시인 샤토브리앙이 유년시절을 보낸 곳으로 유명하다.

특히 성벽 길에서도 보이는 그랑베 섬에는 그의 묘가 있는데, 썰물 때가 되면 그곳까지 걸어서 다녀올 수도 있다. 그의 묘는 마치 타인과 함께 그들의 시를 나누면서도 고독의 시간을 고집하는 시인들의 특성을 반영한 듯하다. 성벽 길을 돌아 시내로 들어오면 포석 깔린 옛 길 따라 어슬렁거리는 여유를 느껴보자. 관광객을 대상으로 한 수많은 상점들과 레스토랑들이 꽤 쏠쏠한 볼거리를 제공한다.

Data Access 몽생미셸에서 생말로를 가는(혹은 반대 방향) 가장 편한 방법은 케올리스KEOLIS 버스를 이용하는 것이다. 9~6월에는 월~토요일, 7, 8월에는 매일 1회 운행한다. 정확한 스케줄은 케올리스 버스 홈페이지(keolis-armor.com/en)를 확인한다. 편도 15유로, 왕복 25유로.
1시간 10분 소요. 참고로 케올리스 버스는 몽생미셸과 렌 구간의 버스도 운행한다. 케올리스 버스가 운행하지 않는 날에는 버스와 기차를 이용해 몽생미셸-생말로 간을 이동할 수 있다. 몽생미셸에서 퐁토르송 혹은 렌 기차역까지 버스를 타고 나가 다시 기차로 갈아탄다. 단, 버스나 열차편이 많지 않아 시간 맞추기가 쉽지 않다.

생말로 → 몽생미셸	몽생미셸 → 생말로
09시 15분 생말로 생뱅상 광장 Esplanade Saint Vincent	16시 15분 몽생미셸
09시 20분 생말로 버스터미널 Gare routière F 플랫폼	17시 10분 생말로 버스터미널 F 플랫폼
10시 15분 몽생미셸	17시 15분 생말로 생뱅상 광장

* 정확한 운행 시간은 변동될 수 있으므로 반드시 케올리스 버스 홈페이지(keolis-armor.com/en)를 재확인한다.

Special 1 Day Tour
10
루아르 고성들
Châteaux de la Loire

많은 여성들이 꿈꾸는 유럽 여행의 로망, 바로 중세 성을 방문하는 것이다. 어느 한적한 시골 마을, 외딴 곳에 위치한 아름다운 성 안으로 발을 내딛는 순간, 충성과 명예, 헌신과 사랑의 아날로그 감성들이 전신을 감싸게 된다.

Châteaux de la Loire
PREVIEW

파리 근교에는 베르사유, 퐁텐블로, 보르비콩트, 샹티이 같이 예술적으로 아름답고 역사적으로도 중요한 유명 성들이 위치해있다. 하지만 17세기 이후 르네상스 양식을 표방한 이들 성에서 '중세' 특유의 분위기와 낭만(?)을 기대하기란 쉬운 일이 아니다. 다행스럽게도 파리에서 기차로 1시간 정도 가면 80여 개의 성들이 루아르강을 따라 그림 같은 풍경을 만들고 있다.

PLAN

고성은 아름다운 정원과 공원이 큰 비중을 차지하기 때문에 12월부터 3월까지는 공식적인 투어 프로그램이 없다. 따라서 이 시기에 고성을 방문하고 싶다면 개별여행(렌터카나 한인 여행사 이용)을 고려해야 한다. 경제적인 여행을 생각한다면 블루아에서 출발하는 셀프투어를, 좀 더 비용을 들이더라도 유명한 성들만을 골라 보고 싶다면 투르에서 출발하는 그룹 투어를 이용하자. 여행 일정이 정해지면 최대한 빨리 기차표를 구입해야 한다. 출발일 3개월 전 오픈하는 프로모션 티켓은 정가 대비 70퍼센트 이상 저렴하다. 좀더 자세한 정보는 442쪽 기차표 구입법 참조.

어떻게 갈까?

루아르 지역은 파리에서 기차로 1시간 정도 떨어져 있다. 방문하려는 성과 여행 방법에 따라 파리 몽파르나스역Gare de Paris Montparnasse - 투르 상트르역Gare de Tours Centre, 혹은 파리 오스테리츠역Gare d'Austerlitz - 블루아 샹보르역Gare de Blois Chambord으로 출도착지가 달라진다. 보다 상세한 정보는 루아르 고성 투어법 참조. 파리의 한인 여행사를 이용하면 몸은 편하지만 비용은 최대 5배 이상 비싸다.

어떻게 다닐까?

투르나 블루아 역부터는 투어 셔틀버스 혹은 밴을 이용하게 된다. 기차역 앞에서 출발해 정해진 성 입구에서 내려주기 때문에 지방 여행에 익숙하지 않은 사람도, 프랑스어나 영어가 능숙하지 않은 사람도 큰 어려움 없이 성들을 돌아볼 수 있다.

THEME PAGE

루아르 고성 투어

프랑스의 중서부 루아르강 유역은 예로부터 온화한 기온과 아름다운 경치로 '프랑스의 정원'이라 불렸다. 게다가 16세기 중반까지 이곳은 프랑스의 수도로서 정치, 경제, 문화의 중심이기도 했다. 파리와 그 인근에서도 수많은 성들을 방문할 수 있지만, 굳이 루아르까지 발길을 돌리는 것은 15~16세기 르네상스 시대 때 세워진 성들이 천혜의 자연 환경과 그림 같은 조화를 이루고 있기 때문이다. 복잡한 도심에서 벗어나 맑고 깨끗한 공기를 들이마시며 강을 따라 형성된 작은 소도시의 성들을 둘러보는 여유는 특히 여성 여행객들에게 매력적인 제안이 아닐까 싶다.

루아르강 계곡을 따라 현존해 있는 성들은 약 80여 개로 알려져 있다. 이들은 앙주부터 투르, 오를레앙에 이르기까지 약 280km에 걸쳐 위치해 있기 때문에 성들 간 이동이 쉽지만은 않다. 루아르 고성들을 둘러보려면 차를 렌트하는 법, 파리에서 1일 투어를 이용하는 법, 파리에서 블루아Blois나 투르Tours 기차역으로 가 1일 투어에 참여하는 법, 아예 투르에서 머물며 일반 시내버스를 타고 성 하나하나를 방문하는 방법이 있다. 여기에서는 파리에서 당일 일정으로 다녀올 수 있는 대표적인 성들과 투어 방법을 소개해 보도록 한다.

슈농소성 Château de Chenonceau

앙리 2세가 자신의 정부였던 다이안 드 푸아티에 부인에게 선물로 준 것이다. 하지만 아름다운 슈농소에 마음을 빼앗긴 카트린 드 메디치는 남편 앙리 2세가 죽고 나자 다이안을 내쫓고 이 성을 자기 것으로 만든다. 초호화 가든파티를 개최하며 자신의 힘도 과시했다. 대대로 여성이 주인이었던 유일한 성 슈농소는 외관부터 실내 인테리어에 이르기까지 여성적인 성이다. 상세한 한국어 브로슈어도 준비돼 있으므로 내부 관람 시 참고할 것.

앙부아즈성 Château d'Amboise

루아르강을 내려다보는 언덕 위의 성 앙부아즈는 15~16세기 때 왕족들이 거주했던 곳이다. 특히 샤를 8세와 카트린 드 메디치 덕분에 성 곳곳은 이탈리아 르네상스 양식을 띠게 된다. 앙부아즈성은 1560년 신교도들이 구교 정권에 반란을 일으킨 '앙부아즈의 음모' 사건으로 더 유명하다. 프랑수아 1세는 레오나르도 다빈치를 자기 곁에 머물게 한다. 결국 프랑스에서 죽음을 맞게 된 레오나르도 다빈치는 이곳 아부아즈성의 소예배당에 묻히게 된다.

클로 뤼셰 Clos Lucé

이탈리아 르네상스 양식에 열광했던 프랑수아 1세는 1516년 레오나르도 다빈치를 프랑스로 불러들였다. 그리고 앙부아즈성에서 400m 떨어진 이곳에 저택을 마련해주고 발명과 설계, 디자인 등의 작품 활동들을 지원해 주었다. 이곳 클로 뤼셰 저택과 정원에서는 다빈치의 천재적인 재능들을 엿볼 수 있는 다양한 작품들이 전시돼 있다.

빌랑드리성 Château de Villandry

루아르의 성들 가운데 가장 아름답고 넓은 정원을 가졌다. 직선과 곡선, 색과 디자인의 정교함이 돋보이는 테라스식 정원은 러브 가든, 키친 가든, 워터 가든 등 다양한 주제로 나눠져 있으며, 여성 방문객들의 큰 사랑을 받고 있다.

아제르리도성 Château d'Azay-le-Rideau

프랑수아 1세 때 세워진 르네상스 양식의 성이다. 물 위에 비친 반영과 하얀 벽 파사드의 전경을 본 사람이라면 그 아름다운 모습에 반하지 않을 수 없을 정도. 프랑스의 소설가 발자크는 아제르리도성을 두고, '앵드르 강에 박혀 빛나고 있는 다이아몬드'라 불렀다.

샹보르성 Château de Chambord
루아르 성들 중 가장 위엄을 갖춘 샹보르는 웅장한 힘이 느껴질 만큼 남성적인 성이다. 156m의 파사드와 탑들, 우아하고 정교한 282개의 굴뚝, 430개의 방을 갖추고 있으며, 성과 정원, 운하, 공원, 사냥터를 모두 합쳐 5,200만㎡의 어마어마한 부지를 자랑하는데, 이는 파리 시를 능가하는 규모다.

블루아성 Château de Blois
블루아성은 루아르강에 있는 성들의 종합판으로 볼 수 있다. 7명의 프랑스 왕과 10명의 왕비가 이곳에 거주한 만큼, 궁전의 화려한 실내 인테리어나 왕족들의 생활용품들, 미술품 등이 성 곳곳에 고스란히 남아 있다. 블루아는 앙리 3세가 왕위계승권을 두고 기즈공을 암살한 곳으로도 유명하다.

슈베르니성 Château de Cheverny
17세기에 세워진 성으로, 파리 뤽상부르 궁전을 설계한 건축가 자크 부지에가 디자인해 뤽상부르 궁전과 닮은 점이 많다. 슈베르니성은 화려한 내부 인테리어와 15~16세기 무기 컬렉션, 6장의 태피스트리 등의 소장품으로 유명하다.

보르가르성 Château de Beauregard
16세기 샤를 오를레앙 공의 신하, 장 둘세가 처음 세워, 고위 관직 귀족들이 거주했던 곳이다. 이곳에는 특히 명사들의 초상화 300점이 걸려 있는 초상화 갤러리가 유명하다.

루아르 고성 투어 방법

1. 블루아 출발 셀프 투어

파리 오스테리츠 역에서 블루아-샹보르 역까지 기차로 1시간 40분 소요된다. 요금은 일반열차 기준 편도 10~35유로.

기차역 앞에서 샹보르성까지는 2번 버스가 오전 09시 20분과 오후 12시 20분에 출발한다. 기차역 복귀편은 13시 10분, 17시에 있다. 편도 3.30유로.

기차역 앞에서 보르가르성을 지나 슈베르니성까지 가는 버스는 4~10월에만 하루 1편 운행된다. 블루아 기차역 출발 10시 15분, 복귀편은 슈베르니에서 16시, 보르가르성에서 16시 13분에 있다. 편도 3.20유로.

인지도는 샹보르, 블루아, 슈베르니, 보르가르성 순이다. 버스 시간 및 보다 자세한 정보는 www.bloischambord.co.uk 참고.

2. 투르 출발 셀프 투어

투르에서 기차를 타고 개별적으로 다녀올 수 있는 성은 슈농소성(슈농소역 Gare de Chenonceaux 하차), 앙부아즈성, 클로 뤼세성(이상 앙부아즈역 Gare d'Amboise 하차), 아제르리도성 Gare d'Azay-le-Rideau 등이다. 하지만 각 성들이 동서로 흩어져 있어 하루에 둘러볼 수 있는 성은 1~2곳 정도이다. 투르 상트르역 Gare de Tours Centre까지는 파리 몽파르나스역 Gare de Paris Montparnasse이나 오스테리츠역 Gare d'Austerlitz에서 열차를 타면 된다. 1~2시간 소요.

3. 투르 출발 그룹 투어

투르에서 그룹 투어를 이용하면 투르 지역과 블루아 지역 사이에 드넓게 위치한 인기 성들(슈농소, 샹보르 등 3~4곳)을 하루만에 둘러볼 수 있다. 그외 이동 거리 및 방문하는 성의 수에 따라 반나절 오전, 오후 투어도 있다. 승객 수에 따라 벤이나 대형버스를 타고 성들 간을 이동하게 되며, 영어, 프랑스어 가이드(혹은 오디오 가이드)가 제공된다. 운영 노하우가 많은 투렌 에바지옹 TOURAINE EVASION 현지 여행사 홈페이지(www.tourevasion.com/en) 참고.

4. 파리 출발 한인 여행사 이용

파리에서부터 밴 혹은 승용차로 이동해 성을 둘러본다. 기차를 갈아타는 불편도 없고 한국인의 설명도 들을 수 있어 이보다 더 편할 수 없다. 문제는 비용. 업체에 따라 다르지만 1인 25만 원(최소 인원 4인 기준) 이상이다. 점심과 입장료 미포함.

여행 준비 컨설팅

아직까지 한 번도 가보지 않은 곳으로의 여행은 언제나 가벼운 설렘과 두려움을 동시에 갖게 만든다. 꿈은 꾸는 자의 것이라는 말처럼, 때가 왔을 때 과감한 행동이 필요하다. 무얼 어디서부터 어떻게 해야 할지 모르겠다면, 다음을 참고해 차근차근 준비해 보자. 에펠탑이 당신을 기다린다.

D-60

MISSION 1   여행 그리기

막연하게 생각하던 해외여행을 계속 '생각만' 하다 보면 떠나기가 더 망설여진다. 뭔가 결정적인 한 발을 내디뎌야 한다는 말이다. 파리는 워낙 볼거리, 먹거리, 즐길거리가 방대하기 때문에 가장 먼저 파리에서 무엇을 하고 싶은지 여행 콘셉트를 잡는 것이 중요하다. 여기저기 흩어져 있는 관광지를 샅샅이 돌아볼 것인지, 각종 미술관, 박물관에 올인할 것인지, 쇼핑과 식도락에 집중할 것인지, 느긋한 일정으로 파리지앵처럼 파리를 만끽하고 돌아올 것인지 등을 결정해 본다. 또한 누구와 함께 갈 것인지도 중요하다. 아이와 함께하는 가족 여행, 신혼여행, 친구 여행, 출장 등에 따라서도 여행 패턴은 달라질 수밖에 없다. 또한 며칠을 머물 것인지, 파리에만 머물 것인지, 파리 근교도 다녀올 것인지도 고려해야 한다. 대략적인 사안이 결정됐다면, 여행 가이드북을 보면서 자신이 바라는 여행의 그림에 가장 적합한 동선을 고려하여 일정을 만들어 간다.

D-50

MISSION 2   여권 만들기

해외여행의 필수품은 뭐니 뭐니 해도 여권이다. 이미 여권을 가지고 있다 해도, 해당국 입국 시 잔여 유효기간이 6개월 이상 남아 있어야만 하는데, 그렇지 않다면 여권 재발급을 신청한다. 서울시의 모든 구청과 시청, 광역시 시청, 지방 도청의 민원 여권과에서 발급받을 수 있으며 3~5일 정도가 소요된다. 필요 서류는 신청서 1통, 여권용 컬러 사진 1매, 신분증이다. 다만, 군 미필자는 병무청 홈페이지에서 병역 관계 서류를 다운받아 함께 제출해야 하며, 18세 미만 미성년자를 부모가 직접 신청할 경우, 신청서와 아이의 여권용 사진 1매만 있으면 된다. 발급수수료는 3만 8천 원 정도다. 기타 자세한 정보는 www.passport.go.kr 참고.

D-40

MISSION 3 항공권 예약하기

자유여행을 선택했다면, 어떤 항공권을 구입하느냐가 여행 경비를 결정하는 데 큰 영향을 미친다. 현재 파리 샤를 드골 국제공항으로 취항하는 항공기는 대한항공, 아시아나, 에어프랑스(이상 직항, 약 14시간 소요) 외 10여 편의 경유 항공기(한국과 파리 도중에 한두 곳을 거쳐 가는 비행기로, 최소 17시간 이상 소요)가 있다. 항공권은 여름 휴가철에 가장 비싸고, 겨울 방학과 연휴가 낀 공휴일이 평상시보다 비싸다. 여름휴가를 파리에서 보낼 계획이라면 늦어도 5월 중에는 항공권을 예매해야 저렴하다. 항공권 예약은 시중의 일반 여행사와 항공권 전문 인터넷 사이트를 이용하면 된다.

항공 가격 비교 사이트
스카이스캐너 www.skyscanner.co.kr
구글 플라이트 www.google.com/travel/flights
G마켓 여행 air.gmarket.co.kr
네이버 항공권 flight.naver.com

> **TIP** 항공권 예약 시 주의사항
> ① 예약 시 탑승자명은 반드시 여권과 같아야 한다. 다를 경우, 탑승이 거부될 수도 있으므로 특히 주의한다.
> ② 인터넷으로 항공권을 구입하면 E-Ticket이 이메일로 날라 온다. 이것은 항공권을 대신하는 것으로 잘 보관한다.

D-30

MISSION 4 숙소 예약하기

파리는 프랑스에서도 가장 물가가 비싼 도시인데다 도시 자체가 개발이 제한돼 있어 대형 체인 호텔 외에는 대체로 옛 건물을 그대로 사용해 방이 좁고 시설도 낡은 편이다. 하지만 프랑스에서도 숙소가 가장 많은 곳이 바로 파리인 만큼 미리 걱정은 금물. 파리에는 르뫼리스나 샹그릴라와 같은 세계 최고급 호텔은 물론 배낭여행객들을 위한 호스텔(도미토리)까지 다양한 가격대와 시설 조건을 갖춘 숙소들이 존재한다. 대체로 최고급 호텔은 50만 원대부터, 중급 호텔은 30만 원대, 중저가 호텔은 20만 원 전후, 저가 호텔은 10만 원 초중반, 호스텔 및 민박(도미토리)은 최소 4만 원 이상이다.

숙소 예약 사이트
호텔스컴바인 www.hotelscombined.co.kr
아고다 www.agoda.com
부킹닷컴 www.booking.com
민다트립(민박 전문) www.theminda.com
에어비앤비 www.airbnb.co.kr

D-20

MISSION 5 여행 정보 모으기

프랑스와 파리에 대한 일반적인 정보를 얻고 싶다면 한국 주재 프랑스 관광청의 홈페이지를 참조한다. 한글 사이트를 운영하기 때문에 누구나 쉽게 접근할 수 있다. 전 세계 여행객들이 가장 많이 참고하는 트립어드바이저도 살펴보자. 여행객들의 자발적인 리뷰가 수십, 수백 건씩 쌓이다보니 호텔, 레스토랑, 관광지 등 각 영역에 별점에 붙이면서 자연스럽게 순위가 결정돼 여행에 참고하기 좋다. 매년 트립어드바이저는 최우수 호텔, 레스토랑을 선정하는데, 미슐랭 스타만큼 권위 있고 믿을 만하여 참조하길 추천한다. 하지만 한국인들의 취향과는 다소 거리감이 있는 것도 없지 않다. 프랑스에 거주하는 한인들의 온라인 교류의 장인 프랑스존에서는 한인마트 위치나 각종 행사, 숙소 찾기 등 보다 실용적이 정보들을 구할 수 있다.

여행 정보 사이트
프랑스 관광청 kr.france.fr/ko
트립어드바이저 www.tripadvisor.co.kr
프랑스존 www.francezone.com
네이버 카페 유랑 cafe.naver.com/firenze

D-7

MISSION 6 여행자 보험 가입하기

여행자 보험은 왜 들까
보험은 언제 무슨 일이 생길지 모르기 때문에 가능한 한 들어두는 것이 좋다. 외국에서는 보험 적용이 되지 않아 의료비가 상당하다. 특히 길거리 도난 사고가 많은 파리에서는 분실물 보상이 가능한 여행자 보험을 들어두는 것을 추천한다.

보험 가입은 미리하자
보험료는 성별, 연령, 보장 기간, 보장 내용, 보장범위 등에 따라 다르지만, 30세 성인 7일 기준 보험은 최소 2만 원대부터 다양하다. 우리가 흔히 알고 있는 일반 상해보험 회사들이 대부분 해외여행자 보험 상품을 판매하고 있는데, 온라인으로 보상 조건 등을 따져보고 미리 들어두면 좋지만 혹시 놓치게 되더라도 국내 공항에서 당일 가입이 가능하다.

보상 내역을 꼼꼼하게 따져보자
여행자가 겪게 되는 일은 도난이나 상해가 대부분이니, 상해 보장이 얼마나 잘 되어 있는지를 꼼꼼히 확인하자. 보험비가 올라가는 핵심 요소는 바로 도난 보상 금액이다. 보상 금액의 상한선이 올라가면 내야 할 보험비도 비싸진다. 또, 혹시라도 일어날 수 있는 항공기 지연, 수

화물 분실 등에 대해서도 상해 보험으로 보상받을 수 있는지 꼼꼼히 약관을 확인하자.

증빙 서류는 똑똑하게 챙기자

보험증서와 비상연락처는 여행 가방 안에 잘 챙겨두자. 도난을 당하거나 사고로 다쳤을 경우, 경찰서나 병원에서 받은 증명서와 영수증 등은 잘 보관해야 한다. 도난을 당했다면 가장 먼저 경찰서에 가서 도난증명서부터 받을 것(이 경우 분실Lost이 아니라 도난Stolen으로 기재해야 한다). 서류가 미비하면 제대로 보상을 받기 힘들다. 귀국 후에는 보험회사로 연락해 제반 서류들을 보내고 보상금 신청 절차를 밟는다. 병원 치료를 받은 경우 진단서와 영수증 등을 꼼꼼하게 첨부해야 한다.

D-5

MISSION 7 환전하기

유로는 국내에서 환전해 가는 것이 좋다. 하지만 현지에서도 금액이 큰 경우에는 신용카드를 사용하는 게 여러모로 편하다. 또한 분실 사고가 적지 않은 파리에서는 안전을 고려해 필요한 만큼 ATM에서 뽑아 쓰는 것도 나쁘지 않다. 국내에서 유로를 환전하는 것은 어렵지 않다. 동네 은행도 유로는 기본적으로 보유하고 있기 때문이다. 하지만 다음의 방법을 이용하면 환전 시 은행 수수료를 조금이라도 더 절약해 더 많은 유로를 보유할 수 있다.

❶ 주거래 은행을 이용한다. 여러 가지 이유로 본인의 주거래 은행이 있기 마련이다. 특별한 경우 최대 90%까지 수수료 할인을 받을 수 있다.
❷ 자신이 거래하는 인터넷뱅킹을 통해 환전을 하면 최대 90%까지 수수료를 할인받을 수 있다. 외환 수령 장소와 시간을 출국 날 인천공항으로 해두면 편하게 환전을 마무리할 수 있다.
❸ 토스 첫거래의 경우 100% 환율 우대 서비스를 받을 수 있다.
❹ 트래블월렛 카드를 발급받아 유로로 환전, 카드에 적립해 두면 100% 환율 우대를 받을 수 있다. 현지에서 신용카드처럼 사용하면, 적립해 둔 유로가 카드사 수수료 없이 정액만큼 빠져나간다. 또한 제휴은행 ATM에서 현금을 인출할 때에도 수수료가 빠져나가지 않는다.
❺ 출국 전 공항에서 환전하는 것이 가장 편하지만 수수료 역시 가장 비싸다.

> **TIP 파리에서 ATM 이용법**
>
> 국내에서와 마찬가지로 ATM기를 통해 현금을 인출할 수 있다. 신용카드보다 체크카드 혹은 각종 트래블카드(트래블월렛, 트래블로그 등)가 낫다. 인출 수수료는 은행마다 조금씩 다르며, 트래블카드는 무료 인출되는 곳도 있다. 잔액 조회 시에도 수수료가 빠져나가므로 주의할 것. 혹시 모를 인출 사고를 대비해 영수증은 반드시 보관하도록 한다.
>
> ※ 카드 삽입 → 비밀번호 입력 → 유효 VALIDER 버튼 선택 → 금액 입력 → 영수증 Ticket 수령여부 → 예 OUI 버튼 선택

D-2

MISSION 8 짐 꾸리기

즐거운 여행이 되려면 짐을 최소화하는 게 좋다. 쇼핑과 거리가 먼 사람이라도 들어올 때 수하물 허용치를 넘기는 경우는 심심치 않게 일어난다. 하지만 특별히 복용하는 의약품이 있다면 꼼꼼하게 챙겨가도록 한다.

준비물 체크리스트

종류	세부항목	체크
여권 & 여행 경비	여권	
	여권사본 & 여권사진	
	항공권 (E-Ticket)	
	여행경비	
	신용카드	
	체크카드 혹은 트래블월렛	
	호텔 및 각종 바우처	
	여행자보험	
의류	계절에 맞는 옷	
	카디건	
	잠옷	
	속옷	
	모자	
	선글라스	
	편한신발	
세면도구 & 화장품	치약, 칫솔	
	비누, 타올	
	샴푸, 린스	
	면도기	
	기초 화장품	
	자외선 차단제	
의약품	진통제	
	소화제	
	감기약	
	상처 연고	

종류	세부항목	체크
	상처 연고	
	반창고	
	생리용품	
기타	고추장	
	기타 한식	
	카메라 및 충전기	
	가이드북과 필기구	
	보조가방	
	복대/전대	
	비닐 백, 지퍼팩	
	소형자물쇠	
	목베개	

TIP

수하물로 부쳐야 할 것 vs 가지고 타야 할 것

액체류와 무기가 될 만한 뾰족한 물건(손톱깎이, 주머니칼 등), 스프레이는 기내 반입이 금지된다. 이러한 것들은 모두 체크인 수속 때 수하물에 넣어 함께 부치도록 한다. 만일 반드시 기내에 가지고 타야 할 액체류가 있다면, 100밀리리터 이하의 용기에 담아 1리터짜리 지퍼백에 담아 보안검색대를 통과한다. 한편 부치는 수하물에는 귀중품, 현금, 중요 서류 등을 넣지 않는다. 중간 경유지에서 도난당하는 경우도 발생하기 때문이다. 보조배터리는 반드시 기내로 가지고 간다.

D-day

MISSION 9 출발

드디어 출발이다. 준비를 다 마쳤다면, 비행시간 2시간 전에는 공항에 도착하도록 집을 나서자. 비행기는 절대 기다려 주는 법이 없으므로 늦는 것보다 빨리 가는 것이 현명하다.

❶ 공항에 도착하면 입구에 있는 모니터를 통해 자신이 타고 가야 할 항공사의 체크인 데스크가 몇 번인지 확인한다.
❷ 체크인 데스크에 서면 여권과 항공권을 제시한다. 마일리지 카드가 있으면 적립을 요청한다.
❸ 좌석의 위치를 지정할 수 있다. 창가 쪽과 통로 쪽, 비행기 앞부분과 뒷부분 등 자신이 원하는 곳을 선택한다. 하지만, 출발 24시간 전 웹체크인을 통해 좌석지정을 미리 해놓는 것을 추천한다.
❹ 수하물 태그가 붙어 있는 탑승권과 여권을 돌려받으면, 출국 검사장으로 들어가 짐 엑스레이와 몸 검사를 통과한다.
❺ 자동출국심사대에서 여권과 지문을 스캔하고 셀프 출국심사를 마친다.
❻ 안내판을 보고 탑승권에 표시돼 있는 비행기 탑승구로 찾아간다. 이곳에는 수많은 면세점들이 들어서 있는데, 면세점 쇼핑을 원한다면 공항 도착 시간을 넉넉하게 잡도록 한다. 또한 탑승 시간을 반드시 숙지하고 늦지 않도록 한다.

> **TIP 자동 출입국 심사**
> 만 19세 이상 대한민국 여권 소지자라면 사전 등록 절차 없이 자동 출입국 심사 서비스를 이용할 수 있다. 그러나 만 19세 미만 또는 인적 사항이 변경되었거나 주민등록증을 발급받은 지 30년이 지난 사람은 사전 등록을 해야 한다. 사전 등록은 인천공항 제1터미널 출국장 3층 H 체크인카운터 맞은편(4번 출국장 부근)등록 센터 및 제2터미널 정부종합행정센터 법무부 출입국서비스센터에서 할 수 있다. 운영 시간은 모두 07:00~18:00까지.
>
> **인천 국제공항 터미널을 확인하자!**
> 인천 국제공항의 터미널은 제1터미널과 제2터미널로 나뉘어 운영된다. 두 터미널의 거리가 꽤 떨어져 있고, 각각 취항 항공사가 다르므로 출발 전 어느 터미널로 가야 하는지 꼭 확인해야 한다. 자칫 터미널을 잘못 찾을 경우 비행기를 놓칠 수도 있다. 대한항공, 에어프랑스, KLM, 아에로플로트, 중화항공을 이용하는 경우에는 제2터미널로, 그 외 항공사를 이용하는 경우에는 제1터미널로 가야 한다. 터미널 간 이동은 무료 순환버스(5분 간격 운행)를 이용할 수 있다. 제1터미널 3층 중앙 8번 출구, 제2터미널 3층 중앙 4~5번 출구 사이에서 출발하며 15~20분 소요된다.
>
> **마일리지 카드**
> 각 항공사들은 항공권의 금액을 포인트로 적립해 일정 금액에 다다르면 항공권을 제공하거나 다른 서비스를 이용할 수 있도록 하는 마일리지 제도를 채택하고 있다. 프로모션 티켓과 지나치게 싼 티켓 등은 해당되지 않는 경우도 있다. 마일리지를 쌓기 위해서는 먼저 해당 항공사에 홈페이지에 들어가 회원등록을 하고 마일리지 카드 번호를 발급받아야 한다.

꼭 알아야 할 파리 필수 정보

프랑스의 수도 파리는, 매년 관광객들이 가장 많이 찾는 도시 3위 안에 들고 있다. 도시 전체가 박물관이라고 할 만큼 역사적이고 아름다운 건축물들이 곳곳에 들어서 있고, 패션의 도시답게 루이비통, 샤넬 같은 고급 패션 브랜드숍이 관광객을 유혹한다. 알찬 파리 여행을 위해, 알아두면 좋은 정보를 모아봤다.

언어

프랑스어가 공용어다. 파리의 관광지는 영어 표기가 되어 있고 의사소통에도 큰 불편이 없다. 하지만 일단 관광지를 벗어나면 영어가 통하지 않을 때가 많다. 이 경우 보디랭귀지나 가이드북을 보여주면 OK. 영어로 길을 물을 때는 학생층을 공략한다.

종교

가톨릭이 69퍼센트를 차지하지만 정작 자신이 가톨릭 신자라고 말하는 프랑스인들은 극히 적다. 북아프리카 이민자들이 많아 이슬람 신자들의 수가 적지 않고, 한인 선교사들이 세운 한인 교회와 성당도 많다.

날씨

우리나라와 마찬가지로 4계절이 있지만 서안해양성 기후로 습도가 높은 편이다. 대체로 구름 낀 날이 많고 매달 평균 10일 정도 비가 내리지만 보슬비 정도. 그나마 6월부터 9월까지는 화창한 날이 많다. 최근에는 이상기온으로 봄가을에 한여름의 더위가, 여름에도 늦가을에 맞먹는 추위가 반짝 기승을 부리기도 한다. 머플러나 겉옷을 준비하는 것이 좋다. 겨울에는 영하권으로 떨어지는 날이 거의 없다. 하지만 습기 때문에 으슬으슬한 찬기가 든다. 두꺼운 옷보다 얇은 옷을 여러 겹 겹쳐 입는 것이 보온에 더 효과적이다.

시차

한국보다 8시간 느리다. 하지만 서머타임이 시작되는 3월 마지막 일요일부터 10월 마지막 일요일까지는 7시간의 시차가 생긴다. 서머타임이 적용될 때에는 시계를 한 시간 앞당긴다(1시라면 2시로 맞춰놓는다).
예) 평상시 : 한국 오후 6시 = 파리 오전 10시 / 서머타임제 : 한국 오후 6시 = 파리 오전 11시

통화

유럽 연합의 공동 화폐 유로Euro를 사용하며 [1]로 표기한다. 지폐는 500, 200, 100, 50, 20, 10, 5 단위, 동전은 2와 1유로 단위로 있다. 유로 이하 단위는 상팀Centime으로, 50(=1/2유로), 20, 10, 5, 2, 1 단위가 있다. 대체로 1유로 = 1,515원 전후다.

전기, 전압

전압 220V, 전류 50Hz를 사용하며 여행자들이 사용하는 일반 전기제품들은 특별한 어댑터 없이 바로 사용 가능하다.

전화

스마트폰은 프랑스 유심칩을 구입해 갈아 끼우면 된다. 자동로밍보다 저렴하다. 한국에서는 쿠팡 등 인터넷 숍을 통해 프랑스 최대 통신사 중 하나인 오

랑주 Ornage의 유심을 구입할 수 있으며, 파리 현지에서는 오랑주 통신사를 직접 방문해 구입하는 방법도 있다. 유럽 대부분의 나라에서 사용할 수 있는 유럽 통합 유심(쓰리심)도 나쁘지 않다. 최근에는 유심 교체 없이 QR코드 등록만으로도 사용할 수 있는 이심eSIM이 인기다. 2명 이상 가족 여행 혹은 편리성을 생각한다면 통신사 로밍이 답이다.

프랑스에서 한국으로 걸 때(유심을 교체한 경우)
먼저 0082를 누르고 지역번호의 맨 앞자리 0을 뗀 후 나머지 번호를 누른다.
예) 02-123-4567 ➡ 0082-2-123-4567

파리에서 시내에 걸 때
유선 전화 사용 시, 파리 지역 번호 01을 빼고 뒤의 여덟 자리만 누른다. 단, 파리에서 다른 지역으로 걸 때는 해당 지역 번호를 눌러야 한다. 스마트폰 사용 시에는, 어떤 경우든 10자리 번호를 모두 누른다.

한국에서 파리로 걸 때
국제전화 식별번호(001이나 00700, 008 등이 있다)와 프랑스 국가 번호 33을 누른 후, 지역 번호의 맨 앞자리 0을 떼고 나머지 상대방의 전화번호를 누른다.
예) (01) 47 53 69 95 ➡ 국제전화 식별번호+33(국가번호)+1(파리 지역번호에서 0을 뺀 숫자)+47 53 69 95

긴급 연락처
- 외교부 해외영사 콜센터 (무료, 24시간)
  00800-2100-0404
- 파리 주재 대한민국 대사관 :
  주간 (01) 47 53 01 01
  야간 및 주말 06 80 28 53 96
- 경찰(파리) 17
- 구급차(파리) 15

팁문화

주로 카페나 레스토랑 이용 시 팁을 지불한다. 일반적으로 총금액의 10~15%를 지불한다. 혹은 지폐를 내고 거슬러 받은 금액을 팁으로 주는 경우가 많다. 예를 들어, 커피 한 잔에 2.80유로였다면 3유로를 내고 거스름돈 0.20유로를 팁으로 탁자 위에 남겨두고 나오면 된다. 호텔에서는 객실 청소에 대한 감사의 뜻으로 1유로 혹은 1달러 정도 테이블에 올려놓는다.

층표시

우리나라와 프랑스의 층 표시가 다르므로 유의해야 한다. 우리나라의 1층은 프랑스에서 0층으로 표시되며 위로 갈수록 1층씩 높아진다. 이 책에서 층 표시는 모두 프랑스식을 따랐다.

공휴일

- 1월 1일 신년 Jour de l'An (모든 박물관 휴관)*
- 3~4월 중 부활절 Pâques *
- 5월 1일 노동절 Fête du Travail (모든 박물관 휴관)
- 5월 8일 승전기념일 Victoire 1945
- 5~6월 중 예수 승천일 Ascension
  (부활절 40일 후 목요일)*
- 5~6월 중 오순절 Pentecôte (예수 승천일 10일 후)*
- 7월 14일 혁명기념일 Fête Nationale
- 8월 15일 성모승천일 Assomption
- 11월 1일 만성절 Toussaint
- 11월 11일 휴전 기념일 Armistice 1918
- 12월 25일 크리스마스 Noël (모든 박물관 휴관)

* 매년 날짜 변동

이건 꼭 알고 가자! 파리 여행 Q & A

Q1

파리 여행, 언제가 제일 좋아요?

5월부터 9월 초까지 화창한 날이 많아 여행하기 가장 좋다. 단 7월 중순부터 8월 중순까지 최성수기에 접어들어 항공료, 숙박비가 가장 비싸다. 쇼핑에 관심이 많다면 1월 초와 6월 말에 시작되는 동계, 하계 세일을 노려보자. 최소 20%부터 최대 70%까지 할인 혜택을 받는다(루이비통 등 최고급 브랜드숍은 제외). 박물관과 미술관을 주로 방문할 예정이라면 관광객이 적은 겨울철이 더 나을 수도 있다.

Q2

파리에 얼마나 머물러야 하나요?

파리의 대표적인 관광지와 베르사유 궁전(패키지 필수 코스들)만을 둘러본다면 최소 3일(입출국일 제외) 정도 필요하다. 하지만 파리의 본모습을 즐기기엔 턱없이 부족하다. 파리는 도시 전체가 박물관이라 할 만큼 도심 곳곳에 아름다운 건물들과 거리, 정원, 카페, 레스토랑, 시장, 각종 숍과 쇼핑몰 등이 들어서 있다.

유명 관광지를 중심으로 파리의 낭만을 즐기고 싶다면 5일 이상 잡는 것을 추천한다. 파리 근교와 몽생미셸 같은 지방까지 방문할 생각이라면 1주일 이상 잡는 것이 좋다. 파리 근교에는 베르사유 궁전과 유로 디즈니랜드, 퐁텐블로 성, 고흐가 생의 마지막을 맞이한 오베르쉬르우아즈 등 방문할 곳이 많다. 모네의 집으로 유명한 지베르니나 모항공사의 CF 촬영지로 유명한 몽생미셸 등도 파리에서 많이들 다녀오는 지역이다.

Q3

예산은 얼마나 들까요?

예산 중 가장 큰 비중을 차지하는 것은 항공권이다. 최소 90만 원부터 최대 150만 원까지 다양하다. 숙박은 유스호스텔/민박(도미토리)의 경우 6만 원 이상, 저가 호텔 10만 원대, 중급 호텔은 20~30만 원대로 생각하면 된다.

식사는 가격대가 천차만별이지만, 저렴한 곳이라면 런치의 경우 15유로 전후로 메인요리와 디저트를 해결할 수 있다. 그 외 교통비, 입장료, 간식 등 기타 잡비 등을 고려하여 예산을 잡는다. 알뜰 여행의 경우 100만 원대 후반, 일반적인 수준의 여행의 경우, 200만 원대 중후반쯤 예상하면 된다.

Q4

경비는 어떻게 절약하나요?

항공권 시간 여유가 있다면 직항보다 경유 노선을 선택한다. 성수기에는 5월 전에 미리 항공권을 구입하자.

숙박비 파리의 호텔들은 대체로 가격 대비 만족도가 낮다. 상대적으로 저렴하고 깨끗하며 아침과 저녁까지 제공하는 한인 민박을 이용하거나 현지인의 집을 렌트하는 것도 좋다. 호텔을 고집한다면, 파리 중심에서 조금 떨어진 곳에 잡는 것도 한 방법이다.

식비 빵과 시리얼 위주의 단출하고 추가비용이 발생하는 호텔 조식보다 근처 카페에서 해결하는 게 더 저렴할 수 있다. 거의 모든 레스토랑이 저렴한 가격에 런치 메뉴를 제공한다.

고급 레스토랑은 되도록 점심시간을 공략한다. 대체로 중국음식, 베트남 음식, 케밥, 크레프 등은 온종일 저렴한 가격으로 이용할 수 있다. 부엌을 쓸 수 있다면 슈퍼마켓에서 직접 장을 봐와 간단하게 만들어 먹는다. 파리에는 한인 마트가 잘 되어 있어 햇반이나 반찬거리, 라면 등을 쉽게 구할 수 있다.
교통비 이동 경로를 잘 계산하여 카르네 패스 중 하나를 선택한다. 자전거 벨리브도 적극 활용한다. 입장료 박물관이나 관광지들을 모두 입장할 계획이라면 뮤지엄 패스를 구입한다. 그 외 주요 박물관을 무료로 입장할 수 있는 매달 첫 번째 일요일을 노리거나, 상시 무료인 박물관/미술관을 주로 다녀온다.

Q5

비자가 필요한가요?

파리를 포함해 프랑스 및 유럽연합 국가들은 총 90일간 무비자로 여행이 가능하다(단 6개월 이상 유효한 여권은 반드시 필요). 그 이상 여행을 할 경우, 학생 비자나 워킹 비자를 따로 발급받아야 한다. 자세한 내용은 프랑스 대사관 홈페이지(www.ambafrance-kr.org) 참고.

Q6

항공사는 어디가 좋을까요?

한국인은 자국 비행기가 편하다. 언어 문제도 그렇고, 승무원의 태도나 기내식도 우리에게 제일 잘 맞는다. 하지만 파리 외 스트라스부르, 몽생미셸 같은 기타 지역을 함께 여행하고 싶다면 에어프랑스를 선택하는 것이 낫다.
파리에서 에어프랑스 국내선을 타고 해당 지역으로 바로 오갈 수 있어 가격이나 시간 모두 절약되기 때문이다. 저렴한 항공권을 찾는다면, 그 외 항공사들을 생각해 보자. 이때에는 총 비행시간, 경유지 대기 시간, 파리 도착 시간, 항공권 가격 등을 모두 고려하여 선택하도록 한다. 경유 비행기들은 중간 기착지에서 스톱오버(원하는 기간만큼 중간 경유지에 머물 수 있도록 해주는 서비스)를 무료로 제공하는 경우가 있다.

이런 티켓을 잘 이용하면 파리와 함께 유럽 혹은 아시아의 또 다른 도시를 하나 더 여행할 수 있다는 장점이 있다. 저렴한 경유항공사는 베트남항공(베트남 하노이나 호치민 경유), 동방항공(중국 상해 경유), 에티하드항공(아부다비 경유) 등이 있다.

Q7

파리 정말 위험해요?

'생명의 위협', 혹은 '성추행' 등의 '위험'은 극히 드물다. 하지만 '소매치기'는 상당히 많다. 특히 지하철, 유명 관광지, 쇼핑몰, 거리 등에서는 소지품에 주의해야 한다. 트렁크는 손에서 놓지 말고, 작은 배낭이나 핸드백은 몸 앞으로 돌려 품에 안듯이 한다. 지퍼에 핀을 꽂아 열지 못하도록 하는 것도 방법. 옷 주머니에는 어떠한 귀중품도 넣지 않는다. 돈과 신용카드, 여권 등은 복대에 넣어 옷 속에 보관한다. 카페 테이블 위에 스마트폰을 올려놓지 않는다. 명품(혹은 백화점) 쇼핑백을 들고 거리를 활보하거나 메트로를 타지 않는다.
길거리에서 돈을 세지 않는다. 지나친 장신구 및 화려한 복장은 소매치기들의 표적이 된다. 먼저 다가오는 외국인은 십중팔구 소매치기로 보면 된다. 수수한 복장과 그날 필요한 최소한의 현금, 늘 조심성 있는 태도를 갖추고 관광지에서 크게 벗어나지 않는다면 크게 걱정할 것은 없다.

TRAVEL DIALOGUE

간단한 단어 및 표현을 알아두면 여행 시 유용하게 사용할 수 있다.
발음은 프랑스어 실제 발음을 최대한 따랐다.

숫자

1 un/une 엉/윈
2 deux 두
3 trois 트흐와
4 quatre 까트흐
5 cinq 쎙끄
6 six 씨스
7 sept 쎄뜨
8 huit 위뜨
9 neuf 뇌프
10 dix 디스

인사 & 자주 쓰는 표현

안녕하세요(아침, 낮) Bonjour 봉쥬흐
안녕하세요(저녁) Bonsoir 봉수와
안녕히 가세요 Au revoir 오흐봐
좋은 하루 보내세요 Bonne journée 본 주흐네
즐거운 저녁시간 되세요 Bonne soirée 본 수와헤
감사합니다 Merci 메흐씨
죄송합니다 Je suis désolé(e) 쥬 쉬 데졸레
예 Oui 위
아니오 Non 농
그것은 좋습니다/맛있습니다 C'est bon 쎄 봉

공항/기내에서

○○○ 주세요 ○○○ s'il vous plaît
○○○ 씰부쁠레
물 한 잔 Un verre d'eau 엉 베흐 도
오렌지주스 한 잔 Un jus d'orange 엉 쥐도항쥬
코카콜라 한 캔 Un coca-cola 엉 꼬까꼴라
맥주 한 캔 Une bière 윈 비에흐
커피 한 잔 Un café 엉 까페
차 한 잔 Un thé 엉 떼

적포도주/백포도주 한 잔 Un vin rouge/blanc
엉 벵 후쥬/블렁
소고기 Du boeuf 뒤 뵈프
닭고기 Du poulet 뒤 뿔레
생선 Du poisson 뒤 쁘아쏭
담요 Une couverture 윈 꾸베흐튀흐
쿠션 Un coussin 엉 꾸쎙

교통

지하철역은 어디 있나요? Où est le métro?
우 에 르 메뜨호
지하철 노선도 Un plan de métro
표 한 장 Un ticket 엉 띠께
기차역 Gare 갸흐
기차 Train 트헹
버스 Bus 뷔스
버스 정류장 Arrêt 알헤
버스 터미널 Gare Routière 갸흐 후띠에흐
매표소 Guichet 기셰 / Billetterie 비예뜨히
플랫폼 Voie / Quai 브와 / 께
승선, 승차, 탑승 Embarquement 앙바흐끄멍
출구 Sortie 쏘흐띠
환승 Correspondance 꼬헤스뽕덩쓰
수하물 보관소 Consigne 꽁씨뉴

호텔에서

홍길동으로 3박 예약했어요 J'ai réservé au
nom de Gil-Dong, HONG pour trois nuits.
제 헤제흐베 오 농 드 길동, 홍 뿌흐 트흐와 뉘
전망 좋은 방으로 주세요
Pourrions-nous avoir une
chambre avec une belle vue?
뿌히옹-누 아봐흐 윈 샹브흐 아벡 윈 벨 뷔?

체크아웃 시간이 언제예요?
A quelle heure on doit quitter ma chambre? 아 껠 뢰흐 옹 드와 끼떼 마 샹브흐?

아침식사/와이파이는 포함돼 있습니까?
Le petit déjeuner/WI-FI est compris?
르 쁘띠 데줘네/위피 에 꽁프히?

짐 좀 맡아주시겠어요?
Est-ce que je peux laisser mon bagage? 에스끄 주 푸 레쎄 몽 바갸쥬?

맡긴 짐을 찾고 싶어요
Je voudrais récupérer mon bagage
쥬 부드헤 헤뀌뻬헤 몽 바갸쥬

다른 방으로 바꿔주세요. 냄새가 나요/시끄러워요
Je voudrais changer de chambre. C'est malodorante/trop bruyante 쥬 부드헤 샹졔 드 샹브흐. 쎄 말로도항뜨/트호 브휘엉뜨

근처에 있는 좋은 레스토랑을 추천해 주세요
Pourriez-vous me recommander un bon restaurant près d'ici? 뿌히에-부므 흐꼬망데 엉 봉 헤스또항 프헤 디씨?

레스토랑

저쪽/창가에 앉아도 되겠습니까? Est-ce qu'on peut s'asseoir là-bas/à côté de la fenêtre?
에스꽁 뿌 싸스와흐 라바/아 꼬떼 들 라 프네트흐?

메뉴판 주세요 La carte, s'il vous plaît.
라 까흐뜨 씰부쁠레

영어 메뉴판 있어요? Vous avez la carte en englais? 부 자베 라 까흐뜨 어닝글레?

추천 좀 해주시겠어요? Qu'est-ce que vous nous recommandez? 께스끄 부 누 흐꼬멍데?

계산서 주세요 L'addition, s'il vous plaît.
라디씨옹, 씰부쁠레

쇼핑

입어 봐도 돼요? Je peux essayer?
쥬 뿌 에쎄이에?

탈의실이 어디 있나요? Où sont les cabines d'essayage? 우 쏭 레 꺄빈 데쎄이아쥬?

이건 너무 커요/작아요
C'est trop grand(e)/petit(e)
쎄 트호 그헝/쁘띠

얼마예요? C'est combien? 쎄 꽁비엉

위급상황

나는 프랑스어를 못 합니다
Je ne parle pas français
쥬 느 빠흘르 빠 프항쎄

한국어 하는 사람 있나요? Il y a quelqu'un qui parle coréen? 일리아 껠깽 끼 빠흘르 꼬헤엉?

도와주세요 Au secours 오 쓰꾸흐

경찰을 불러주세요 Appelez la police
아쁠레 라 뽈리쓰

경찰서가 어디 있어요? Où est le commissariat de police? 우 에 르 꼬미싸히아 드 뽈리쓰?

저는 가방/지갑을 소매치기 당했습니다
On m'a volé mon sac/portefeuille
옹 마 볼레 몽 싹/뽀흐뜨페이으

저는 머리가 아픕니다 Je suis mal à la tête
쥬 쉬 말랄라 떼드

열이 있습니다 J'ai de la fièvre 줴 들라 피에브흐

저는 배가 아픕니다 Je suis mal au ventre
쥬 쉬 말 오 방트흐

설사를 합니다 J'ai la diarrhée 줴 라 디아헤

INDEX

SEE

항목	쪽
가셰 박사의 집	458
개선문	301
건축 문화재 단지	323
국립 고문서 보관소 박물관-수비즈 저택	255
국립 자연사 박물관	366
국립 해양 박물관	320
귀스타브 모로 미술관	288
그랑 팔레	304
기메 아시아 예술 국립 박물관	304
기술 박물관	256
기적의 메달 노트르담 소성당	347
낭만주의 박물관	391
니생 드 카몽도 박물관	302
달리 파리	386
대시계	449
도비니 미술관	456
도비니의 아틀리에-집	457
디즈니랜드 파리	462
라데팡스 & 신 개선문	406
라부 여관	457
라빌레트 과학 산업단지	407
랑부예성	476
로댕 미술관	320
루브르 박물관	267
루앙 노트르담 대성당	449
루앙 순수미술관	451
뤽상부르 미술관	349
뤽상부르 정원	349
마들렌 성당	287
모네 마르모탕 미술관	408
모네의 집과 정원	446
모레쉬르루앵	436
몽마르트르 묘지	390
몽마르트르 박물관	387
몽마르트르 생장 성당	391
몽마르트르 포도원	386
몽생미셸	486
몽소 공원	309
몽파르나스 묘지	375
몽파르나스 타워	374
무프타르 거리	367
물랭 루주	386
바르비종	440
바스티유 광장	257
반 고흐의 집	388
발자크 기념관	322
방돔 광장	286
뱅센성	409
베르사유 궁전	421
베르시 공원	400
베르시 빌라주	398
보르비콩트성	438
보주 광장	251
부르델 미술관	376
부르봉 궁전	322
부키니스트	239
불로뉴 숲	409
빅토르 위고 기념관	252
빛의 샤르트르	475
"사랑해" 벽	388
사크레쾨르 성당	385
생드니 대성당	412
생루이섬	238
생마르탱 운하	404
생마클루 성당	450
생마클루 성당 묘지	450
생말로	490
생쉴피스 성당	346
생제르맹 록세루아 성당	285
생제르맹데프레 성당	348
생테냥 성당	475
생테티엔뒤몽 성당	362
생퇴스타슈 성당	250
생트 샤펠	234
생피에르 성당	475
샤르트르 대성당	472
샤요 궁	321
샹젤리제 거리	300
샹티이성	467
세르누치 박물관	307
셰익스피어 & 컴퍼니	365
소르본 대학교	362
쇼아 기념관	253
쉴리 저택 정원	250
시네마테크 프랑세즈	401
시뉴섬	323
식물원	367
아랍 세계 연구소	364
아스테릭스 파크	463
알마 광장	308
압생트 박물관	456
앙팡루주 시장	255
앵발리드	319
에펠탑	317
엘리제 궁	308

연어의 집	475	
오랑주리 미술관	283	
오르세 미술관	334	
오베르쉬르우아즈 묘지	459	
오베르쉬르우아즈성	456	
오베르쉬르우아즈 성모승천 성당	458	
오페라 바스티유	257	
외젠 들라크루아 미술관	347	
유대교 박물관	256	
음악 박물관	408	
인상주의 미술관	448	
자크마르 앙드레 박물관	309	
잔 다르크 성당	448	
장식 예술 박물관	284	
지베르니 마을	447	
최고 재판소	236	
카루젤 개선문	286	
카르나빌레 박물관	254	
카르티에 현대예술재단	377	
케 브랑리 박물관	318	
코냑제 박물관	251	
코미디 프랑세즈	289	
콩시에르주리	236	
콩코르드 광장	283	
클루니 중세 국립박물관	359	
테르트르 광장	387	
튈르리 정원	285	
파리 노트르담 대성당	231	
파리 시립 현대미술관	303	
파리 시립 의상박물관-팔레 갈리에라	306	
파리 시청사	254	
파리 이슬람 대사원	363	
파리 카타콤	376	
파리 하수도 박물관	321	
팔레 가르니에-파리 국립 오페라	282	
팔레 드 도쿄	306	
팔레 루아얄	266	
팡테옹	360	
페르라세즈 묘지	410	
퐁텐블로성	432	
퐁피두센터-국립현대미술관	249	
프라고나르 향수 박물관	289	
프랑수아 미테랑 국립도서관	399	
프랑스 학사원	349	
프로뱅	481	
프티 팔레	305	
피카소 미술관	248	
피카시에트의 집	474	

EATING

114 포부르	310
200에펠	325
고든 램지	429
그롬	351
니콜라	141
라뒤레	128
라메종 뒤 쇼콜라	120
라부 여관 레스토랑	457
라스 뒤 팔라펠	258
라자코빈	351
라쿠론	453
라크레프리 드 조슬랭	377
라테라스 뒤 샤텔	483
라파사카이유	477
라페름 생미셸	489
라포테른	441
라프티트 오베르주	452
라피코트리	477
랑주 20	259
레되마고	350
레마르슈	311
레스토랑 레냉페아	451
레스토랑 르뫼리스 알랭 뒤카스	292
레스토랑 보디	451
레스토랑 질	453
레장티케르	352
레제디퇴르	352
레클뤼즈	141
르그르니에 아팽, 아베스	392
르를레 가스콩	393
르를레 드 랑트르코트	130
르바백	441
르방케 데 트루바두르	483
르살레 생미셸	368
르슈맹 데 팽트르	459
르쉬프랑	325
르시엘 드 파리	379
르쥘베른	324
르포타제 뒤 페르 티에르	392
르프로코프	353
르프티 모레	441
르프티 트로케	327
르플롱 뒤 캉탈	378

INDEX

마리아주 프레르	121	오 뷔외 가르송	477	고 스포츠	186
마수	441	오 샤토	141	노즈	189
미셸 쇼댕	324	오 자르티스트	378	디즈니 스토어	187
베르티옹	240	오보테가	428	라그랑드 에피스리 드 파리	191
브라스리 레 되 팔레	240	오스텔르리 드 라크루아 도르	483	라발레 빌리지	180
브리오슈 도레	125	오 자르티스트	378	라세즈 롱그	174
블랙 핑키	378	오팽 드 라페름	428	라트레 조리리	175
블레 누아르	429	오프티그렉	369	로랑 뒤부아 치즈 전문점	191
비스트로 빅투아르	290	웨스트필드 포럼데알	179	레카트르탕	183
빅 마마	131	이포포타뮈스	129	르봉 마르셰	179
빅 페르낭	429	카스 크루트 그렉	368	리브레리 구르망드	171
뺑, 뱅, 프로마주	258	카페 데되 물랭	393	메르시	184
사누키야	290	카페 드 라페	292	메종 키츠네	162
삼부자	293	카페 드 플로르	350	메종 뒤 몽드	174
세 배 더 매운 집	259	카페 마를리	291	모라	171
셰 르리바네	353	쿠튐 카페	326	몽주 약국	156
셰 자누	258	코다와리 라멘	352	몽트뢰유 벼룩시장	197
셰 투아네트	393	콤므차이투아	369	바스티유 시장	257
셰 티위슈	428	크레프리 브로셀리앙드	393	방브 벼룩시장	197
송흥	259	탕타치오니	392	베아슈베 마레	174
순	310	트랑 트랑 짜이	368	봉통 피유 뒤 칼베르	185
슈왈츠 델리	327	파이브 가이즈	311	생투앙 벼룩시장	198
스타벅스 카푸신점	291	포 반꾸온 14	131	세포라	186
스토레	293	폴	125	시타듐	182
시식	452	푸알란	351	시티파르마	156
아르페주	326	피에르 에르메	128	아비타	173
아모리노	121	하카타 초텐	291	앙투안 에 릴리	185
앙젤리나	120	후지야 스시	452	앙프랭트	185
얀 쿠르뵈르 파티스리	121			어린 왕자 스토어	188
에릭 케제르	125	**SHOPPING**		오프르 vs 이봉 랑베르	188
에피큐어	311	PSG 공식 기념품 숍	189	웨스트필드 포럼데알	179
오베르주 드 라렌 블랑슈	241	갤러리 라파예트	178	으 드일르렝	171
오 부냐	241				

자라 홈	173		프래터니티 호텔	222
카루젤 뒤 루브르	182		플라틴 호텔	212
카레 오페라 약국	156		호텔 뒤 카드랑-에펠탑	215
퓌블리시스 드러그스토어	183		호텔 말트 아스토텔	217
프낙	187		호텔 베르	489
프랭탕 오스만	177		호텔 아카디아-아스토텔	213
플뤽스	175		호텔 조이스-아스토텔	216
필론	175		호텔 파브릭	215
			호텔 플라자 아테네	209

SLEEPING

노보텔 파리-몽파르나스역	219
더파이브 호텔	213
더피플	220
레자르댕 드 라빌라	214
르로열 몽소 래플스 파리	210
르뫼리스	208
르브리스톨	209
르파브 호텔	214
르 12 호텔	215
만다린 오리엔탈 파리	209
머큐어 몽생미셸 호텔	489
머큐어 파리 센터 에펠탑	218
브래드퍼드 엘리제-아스토텔	216
생 크리스토페 인 카날	222
샹그릴라 파리	210
쓰리 덕스	221
아드브니아 호스텔	221
엠갤러리 네스트 파리 라데팡스	219
파크 하얏트 파리 방돔	211
포시즌 호텔 조르주 V	211
풀만 파리 센터 베르시	219

"파리가 당신을 기다립니다."

꿈의 여행지로 안내하는 친절한 길잡이

최고의 휴가는 **홀리데이 가이드북 시리즈**와 함께~